EMPRESAS TRANSNACIONAIS E DIREITOS HUMANOS
AS EMPRESAS FARMACÊUTICAS COMO OBJETO DE ESTUDO

COLEÇÃO FÓRUM
DIREITOS HUMANOS

COLEÇÃO FÓRUM
DIREITOS HUMANOS
Coordenadores
Inês Virgínia P. Soares
Marcos Zilli

THANA CRISTINA DE CAMPOS

Paulo Sérgio Pinheiro
Prefácio

Cleunice Valentim Bastos Pitombo
Apresentação

EMPRESAS TRANSNACIONAIS E DIREITOS HUMANOS
AS EMPRESAS FARMACÊUTICAS COMO OBJETO DE ESTUDO

Belo Horizonte

2012

© 2012 Editora Fórum Ltda.

É proibida a reprodução total ou parcial desta obra, por qualquer meio eletrônico, inclusive por processos xerográficos, sem autorização expressa do Editor.

Conselho Editorial

Adilson Abreu Dallari
Alécia Paolucci Nogueira Bicalho
Alexandre Coutinho Pagliarini
André Ramos Tavares
Carlos Ayres Britto
Carlos Mário da Silva Velloso
Carlos Pinto Coelho Motta (in memoriam)
Cármen Lúcia Antunes Rocha
Cesar Augusto Guimarães Pereira
Clovis Beznos
Cristiana Fortini
Dinorá Adelaide Musetti Grotti
Diogo de Figueiredo Moreira Neto
Egon Bockmann Moreira
Emerson Gabardo
Fabrício Motta
Fernando Rossi
Flávio Henrique Unes Pereira

Floriano de Azevedo Marques Neto
Gustavo Justino de Oliveira
Inês Virgínia Prado Soares
Jorge Ulisses Jacoby Fernandes
José Nilo de Castro (in memoriam)
Juarez Freitas
Lúcia Valle Figueiredo (in memoriam)
Luciano Ferraz
Lúcio Delfino
Marcia Carla Pereira Ribeiro
Márcio Cammarosano
Maria Sylvia Zanella Di Pietro
Ney José de Freitas
Oswaldo Othon de Pontes Saraiva Filho
Paulo Modesto
Romeu Felipe Bacellar Filho
Sérgio Guerra

EDITORA Fórum

Luís Cláudio Rodrigues Ferreira
Presidente e Editor

Coordenação editorial: Olga M. A. Sousa
Supervisão editorial: Marcelo Belico
Revisão: Gehilde Reis
Bibliotecárias: Lissandra Ruas Lima – CRB 2851 – 6ª Região
Tatiana Augusta Duarte – CRB 2842 – 6ª Região CRB
Capa, projeto gráfico: Walter Santos
Diagramação: Karine Rocha

Av. Afonso Pena, 2770 – 15º/16º andares – Funcionários – CEP 30130-007
Belo Horizonte – Minas Gerais – Tel.: (31) 2121.4900 / 2121.4949
www.editoraforum.com.br – editoraforum@editoraforum.com.br

C198e   Campos, Thana Cristina de

            Empresas transnacionais e direitos humanos: as empresas farmacêuticas como objeto de estudo / Thana Cristina de Campos; prefácio Paulo Sérgio Pinheiro; apresentação Cleunice Valentim Bastos Pitombo. Belo Horizonte: Fórum, 2012.

            274 p.
            ISBN 978-85-7700-585-7

                1. Direito internacional público. 2. Relações internacionais. I. Pinheiro, Paulo Sérgio. II. Pitombo, Cleunice Valentim Bastos. III. Título.

                                           CDD: 341.04
                                           CDU: 341.22

Informação bibliográfica deste livro, conforme a NBR 6023:2002 da Associação Brasileira de Normas Técnicas (ABNT):

CAMPOS, Thana Cristina de. *Empresas transnacionais e direitos humanos*: as empresas farmacêuticas como objeto de estudo. Belo Horizonte: Fórum, 2012. 274 p. (Coleção Fórum Direitos Humanos, v. 5). ISBN 978-85-7700-585-7.

Aos meus Pais.

AGRADECIMENTOS

Aos meus pais, meus melhores modelos e maiores orgulhos, o Professor Titular Dr. Antonio Carlos de Campos, pelo seu cuidado e sua preocupação, e a Professora Titular Dra. Tomie Nakakuki de Campos, pela sua segurança e firmeza.

Ao Ricardo, pelo seu abraço que acolhe, pela sua paciência, pelo seu companheirismo e pela sua maturidade que impressionam a irmã mais velha.

As minhas tias Kayoko e Kiyoko, pela criação, e ao meu tio Miyuki.

À minha *obatchan* Tei, que segurou minhas mãos antes de partir.

À minha orientadora Professora Dra. Cláudia Perrone-Moisés, pelas oportunidades oferecidas, pela confiança, pela sinceridade e coerência, pela paciência, pelo carinho, por tudo.

Ao Professor Paulo Sérgio Pinheiro, pela motivação incansável, por sua energia admirável e por tantas boas ideias.

À Professora Katya Kozicki e à Professora Maristela Basso, pelos valiosos comentários que permitiram um maior amadurecimento deste trabalho.

Ao Professor Guilherme Assis de Almeida, pela serenidade *tridosha* e plenitude *Ghee*.

Ao Professor Umberto Celli Jr., pelo exemplo e pela cordialidade.

À Edna Setsuko, pelos seus conselhos, pela sua praticidade, pela sua sabedoria.

À Camila e à Ciça, pela presença constante, pela certeza que me transmitem, pelo cuidado com a irmãzinha mais nova e mais afobada, pela vida compartilhada, pela amizade.

À Renata Fasano, à Ludmila Franca e, em especial, à Lucia Bastos.

À Renata Nagamine, pela revisão desta dissertação.

Ao Bruno Simões, pelo humor inteligente, nos cafés de fim de tarde.

Ao Celso Leo Yamashita, pela força e pelo mongezinho que me revela a paz nos momentos de cansaço.

Aos meus amigos das Arcadas, Roberta Benazzi, Omar, Perê, Mirelli, Letícia Sakai, Katê, e aos *PinoFriends*, sobremaneira, à Laura, à Tati e à Jamy, pelas comemorações, momentos de descontração e boas risadas.

Aos meus amigos do Colégio Bandeirantes, os *Blerghs*, em particular à Chris, à Gi e à Maria, pela preocupação, pelo carinho e o apoio sempre tão confiante.

À Renata e à Carina, por todas as aventuras dos últimos vinte e tantos anos, pela cumplicidade e pela amizade verdadeira que não se altera com o tempo ou a distância.

À Yoko, minha irmãzinha caçula, pelo seu companheirismo, pela sua seriedade e profissionalismo e pelo seu tremendo auxílio e suporte, sem os quais nem a *Conferência Internacional sobre o Direito à Saúde* e nem este livro poderiam ter-se concretizado.

À minha Avó Rosa, aos meus padrinhos, Tia Ogarita e Tio Paulo, aos meus primos Caio e Paulinho e ao meu Tio Oswaldo.

À família Furuta, pelo carinho, e em especial ao Roberto, pela paciência e compreensão.

À família Sato, sobretudo, à Tia Laurinda, pela torcida permanente.

Ao *Research & Right to Development Unit* do Alto Comissariado da ONU para os Direitos Humanos (OHCHR, Genebra), à Sumiko, ao Shervin, à Susan, ao Leo e ao Goro, pelos seis meses de convivência e profundo aprendizado.

Aos colegas do Núcleo de Estudos da Violência (NEV/USP), ao Rafael, à Dora, à Jucília e à Sérgia, pela ajuda.

Ao Instituto Norberto Bobbio, ao Sr. Magliano, por seu humanismo, à Isa, pela alegria da convivência diária, ao Fred e também à Luci e Viviana Buff.

Aos funcionários da Faculdade de Direito da USP, especialmente ao Toninho e aos bibliotecários.

À Editora Fórum, nas pessoas de Inês Virgínia Soares, Marcos Zilli e Cleunice Bastos Pitombo.

À Fundação de Amparo à Pesquisa do Estado de São Paulo (FAPESP), na pessoa do Professor Celso Lafer, meu orientador desde a Graduação, que sempre, com generosidade, incentivou-se a perseguir novos desafios acadêmicos.

SUMÁRIO

PREFÁCIO
Paulo Sérgio Pinheiro 13

APRESENTAÇÃO
Cleunice Valentim Bastos Pitombo 17

NOTA DA AUTORA 19

INTRODUÇÃO 25
A justificativa para o estudo das responsabilidades das Empresas
Transnacionais em matéria de Direitos Humanos 27
Estrutura do trabalho 29
Material pesquisado 30

PARTE I
AS RESPONSABILIDADES DAS EMPRESAS TRANSNACIONAIS EM RELAÇÃO AOS DIREITOS HUMANOS

CAPÍTULO 1
HISTÓRICO DA CONSTRUÇÃO DO CONCEITO DE
RESPONSABILIDADE DAS EMPRESAS TRANSNACIONAIS
EM RELAÇÃO AOS DIREITOS HUMANOS 35
      Introdução 35
1.1   O código de conduta da ONU para empresas multinacionais
      (1970-1990) 42
1.2   O pacto global da ONU 46
1.3   As normas sobre responsabilidades das corporações
      transnacionais e outras empresas com relação aos Direitos
      Humanos (*As Normas*) 54
1.3.1 Histórico 54
1.3.2 Definições 59
1.3.3 O preâmbulo e a reafirmação dos principais instrumentos
      jurídicos de Direito Internacional de Direitos Humanos 60
1.3.4 As obrigações de Direitos Humanos definidas pelas *Normas*
      para as empresas transnacionais 64

1.3.5	As *Normas* da subcomissão de Direitos Humanos da ONU	69
1.3.5.1	Implementação das *Normas*	69
1.3.5.2	*Soft Law*	77
	Considerações finais do Capítulo 1	80

CAPÍTULO 2
A EVOLUÇÃO RECENTE DO TEMA DAS RESPONSABILIDADES DE DIREITOS HUMANOS PARA AS EMPRESAS TRANSNACIONAIS..................83

	Introdução	83
2.1	O ano de 2004	84
2.2	Relatório de 2005	85
2.3	Relatório de 2006	92
2.4	Relatório de 2007	98
2.4.1	Dever do Estado de proteção dos Direitos Humanos	101
2.4.2	Responsabilidade e *Accountability* das empresas por crimes internacionais e por outras violações de direitos humanos	110
2.4.3	Mecanismos de *Soft Law* e autorregulação de conduta das empresas	112
2.5	Relatório de 2008	129
2.5.1	A Responsabilidade do Estado de proteger os Direitos Humanos contra abusos cometidos por empresas	130
2.5.2	A responsabilidade das empresas transnacionais de respeitar os Direitos Humanos	134
2.5.2.1	*Due diligence*	136
2.5.2.2	Esferas de influência	138
2.5.2.3	Cumplicidade	142
2.5.3	Acesso a remédios judiciais e não judiciais	146
2.6	Relatórios de 2009 e de 2010	150
	Considerações finais do Capítulo 2	152

PARTE II
AS RESPONSABILIDADES DAS EMPRESAS FARMACÊUTICAS EM RELAÇÃO AO DIREITO DE ACESSO A MEDICAMENTOS

CAPÍTULO 3
A EVOLUÇÃO RECENTE DOS TEMAS DO ACESSO A MEDICAMENTOS E DAS RESPONSABILIDADES DAS EMPRESAS FARMACÊUTICAS TRANSNACIONAIS..................165

	Introdução	165
3.1	Assembleia Geral e a construção do acesso a medicamentos como elemento essencial do direito à saúde	170

3.2	ECOSOC – Comissão de Direitos Humanos, Conselho de Direitos Humanos e o mandato de Paul Hunt	177
3.2.1	Comissão de Direitos Humanos	177
3.2.2	Conselho de Direitos Humanos	184
3.2.3	Mandato de Paul Hunt	185
3.2.3.1	O ano de 2002	185
3.2.3.2	Relatório de 2003	186
3.2.3.2.1	O Direito Humano à Saúde: suas fontes e seu conteúdo	187
3.2.3.2.1.1	Fontes do direito à saúde	187
3.2.3.2.1.2	Conteúdo do direito à saúde	192
3.2.3.2.2	Objetivos gerais do mandato de Hunt	196
3.2.3.2.3	Sugestões de alguns temas principais a serem trabalhados ao longo do seu mandato	196
3.2.3.2.3.1	O direito à saúde e a pobreza	196
3.2.3.2.3.2	O direito à saúde, a discriminação e o estigma	197
3.2.3.2.4	Projetos de intervenções específicas propostos por Hunt: a questão do HIV/AIDS e o caso das doenças negligenciadas	198
3.2.3.3	Relatório de 2004	205
3.2.3.4	Relatório de 2006	211
3.2.3.5	Relatório de 2008	216
3.2.3.5.1	As Diretrizes de Direitos Humanos para as Empresas Farmacêuticas em relação ao acesso a medicamentos	225
3.2.3.5.1.1	Preâmbulo	225
3.2.3.5.1.2	As Diretrizes Gerais	229
3.2.3.5.1.3	As Diretrizes Específicas	229
3.2.3.5.1.4	Conclusões das Diretrizes	233
3.2.3.6	Relatório de 2009	235
3.2.3.6.1	Parte 1	236
3.2.3.6.2	Parte 2	238
	Considerações finais do Capítulo 3	244
CONCLUSÃO		253
REFERÊNCIAS		261

PREFÁCIO

Quase 2 milhões de pessoas, o que perfaz um terço da população do planeta, não têm acesso a medicamentos essenciais.[1] Aproximadamente 90% dos recursos para pesquisas clínicas atualmente são gastos para patologias que atingem somente 10% da população mundial. De 1975 a 1999, apenas, e tão somente, 1% dos novos fármacos produzidos tiveram como escopo doenças negligenciadas, tais como tuberculose ou doenças tropicais. Esses dados ilustram apenas a ponta do *iceberg* do problema subjacente à relação entre saúde global e justiça social. Soluções vislumbradas englobam políticas públicas, ações coordenadas em nível regional e global, arcabouço normativo, fundos internacionais para pesquisa e desenvolvimento, atuação conjunta de Estados, organizações internacionais e organizações não governamentais.

A nossa Constituição de 1988 firmou um inexorável compromisso do Brasil com os direitos humanos, enfatizando o papel do Estado brasileiro em seu dever de promover políticas públicas e sociais, bem como o acesso universal e igualitário a ações e serviços atinentes ao direito social à saúde. Nesse esteio, iniciativas memoráveis podem ser mencionadas, tais como o Programa Brasileiro de DST e HIV/AIDS, coordenado pelo Departamento de Doenças Sexualmente Transmissíveis, Aids e hepatites virais (Ministério da Saúde) criado no final dos anos 80 e considerado como referência mundial em tratamento de doenças sexualmente transmissíveis. Outra iniciativa que merece destaque é o decreto para o licenciamento compulsório do antirretroviral Efavirenz, assinado pelo presidente Luiz Inácio Lula da Silva em 2007, com o aval da Organização Mundial do Comércio, que colocou o Brasil em uma posição de destaque entre os países em desenvolvimento que lutavam em foros internacionais para a quebra de patentes de medicamentos.

---

[1] Hunt, Paul. UN General Assembly, Report of the Special Rapporteur on the Right of Everyone to the Enjoyment of the Highest Attainable Standard of Physical and Mental Health: 11 August 2008, A/63/263.

No plano internacional, cabe ressaltar o documento produzido por meu antigo colega relator especial da ONU Paul Hunt em seu mandato sobre o direito à saúde: *Human Rights Guidelines for Pharmaceutical Companies in relation to Access to Medicines*. O relatório embasou as responsabilidades de direitos humanos das empresas farmacêuticas nos princípios da não discriminação, igualdade, transparência e *accountability*. Traçaram-se 47 diretrizes que versam sobre uma gama de assuntos, *e.g.* preços, testes clínicos, populações desfavorecidas, marketing e ética publicitária, doenças negligenciadas e parcerias público-privadas. Nesse documento, restou esclarecido que a responsabilidade corporativa deve transcender o dever de respeitar, abrangendo a proteção e a efetivação do direito de acesso a medicamentos, tendo em vista que tais deveres são interdependentes.

Ao se falar em responsabilidade e *accountability* na seara dos direitos humanos, o principal responsável, por excelência, é o Estado. No entanto, a visão tradicional eminentemente estadocêntrica está erodindo a cada dia, no seio de uma sociedade global cujos atores, a cada dia, multiplicam-se e diversificam-se.

A garantia da efetivação da saúde em seu mais elevado grau possível consiste, sem dúvida, em um dever incumbente aos Estados. Contudo, no atual cenário das relações internacionais, de elevadíssima complexidade, há a necessidade de uma atuação convergente de outros atores. Nesse contexto, diferentes indivíduos e grupos ganham voz, desafiando teorias e exigindo a evolução de conceitos para que se criem soluções e se aprimorem os diferentes sistemas de proteção aos direitos humanos.

Agora, ganha, portanto, relevo a discussão sobre uma responsabilidade global compartilhada, principalmente no que diz respeito ao acesso a medicamentos, englobando atores não tradicionais como as organizações internacionais, as organizações não governamentais, os setores empresariais farmacêuticos, a mídia e a sociedade civil. Justamente em meio a essa discussão, em agosto de 2010, foi realizada na USP a *Conferência Internacional sobre o Direito à Saúde – o caso das empresas farmacêuticas*,[2] em que se tratou do direito à saúde e da responsabilidade das empresas farmacêuticas transnacionais. A ideia dessa reunião se justificou pela atualidade do tema e também à abordagem inovadora da pesquisa da brilhante e original tese desenvolvida pela pesquisadora do Núcleo de Estudos da Violência – NEV/USP, Thana Cristina

---

[2] Disponível em: <http://direitoasaude.nevusp.org>. Acesso em: 30 jul. 2011.

de Campos, no curso de seus estudos de mestrado na Faculdade de Direito da Universidade de São Paulo, agora transformada no livro *Empresas transnacionais e direitos humanos: as empresas farmacêuticas como objeto de estudo*.

Em dois dias de intenso debate reuniram-se pesquisadores, docentes, estudantes, políticos, representantes de empresas farmacêuticas transnacionais, organizações da sociedade civil e militantes de direitos humanos. A conferência propôs-se a discutir e examinar as perspectivas jurídicas, filosófico-morais e políticas de questões relacionadas a saúde, equidade, justiça, pobreza e direitos humanos. A ideia foi promover um fórum intersetorial e interinstitucional que fizesse jus à complexidade do tema tratado na tese de Thana Campos e suscitasse um debate vivo e efervescente, fruto da confluência de diversos pontos de vista. O sucesso da iniciativa deveu-se, em ampla medida, às instigantes intervenções de todos panelistas. Entre esses, citemos Thomas Pogge (Univ. Yale), abordando a proposta do *Health Impact Fund* (HIF), fundo global para P&D em doenças negligenciadas, Pavlos Eleftheriadis (Univ. Oxford), explorando as nuances teóricas do direito humano à saúde, Paul Hunt e Anand Grover (*Special Rapporteurs* da ONU sobre o *Right to the Highest Attainable Standard of Health*), assim como de meus queridos colegas da Faculdade de direito da USP, Maria Eugênia Raposo da Silva Telles e Guilherme de Almeida. Compartilharam e debateram suas vivências, Cláudio Maierovitch e Dirceu Greco (Ministério da Saúde), discutindo os avanços das políticas públicas de HIV/AIDS e Marcelo Liebhardt (Interfarma), trazendo o ponto de vista das empresas farmacêuticas e enriquecendo ainda mais a qualidade do debate. Cumpre registrar, ainda, as outras brilhantes contribuições aos painéis, igualmente relevantes para desenhar cenários e apontar caminhos às várias questões aferentes ao entrelaçamento entre responsabilidades do setor farmacêutico, *accountability*, acesso a medicamentos e direito à saúde. Tais assuntos estão melhor escrutinizados, com invejável destreza técnica e rigor acadêmico, na obra que o leitor tem em mãos.

É justamente nesse contexto que surge o livro *Empresas transnacionais e direitos humanos: as empresas farmacêuticas como objeto de estudo* e para mim é um privilégio poder escrever este prefácio desse belo trabalho de Thana Campos, tanto pela importância do tema abordado como pela qualidade da pesquisa e o rigor do livro. Este livro foi elaborado com absoluta maestria, resultado de ampla pesquisa teórica, no Largo de São Francisco, e empírica, nos bastidores do Alto Comissariado de Direitos Humanos da ONU em Genebra. Como toda relevante obra que promove o ativismo e a produção intelectual em direitos humanos, não tenho a menor dúvida de que este livro, de agora em diante, será essencial para todos que atuam pela promoção dos direitos humanos e que se dedicam a desencadear inovações em prol da Justiça Global.

Paulo Sérgio Pinheiro

Professor adjunto de relações internacionais, Brown University, EUA e professor titular de ciência política, USP; Comissionado e Relator da Criança, Comissão Interamericana de Direitos Humanos, CIDH, OEA (2003-2011) e Expert Independente do Secretário-Geral da ONU para o estudo mundial de violência contra a criança (2003-2008).

APRESENTAÇÃO

A obra, que se apresenta, intitulada *Empresas transnacionais e direitos humanos: as empresas farmacêuticas como objeto de estudo*, passa a integrar a coleção *Direitos Humanos*, é originária em dissertação de mestrado apresentada na Faculdade de Direito da Universidade de São Paulo, em direito internacional.

O trabalho é bem mais abrangente que o sugerido pelo seu título. A autora faz importante reflexão sobre os conceitos clássicos do direito internacional e alicerça seu estudo nas Normas Gerais sobre a Responsabilidade das Corporações Transnacionais e outras empresas com relação aos direitos humanos, da ONU, e em estudos de dois expertos independentes, um especialista em direitos humanos (John Ruggie) e o outro em saúde (Paul Hunt).

O contraponto entre as Normas e os expertos resulta em questionamento sobre os sujeitos responsáveis pela tutela dos direitos humanos e reparte o dever entre os agentes públicos e privados.

É incontroverso que a tutela dos direitos humanos, com a globalização, passou a ter novos contornos e conceitos clássicos do direito internacional que precisaram ser reanalisados. A soberania dos Estados em face da jurisdição internacional, na tutela dos direitos humanos, por exemplo, na moderna doutrina está em discussão.

A autora insere, no trabalho, tais questionamentos e afirma "se a proteção da dignidade humana é o fim maior da comunidade internacional, os desafios postos globalização e privatização forçam uma revisão da lógica internacional clássico vigente, de modo a responder mais efetivamente à plena realização dos direitos humanos. Afinal, o direito internacional vigente parece não responder adequadamente à erosão das dicotomias entre Sujeito e Objeto de Direito Internacional e entre Público e Privado".

Sob tal enfoque, o estudo inova ao inserir as *empresas farmacêuticas transnacionais* dentro do universo responsável pela tutela dos direitos humanos. E, mais ainda, ao atribuir-lhes corresponsabilidade na tutela do direito à saúde pública.

O tema ultrapassa a barreira do tecnicismo jurídico e pode levar à análise sociológica. Veja-se, por exemplo, que o papel da indústria farmacêutica na tutela dos direitos humanos, sob o enfoque social, ganhou relevo em livro e filme.

O filme intitulado *O jardineiro fiel*, baseado no romance *The Constant Gardner* de John Le Carré, aborda a delicada questão da ética na pesquisa cientifica e a utilização de cobaias humanas em experimentos medicamentosos. Chama a atenção, no enredo, a parceria existente entre o Estado e uma indústria farmacêutica multinacional e, de modo unilateral, o Estado, no caso pobre e subdesenvolvido, consente que a indústria farmacêutica utilize a população como cobaia humana, em experimento. As questões sobre ética, soberania, globalização e poderio econômico permeiam o filme.

A presente obra e o filme sugerido oferecem material de reflexão jurídica e sociológica sobre o papel da indústria farmacêutica na tutela dos direitos humanos.

Boa leitura.

São Paulo, agosto de 2011.

Cleunice Valentim Bastos Pitombo
Professora, Mestre e Dra. em Processo Penal (USP).

NOTA DA AUTORA

Saúde. Este sempre foi um tema recorrente na minha vida, especialmente no meu ambiente familiar. Meus pais são professores de Odontologia e, como bons profissionais da área da saúde, sempre foram muito preocupados com a prevenção de moléstias que pudessem comprometer nosso pleno desenvolvimento e bem-estar físico e mental; e, obviamente, como bons dentistas, eram obsessivamente cuidadosos com nossa saúde bucal e alimentação balanceada. Lembro-me das reuniões familiares que inevitavelmente acabavam se centrando nas discussões acerca das pesquisas de doenças diversas, dos tratamentos, preventivos e curativos, disponíveis ou em fase de testes, incluindo vacinas e medicamentos.

Tendo crescido em um ambiente onde a saúde e o acesso a tratamentos eram não apenas habitualmente discutidos, mas também facilmente acessíveis (já que, ao menor sintoma, bastava facilmente acessar o amplo conhecimento e experiência dos meus pais), a realidade da violação do direito à saúde, sofrida por milhões de pessoas, era algo um tanto distante da minha rotina diária. Distante, mas próxima, simultaneamente: o fato de que dois milhões de pessoas no mundo não têm acesso aos medicamentos mais essenciais à manutenção de sua saúde, sempre foi evidente nas ruas da minha cidade, nas longas filas dos hospitais públicos perto da minha casa, na revolta dos indivíduos cuja saúde é prejudicada ou negada. A violação ao direito à saúde, que se torna ainda mais grave quando atrelada a um contexto de pobreza e exclusão social, é evidente e próxima a mim, a você e a todos os que têm o privilégio do acesso a tratamentos adequados.

Como estudante da Faculdade de Direito da USP, os acalorados debates nas Arcadas sempre nutriram minha curiosidade a respeito de temas correlatos à justiça e responsabilidade pela violação de direitos. Ao longo dos anos da graduação, crescia meu interesse em estudar detidamente o ciclo vicioso existente entre a pobreza e a violação do direito à saúde, que me inquietava mais e mais, à medida que mergulhava na literatura a esse respeito. A relação entre pobreza e violação do direito à saúde é quase intuitiva: não é difícil perceber o quanto a saúde dos indivíduos é comprometida em um contexto de privação. Essa relação é obvia sobretudo no que concerne às doenças negligenciadas.

Os aspectos morais, econômicos e jurídicos das doenças negligenciadas estavam sendo fervorosamente debatidos nas Arcadas em 2002, meu ano de caloura. Isso porque, em 2002, o Governo brasileiro passava a adotar uma postura pioneira e ativa no cenário das negociações mundiais para a advocacia de um direito universal ao acesso a medicamentos, em particular no contexto dos antirretrovirais. No ano de 2005, quando então cursava o meu quarto ano do curso de Direito, o debate tornara-se tão acalorado que motivou a organização de um seminário. Visava-se debater a posição do governo brasileiro, que passava a pressionar de forma mais contundente os laboratórios farmacêuticos a baixarem os preços dos antirretrovirais, sob a ameaça da utilização do licenciamento compulsório. Questionava-me, todavia, se a solução para o problema das doenças negligenciadas — problema tão complexo e multifacetado/interdisciplinar — estaria no mecanismo do licenciamento compulsório, legalmente previsto pelo TRIPs (*Trade-Related Aspects of Intellectual Property Rights*). Perguntava-me se a resposta mais adequada e sustentável à negação do acesso a medicamentos — tema tão institucionalmente complicado, especialmente quando conectado à questão da pobreza global — estaria nesse mecanismo da Organização Mundial do Comércio (OMC).

Essas foram minhas motivações iniciais para estudar o mecanismo do licenciamento compulsório de medicamentos, à luz dos conceitos da Pobreza Mundial e do Direito ao Desenvolvimento,[3] sob a orientação do Professor Celso Lafer.

Ao final desse meu primeiro trabalho, eu havia constatado que as doenças negligenciadas são, no mundo contemporâneo, um *caminho bloqueado no labirinto da vida coletiva*, para citar a metáfora de Norberto Bobbio. Elas explicitam uma forma clara de violência à dignidade humana e ao direito à saúde, traduzindo-se num exemplo evidente de como a *descartabilidade do ser humano*, falando agora com Hannah Arendt, persiste nos dias atuais. As doenças negligenciadas são uma violação aos direitos humanos, mas de quem seria a responsabilidade

---

[3] Parte dos meus estudos acerca do licenciamento compulsório de medicamentos, analisados à luz dos conceitos da Pobreza Mundial e do Direito ao Desenvolvimento, podem ser encontrados em: CAMPOS, Thana Cristina de. *Doenças negligenciadas, pobreza e exclusão social*: mera coincidência geográfica? (Neglected Diseases, Poverty and Social Exclusion: a mere geographical coincidence?). *Revista da Faculdade de Direito da USP*, São Paulo, v. 103, 2008; e CAMPOS, Thana Cristina de. *A licença compulsória de medicamentos como política pública de saúde* (Compulsory Licensing of Medicines as a Public Heath Policy). *Revista da Faculdade de Direito da USP*, São Paulo, v. 102, 2007.

por resolver o problema? Se, de um lado, duvidava que a responsabilidade estivesse na OMC, como organização intergovernamental, de outro lado, percebia certa unanimidade na literatura, afirmando que a responsabilidade pela realização dos direitos humanos de cada cidadão cabia tão somente a seu Estado. Persistia, porém, a minha inquietação: seria a responsabilidade pelo acesso a medicamentos apenas dos Estados? Afinal, todo o *know-how* concentrava-na nas indústrias farmacêuticas, econômica e politicamente influentes no cenário global.

Foi assim que eu pensei na possibilidade de as empresas serem responsabilizadas, ao lado dos Estados, pela realização dos direitos humanos. Para mim, a responsabilidade das empresas farmacêuticas em relação às doenças negligenciadas apresentava-se como um dos possíveis *caminhos de saída para o problema*, embora, como adverte Bobbio, *não haja apenas uma única saída definitiva*. Assim, logo após a graduação na Faculdade de Direito da USP, iniciei o Mestrado em Direito Internacional, na mesma instituição. Sob a orientação da Professora Cláudia Perrone-Moisés, propus-me a verificar a possibilidade de as empresas transnacionais serem responsabilizadas por violações de direitos humanos, analisando, especificamente as empresas farmacêuticas e o problema do acesso a medicamentos.

Logo nas minhas leituras e pesquisas preliminares deparei-me com a dificuldade de encontrar uma bibliografia que tratasse da questão com a profundidade adequada. A maior parte da literatura que contempla a questão do acesso a medicamentos e sua relação com as empresas farmacêuticas faz uma análise sob a perspectiva do Direito Internacional Econômico, com base particularmente no TRIPs. Minha inspiração estava, todavia, nos Direitos Humanos, e acreditava que essa seria a contribuição do meu trabalho: estudar o acesso a medicamentos e as empresas farmacêuticas sob a perspectiva do Direito Internacional dos Direitos Humanos, ou seja, da ONU, e não da OMC.

Tendo elegido a perspectiva dos Direitos Humanos, a FAPESP advertia-me para que perseguisse uma análise acadêmica acerca da questão, tomando o cuidado, portanto, para não estabelecer um diálogo meramente apaixonado e militante. Tendo essa preocupação em mente e à guisa de consistência acadêmica, sob recomendação da Professora Cláudia, passei a analisar como o tema estava sendo discutido no Alto Comissariado da ONU para os Direitos Humanos (OHCHR). No *website* do Alto Comissariado verifiquei a existência de uma série de documentos que tratavam não apenas do tema da responsabilidade das empresas transnacionais, genericamente consideradas, mas também das empresas farmacêuticas.

Estudando atentamente cada documento disponibilizado pelo *website*, verifiquei que havia muitos documentos que tratavam da relação entre as empresas e os direitos humanos, desde a década de 1970 (quando a ONU começava a se dedicar à regular questão), até os dias atuais sob a coordenação do Representante Especial apontado para esclarecer a questão (John Ruggie). Havia também uma vasta coleção de documentos que tratavam do tema das doenças negligenciadas e do acesso a medicamentos, sob coordenação do Relator Paul Hunt. Mais do que isso, em meados de 2007, eu havia descoberto, pelo *website* do Alto Comissariado, que o relator Hunt, estava formulando naquele ano diretrizes de direitos humanos às empresas farmacêuticas, especificamente no que concerne ao acesso a medicamentos.

A ideia de realizar um estágio de pesquisa no Alto Comissariado da ONU para os Direitos Humanos (OHCHR) partiu da Professora Claudia. Passei o primeiro semestre de 2008 em Genebra, o que contribuiu significativamente para o amadurecimento da minha pesquisa. Tive acesso a uma vasta biblioteca que continha uma ampla literatura sobre esses temas que eu me propunha a estudar. Toda essa experiência foi extremamente rica, porque pude ter contato direto com os dois relatores, ouvir as suas discussões pessoalmente, e assim compreender em que aspectos divergiam ou concordavam.

De volta ao Brasil no segundo semestre de 2008, passei então a me concentrar detidamente na análise dos documentos produzidos pelos relatores Ruggie e Hunt. Esse foi o corte metodológico que adotamos: centraria minha discussão na ONU, mais precisamente no trabalho dos dois relatores. Isso porque toda a literatura internacional que eu havia coletado na biblioteca da ONU estava se desenvolvendo em torno ou a partir de um diálogo crítico com um ou outro relator.

No meu julgamento, eu percebia que a teoria de Hunt parecia mais alinhada com o discurso do Direito Internacional dos Direitos Humanos, em busca da mais ampla proteção e promoção possível da dignidade humana. Tendo em mente as observações da FAPESP quanto a ter o cuidado para não conduzir as discussões de um modo apaixonado e pouco fundamentado doutrinariamente, tentei, então, justificar os ideais defendidos por Hunt a partir das teorias de Henry Shue, Norberto Bobbio e Mirreille Delmas-Marty. Assim, na conclusão deste trabalho, eu tentei indicar que a responsabilidade em relação ao acesso a medicamentos é compartilhada por todos os atores que compõe a comunidade internacional, na busca de um "pluralismo ordenado" para falar com Delmas-Marty.

Hoje existe um mundo multipolar, governado simultaneamente por forças centrípetas e centrífugas, para citar o Professor Celso Lafer, com a erosão de definições tradicionais do Direito Internacional, como sujeito e objeto, público e o privado. Parece importante, nesse sentido, falar em uma responsabilidade geral compartilhada, formada pela soma das diferentes responsabilidades de cada ator internacional, responsabilidades essas que se complementam. Ou seja, eu entendo que essa responsabilidade seja conjunta e solidária, partilhada por todos: Estados, organizações intergovernamentais, empresas transnacionais, sociedade civil, mídia e, inclusive, academia. Todos esses atores, juntos, têm o poder (e aqui "poder" possui o sentido arendtiano) para uma construção conjunta de um entendimento comum acerca da questão.

Lendo Andrew Hurrel,[4] para quem os três desafios da sociedade internacional são: (i) a definição de interesses comuns compartilháveis; (ii) a questão das desigualdades de poder; e (iii) os conflitos de valores e interesses, persiste a minha motivação em continuar aprofundando o estudo da responsabilidade das empresas em relação aos direitos humanos, porque vejo que ela lida com esses três desafios concomitantemente. A ideia de uma responsabilidade compartilhada, como tento esboçar na conclusão deste livro, parece ser uma questão de justiça global, cosmopolita. A responsabilidade das empresas em relação aos direitos humanos pode ter como um dos fundamentos a necessidade de uma redistribuição mais equitativa dos poderes políticos e econômicos, que estão hoje concentrados nas Nações ricas e nas grandes corporações transnacionais. Há desigualdade na distribuição dos poderes econômico e político que norteiam a questão do acesso a medicamentos, o que leva a uma polarização de interesses e a um conflito de valores. Há, todavia, a possibilidade de captação de interesses comuns, compartilhados, por meio de diálogos cooperativos rumo a uma justiça global. Essa possibilidade deve, atualmente, ser justificada para que consiga tornar-se legítima. Esse parece ser um dos mais prioritários desafios, rumo à harmonização das tensões entre as atividades empresariais e os direitos humanos.

Acredito que a semente para a construção dessa noção de responsabilidade compartilhada já foi plantada e vem sendo cultivada pela ONU desde a década de 1970. Como veremos nos capítulos que se seguem, o adensamento de juridicidade conseguido com as *Normas de Responsabilidades das Corporações Transnacionais*, de 2003, e com os

---

[4] HURRELL, Andrew. *On Global Order*. Oxford: OUP, 2007.

esforços de diálogo e construção de consensos que foram empreendidos por Ruggie e por Hunt já demonstram que houve um grande avanço nessas discussões. Neste trabalho chamou-se atenção para a responsabilidade das empresas farmacêuticas, sem que isso indique, todavia, um esvaziamento das responsabilidades dos demais atores, em particular dos Estados. A ideia de uma responsabilidade compartilhada parece bastante complexa, o que leva a crer que deva ser construída paulatinamente, a partir de um diálogo bobbiano cooperativo, participativo, inclusivo e transparente, na lógica da escolha do possível, guiado pela razão kantiana abrangente da humanidade, ou, como diria Arendt, norteado pelo *amor mundi*, na construção contínua de uma convivência coletiva pacífica que realize a dignidade de todos os seres humanos.

INTRODUÇÃO

C. Perrone-Moisés verifica a existência de um confronto entre duas concepções no âmbito do direito internacional: "de um lado, o direito internacional clássico, que privilegia as imunidades e a soberania, de outro, um direito internacional de construção mais moderna, que, dando relevância à proteção dos direitos humanos, insere-se no campo dos valores compartilhados pela comunidade internacional".[5]

Um reflexo desse confronto entre o direito internacional clássico, centrado exclusivamente nas relações interestatais, e o direito internacional mais moderno, afeto a uma comunidade internacional que dá primazia à maior proteção dos direitos humanos, é o grave impacto gerado pelas atividades empresariais na realizabilidade dos direitos humanos. Delmas-Marty relembra que "os dois mundos, o da economia e o dos direitos do homem, descobrem-se mutuamente e começam a se comunicar entre si. As tensões não desapareceram (...), na medida em que se percebe a inconveniência da pobreza e (...) a inquietude da precariedade". No entanto, "os meios para transformar as tensões em sinergia já são acessíveis, com a condição de saber delimitá-los e de aprender a servi-los".[6]

Diante disso, faz-se premente a harmonização das tensões existentes entre as atividades empresariais e os direitos humanos. A sinergia dos discursos da economia de mercado e dos direitos humanos para a construção de um pluralismo sistematizado é uma tendência contemporânea. E é também um dos objetivos deste trabalho, que se alicerçará sobre os valores do Direito Internacional dos Direitos Humanos.[7] Adota-se a perspectiva de um "pluralismo ordenado",[8]

---

[5] PERRONE-MOISÉS, Cláudia. *Imunidades de chefes de Estado e crimes internacionais*. Tese (Livre-Docência) – Faculdade de Direito da USP, São Paulo, 2009. f. 2.

[6] DELMAS-MARTY, Mireille. *Três desafios para um direito mundial*. Rio de Janeiro: Lumen Juris, 2003. p. 69.

[7] "O Direito Internacional dos Direitos Humanos é um valor, que, para ser respeitado, requer o princípio normativo da não-violência. Garantida a dignidade humana por meio da não-violação de seus direitos humanos mais essenciais, o que pode o ser humano fazer, daí em diante? O homem e a mulher, caso queira, podem desenvolver-se" (ALMEIDA, Guilherme Assis de. *Direitos humanos e não-violência*. São Paulo: Atlas, 2001. p. 166).

que se propõe a resolver tensões compatibilizando diferenças, na busca de um ordenamento jurídico global comum. É nesse esteio que nos propomos a estudar o choque entre a lógica de mercado, em que se inserem as empresas transnacionais, e a lógica dos direitos humanos, pela qual se pretende moderar as suas atividades.

Repensar os direitos humanos, à guisa da elaboração de uma teoria de respeito, proteção e promoção[9] de direitos humanos, coerente e compatível com as novas exigências da realidade mundial contemporânea, não é tarefa fácil. Exige-se na atualidade a formulação de um fundamento teórico inclusivo dos atores não estatais, cuja influência e poder produzem impacto severo na realização dos direitos humanos. Face às exigências introduzias pelo novo cenário mundial, torna-se indispensável a incorporação de novos atores desse sistema internacional, igualmente influentes na condução das decisões internacionais.

Faz-se necessário, portanto, revisitar a teoria tradicional dos direitos humanos, com o propósito de responder mais adequadamente aos novos desafios colocados por atores privados à realização da dignidade humana. A globalização e a privatização evidenciaram o paradoxo e a desproporcionalidade entre, de um lado, a influência e o poder das empresas transnacionais e, de outro, sua limitada responsabilidade pelas graves violações de direitos humanos ocasionadas por suas atividades. Explicita-se, assim, a necessidade de um esforço teórico de construção jurídica que permita a responsabilização desses entes privados, de modo a assegurar a maior proteção possível da dignidade humana.

Diante dessas justificativas, o presente trabalho procurará responder às seguintes indagações: existe a possibilidade de responsabilização, na seara do Direito Internacional dos Direitos Humanos, das empresas transnacionais pela violação a direitos humanos? E, no que concerne

---

"(...) o Direito Internacional dos Direitos Humanos visa, antes de mais nada, *a proteção do indivíduo*" (RAMOS, André de Carvalho. *Responsabilidade internacional por violação de direitos humanos*: seus elementos, a reparação devida e sanções possíveis: teoria e prática do direito internacional. São Paulo: Renovar, 2004).

[8] DELMAS-MARTY, Mireille. *Três desafios para um direito mundial*. Rio de Janeiro: Lumen Juris, 2003. p. 117.

[9] No presente trabalho, adotar-se-á a classificação de Henry Shue, que define três vertentes de responsabilidade pelos direitos humanos, a saber, respeitar, proteger e promover. Trata-se da Teoria da Tipologia Tripartite, elaborada por Shue (SHUE, H. *Basic Rights – Subsistence, Affluence, and U.S. Foreign Policy*. Princeton: PUP, 1980) e retomada por Asbjorn Eide, à ocasião em que exercia a função de Special Rapporteur sobre o Direito à Alimentação (Doc. UN: E/CN.4/Sub.2/1987/23, *The Right to Adequate Food as a Human Right*, 7 July 1987, paras. 66-69). Mais tarde, a tipologia sobre a natureza e extensão das obrigações de direitos humanos foi estabelecida formalmente pelas Diretrizes de *Maastricht, de 1997* (*The Maastricht Guidelines on Violation of Economic, Social and Cultural Rights*. HRQ, 20, 3, p. 691-705, 1998).

especificamente às empresas farmacêuticas transnacionais, em que medida seria possível responsabilizá-las pelos óbices que colocam à realização do direito à saúde, particularmente ao acesso a medicamentos?

A justificativa para o estudo das responsabilidades das Empresas Transnacionais em matéria de Direitos Humanos

O tema da responsabilidade das empresas farmacêuticas em relação ao direito à saúde ganha premência e relevância social quando remete ao problema do acesso a medicamentos, sobretudo no contexto das doenças negligenciadas. A questão das doenças negligenciadas acaba sendo especialmente cara ao debate acerca da responsabilidade das empresas farmacêuticas porque lida com dois pontos críticos concernentes ao direito humano à saúde, a saber, o acesso a medicamentos e a pobreza.

As doenças negligenciadas são, basicamente, moléstias que afetam as populações mais pobres, marginalizadas e vulneráveis.[10] São doenças que não recebem os necessários investimentos em pesquisa e desenvolvimento (P&D), fato que compromete o acesso a medicamentos voltados para tais enfermidades.[11] As doenças negligenciadas explicitam, como observa Farmer, relações de poder desequilibradas e desproporcionais, ao se contrastar a influência e a capacidade das empresas farmacêuticas transnacionais, de um lado, com a vulnerabilidade das comunidades pobres afetadas, de outro.[12] Para Farmer, as violações de

---

[10] "Neglected diseases are those diseases understood to be primarily affecting people living in poverty in developing countries, in particular in rural areas" (TDR/SDR/SEB/ST/07.2, HUNT, Paul. Neglected Diseases. a HR Analysis. *Special Topics in Social, Economic, and Behavioural Research Report Series n. 6*, p. 1, 2007).
WHO/CDS/2003.15, KINDHAUSER, M. (Ed.). *Communicable Diseases 2002*: Global Defense Against the Infectious Diseases Threat. Geneva: WHO, 2003; WHO. *Global Defense Against the Infectious Diseases Threat*, 2002. p. 96.

[11] Lembre-se, nesse tocante, o fenômeno do 10/90 Gap: apenas 10% de toda a P&D existente é voltada para doenças que afetam 90% da população mundial (UN DOC. E/CN.4/2003/58, *Economic, Social and Cultural Rights – The right of everyone to the enjoyment of the highest attainable standard of physical and mental health – Report of the Special Rapporteur, Paul Hunt, submitted in accordance with Commission resolution 2002/31*, 13 February 2003, para. 81).

[12] "In an age of explosive development in the realm of medical technology, it is unnerving to find that the discoveries of Salk, Sabin, and even Pasteur remain irrelevant to much of humanity. (...) the majority of premature deaths are (...) "stupid deaths". They are completely preventable with tools already available to the fortunate few. (...) these deaths are a great injustice" (FARMER, Paul. *Pathologies of Power*: Health, Human Rights and the New War on the Poor. California: University of California Press, 2004. p. 144).

direitos humanos não são acidentais, nem se manifestam aleatoriamente. São, em verdade, consequências de "patologias de poder" mais profundas, alicerçadas sobre questões de injustiça social em âmbito mundial.[13]

As assimetrias de poder que envolvem o debate em torno das responsabilidades das empresas farmacêuticas em relação ao direito à saúde e, especificamente, ao acesso a medicamentos no contexto da pobreza retomam, em última instância, uma questão de justiça no nível global. Seja no âmbito internacional, seja no âmbito interno, o Brasil pode ser eleito como um dos protagonistas do considerável progresso na realizabilidade do direito humano à saúde, em particular no que tange ao acesso a medicamentos. Internamente, a Política Nacional de Medicamentos[14] e, sobretudo, o Programa Nacional de DST/AIDS[15]

"It makes sense to distinguish between a struggle for Access to Power – breaking the gendered "glass ceiling" of transnational corporations, say – and a struggle for access to a basic good such as primary health care, especially if the same corporations that reluctantly open their boardrooms to a few women and minorities are involved in causing the deepening inequality between rich and poor" (FARMER, Paul. *Pathologies of Power*: Health, Human Rights and the New War on the Poor. California: University of California Press, 2004. p. 231).

[13] "Human rights violations are not accidents; they are not random in distribution or effect. Rights violations are, rather, symptoms of deeper pathologies of power and are linked intimately to the social conditions that so often determine who will suffer abuse and who will be shielded from harm. If assaults on dignity are anything but random in distribution or course, whose interests are served by the suggestion that they are haphazard?" (FARMER, Paul. *Pathologies of Power*: Health, Human Rights and the New War on the Poor. California: University of California Press, 2004. p. 7).

[14] Implementada em 1999, a Política Nacional de Medicamentos baseia-se nos princípios do Sistema Único de Saúde (SUS), tendo como objetivo a promoção do acesso a medicamentos essenciais a toda a população brasileira. A Relação Nacional de Medicamentos Essenciais (RENAME) baseia-se no perfil epistemológico do País, abarcando as doenças que figuram como problemas de saúde pública no Brasil, atingindo ou colocando em risco as coletividades.

A Política Nacional de Medicamentos estimula a produção interna dos medicamentos constantes do RENAME, devendo os laboratórios público brasileiros (Funed, Furp, Lafepe e Far-manguinhos, para citar alguns) produzir preferencialmente os medicamentos essenciais destinados ao interesse da saúde pública brasileira (MINISTÉRIO DA SAÚDE. *Política Nacional de Medicamentos*. Brasília: Ministério da Saúde, 2001). Nesse sentido, citem-se a Lei nº 9.787, de 10 de fevereiro de 1999, que permite que os laboratórios públicos produzam localmente medicamentos genéricos; o Programa da Farmácia Popular do Brasil, com 445 unidades espalhadas pelo País, responsáveis pelo atendimento de cerca de 500 mil pessoas mensalmente, a partir da oferta de 107 medicamentos comprados e distribuídos pela Fundação Oswaldo Cruz.

[15] Em resposta à pressão social encabeçada pelo Grupo de Apoio a Prevenção da AIDS (GAPA), de São Paulo, e a Associação Brasileira Inteterdisciplinar de AIDS (ABIA), do Rio de Janeiro, em 1985, criou-se o Programa Nacional de AIDS, do Ministério da Saúde, juntamente com uma Comissão Nacional de DST e AIDS para a participação da sociedade civil. Destaque-se que o Brasil foi, em 1990, o primeiro país em desenvolvimento a fornecer os medicamentos antirretrovirais gratuitamente, com produção nacional e distribuição de AZT já em 1991.

demonstram o pioneirismo brasileiro como modelo inspirador aos demais países em desenvolvimento. Internacionalmente, sobretudo no seio da ONU (em especial na Assembleia Geral e no ECOSOC), a ativa participação brasileira nos debates acerca do direito à saúde e do acesso a medicamentos foi crucial para a evolução desses entendimentos.[16]

Estrutura do trabalho

Este trabalho parte da noção geral da responsabilidade internacional das empresas transnacionais em relação aos direitos humanos, para, após, verificar as especificidades das responsabilidades das empresas farmacêuticas transnacionais em relação ao direito à saúde e ao acesso a medicamentos. Ele está dividido, portanto, em duas partes. A primeira parte, ou parte geral, analisa a relação conflituosa que existe entre as atividades desenvolvidas pelas empresas transnacionais e as graves violações de direitos humanos a que elas dão causa. A segunda parte, ou parte específica, dedica-se às particularidades das empresas farmacêuticas e aos obstáculos que elas colocam, por meio de suas decisões corporativas, à realização do direito à saúde e do acesso a medicamentos, particularmente no que se refere ao grave problema das doenças negligenciadas.

Assim, a Parte I divide-se entre os capítulos 1 e 2. O Capítulo 1 analisa as iniciativas da ONU na tentativa de regulamentar a atividade empresarial em relação aos direitos humanos. Retoma, assim, o Código de Conduta da ONU para as empresas transnacionais, o Pacto Global e as *Normas sobre Responsabilidades das Corporações Transnacionais e outras empresas com relação aos Direitos Humanos*. Em seguida, O Capítulo 2 descreve como o tema da Responsabilidade das Empresas Transnacionais em relação aos Direitos Humanos vem atualmente sendo tratado pela ONU, em especial mediante os relatórios do Representante Especial John Ruggie, que, recentemente, enunciou seu entendimento baseado no tripé "Proteger, Respeitar e Remediar".

---

[16] "Brazil was a major contributor and sponsor of Resolution 2001/33, not only because of its understanding of the importance of treatment and care in the battle against HIV/AIDS, but also, and mainly, because of its principled commitment to the protection and advancement of the human rights of those people living with HIV/AIDS (PLWA) and because of its comprehension that the deep involvement of PLWAs enhances and maximizes the capacity of the State to play a meaningful role in the overall strategy to halt the AIDS epidemic" (UN. Doc.: E/CN.4/2002/171, *Economic, Social and Cultural Rights – Note Verbale dated 24 March 2002 from the Permanent Mission of Brazil to the United Nations Office at Geneva addressed to the Chairperson of the fifty-eighth session of the Commission on Human Rights*, 8 Apr. 2002, p. 2).

Finalmente, a Parte II apresenta o Capítulo 3, que busca definir as responsabilidades específicas das empresas farmacêuticas em relação ao direito à saúde e ao acesso a medicamentos. O capítulo verifica preliminarmente o acesso a medicamentos, descrevendo como o conceito foi trabalhado na Assembleia Geral da ONU e no ECOSOC (pela Comissão de Direitos Humanos, pelo Conselho de Direitos Humanos e pelo Relator Especial Paul Hunt). Após, detém-se na análise dos principais trabalhos do Relator Especial Hunt, com o fim de construir o entendimento acerca das responsabilidades das empresas farmacêuticas em relação ao direito à saúde e ao acesso a medicamentos, sobretudo no contexto das doenças negligenciadas.

Material pesquisado

No Capítulo 1, foram utilizados (i) o Código de Conduta da ONU para as empresas transnacionais, elaborado pela Comissão das Empresas Transnacionais, ligada ao ECOSOC; (ii) o Pacto Global, compromisso político anunciado em 31 de Janeiro de 1999 pelo então Secretário-Geral da ONU Koffi Annan; e (iii) as *Normas sobre Responsabilidades das Corporações Transnacionais e outras empresas com relação aos Direitos Humanos*, de 2003, complementadas pelos seus comentários, elaborados pela Subcomissão de Direitos Humanos da ONU.

No Capítulo 2, foi analisado o conteúdo dos relatórios exarados pelo Representante Especial John Ruggie, de 2005, ano de início de seu mandato, até o ano de 2010. Tais relatórios, submetidos à nossa apreciação, foram enumerados ao final do Capítulo 2, em um quadro-resumo que identifica o ano, o número do documento, o seu título, além do órgão e da sessão em que fora apreciado.

O Capítulo 3, a seu turno, analisa diversos documentos da Assembleia Geral, da Comissão de Direitos Humanos e do ECOSOC, seja a respeito das pandemias como o HIV/AIDS, seja a respeito do direito ao mais alto padrão de saúde física e mental. Além disso, à semelhança do Capítulo 2, o Capítulo 3 retoma alguns dos principais trabalhos do Relator Especial Paul Hunt, desenvolvidos entre 2002 e 2009. Vale lembrar que todos os documentos aludidos encontram-se igualmente relacionados ao final do Capítulo 3, em um quadro-resumo que identifica o número do documento, o seu título e o órgão e a sessão em que fora apreciado.

Cumpre esclarecer, por derradeiro, que o presente trabalho constitui-se de uma análise descritiva e crítica essencialmente dos documentos e estudos exarados pelos órgãos da ONU. Isso porque o tema da responsabilidade das empresas transnacionais em relação aos direitos humanos vem sendo amplamente discutido no seio desta organização, na tentativa de se construir uma teoria de responsabilização de atores não estatais, cuja influência e poder produzem impacto severo na realização dos direitos humanos. É tarefa deste trabalho contribuir para tal debate e para a construção de uma teoria acerca das responsabilidades das empresas farmacêuticas em relação ao direito à saúde. Tal construção encontra respaldo na teoria do respeito, da proteção e da promoção de direitos humanos pelos Estados, sendo adaptada às novas exigências da realidade mundial contemporânea, na esteira do movimento da reconstrução dos direitos humanos, conforme à realidade e à experiência política humana.

PARTE I

AS RESPONSABILIDADES DAS EMPRESAS TRANSNACIONAIS EM RELAÇÃO AOS DIREITOS HUMANOS

CAPÍTULO 1

HISTÓRICO DA CONSTRUÇÃO DO CONCEITO DE RESPONSABILIDADE DAS EMPRESAS TRANSNACIONAIS EM RELAÇÃO AOS DIREITOS HUMANOS

Introdução

A regulamentação da atividade empresarial com relação ao impacto sobre a realização dos direitos humanos é inaugurada entre as décadas de 1970 e 1980, com o Código de Conduta da ONU para as empresas transnacionais, muito embora ele nunca tenha sido aprovado para entrada em vigor. Seguindo essa mesma tendência, em 1976, a OCDE estabeleceu os Princípios Diretores para as Empresas Multinacionais, revisto em 2000. Em 1977, a OIT, seguindo esse mesmo movimento, aprovou a Declaração Tripartite de Princípios sobre Empresas Multinacionais e Política Social, também revisitada em 2000. Ao longo da década de 1990, um número crescente de ONGs, consumidores e investidores passam a chamar atenção às violações de direitos humanos perpetradas por empresas transnacionais. Em consequência disso, em 1999, o então Secretário-Geral da ONU propôs o Pacto Global, um compromisso político que enuncia dez princípios dirigidos à comunidade empresarial.

A despeito das conquistas alcançadas pelos documentos mencionados, o verdadeiro marco regulatório da matéria de direitos humanos e empresas transnacionais foi estabelecido em 2003, mediante a aprovação das *Normas sobre Responsabilidades das Corporações*

Transnacionais e outras empresas com relação aos Direitos Humanos, pela Subcomissão de Direitos Humanos da ONU. As *Normas* vão além dos documentos que a antecederam, na medida em que determinam explicitamente a responsabilidade das empresas no que se refere ao respeito, à promoção e à implementação dos direitos humanos.

Antes de passar à análise de cada um dos instrumentos regulatórios mencionados, cumpre fazer um esclarecimento acerca dos termos Responsabilidade Social Corporativa e *Accountability*.

As tentativas de harmonização das tensões entre direitos humanos e atividades empresariais retomam uma diferenciação terminológica relevante entre Responsabilidade Social Corporativa e *Accountability*.

A noção de Responsabilidade Social Corporativa é amplamente empregada pelas empresas, estando diretamente atrelada à imagem positiva que elas desejam divulgar para o mercado, por meio de estratégias de marketing.[17] A Responsabilidade Social Corporativa refere-se aos esforços e atitudes voluntariamente implementados pela própria empresa, a fim de realizarem suas atividades de forma socialmente responsável,[18] respondendo, em certa medida, às diretrizes políticas

---

[17] Para Yanaze, é a partir de uma comunicação estratégica que a ação empresarial pode gerar uma imagem institucional positiva, que, a longo prazo, reverte-se em uma boa reputação para a empresa. Uma imagem corporativa positiva é essencial para o aumento do valor de mercado da empresa, não raro superior ao seu próprio valor patrimonial. Nesse esteio, os fatos não comunicáveis, que têm o potencial de abalar uma boa imagem empresarial, devem ser objeto de cautelosa análise e solução. Ao contrário, os fatos comunicáveis, ao consolidarem uma boa imagem empresarial, devem ser tornados públicos, mediante uma visão sistêmica do marketing estratégico.
A imagem institucional positiva é formada, portanto, pelos fatos comunicáveis. Trata-se de uma decisão a respeito dos eventos relevantes que a empresa deseja tornar público, visando à composição de uma imagem institucional positiva e, por extensão, uma boa reputação no mercado. Esclareça-se que há uma distinção entre a identidade corporativa (a percepção que a instituição tem de si mesma), a imagem empresarial (a representação mental de como o mercado ou o público enxerga a corporação) e a reputação institucional (a imagem empresarial já consolidada no mercado).
(YANAZE, M. H. *Gestão de Marketing e Comunicação*: avanços e aplicações. São Paulo: Saraiva, 2007; FONTES, M. *Marketing social revisitado*: os novos paradigmas do mercado social. Florianópolis: Cidade Futura, 2001; KOTLER, P. *Administração de marketing*: análise, planejamento, implementação e controle. São Paulo: Atlas, 1998).

[18] Para Yanaze, a responsabilidade social corporativa é uma forma de gestão negocial, ética e transparente, voltada ao desenvolvimento humano. A empresa socialmente responsável, mais do que a empresa-cidadã, que meramente equaliza seus direitos e obrigações, vai além dos imperativos legais, aderindo voluntariamente a outros comportamentos, voltados para o desenvolvimento humano. A empresa socialmente responsável visa, então, a atender não apenas às expectativas que lhe são impostas legalmente, mas também às demandas sociais, de maneira a responder às expectativas de todas as partes envolvidas nas atividades empresariais, ao longo de toda a sua cadeia de produção.
A responsabilidade social corporativa abrange, igualmente, uma estratégia empresarial, que visa ao aperfeiçoamento contínuo da corporação, à guisa de desenvolvimento humano. No que concerne ao mercado e à sua lógica da barganha, a concretização da

enunciadas pelo Pacto Global da ONU.[19] A noção de *Accountability* ou *Compliance*,[20] por seu turno, vai além disso, na medida em que obriga a empresa a agir em conformidade com o direito, justificando eventuais ações institucionais e respondendo pelas consequências advindas da regulamentação a que está subordinada.[21]

O processo de regulamentação da ação empresarial no que respeita ao impacto dessas atividades na realização dos direitos humanos

---

responsabilidade social corporativa pode ser, portanto, um fato comunicável interessante, a agregar vantagens à imagem institucional. Outrossim, pode-se dizer que o marketing social enseja, ainda, a reprodução de um ciclo virtuoso, na medida em que tal conduta empresarial socialmente responsável tende a fomentar a réplica de ações semelhantes pelos concorrentes, na busca por diferenciais dentro do mercado.

Ressalve-se, todavia, que, para que seja, de fato, uma empresa socialmente responsável, a corporação deve não apenas obedecer aos ditames legais que lhe são impostos (isso a classificaria tão somente como uma empresa-cidadã). Deve, para tanto, satisfazer quatro requisitos essenciais, a saber: (i) compromisso com a ética, base de toda a atividade institucional; (ii) harmonização dos *inputs, throughtputs e outputs* dos 4P's – *product, price, promotion, publicity* – de modo a equilibrar potenciais, necessidades e expectativas dos diferentes públicos da empresa; (iii) equalização dos direitos societários, de um lado, e das obrigações legais, de outro, o que a qualifica como empresa-cidadã; e, finalmente, (iv) realização de atividades complementares e voluntárias que visem ao desenvolvimento humano. Em suma, não há que se falar em empresa socialmente responsável sem que antes sejam galgados os degraus da ética, primeiramente, e da cidadania, em seguida (YANAZE, M. H. *Gestão de marketing e comunicação*: avanços e aplicações. São Paulo: Saraiva, 2007; KARLINER, J.; BRUNO, K. Responsibility vs Accountability. *International Herald Tribune*, p. 14, 1º July 2002; Financial Times, *Visions of Ethical Business*, London, Financial Times Professional, 1998).

[19] "All companies have a direct responsibility to respect human rights in their own operations. Their employees and other people with whom they work are entitled to rights such as freedom from discrimination, the right to life and security, freedom from slavery, freedom of association (...) and fair working conditions" (AMNESTY INTERNATIONAL. Human Rights Principles for Companies. *AI Index ACT 70/001/98*, Jan. 1998; FREAN, A. Corporate aid or Plain Hypocrisy?. *The Times*, p. 27, 2 Feb. 2004;
ICHRP – INTERNATIONAL COUNCIL ON HUMAN RIGHTS POLICY. *Beyond Voluntarism*: Human Rights and the Developing International Obligations of Companies. Versoix, 2002; CATAN CENTRE FOR HUMAN RIGHTS LAW AT MONASH UNIVERSITY, IBLI, OHCHR, Global Compact Office. *Human Rights Translated – A Business Reference Guide*, 2008. Disponível em: <http://human-rights.unglobalcompact.org/doc/human_rights_translated.pdf>; BLIHR. *A Guide for Integrating Human Rights into Business Management*, 2008. Disponível em: <http://blihr.zingstudios.com/>).

[20] Na noção de *Accountability*, quando a empresa desrespeita e descumpre uma norma social, ela deve dar uma resposta justificativa para tal conduta, sofrendo, portanto, consequências quer no âmbito jurídico, quer no âmbito social. Em ambos os casos, o resultado pode ser desastroso à imagem empresarial, a qual pode se abalar perante o mercado.

[21] FRANKENTAL, Peter; HOUSE, Frances. *Human Rights*: is it any of your Business?. London: Amnesty International: the Prince of Wales Business Leaders Forum, 2000; AMNESTY INTERNATIONAL; AVERY, Christopher. *Business and Human Rights in a Time of Change*. London: Amnesty International UK, 2000; OHCHR – Office of the High Commissioner for Human Rights. *Business and Human Rights*: a Progress Report. Geneva: OHCHR, 2000; KARLINER, J.; BRUNO, K. Responsibility vs Accountability. *International Herald Tribune*, p. 14, 1º July 2002.

evidencia a diferença entre os conceitos ora analisados. Inicialmente, o movimento esboçado nas décadas de 1970 e 1980 trabalhava com a noção de códigos de conduta e de princípios, que seriam socialmente desejáveis, caso voluntariamente elaborados e aplicados pelas próprias empresas. Recentemente se foi construindo uma pressão social[22] para que o movimento da Responsabilidade Social Corporativa fosse além,[23] de modo a dar uma resposta mais adequada e proporcional ao impacto causado pelas atividades empresariais na realização dos direitos humanos. Essa cobrança social ensejou a introdução da noção de *Accountability*. Verifica-se, desde então, a inclusão de imposições normativas para a implementação das diretivas e, ainda, a necessidade de justificativas no caso de eventual descumprimento.

Embora se fale, atualmente, em uma evolução no entendimento da responsabilidade social das empresas, parece prudente, para o escopo deste trabalho, diferenciar os dois conceitos, sublinhando a complementaridade[24] dos dois tipos de iniciativas, a saber, aquelas de cunho voluntário, designadas e realizadas pela própria empresa (atreladas ao movimento da Responsabilidade Social Corporativa, e aquelas

---

[22] O trabalho de *advocacy* das Organizações Não Governamentais foi fundamental para o surgimento e a evolução do movimento de responsabilização das empresas pelos direitos humanos. A Respeito da importância do trabalho de *advocacy* na denúncia de fatos para a promoção de mudanças, consultar: KECK, M.; SIKKINK, K. *Activists Beyond Border*: Advocacy Networks in International Politics. Ithaca, N.Y.: Cornell University Press, 1998.
A ONG *Christian Aid* colocou de modo preciso a evolução do movimento da Responsabilidade Social Corporativa: "CSR was conjured-up in the first place because government action was deemed inadequate: orthodox politics was a sham, so pressure had to be put directly on firms by organised protest. Ten years on, instead off declaring victory, as well they might, disenchanted NGOs like Christian Aid are coming to regard CSR as the greater sham, and are calling on governments to resume their duties" (Two-Faced Capitalism. *International Herald Tribune*, p. 57-8, 24 Jan. 2004). Christian Aid "is advocating 'giving teeth' to the ethical commitments of companies by moving beyond corporate social responsibility, to ensure that companies have a legal obligation to uphold international standards (CHRISTIAN, Aid. *Behind the Mask*: the Real Face of Corporate Social Responsibility. Geneva: Christian Aid, 2004. p. 56).

[23] "Whether the answer lies in restructuring international organizations, linking their strengths, enhancing private actions and media exposure, or creating a single intermediary institution, or regional or global governance, the case for MNC's self-policing is utterly unpersuasive" (MONSHIPOURI, M.; WELSH, C. E.; KENNEDY, E. T. Multinational Corporations and the Ethics of Global Responsibility: Problems and Possibilities. *HRQ*, v. 25, p. 989, 2003).

[24] Conforme a ONG *Ethical Trading Initiative*: "internationally-agreed standards (complementary to national and international regulations and frameworks) contribute to the well-being (the lives and rights of families)" (BLOWFIELD, M. ETI: a Multi-Stakeholder Approach. *In*: JENKINS, R.; PEARSON, R.; SEYFANG, G. (Ed.). *Corporate Responsibility and Labour Rights*: Codes of Conducts in the Global Economy. London: Earthscan, 2002. p. 186; ROBINSON, Mary. Beyond Good Intentions: Corporate Citizenship for a New Century. *RSA World Leaders*, London, 7 May 2002).

de cunho impositivo, definidas por normas que identificam condutas a serem respeitadas e cumpridas, com a previsão de justificativas por eventuais transgressões (*Accountability*).

Ambas as categorias, combinadas, traduzem-se como uma resposta necessária aos desafios sociais intensificados com a atividade empresarial na era da globalização. Ambas são respostas desejáveis, por beneficiarem não apenas a sociedade como um todo, no respeito, proteção e promoção de direitos, mas também a própria imagem institucional e atividade empresarial. Dentre os benefícios às empresas na adoção de políticas de direitos humanos, incluem-se: reputação institucional positiva perante os consumidores e demais *stakeholders*; redução dos riscos de interrupção das atividades, por conta de greves, protestos, ou boicotes; maior atratividade para potenciais empregados e investidores, pela disseminação de uma imagem corporativa mais amistosa, solidária, estável e sólida; dentre outros aspectos vantajosos.[25]

Os direitos humanos agregam, portanto, sustentabilidade não apenas às políticas sociais da empresa, mas também às próprias ações institucionais. Além de poderem conferir maior confiança, estabilidade e segurança à imagem e ao ambiente corporativos, os direitos humanos também suscitam, de outra parte, certo temor perante a comunidade empresarial. Há, de um lado, por parte de empresários mais conservadores, o receio de que a adoção de políticas de direitos humanos afete negativamente a margem de lucro da empresa no curto prazo, na medida em que seriam necessários determinados investimentos iniciais em tais políticas. Por outro lado, há empresários com liderança e pró-atividade, que apoiam a adoção de políticas de direitos humanos, inclusive como uma forma de se anteciparem a uma inevitável exigência jurídica futura (frente à forte pressão pública para uma resposta empresarial adequada aos direitos humanos).

No que concerne especificamente ao setor farmacêutico, algumas iniciativas são arroladas como pioneiras, respondendo, em certa medida, ao problema do acesso a medicamentos. Precisamente no que tange à questão da pesquisa e desenvolvimento de fármacos voltados às doenças negligenciadas, verifica-se um paulatino aumento de respostas empresariais à questão. Importante notar que até mesmo as empresas farmacêuticas que não possuem a expertise necessária à P&D voltada às doenças negligenciadas reconhecem a premência da situação,

---

[25] STEINHART, R. Corporate Responsibility and the International Law of Human Rights: the New Lex Mercatoria. *In*: ALSTON, Philip. *Non-State Actors and Human Rights*. Oxford: OUP, 2005. p. 177-226.

envolvendo-se em parcerias, de maneira a contribuírem com a P&D conduzida por outras instituições capacitadas.²⁶ Alguns exemplos de liderança nessa matéria específica são: *Lilly Not-For-Profit Partnership for TB Early Phase Drug Discovery*; apoio da Merck, que compartilha sua biblioteca com o projeto *Lilly TB Drug Discovery*; suporte em pesquisa da Pfizer, para a P&D voltada às doenças negligenciadas; estruturação institucional para a criação de um departamento específico à P&D para doenças negligenciadas na GSK, AstraZeneca, Novartis e Eli Lilly; criação de um departamento especificamente voltado ao desenvolvimento de vacinas para as doenças tropicais na GSK, Novartis e Sanofi-Aventis; parceria Wyeth e Organização Mundial da Saúde para o desenvolvimento de um tratamento para a cegueira de rio; programas de treinamentos em práticas clínicas e avaliação de qualidade, além de doação de tecnologias e cessão de direitos patentários da Roche, em contribuição à pesquisa voltada a doenças negligenciadas.²⁷

Essas iniciativas permitiriam dizer que existe uma preocupação empresarial em comunicar a imagem de uma corporação consciente dos princípios de Direito Internacional dos Direitos Humanos e particularmente atenta às *Diretrizes de Direitos Humanos para as Empresas Farmacêuticas*, elaboradas, em 2007, por Paul Hunt. No entanto, resta avaliar criticamente se a ação empresarial divulgada é verdadeiramente compatível com a linguagem dos direitos humanos. Em outras palavras, cumpre analisar se os compromissos empresariais anunciados respondem de modo consistente aos princípios basilares de direitos humanos, a saber, igualdade e não discriminação, participação, monitoramento e *accountability*.²⁸

Embora as iniciativas devam ser enaltecidas, permite-se afirmar que as respostas das empresas farmacêuticas às políticas de direitos humanos permanecem ainda em estágio embrionário, sobremaneira no que concerne à questão do acesso a medicamentos. Ainda que ações institucionais arroladas acima permitam vislumbrar iniciativas cada vez mais consistentes com a perspectiva dos direitos humanos, percebe-se

---

[26] "R&D contribution amongst companies without R&D expertise relevant to neglected diseases: companies without expertise relevant to neglected diseases are still in a position to contribute to R&D activities conduced by other. Leading practices include sharing library compounds, giving IP rights to research institutes, participating in scientific advisory boards, donating expertise, and offering training" (THE ACCESS TO MEDICINE FOUNDATION. *Access to Medicine Index – Ranking Access to Medicine Practices*, Jun. 2008. p. 20).

[27] THE ACCESS TO MEDICINE FOUNDATION. *Access to Medicine Index – Ranking Access to Medicine Practices*, Jun. 2008. p. 6, p. 20-1.

[28] HUNT, Paul. Neglected Diseases: a HR Analysis, WHO, TDR/SDR/SEB/ST/07.2, p. 15-22.

uma evidente postura defensiva do setor farmacêutico quando se trata da questão do direito de acesso a medicamentos. De toda forma, o progresso no trato da matéria, de que são prova os programas institucionais citados, é reflexo direto da evolução por que passou todo o movimento de regulamentação das atividades empresariais em relação aos direitos humanos.

O presente capítulo, portanto, tratará de verificar como a tensão entre os direitos humanos e as atividades empresariais foram se equacionando ao longo das últimas décadas. O objeto de fundo de tal descrição evolutiva visa a responder à seguinte inquietação: a regulamentação das atividades das empresas transnacionais e as possíveis restrições a elas impostas são adequadas e proporcionais à influência e ao poder por elas exercidos?

Cumpre esclarecer que, no presente trabalho, utilizar-se-á os termos "Responsabilidade" e "*Accountability*"[29] como sinônimos, visto que não existe tal diferenciação na língua portuguesa.[30] Ressalte-se, no entanto, que, para se fazer referência às iniciativas empresariais de cunho meramente voluntário, utilizar-se-á da expressão "responsabilidade

---

[29] Para Ruggie, a Responsabilidade inclui todas as obrigações legais, sociais e morais impostas às empresas, enquanto que a *Accountability* abrange mecanismos que forçam as empresas a cumprirem tais obrigações. Nesse sentido, Ruggie identifica cinco tipos de mecanismos, que variam entre a compulsoriedade e a voluntariedade, a saber: o dever dos Estados em proteger os direitos humanos; a responsabilidade e *Accountability* das empresas por crimes internacionais; a responsabilidade das empresas por outros tipos de violações de direitos humanos; os mecanismos de *soft law* e os códigos de autorregulação de conduta das empresas.
"6. The report is organized into five clusters of standards and practices governing corporate 'responsibility' (the legal, social, or moral obligations imposed on companies) and 'accountability' (the mechanisms holding them to these obligations). For ease of presentation, the five are laid out along a continuum, starting with the most deeply rooted international legal obligations, and ending with voluntary business standards. A brief discussion of trends and gaps concludes the report. The clusters are:
I. State duty to protect
II. Corporate responsibility and *Accountability* for international crimes
III. Corporate responsibility for other human rights violations under international law
IV. *soft law* mechanisms
V. Self-regulation" (RUGGIE, John. Business and Human Rights: mapping international standards of responsibility and Accountability for corporate acts – Report of the Special Representative of the Secretary-General on the issue of human rights and transnational corporations and other business enterprises, UN Doc. A/HRC/4/35, para. 6).
[30] "Responsibility – The obligation answer for na act done, and to repair any injury it may have caused. Responsible – Liable, legally accountable or answerable.
Liability – The state of being bound or obliged in law or justice to do, pay, or make good something (...) Legal Responsibility; the state of one who is bound in law or justice to do something which may be enforced by action.
Accountable – subjected to pay; responsible, liable" (*Black's Law Dictionary*. 3rd ed. West Publishing Co., 1933).

social corporativa" ou se explicitará sua característica não compulsória; para os demais empregos da palavra "responsabilidade" (inclusive a constante no próprio título do trabalho), faz-se alusão ao conceito jurídico de responsabilidade internacional, o que lhe impõe, portanto, força vinculante, advinda da coercibilidade das normas de direito internacional.[31]

1.1 O código de conduta da ONU para empresas multinacionais (1970-1990)[32]

A década de 1970 é relembrada como um marco de efervescência e consolidação do Direito Internacional dos Direitos Humanos, especialmente pela articulação dos países em desenvolvimento, na chamada de atenção da comunidade internacional para as injustiças econômicas internacionais, que dificultavam a plena realização da dignidade humana de seus indivíduos menos favorecidos.

Foi nesse contexto da década de 1970 que a Declaração e o Programa de Ação para a Instauração de uma Nova Ordem Econômica Internacional[33] foram lançados. Neles se relembrava a relevância dos conceitos de cooperação internacional, equidade, soberania e autodeterminação dos povos. Sublinhava-se também a necessidade de participação igualitária de todos os países, no reconhecimento de um regramento jurídico de desigualdade compensatória. Em resumo, tratava-se da consolidação, por um instrumento normativo internacional, dos clamores dos países em desenvolvimento às nações desenvolvidas, por relações econômicas mais justas e equilibradas.[34] Ainda no contexto da década de 1970, vale relembrar que o próprio conceito de "desenvolvimento", restrito, até a década de 1960, aos parâmetros econômicos de desempenho, passa a ser compreendido de modo ampliativo, agregando as

---

[31] FERRAZ JR., T. S. *Introdução ao estudo do direito*: técnica, decisão, dominação. São Paulo: Atlas, 2003. p. 116.

[32] *The United Nations Code of Conduct on Transnational Corporations*, 23 I.L.M. 626 (1984); UN Doc: E/1990/94.
The UN Commission on TNCs has worked on the UN Code of Conduct for thirteen years. It was to be a statement from the international community concerning the international legal obligations of business.

[33] Doc. UN: Resolução 3.201: Declaração de Estabelecimento de uma Nova Ordem Econômica Mundial, 1 de maio de 1974; Doc. UN: Resolução 3.202: Plano de Ação para uma Nova Ordem Econômica Mundial, 1 de maio de 1974.

[34] PERRONE-MOISÉS, Cláudia. *Direito ao desenvolvimento e investimentos estrangeiros*. São Paulo: Oliveira Mendes, 1998. p. 50 *et seq*.

noções de igualdade e não discriminação, solidariedade, justiça social e respeito à dignidade humana.[35]

É nesse cenário de reafirmação dos princípios basilares de direitos humanos, atrelados à necessidade de justiça em uma Nova Ordem Econômica Internacional, que o poder e o impacto das empresas transnacionais começam a ser questionados, sobretudo, pelas nações em desenvolvimento.[36] Afinal, as empresas transnacionais detêm os recursos e o poder necessários para determinar ou obstar o desenvolvimento das nações, não só por controlarem o acesso a bens e serviços essenciais à vida, mas também por definirem questões locais relacionadas a investimentos, meio ambiente, relações trabalhistas, entre outras.[37]

---

[35] C. Perrone-Moisés esclarece que, nos anos 70, na Segunda Década das Nações Unidas para o Desenvolvimento, houve uma evolução e reformulação do conceito de Desenvolvimento. Nesse segundo momento, para a realização do desenvolvimento, os direitos humanos passam a ser vistos como componentes indispensáveis, ocorrendo, portanto, uma ampliação do conceito. A realização do desenvolvimento passa a depender da efetividade dos demais direitos humanos, confirmando o entendimento da *universalidade, indivisibilidade e interdependência dos direitos humanos* (PERRONE-MOISÉS, Cláudia. Direitos humanos e desenvolvimento: a contribuição das Nações Unidas. *In*: AMARAL JR., Alberto do; PERRONE-MOISÉS, Cláudia (Org.). *O cinqüentenário da Declaração Universal dos Direitos do Homem*. São Paulo: Edusp, 1999. p. 181).
É na Declaração de Direito ao Desenvolvimento, de 1986, que essa noção é definitivamente cristalizada, com o reconhecimento do direito ao desenvolvimento como um direito humano, que ultrapassa o entendimento do desenvolvimento econômico, incluindo a noção do desenvolvimento social, político e cultural.
"110. The Declaration on the Right to Development approaches development in broad and comprehensive terms, as a multidimensional and global process encompassing the economic, social, cultural, civil and political spheres which are interdependent and complementary. It underlines a number of important principles on which development must be based including equality, non-discrimination, solidarity, self-reliance and social justice. Respect for these principles cannot be waived even in the shot-term. The progress sought is not just economic, and financial efficiency and an improvement in the macroeconomic indicators but one that can be measured in terms of social justice, equality, well-being and respect for the fundamental dignity of all individuals, groups and peoples" (Doc. NU; E/CN.4/Sub.2/1996/12, *The Realization of Economic, Social and Cultural Rights — The impact of the activities and working methods of transnational corporations on the full enjoyment of all human rights, in particular economic, social and cultural rights and the right to development, bearing in mind existing international guidelines, rules and standards relating to the subject-matter*, para. 110).

[36] "The philosophical inspiration for this regulatory regime is the quest by the developing world for a new international economic world involving a more equitable restructuring of the international economic system including the pattern of international investments. In more prosaic and functional terms, host countries see regulation as a necessary mechanism for curbing the abuses and costs of foreign investment and for ensuring that TNCs and other foreign investors operate in accordance with public interest" (ASANTE, S. K. B. International Law and Foreign Investments. *ICLQ*, 37, p. 618, 1988).

[37] "A década de 70 foi caracterizada por um intenso interesse internacional em torno da natureza, papel, operações e estratégias das empresas multinacionais. A discussão acerca das empresas multinacionais, em diversos foros, desenvolveu-se tendo por base dois temas principais. De um lado, a questão do poder e dos recursos que essas empresas

Nesse sentido, começam os esforços multilaterais para a criação de uma supervisão e regulamentação internacional das empresas, de modo a controlar os efeitos negativos e indesejados que as atividades corporativas produzem. Cumpre esclarecer que, nesse movimento inicial da década de 1970, o objetivo central das iniciativas estava na regulação das atividades empresariais, de modo a diluir seu impacto negativo, inclusive (mas não prioritariamente) sobre a realização dos direitos humanos.[38] A questão dos direitos humanos é secundária nessa fase inicial do movimento, sendo, em certa medida, negligenciada até o início do século XXI, conforme se verá adiante.

Todas essas condições levaram o Conselho Econômico e Social da ONU a prolatar a Resolução 1721, em 28 de julho de 1972, em que se solicitava ao Secretário Geral da ONU que designasse um grupo de especialistas para analisar as atividades das empresas transnacionais e seus efeitos, sobretudo com relação aos países em desenvolvimento. O resultado desse trabalho, divulgado em 1974,[39] não apenas analisava o papel das empresas transnacionais no desenvolvimento e nas relações internacionais, mas também propunha algumas recomendações específicas aos governos, além da criação de uma comissão e de um centro especializados no tratamento da questão.

Assim, em 1974, o Conselho Econômico e Social da ONU determinou a criação da Comissão das Empresas Transnacionais (ligada ao próprio Conselho Econômico e Social da ONU) e do Centro das

---

têm para agir como instrumentos efetivos para o desenvolvimento, particularmente nos países em desenvolvimento. De outro lado, a conduta dessas empresas e seu impacto no desenvolvimento econômico e político mundial tornou-se uma preocupação tanto no plano interno como internacional" (PERRONE-MOISÉS, Cláudia. *O Código de Conduta das Empresas Multinacionais*: instrumento jurídico de regulação das relações econômicas internacionais. Orientador: C. Lafer. Dissertação (Mestrado) – Faculdade de Direito, Universidade de São Paulo, São Paulo, 1991. f. 69).

[38] "O Código de Conduta da ONU para as empresas transnacionais tem suas origens na denúncia das atividades das empresas americanas no Chile, dentro de um contexto geral de insegurança quanto às regras que deveriam reger as relações entre essas empresas e os países hospedeiros. As atividades da *International Telephone and Telegraph Corporation* – ITT – no Chile demonstram a possibilidade de ingerência das empresas multinacionais nos assuntos internos dos países hospedeiros. Tais atividades foram objeto de denúncia junto à ONU (em 4 de dezembro de 1972 o então Presidente o Chile, Salvador Allende, fez um relato na Assembleia Geral da ONU sobre as atividades de conspiração da ITT, nos anos 70 e 71, contra o seu governo), avivando assim o debate a respeito do controle das atividades desse tipo de empresas" (PERRONE-MOISÉS, Cláudia. *O Código de Conduta das Empresas Multinacionais*: instrumento jurídico de regulação das relações econômicas internacionais. Orientador: C. Lafer. Dissertação (Mestrado) – Faculdade de Direito, Universidade de São Paulo, São Paulo, 1991. f. 70).

[39] Doc. UN: E/5500-Rev.1/ST/ESA/6, *Effets des sociétés multinationales sur le développement et sur les relations internationales*, 1974.

Empresas Transnacionais (como entidade autônoma).[40] A Comissão das Empresas Transnacionais teria a missão de elaborar um código de conduta para as empresas, enquanto que o Centro deveria dar suporte a essa atividade da Comissão, auxiliando-a nas pesquisas, análises e promoção das informações, ajudando também os países em desenvolvimento em suas negociações com as empresas transnacionais.

A Comissão começou assim a se debruçar sobre um projeto de código de conduta, tendo como fim a determinação de *standards* de conduta para as empresas transnacionais e de princípios que regessem as relações com os países anfitriões.[41] A última versão do projeto do código de conduta da ONU para as empresas transnacionais[42] faz menção expressa aos direitos humanos.[43] O seu parágrafo 14, especialmente, reforça que as empresas transnacionais devem necessariamente respeitar os direitos humanos. A imperatividade do comprometimento é identificada pelo emprego do tempo verbal *shall*, que, na gramática da língua inglesa, expressa o mais forte grau de comando do modo Imperativo, como lido na sentença: "Transnacional Corporations shall respect human rights and fundamental freedoms in the countries in which they operate".

No que concerne às medidas e à implementação previstas no projeto do código, ressaltam-se as atividades nacionais e a ação institucional internacional. Para esta, a Comissão das Empresas Transnacionais assumiria a liderança da implementação do código de conduta internacionalmente, a partir de diálogos com outras agências da ONU, discussões em reuniões anuais, análise dos relatórios de monitoramento elaborados pelos governos, pareceres consultivos para a adequada interpretação dos dispositivos do código e envio de relatório de resultados para a Assembleia Geral, por meio do Conselho Econômico e Social da ONU, sempre com o respaldo do Centro das Empresas Transnacionais.[44]

---

[40] Resolução 1913 do ECOSOC, de 1974.
[41] PERRONE-MOISÉS, Cláudia. *O Código de Conduta das Empresas Multinacionais*: instrumento jurídico de regulação das relações econômicas internacionais. Orientador: C. Lafer. Dissertação (Mestrado) – Faculdade de Direito, Universidade de São Paulo, São Paulo, 1991. f. 80.
[42] UN Doc. E/1990/94.
[43] "Respect for human Rights and Fundamental Freedoms
14. Transnacional Corporations shall respect human rights and fundamental freedoms in the countries in which they operate. In their social and industrial relations, transnational corporations shall not discriminate on the basis of race, colour, sex, religion, language, social, national and ethnic origin or political or other opinion. Transnational corporations shall conform to government policies designed to extend equality of opportunity and treatment".
[44] PERRONE-MOISÉS, Cláudia. *O Código de Conduta das Empresas Multinacionais*: instrumento jurídico de regulação das relações econômicas internacionais. Orientador: C. Lafer. Dissertação (Mestrado) – Faculdade de Direito, Universidade de São Paulo, São Paulo, 1991. f. 115-6.

A elaboração do projeto do código de conduta pela Comissão das Empresas Transnacionais estendeu-se por mais de uma década. A última versão do projeto data de 1990[45] e nunca logrou aprovação integral.[46] A falta de consenso sobre algumas questões particulares tocadas pelo código de conduta levou ao insucesso na aprovação do projeto. A disparidade de interesses e de posições defendidas pelos países desenvolvidos e pelas nações em desenvolvimento é apontada como a razão primordial para o seu fracasso.[47] As questões mais controversas e que acirram a polarização das ideias defendidas pelos dois grupos relacionavam-se aos temas de soberania nacional, não ingerência nos assuntos internos dos países anfitriões, tratamento nacional, jurisdição, solução de controvérsias, nacionalização e compensação.[48]

Apesar da frustração das expectativas para sua aprovação, o projeto do Código de Conduta da ONU para as empresas multinacionais é paradigmático. Representa o evento inaugural de um crescente movimento global pela harmonização da tensão entre os impactos negativos das atividades empresariais e os imperativos de direitos humanos. O texto básico do projeto do código de conduta da ONU impulsionou o desenvolvimento das diversas respostas de regulamentação do Direito Internacional Econômico à luz do Direito Internacional dos Direitos Humanos, conforme será analisado a seguir.

1.2 O pacto global da ONU

Com o advento do século XXI, renovaram-se as forças do movimento de harmonização entre as atividades empresariais e os direitos humanos no seio da ONU. O encerramento, em 1992, das atividades do Centro das Empresas Transnacionais (fundado quando da formulação do projeto do código de conduta) indicava a necessidade de uma reestruturação do movimento.[49] É nesse contexto de renovação que a

---

[45] UN Doc. E/1990/94.
[46] LANSING, Paul; ROSARIA, Alex. An Analysis of the United Nations Proposed Code of Conduct for Transnational Corporations. *World Competition*, v. 14, p. 37, 1991.
[47] VAN EYK, S. C. *The OECD Declaration and Decisions Concerning Multinational Enterprises*: an Attempt to Tame the Shrew, 1995.
[48] PERRONE-MOISÉS, Cláudia. *O Código de Conduta das Empresas Multinacionais*: instrumento jurídico de regulação das relações econômicas internacionais. Orientador: C. Lafer. Dissertação (Mestrado) – Faculdade de Direito, Universidade de São Paulo, São Paulo, 1991. f. 120-40.
[49] "The UN Global Compact came to life through the work of Georg Kell and John Gerrard Ruggie, who were working in the office of the UN Secretary-General Kofi Annan. They saw how NGOs were beginning to encourage positive changes in corporate behavior on

ONU decide divulgar uma iniciativa política voltada à responsabilidade social corporativa (e, portanto, de caráter absolutamente voluntário) com relação aos direitos humanos e outras necessidades impostas pelo novo contexto de globalização do século que se iniciava.

Assim, em 31 de Janeiro de 1999, o então Secretário-Geral da ONU, Kofi Annan, demandava aos lideres globais dos setores empresariais, reunidos em Davos, no Fórum Econômico Mundial, que não apenas apoiassem os princípios do Pacto Global, mas também estabelecessem as devidas políticas concernentes às áreas de Direitos Humanos, Direito do Trabalho, Proteção do Meio Ambiente e medidas anticorrupção.[50]

O Pacto Global constitui-se meramente de um compromisso político de divulgação de dez princípios;[51] os dois primeiros referem-se

---

environmental and social issues, and considered that the UN might be able to act similarly. They had witnessed how previous attempts within the UN to raise the requirements on international business had failed due to political pressure from powerful states – the closure of the UN's Centre on Transnational Corporations in 1992 being a prime example. Kofi Annan was, therefore, interested in the idea of inviting voluntary business endorsement of the UN's goals and called for greater corporate responsibility at the World Economic Forum in Davos in 1999. He emphasized there that the world is characterized by glaring and unsustainable imbalances and inequities and suggested that markets are not embedded in universal human values and rights. He suggested that businesses should work in a spirit of enlightened self-interest to make globalisation more inclusive, and consequently less fragile. Many business leaders responded, and the Global Compact was therefore borne" (BENDELL, J. Flags of Inconvenience?: The Global Compact and the Future of the United Nations. *ICCSR Research Paper Series*, n. 22, p. 7, 2004).

[50] "Today, I am pleased to acknowledge that, in the past two years, our relationship has taken great strides. We have shown through cooperative ventures —- both at the policy level and on the ground — that the goals of the United Nations and those of business can, indeed, be mutually supportive.
This year, I want to challenge you to join me in taking our relationship to a still higher level. I propose that you, the business leaders gathered in Davos, and we, the United Nations, initiate a global compact of shared values and principles, which will give a human face to the global market" (UN Doc SG/SM/6448, Secretary-General Kofi Annan, Address at the *world Economic Forum in Davos*, Switzerland, 31 January 1999. Disponível em: <http://www.un.org/News/ossg/sg/stories/statments_search_full.asp?statID=22>).

[51] Human Rights
Principle 1: Businesses should support and respect the protection of internationally proclaimed human rights within their sphere of influence; and
Principle 2: make sure that they are not complicit in human rights abuses.
Labour Standards
Principle 3: Businesses should uphold the freedom of association and the effective recognition of the right to collective bargaining;
Principle 4: the elimination of all forms of forced and compulsory labour;
Principle 5: the effective abolition of child labour; and
Principle 6: eliminate discrimination in respect of employment and occupation.
Environment
Principle 7: Businesses should support a precautionary approach to environmental challenges;

a direitos humanos e chama-se atenção para dois casos distintos: a violação de direitos humanos praticada pelas empresas[52] e a cumplicidade das corporações com tais abusos.[53] Trabalha-se, assim, com dois conceitos centrais: o primeiro princípio enuncia a ideia das "esferas de influência" e o segundo princípio introduz a noção de "cumplicidade" na violação de direitos humanos pelas empresas.[54]

O alcance do comprometimento que as empresas assumem ao aderirem ao Pacto Global está diretamente relacionado à noção de "esferas de influência". Embora este conceito ainda esteja sendo definido pelo Direito Internacional dos Direitos Humanos,[55] a esfera de influência inclui todos aqueles indivíduos que possuem uma conexão geográfica, contratual, política ou econômica com a empresa[56] e que são afetados pela densa e complexa rede de conexões empresariais.[57]

Assim, o dever das empresas de respeitar os direitos humanos, abstendo-se de praticar violações ou de serem cúmplice em abusos,

---

Principle 8: undertake initiatives to promote greater environmental responsibility; and Principle 9: encourage the development and diffusion of environmentally friendly technologies.
Anti-Corruption
Principle 10: Business should work against corruption in all its forms, including extortion and bribery.
Disponível em: <http://www.unglobalcompact.org/AbouttheGC/TheTENPrinciples/index.html>.

[52] Principle 1: Businesses should support and respect the protection of internationally proclaimed rights.
[53] Principle 2: Make sure that they are not complicit in human rights abuses.
[54] UN GLOBAL COMPACT, OHCHR, *Embedding Human Rights into Business Practice*, UN Global Compact, OHCHR, 2003. p. 16.
[55] "The concept of "sphere of influence" qualifies the scope of all 10 Global Compact principles, including the second human rights principle asking companies to ensure that they are not complicit in human rights abuses. However, sphere of influence is not defined in international human rights law. Instead, understanding is evolving from company practices, the work of international organizations, nongovernmental organizations (NGOs), academics and national jurisprudence of what constitutes a company's sphere of influence in relation to complicity and how it affects the scope and content of the commitment made by companies participating in the Global Compact" (UN GLOBAL COMPACT, OHCHR, *Embedding Human Rights into Business Practice*, UN Global Compact, OHCHR, 2003. p. 16).
[56] ICHRP – INTERNATIONAL COUNCIL ON HUMAN RIGHTS POLICY. *Beyond Voluntarism*: Human Rights and the Developing International Obligations of Companies. Versoix, 2002. p. 125.
[57] "Current trends in the globalization of business are marked by the emergence of core firms at the centre of large networks of business relationships. This network is made up of a firm's global value chain and its relationships with possible joint venture partners and government authorities in different regions where it operates. The core firm plays a key role as the driver of change within its global value chain. It has substantial influence not only on its own employees, but also on upstream suppliers and downstream customers. The concept of "sphere of influence" encompasses this combination of relationships, and the core firm's central position as the leader of its global value chain" (UN GLOBAL COMPACT, OHCHR, *Embedding Human Rights into Business Practice*, UN Global Compact, OHCHR, 2003. p. 18).

abarca como destinatários todos os indivíduos sob sua influência direta ou indireta. No centro dessa esfera de influência, estão os empregados das empresas.⁵⁸ Portanto, o primeiro e mais imediato grau de responsabilidade das empresas pelos direitos humanos se estabelece com relação ao ambiente de trabalho, o qual deve assegurar condições salubres e seguras, liberdade de associação, práticas não discriminatórias, erradicação do trabalho forçado e do trabalho infantil, direito à saúde, educação e moradia.⁵⁹

Não obstante, as empresas têm, ademais, a obrigação de respeitar os direitos humanos das comunidades que sofrem influências das atividades empresariais. Portanto, existe também responsabilidade de direitos humanos para empresas em um âmbito que ultrapassa os limites físicos do ambiente de trabalho. Com relação às comunidades localmente impactadas pelas atividades corporativas, as empresas devem garantir que os indivíduos e grupos não sejam removidos à força de suas moradias, por conta das atividades industriais; devem também proteger e assegurar as condições econômicas e de sustento das comunidades afetadas; e, finalmente, devem contribuir para o debate público e a participação das populações regionais. As empresas têm, nesse sentido, o direito e a responsabilidade de expressarem seu ponto de vista sobre as ações empresariais que afetam os empregados, os consumidores e as populações, envolvendo os governos e as comunidades locais no diálogo.⁶⁰

---

⁵⁸ "The relationship a company has with its employees lies at the centre of its sphere of influence" (UN GLOBAL COMPACT, OHCHR, *Embedding Human Rights into Business Practice*, UN Global Compact, OHCHR, 2003. p. 18).

⁵⁹ "There are a number of examples of how companies can guarantee human rights through their daily activities:
(a) In their workplace:
by providing safe and healthy working conditions,
by guaranteeing freedom of association,
by ensuring non-discrimination in personnel practices,
by ensuring that they do not use directly or indirectly forced labour or child labour, and by providing access to basic health, education and housing for the workers and their families, if these are not provided elsewhere" (Disponível em: <http://www.unglobalcompact.org/AboutTheGC/TheTenPrinciples/principle1.html>).

⁶⁰ "There are a number of examples of how companies can guarantee human rights through their daily activities:
(b) In the community:
by preventing the forcible displacement of individuals, groups or communities,
by working to protect the economic livelihood of local communities, and
by contributing to the public debate. Companies interact with all levels of government in the countries where they operate. They therefore have the right and responsibility to express their views on matters that affect their operations, employees, customers and the communities of which they are a part" (Disponível em: <http://www.unglobalcompact.org/AboutTheGC/TheTenPrinciples/principle1.html>).

O segundo princípio, com a noção de cumplicidade, refere-se, a seu turno, aos casos em que a empresa é partícipe de uma violação de direitos humanos ou facilita o abuso cometido por um Estado ou um ente não estatal (como um grupo rebelde, ou outra empresa, ou mesmo um indivíduo).[61] A empresa é cúmplice na violação de direitos humanos quando autoriza, tolera ou sabidamente ignora os abusos cometidos por tais agentes. Também é considerada cúmplice se contribui com, assiste a, ou encoraja tal violação.[62] Portanto, a noção de cumplicidade não se limita ao envolvimento direto da empresa com o agente violador de direitos, abrangendo inclusive os casos em que as empresas se beneficiam indiretamente dos abusos.[63]

Tal qual a noção de "esferas de influência", o conceito de "cumplicidade" das empresas transnacionais está sendo construído pelo Direito Internacional dos Direitos Humanos, a partir de conceitos de outras disciplinas, como o Direito Internacional Público e o Direito Internacional Penal, bem como teorias de Filosofia Política e Moral.[64] Reconhecem-se três tipos principais de cumplicidade, a saber: (i) a cumplicidade direta, em que a empresa sabidamente assiste a um Estado na violação de direitos humanos; (ii) a cumplicidade benéfica, em que

---

[61] "A company might be responsible because it has itself directly committed the abuse, in which case it would be considered the principal actor or perpetrator. Alternatively, the company might be responsible for participating in or assisting abuses committed by others, especially government authorities and armed groups, in which case it could be said to be complicit in the abuses" (ICHRP – INTERNATIONAL COUNCIL ON HUMAN RIGHTS POLICY. *Beyond Voluntarism*: Human Rights and the Developing International Obligations of Companies. Versoix, 2002. p. 121).

[62] "A company is complicit in human rights abuses if it authorizes, tolerates, or knowingly ignores human rights abuses committed by an entity associated with it, or if the company knowingly provides practical assistance or encouragement that has a substantial effect on the perpetration of human rights abuse" (UN GLOBAL COMPACT, OHCHR, *Embedding Human Rights into Business Practice*, UN Global Compact, OHCHR, 2003. p. 20).

[63] "The complicity concept extends the expectations on corporations beyond their immediate acts, and reaches activity where corporations contribute to someone else's illegal acts. But the notion of corporate complicity in human rights abuses is not confined to direct involvement in the immediate plotting and execution of illegal acts by others. Complicity has also been used to describe the corporate position *vis-à-vis* third party abuses when the business benefit from human rights abuses committed by someone else" (CLAPHAM, Andrew. *Human Rights Obligations of Non-State Actors*. Oxford: OUP, 2006. p. 220).

[64] "As yet international legal rules have not been agreed that determine when a company is complicit in human rights violations committed by others. Different branches of law – public international law, domestic criminal law, tort law, contract law, consumer law or company law – apply different tests. Further, complicity includes notions of political or moral responsibility. Even where legal complicity cannot be proved, public opinion may attach blame" (ICHRP – INTERNATIONAL COUNCIL ON HUMAN RIGHTS POLICY. *Beyond Voluntarism*: Human Rights and the Developing International Obligations of Companies. Versoix, 2002. p. 121).

a empresa se beneficia de uma violação cometida por terceiro agente (estatal ou não estatal); e (iii) a cumplicidade silente, em que a empresa é negligente, abstendo-se de denunciar abusos, sendo omissa ou aceitando veladamente a continuidade de violações de direitos humanos.[65]

Especificamente no tocante ao caso das doenças negligenciadas, estariam as empresas farmacêuticas se beneficiando economicamente da negligência dos Estados no trato dessas moléstias? Estariam as empresas farmacêuticas sendo omissas ou aceitando veladamente a continuidade das violações ao direito de acesso a medicamentos das populações pobres?

Para que consiga desenvolver medidas efetivas para abolir a cumplicidade nas violações de direitos humanos sob sua esfera de influência, as empresas necessitam de um claro entendimento sobre os princípios de direitos humanos a que o Pacto Global se refere. Os princípios de direitos humanos evocados pelo Pacto Global são derivados da Declaração Universal de Direitos Humanos, de 1948. O Pacto Global reitera, nesse esteio, quatro princípios essenciais: (i) igualdade, proibindo quaisquer formas de práticas corporativas discriminatórias; (ii) vida e segurança, incluindo, *inter alia*, com fulcro no princípio da dignidade humana, o direito à vida, à liberdade, à segurança, o direito do indivíduo de ser reconhecido como pessoa perante a lei, e o direito de acesso à justiça; (iii) liberdades pessoais, ou seja, direitos que protegem a privacidade da pessoa, no seio de sua família, sua casa, sua honra e reputação, sua liberdade de movimento, de pensamento, de religião e de

---

[65] "It is important to understand that in a business context the notion of complicity can occur in a number of forms:
Direct Complicity – Occurs when a company knowingly assists a state in violating human rights. An example of this is in the case where a company assists in the forced relocation of peoples in circumstances related to business activity.
Beneficial Complicity – Suggests that a company benefits directly from human rights abuses committed by someone else. For example, violations committed by security forces, such as the suppression of a peaceful protest against business activities or the use of repressive measures while guarding company facilities, are often cited in this context.
Silent Complicity – Describes the way human rights advocates see the failure by a company to raise the question of systematic or continuous human rights violations in its interactions with the appropriate authorities. For example, inaction or acceptance by companies of systematic discrimination in employment law against particular groups on the grounds of ethnicity or gender could bring accusations of silent complicity".
Disponível em: <http://www.unglobalcompact.org/aboutTheGC/TheTenPrinciples/Principle2.html>.
UN. Doc: A/56/36/2001, *Report of the United Nations High Commissioner for Human Rights to the 56th Session of the General Assembly*, 28 September, 2001, para. 109-11.
McINTOSH, M. et al. *Living Corporate Citizenship*: Strategic Routes to Socially Responsible Business. London: Prentice Hall, 2003. p. 143.

expressão, além de seu direito de se associar, de ter uma nacionalidade, de participar do governo, entre outros; e (iv) liberdades econômicas, sociais e culturais, que são realizáveis por meio de esforços nacionais e internacionais em cooperação, incluindo, por exemplo, o direito a um padrão de vida adequado à saúde e ao bem-estar da pessoa, o direito à alimentação, vestimenta, moradia, cuidados médicos, acesso a serviços sociais e seguridade social, educação, uma remuneração justa, que permita ao trabalhador e à sua família uma existência digna.[66]

Cumpre ressaltar que os conceitos de "esferas de influência" e "cumplicidade", pioneiramente divulgados pelo Pacto Global, demonstram a potencialidade desse compromisso político voluntário

---

[66] "Equality – The Declaration begins by laying down its basic premise that "all human beings are born free and equal in dignity and rights." The Declaration then goes on to give content to its understanding of equality by prohibiting any distinction in the enjoyment of human rights on such grounds as race, colour, sex, language, religion, political or other opinion, national or social origin, property, birth or other status.
Life and Security – The rights to life, liberty and security, and the right to be free from slavery servitude, torture or cruel, inhuman or degrading treatment or punishment further develop the notion of personal dignity and security. The rights of the individual to a just national legal system are also set out. The right to recognition as a person before the law, to equal protection of the law, to a judicial remedy before a court for human rights violations, to be free from arbitrary arrest, to a fair trial before an independent court, to the presumption of innocence and not to be subjected to retroactive penal laws are all set out in the Declaration.
Personal Freedom – Rights protecting a person's privacy in matters relating to family, home, correspondence, reputation and honour and freedom of movement are all part of the Universal Declaration. The right to seek asylum, to a nationality, to marry and found a family and the right to own property are also proclaimed by the Declaration. Freedom of thought, conscience and religion and freedom of opinion and expression are set out along with the right of peaceful assembly and association and the right to take part in government.
Economic, Social and Cultural Freedoms – Touching other aspects of the daily lives of people, the Declaration proclaims the right to social security and to the economic, social and cultural right indispensable to human dignity and the free development of each individual's personality. These rights are to be realised through national efforts and international co-operation in accordance with conditions in each state.
The right to work is set out, and to equal pay for equal work and to just and favourable remuneration ensuring for the worker and the worker's family an existence worthy of human dignity (which can be supplemented if necessary by other means of social protection). The Declaration also recognises that right to form and join trade unions, the right to rest and leisure, reasonable limitations on working hours and periodic holidays with pay. The right to a standard of living adequate for health and well being, including food, clothing, housing, medical care, and to social services and security, if necessary, are also proclaimed as are the rights to education, and to participate in the cultural life of the community, and to the protection of the moral and material interests resulting from any scientific, literary or artistic production.
Global Compact Principles One and Two call on business to develop an awareness of human rights and to work within their sphere of influence to uphold these universal values, on the basis that responsibility falls to every individual in society" (Disponível em: <http://www.unglobalcompact.org/AboutheGC/TheTENPrinciples/humanRights.html>).

na resposta das empresas a tais valores. A partir da enunciação de ambos os conceitos, o Pacto Global permite que as responsabilidades corporativas com relação aos direitos humanos se tornem mais abrangentes e protetivas da dignidade humana. Embora seja tão somente um compromisso político e voluntário de divulgação de dez princípios, o Pacto Global alia-se aos documentos regulatórios que o antecederam, reafirmando a premência na harmonização das tensões que se colocam entre os direitos humanos e as empresas. Pode-se dizer que o Pacto Global, especialmente ao enunciar os conceitos de "esferas de influência" e "cumplicidade", defende a necessidade de as empresas não apenas respeitarem os direitos humanos, abstendo-se de praticar abusos ou contribuir com violações, mas também de assegurarem que não estão se beneficiando de violações de direitos humanos.

No entanto, se, de um lado, o Pacto Global permite essas interpretações mais progressistas das noções de "esferas de influência" e "cumplicidade", por outro lado, essa iniciativa política é duramente criticada. Afinal, trata-se de mero acordo político para o marketing de valores sociais caros às ações empresariais. Ainda no tocante a isso, criticam-se também a vagueza de sua linguagem[67] e a inexistência de um mecanismo de monitoramento das atividades das empresas que aderiram ao Pacto.[68] De fato, tais críticas realçam questões importantes a serem revisitadas nos futuros trabalhos de interpretação dos dez princípios, já que disso depende a consolidação do Pacto Global. Todavia, é igualmente importante ressaltar que, sendo um conjunto de valores, o Pacto Global é, por natureza, abrangente, cabendo aos operadores do Direito Internacional dos Direitos Humanos balizarem sua interpretação à guisa de uma crescente cristalização dos seus princípios (fato que já vem ocorrendo, por exemplo, com os conceitos de "esferas de influência" e "cumplicidade", cada vez mais precisos e afetos à perspectiva dos direitos humanos, conforme se verá no Capítulo 3).

---

[67] "Asking corporations, many of which are repeated offenders of both the law and commonly accepted standards of responsibility, to endorse a vague statement of commitment to human rights, labour and environmental standards draws attention away from the need for more substantial action to hold corporations accountable for their behavior" (ZADEK, S. *The Civil Corporations*: the New Economy of Corporate Citizenship. London: Earthscan, 2001).

[68] "There are still concerns regarding the absence of effective monitoring for various sectorals schemes (...) or even more generally, with regard to participation in the Global Compact. The mechanism for monitoring the activity of those companies that have signed up for the Global Compact remain underdeveloped. It has been suggested that the UN efforts have in this context been used as a vehicle for companies and others to argue against a more regulatory approach with a clear normative framework" (CLAPHAM, Andrew. *Human Rights Obligations of Non-State Actors*. Oxford: OUP, 2006. p. 225).

O Pacto Global oferece um conjunto integrado de princípios que consegue estabelecer um diálogo com o setor empresarial. O Pacto incentiva as empresas a incorporar tais valores em suas políticas institucionais voluntariamente. Permite, com isso, não apenas que as empresas signatárias se diferenciem no mercado como empresas socialmente responsáveis, mas também que induzam uma mudança consistente de comportamento no setor empresarial a que pertencem, a partir da incorporação de políticas e programas de direitos humanos.[69] Desde o seu lançamento, o Pacto Global conseguiu a adesão de diversos setores empresariais, o que significa que logrou sucesso em seu objetivo de divulgação de seus dez princípios para a construção de um diálogo com as empresas. No que tange especificamente ao setor farmacêutico, porém, surpreende o fato de apenas seis empresas terem aderido ao Pacto Global. São elas: Pfizer, GlaxoSmithKline, Novartis, Merck, Sanofi-Aventis e Eli Lilly.[70]

1.3 As normas sobre responsabilidades das corporações transnacionais e outras empresas com relação aos Direitos Humanos (As *Normas*)

1.3.1 Histórico

Face aos notórios e crescentes impactos das atividades empresariais sobre a realização dos direitos humanos, em 1997, estabeleceu-se, no seio da Subcomissão de Direitos Humanos da ONU, uma divisão encarregada de analisar os Métodos de Trabalho e as Atividades das Empresas Transnacionais, liderada pelo jurista senegalês El-Hadji Guissé.[71] Guissé deveria apresentar na sessão de 1998 um documento que tratasse do tema dos direitos humanos e das empresas transnacionais.

---

[69] "(...) the Compact is clearly not a regulatory instrument, and it articulates no binding code of conduct. Nor does it offer any forum for policing a companies' compliance, other than a minimal self-reporting requirement. But it does offer a concrete setting for what was previously called "human rights enterpreurialism", means by which one company can distinguish itself from its competitors in the market, and, to the extent that The Global Compact is integrated into corporate development and training programmes, it can contribute towards the coalescence of voluntary standards into meaningful and practical norms of behavior" (STEINHART, R. Corporate Responsibility and the International Law of Human Rights: The New Lex Mercatoria. *In*: ALSTON, Philip. *Non-State Actors and Human Rights*. Oxford: OUP, 2005. p. 206-7).

[70] Dados obtidos pela consulta ao *website*: <http://www.business-humanrights.org/Categories/Individualcompanies>. Acesso em: 30 jun. 2009.

[71] UN Doc. E/CN.4/Sub.2/1997/50, Sub-Commission Resolution 1997/11.

Assim, na quinquagésima sessão da Subcomissão, em 1998, Guissé apresentou um estudo acerca do impacto gerado pelos atores econômicos transnacionais sobre a desigualdade econômica, tanto em âmbito nacional quanto internacional.[72] Guissé levantou novos problemas para discussão, sobretudo no que concerne ao impacto das políticas e práticas das empresas transnacionais sobre os direitos humanos e a sustentabilidade ambiental. Em razão da necessidade de aprofundamento das questões suscitadas preliminarmente por Guissé, a Subcomissão decidiu estender, por um período de três anos, as atividades da divisão encarregada de analisar os Métodos de Trabalho e as Atividades das Empresas Transnacionais.[73] Nesse período, o grupo de trabalho deveria identificar, reunir e avaliar dados acerca dos efeitos das práticas das empresas transnacionais sobre os direitos humanos, além de examinar a compatibilidade entre os acordos de investimentos e os princípios de direitos humanos, exarando, ao final, recomendações acerca das políticas empresariais e da regulamentação das atividades corporativas pelos governos.

Em 2000, o grupo de trabalho apresentou a primeira versão do documento, intitulado *2000 Draft Code of Conduct for Companies*.[74] Nesse momento preliminar, dois pontos centrais foram objeto de discussões: (i) a natureza do documento, se voluntária ou não voluntária, e (ii) a abrangência do estudo, se restrita às corporações transnacionais ou inclusiva de todos os tipos de negócios empresariais. Nos debates, a Subcomissão houve por bem rejeitar essa nomenclatura inicial, temendo que a expressão "código de conduta" remetesse imediata e equivocadamente a um sentido de iniciativa meramente voluntária.[75] Afinal, já seriam muitos os códigos voluntários existentes que se autointitulavam códigos de conduta.

Em 2001,[76] chegou-se de comum acordo ao entendimento de que o documento deveria ter uma natureza não voluntária, de modo a se diferenciar das iniciativas voluntárias que o precederam, seja na ONU (com o Pacto Global, de 2000), seja na OECD (com os Princípios Diretores da OECD, de 1976 e 2000), seja na OIT (com a Declaração Tripartite

---

[72] UN Doc. E/CN.4/Sub.2/1998/6.
[73] UN Doc. E/CN.4/Sub.2/1998/45, Sub-Commission Resolution 1998/8.
[74] UN Doc. E/CN.4/Sub.2/2000/12, paras. 26-58.
[75] UN Doc. E/CN.4/Sub.2/2000/WG.1/WP.1, para. 27.
[76] Em razão das discussões controversas e da complexidade da questão, a Subcomissão, por meio da Resolução 2001/3, houve por bem estender o mandato do grupo de trabalho por mais três anos.

da OIT de Princípios sobre Empresas Multinacionais e Política Social, de 1977 e 2000). Então, cogitou-se nomear o documento *Draft Universal Human Rights Guidelines for Companies*,[77] após a realização de consultas a representantes de organizações da sociedade civil, setores empresariais, uniões de trabalhadores e acadêmicos interessados nas questões envolvendo direitos humanos e responsabilidade empresarial, então reunidos no seminário organizado pelo Alto Comissariado da ONU para os Direitos Humanos (OHCHR), em março de 2001.[78]

Todavia, mais uma vez, foram colocados questionamentos acerca da nomenclatura do documento. O termo *Guidelines* conotaria igualmente uma perspectiva voluntária, que fugia da intenção a que se propunha o documento, de natureza não voluntária. A palavra *Principles* surgiu, então, como um substituto mais apropriado. Não obstante, questionou-se também o uso do vocábulo *Companies*, que sugeriria uma restrição a determinadas atividades empresariais, devendo, por conseguinte, ser substituído pela expressão *Business Enterprises* — mais abrangente —, acompanhada por *Transnacional Corporations*. Na sessão de fevereiro de 2002, o grupo de trabalho decidiu incluir a palavra "*Responsibilities*", de maneira a enfatizar a natureza das obrigações contidas no documento. O título resultante das sucessivas alterações seria então *Human Rights Principles and Responsibilities for Transnacional Companies and Other Business Enterprises*,[79] enfatizando a obrigação de direitos humanos preponderantemente sobre as empresas transnacionais, sem excluir, contudo, os demais tipos negociais de suas responsabilidades de direitos humanos.[80]

Por um lado, porém, remanescia e consolidava-se dentro do grupo de trabalho uma vontade generalizada para que o caráter do documento fosse não voluntário. Nessa medida, a nomenclatura mais apropriada deveria incluir os termos "*Norms of Responsibilities*", explicitando o caráter obrigatório do texto. Ao final, o nome[81] do documento

---

[77] UN Doc. E/CN.4/Sub.2/2001/WG.1/WP.1,/Add.1.
[78] UN Doc. E/CN.4/Sub.2/2001/WG.1/WP.1,/Add.3.
[79] UN Doc. E/CN.4/Sub.2/2002/WG.2/WP.1.
[80] O grupo de trabalho definia que o documento era endereçado diretamente às empresas transnacionais, sem excluir, contudo, as demais formas empresariais. Todavia, mais tarde, definiu-se que rigorosamente não estariam sujeitas às obrigações estipuladas as empresas pequenas e locais, que (i) não tivessem qualquer conexão com corporações transnacionais; (ii) tivessem impacto e influência estritamente locais; e (iii) não violassem o direito à segurança, conforme definido nas Normas (UN Doc. E/CN.4/Sub.2/2003/12/Rev.2, para. 21).
[81] Weissbrodt-Kruger ressaltam que as alterações nos títulos dos documentos refletem a dinâmica de negociação envolvendo os membros do grupo de trabalho e seu desejo de explicitar a natureza não voluntária do documento. Após atingido esse objetivo em 2002,

restava, então, *Norms of Responsibilities for Transnational Corporations and Other Business Enterprises with Regard to Human Rights*.[82] Por outro lado, todavia, o grupo de trabalho não acreditava na possibilidade de aceitação, por parte das delegações, de um texto vinculante, sob a forma de tratado internacional. Por essa razão, houve por bem eleger a forma da *soft-law*, que aumentaria a possibilidade de implementação do documento proposto.[83]

Finalmente, a Subcomissão, por meio da Resolução 2002/8, determinou que as *Normas* (em sua última versão revisada) fossem amplamente divulgadas, de maneira a encorajar governos, organizações intergovernamentais, organizações não governamentais, setores empresariais, uniões de trabalhadores e outras partes interessadas a realizarem observações e recomendações acerca do texto.

Em 2003, diversas organizações não governamentais[84] envolvidas com o tema de direitos humanos e responsabilidade empresarial organizaram um seminário, fornecendo ao grupo de trabalho, como resultado do encontro, comentários detalhados acerca das Normas, em resposta à Resolução 2002/8. Após a revisão do texto, em atenção às observações e sugestões recebidas, o grupo de trabalho enviou a última versão das Normas, junto com seus Comentários,[85] à apreciação final

---

o título do documento permaneceu relativamente inalterado (WEISSBRODT, David; KRUGER, Marcia. Human Rights Responsibilities of Business as Non-State Actors. *In*: ALSTON, Philip. *Non-State Actors and Human Rights*. Oxford: OUP, 2005. p. 322-3).

[82] UN Doc. E/CN.4/Sub.2/2002/13.

[83] WEISSBRODT, David; KRUGER, Marcia. Human Rights Responsibilities of Business as Non-State Actors. *In*: ALSTON, Philip. *Non-State Actors and Human Rights*. Oxford: OUP, 2005. p. 324.

[84] "(...) many NGOs and others provided public statements in support of the Norms, including Amnesty International; Christian Aid; Human Rights Advocates; Human Rights Watch; Lawyers Committee for Human Rights; Fédération Internationale des Ligues des Droits de l'Homme (FIDH); Forum Menschenrechte (Human Rights Forum); Oxfam; Prince of Wales International Business Leaders Forum; World Economy, Ecology and Development (WEED); and the World Organization Against Torture (OMCT). Additionally, Amnesty International provided a list of fifty-eight NGOs confirming their support for the Norms, and Forum Menschenrechte provided another list of twenty-six NGOs joining their statement in support of the Norms" (WEISSBRODT, David; KRUGER, Marcia. Human Rights Responsibilities of Business as Non-State Actors. *In*: ALSTON, Philip. *Non-State Actors and Human Rights*. Oxford: OUP, 2005. p. 327).

[85] Em sua última versão, as *Normas* definem o status de seus Comentários como "a useful interpretation and elaboration of the standards contained in the Norms" (Doc. UN. E/CN.4/Sub.2/2003/12/Rev.2, Preamble).
Sub-Commission, *Commentary on the Norms on the Responsibilities of Transnational Corporations and Other Business Enterprises with regard to Human Rights*, UN Doc. E/CN.4/Sub.2/2003/38/Rev.2.

da Subcomissão.[86] A Subcomissão de Direitos Humanos, então, por meio da Resolução 2003/16, não apenas aprovava o texto das Normas,[87] encaminhando-o à apreciação da Comissão de Direitos Humanos, mas também já criava um procedimento experimental de implementação das Normas a partir do recebimento, pelo Grupo de Trabalho, de informações, denúncias e sugestões sobre os temas concernentes às Normas, enviadas pelos Governos, ONGs, empresas ou indivíduos.

Em 2004, porém, a Comissão determinou, na Decisão 2004/116, que, até a sua apreciação das Normas, a Subcomissão deveria elaborar um estudo acerca das obrigações das empresas transnacionais com relação a direitos humanos, abstendo-se de iniciar quaisquer atividades de monitoramento do projeto das Normas. Como motivação de tal determinação, a Comissão defendia que o documento não possuía ainda qualquer valor jurídico, tendo sido aprovado pela Subcomissão apenas como um projeto.[88]

Interessante notar que, embora a Comissão tenha exarado essa postura excessivamente cautelosa com relação às *Draft Norms*, organizações não governamentais (*Amnesty International* e *Christian Aid*, para citar as pioneiras) já haviam nesse momento se adiantado ao processo de apreciação pela Comissão e já utilizavam o texto das *Draft Norms* como fundamento dos seus trabalhos de acompanhamento das atividades empresariais, bem como nas suas campanhas para que ele fosse aprovado pela Comissão de Direitos Humanos. Igualmente interessante é realçar que o próprio setor empresarial, encabeçado pela *Business Leaders for International Human Rights (BLIHR)*,[89] adiantou-se à aprovação

---

[86] UN Doc. E/CN.4/Sub.2/2003/13.

[87] UN Doc.E/CN.4/Sub.2/2003/12/Rev.2.

[88] O estudo requerido pela Comissão de Direitos Humanos deveria "setting out the scope and legal status of existing initiatives and standards relating to the responsibility of transnational corporations and related business enterprises with regard to human rights". Não obstante, a Comissão também concluiu que "the document E/CN.4/Sub.2/2003/12/Rev.2 has not been requested by the Commission, and a draft proposal has no legal standing, and that the Sub-Commission should not perform any monitoring function in this regard" (UN Doc. E/CN.4/2004/L.11/Add.7, para. 82).

[89] As sete empresas fundadoras da *Business Leaders for International Human Rights – BLIHR* eram: Novartis e NovoNordisk, do setor farmacêutico, além de ABB, Barclays Bank, National Grid Transco, MTV e The Body Shop International (WEISSBRODT, David; KRUGER, Marcia. Human Rights Responsibilities of Business as Non-State Actors. *In*: ALSTON, Philip. *Non-State Actors and Human Rights*. Oxford: OUP, 2005. p. 327).
De 2003 a 2009, a BLIHR cresceu, passando a ser integrada por outras empresas.
"Our principal purpose is to find practical ways of applying the aspirations of the Universal Declaration of Human Rights within a business context and to inspire other businesses to do likewise". Member companies: ABB, AREVA, Barclays, Coca-Cola, Ericsson, General Electric, Gap, HP, National Grid, Newmont, Novartis Foundation for Sustainable Development, Novo Nordisk, StatoilHydro, Zain. Disponível em: <http://www.blihr.org/>.

formal da Comissão, tendo iniciado, em uma postura pró-ativa e de liderança, a implementação paulatina do Projeto das Normas, no intuito de testar novas políticas e práticas condizentes com uma perspectiva de direitos humanos.

1.3.2 Definições

As *Normas* esclarecem o conceito de "corporação transnacional", referindo-se (i) a quaisquer instituições econômicas que realizam atividades negociais em mais de um país, ou (ii) a um grupo de entidades econômicas que realizam operações em dois ou mais países.[90] As *Normas* também observam que a expressão "outras empresas" (*other business enterprise*), incluem quaisquer entidades empresariais. Tem-se, portanto, da mais ampla conceituação, de modo a permitir abarcar empresas transnacionais, contratantes, subcontratantes, fornecedoras, distribuidoras, parceiras, ou qualquer outra forma pela qual possa estar definida uma entidade empresarial. As *Normas* ressaltam, ademais, que seu conteúdo deve ser endereçado a quaisquer entidades empresariais que (i) tenham algum vínculo negocial com empresas transnacionais; (ii) causem, mediante as atividades que conduzem, um impacto socioeconômico não meramente local; ou (iii) violem o direito à segurança.[91]

O termo *stakeholders*, recorrentemente empregado pelas Normas, refere-se aos acionistas e outros titulares, trabalhadores e seus

---

De 2003 a 2006, a BLIHR concentrou-se nas diretrizes colocadas pelo Projeto das Normas, testando-as. De 2006 a 2009, a BLIHR passou a desenvolver instrumentos que contribuíssem para a tradução da linguagem dos direitos humanos para a linguagem empresarial. "This setting and these concrete challenges brought the business representatives to the table and provoked the road-testing of the UN Norms from 2003-2006 and later a focus on building tools to better integrate human rights into business processes from 2006-2009. Over the total six year period, BLIHR has had a constant focus on improving human rights understanding from business and provoking business leadership on this issue" (Disponível em: <http://www.blihr.org/Legacy/Downloads/BLIHR%20Report%202009.pdf>).

[90] "20. The term "transnational corporation" refers to an economic entity operating in more than one country or a cluster of economic entities operating in two or more countries– whatever their legal form, whether in their home country or country of activity, and whether taken individually or collectively" (Doc. UN. E/CN.4/Sub.2/2003/12/Rev.2, Preamble para. 20).

[91] "21. The phrase "other business enterprise" includes any business entity, regardless of the international or domestic nature of its activities, including a transnational corporation, contractor, subcontractor, supplier, licensee or distributor; the corporate, partnership, or other legal form used to establish the business entity; and the nature of the ownership of the entity. These Norms shall be presumed to apply, as a matter of practice, if the business enterprise has any relation with a transnational corporation, the impact of its activities is not entirely local, or the activities involve violations of the right to security as indicated in paragraphs 3 and 4 (Doc. UN. E/CN.4/Sub.2/2003/12/Rev.2, Preâmbulo, para. 21).

representantes sindicais, distribuidores, consumidores, enfim, todos os envolvidos na cadeia de produção e consumo, que são afetados, direta ou indiretamente, pelas atividades da empresa.[92]

Finalmente, as *Normas* asseveram que os termos "direitos humanos" e "direito internacional dos direitos humanos" incluem os direitos econômicos, sociais, culturais, civis e políticos, enunciados, em especial, na Declaração Universal dos Direitos Humanos e nos Pactos de 1966 (Pacto Internacional de Direitos Econômicos, Sociais e Culturais e Pacto Internacional de Direitos Civis e Políticos), além de outros instrumentos jurídicos reconhecidos pelo sistema onusiano.[93]

1.3.3 O preâmbulo e a reafirmação dos principais instrumentos jurídicos de Direito Internacional de Direitos Humanos

A autoridade das *Normas* é reforçada por uma série de declarações e tratados que elas evocam nos parágrafos quarto, quinto, sexto e sétimo de seu Preâmbulo,[94] reafirmando, por consequência, todos

---

[92] "22. The term "stakeholder" includes stockholders, other owners, workers and their representatives, as well as any other individual or group that is affected by the activities of transnational corporations or other business enterprises. The term "stakeholder" shall be interpreted functionally in the light of the objectives of these Norms and include indirect stakeholders when their interests are or will be substantially affected by the activities of the transnational corporation or business enterprise. In addition to parties directly affected by the activities of business enterprises, stakeholders can include parties which are indirectly affected by the activities of transnational corporations and other business enterprises such as consumer groups, customers, Governments, neighboring communities, indigenous peoples and communities, non-governmental organizations, public and private lending institutions, suppliers, trade associations and others" (Doc. UN. E/CN.4/Sub.2/2003/12/Rev.2, Preamble, para. 22).

[93] "23. The phrases "human rights" and "international human rights" include civil, cultural, economic, political and social rights, as set forth in the International Bill of Human Rights and other human rights treaties, as well as the right to development and rights recognized by international humanitarian law, international refugee law, international labour law, and other relevant instruments adopted within the United Nations system" (Doc. UN. E/CN.4/Sub.2/2003/12/Rev.2, Preamble, para. 23).

[94] "*Realizing* that transnational corporations and other business enterprises, their officers and persons working for them are also obligated to respect generally recognized responsibilities and norms contained in United Nations treaties and other international instruments such as the Convention on the Prevention and Punishment of the Crime of Genocide; the Convention against Torture and Other Cruel, Inhuman or Degrading Treatment or Punishment; the Slavery Convention and the Supplementary Convention on the Abolition of Slavery, the Slave Trade, and Institutions and Practices Similar to Slavery; the International Convention on the Elimination of All Forms of Racial Discrimination; the Convention on the Elimination of All Forms of Discrimination against Women; the International Covenant on Economic,

os princípios de Direito Internacional dos Direitos Humanos que se aplicam às empresas transnacionais. As *Normas* representam, nesse sentido, um *adensamento de juridicidade*,⁹⁵ por reafirmarem de modo inequívoco e reorganizarem de modo coeso os instrumentos jurídicos que as precederam, que lhes dão fundamento⁹⁶ e que devem ser obrigatoriamente respeitados pelas empresas transnacionais.

Social and Cultural Rights; the International Covenant on Civil and Political Rights; the Convention on the Rights of the Child; the International Convention on the Protection of the Rights of All Migrant Workers and Members of Their Families; the four Geneva Conventions of 12 August 1949 and two Additional Protocols thereto for the protection of victims of war; the Declaration on the Right and Responsibility of Individuals, Groups and Organs of Society to Promote and Protect Universally Recognized Human Rights and Fundamental Freedoms; the Rome Statute of the International Criminal Court; the United Nations Convention against Transnational Organized Crime; the Convention on Biological Diversity; the International Convention on Civil Liability for Oil Pollution Damage; the Convention on Civil Liability for Damage Resulting from Activities Dangerous to the Environment; the Declaration on the Right to Development; the Rio Declaration on the Environment and Development; the Plan of Implementation of the World Summit on Sustainable Development; the United Nations Millennium Declaration; the Universal Declaration on the Human Genome and Human Rights; the International Code of Marketing of Breast-milk Substitutes adopted by the World Health Assembly; the Ethical Criteria for Medical Drug Promotion and the "Health for All in the Twenty-First Century" policy of the World Health Organization; the Convention against Discrimination in Education of the United Nations Educational, Scientific, and Cultural Organization; conventions and recommendations of the International Labour Organization; the Convention and Protocol relating to the Status of Refugees; the African Charter on Human and Peoples' Rights; the American Convention on Human Rights; the European Convention for the Protection of Human Rights and Fundamental Freedoms; the Charter of Fundamental Rights of the European Union; the Convention on Combating Bribery of Foreign Public Officials in International Business Transactions of the Organisation for Economic Cooperation and Development; and other instruments,
Taking into account the standards set forth in the Tripartite Declaration of Principles Concerning Multinational Enterprises and Social Policy and the Declaration on Fundamental Principles and Rights at Work of the International Labour Organization,
Aware of the Guidelines for Multinational Enterprises and the Committee on International Investment and Multinational Enterprises of the Organisation for Economic Cooperation and Development,
Aware also of the United Nations Global Compact initiative which challenges business leaders to "embrace and enact" nine basic principles with respect to human rights, including labour rights and the environment" (Doc. UN. E/CN.4/Sub.2/2003/12/Rev.2, Preamble, paras. 4, 5, 6, 7).

⁹⁵ LAFER, C. Resistência e realizabilidade da tutela dos direitos humanos no Plano Internacional no Limiar do Século XXI. *In*: AMARAL JR., Alberto do; PERRONE-MOISÉS, C. (Org.). *O cinqüentenário da Declaração Universal dos Direitos do Homem*. São Paulo: Edusp, 1999. p. 450.

⁹⁶ Cabe aqui sublinhar que as *Normas* retomam e reafirmam a importância das iniciativas voluntarias que lhes precederam, quais sejam, a Declaração Tripartite da ILO (parágrafo 5 do Preâmbulo), os Princípios Diretores da OECD (parágrafo 6 do Preâmbulo) e o Pacto Global da ONU (parágrafo 7 do Preâmbulo).

Sobretudo ao retomar a Carta das Nações Unidas,[97] a Declaração Universal dos Direitos Humanos[98] e ao reafirmar a universalidade, a indivisibilidade, a interdependência e a complementaridade dos direitos humanos[99] (consagradas na Convenção de Viena de 1993[100]) as *Normas* permitem a dedução de que incorporam a alargada razão kantiana (ou razão abrangente da humanidade), que informa esses três documentos centrais. As *Normas* retomam, assim, uma leitura kantiana dos direitos humanos, considerados uma expressão de convivência coletiva pacífica. Por isso elas enfatizam a necessidade de uma regulação das atividades empresariais coerente com os imperativos de direitos humanos,[101] explicitando as obrigações das empresas de respeitar, proteger e promover os direitos humanos,[102] com vistas ao ideal da cooperação para a paz mundial.

---

[97] "*Bearing in mind* the principles and obligations under the Charter of the United Nations, in particular the preamble and Articles 1, 2, 55, and 56, inter alia to promote universal respect for, and observance of, human rights and fundamental freedoms" (Doc. UN. E/CN.4/Sub.2/2003/12/Rev.2, Preamble, paras. 1).

[98] "Recalling that the Universal Declaration of Human Rights proclaims a common standard of achievement for all peoples and all nations, to the end that Governments, other organs of society and individuals shall strive, by teaching and education, to promote respect for human rights and freedoms, and, by progressive measures, to secure universal and effective recognition and observance, including of equal rights of women and men and the promotion of social progress and better standards of life in larger freedom,
Recognizing that even though States have the primary responsibility to promote, secure the fulfillment of, respect, ensure respect of and protect human rights, transnational corporations and other business enterprises, as organs of society, are also responsible for promoting and securing the human rights set forth in the Universal Declaration of Human Rights" (E/CN.4/Sub.2/2003/12/Rev.2, Preamble, paras. 2, 3).

[99] "*Acknowledging* the universality, indivisibility, interdependence and interrelatedness of human rights, including the right to development, which entitles every human person and all peoples to participate in, contribute to and enjoy economic, social, cultural and political development in which all human rights and fundamental freedoms can be fully realized" (E/CN.4/Sub.2/2003/12/Rev.2, Preamble, para. 13).

[100] C. Lafer observa que "o consenso internacional alcançado em Viena, em matéria de universalidade, indivisibilidade e interdependência dos direitos humanos, permite qualificá-los apropriadamente como 'invariante axiológicas'. (...) 'Invariantes Axiológicas' são, para Miguel Reale, valores fundamentais e fundantes, desvendados no processo histórico, que guiam condutas humanas" (LAFER, C. *Reflexões sobre o historicismo axiológico de Miguel Reale e os direitos humanos no plano internacional*, 1997. p. 1-4. Mimeografado).

[101] "The Norms, in this sense, represent an increasingly powerful and coherent basis for the regulation of corporations that is likely to attempt to reshape the context of debate in the coming decades. (...) Read together, the Norms and Commentary would have the international political community effect a revolution in both the character of corporate governance and the source of the authority to regulate corporations" (BACKER, Larry C. Multinational Corporations, Transnational Law: the United Nations Norms on the Responsibilities of Transnational Corporations as a Harbinger of Corporate Social Responsibility in International Law. *Columbia Human Rights Law Review*, p. 142, 2007).

[102] "A. General obligations 1. States have the primary responsibility to promote, secure the fulfillment of, respect, ensure respect of and protect human rights recognized in

As *Normas* começam, assim, evocando a Carta das Nações Unidas (parágrafo primeiro do Preâmbulo)[103] e a Declaração Universal dos Direitos Humanos (parágrafos segundo e terceiro do Preâmbulo).[104] As *Normas* enfatizam que a Declaração Universal dos Direitos Humanos é um documento destinado não apenas aos Estados, mas também a todos os indivíduos, grupos e órgãos da sociedade. Afinal, a Declaração tem como objetivo primordial estabelecer os direitos das pessoas e dos povos, e não os deveres dos Estados.[105] Em sendo "órgãos da sociedade",[106]

---

international as well as national law, including ensuring that transnational corporations and other business enterprises respect human rights. Within their respective spheres of activity and influence, transnational corporations and other business enterprises have the obligation to promote, secure the fulfillment of, respect, ensure respect of and protect human rights recognized in international as well as national law, including the rights and interests of indigenous peoples and other vulnerable groups" (UN Doc. E/CN.4/Sub.2/2003/12/Rev.2, para. 1).

[103] "*Bearing in mind* the principles and obligations under the Charter of the United Nations, in particular the preamble and Articles 1, 2, 55, and 56, inter alia to promote universal respect for, and observance of, human rights and fundamental freedoms" (E/CN.4/Sub.2/2003/12/Rev.2, Preamble, para. 1).
Vale relembrar que os artigos 1 e 2 da Carta da ONU retomam os objetivos e princípios da organização, enquanto os artigos 55 e 56 enunciam o princípio da cooperação econômica e social internacional.

[104] "Recalling that the Universal Declaration of Human Rights proclaims a common standard of achievement for all peoples and all nations, to the end that Governments, other organs of society and individuals shall strive, by teaching and education, to promote respect for human rights and freedoms, and, by progressive measures, to secure universal and effective recognition and observance, including of equal rights of women and men and the promotion of social progress and better standards of life in larger freedom,
Recognizing that even though States have the primary responsibility to promote, secure the fulfillment of, respect, ensure respect of and protect human rights, transnational corporations and other business enterprises, as organs of society, are also responsible for promoting and securing the human rights set forth in the Universal Declaration of Human Rights" (E/CN.4/Sub.2/2003/12/Rev.2, Preâmbulo, paras. 2, 3).

[105] PAUST, Jordan J. The Other Side of Right: Private Duties under Human Rights Law. *Harvard Human Rights Journal*, 5, p. 53, 1992.

[106] Cumpre esclarecer que os *grupos* sao uma categoria genérica, ao passo que os *órgãos da sociedade* são um conjunto mais seleto e específico. "Whereas all 'organs of society' could enter into a broad category of 'group', various groups do not reach the level of public acceptance and institutionalization which seems to be required to be considered 'organs of society' (*Elements for a draft body of principles on the right and responsibility of individuals, groups and other organs of society to promote and protect human rights and fundamental freedoms*, UN Doc. E/CN.4/Sub.2/1983/12, para. 9).
Com base nisso, Robinson (ROBINSON, M. *The Business Case for Human Rights. Financial Time Management, Visions of Ethical Business*, London, Financial Times Professional, 1998, 14-7, p. 14) e Vieira de Mello (*Human Rights*: what Role for Business. *New Academy Review*, v. 2, n. 1, p. 19, 2003) definem as empresas como órgãos da sociedade, tendo amplo reconhecimento público e institucionalização.
Essa classificação é confirmada pelo enunciado do parágrafo terceiro do Preâmbulo das Normas, que coloca: "transnational corporations and other business enterprises, as organs of society, are also responsible for promoting and securing the human rights set forth in the Universal Declaration of Human Rights" (E/CN.4/Sub.2/2003/12/Rev.2, Preamble, para. 3).

as empresas transnacionais são, portanto, igualmente responsáveis pelo respeito, proteção e promoção dos direitos humanos enunciados na Declaração Universal. O conteúdo dela deve, por consequência, ser destinado também às empresas multinacionais.[107]

Conforme veremos no capítulo seguinte, das oito empresas farmacêuticas consultadas pelo Representante Especial da ONU para a questão das Empresas e Direitos Humanos, cinco (83,3%) mencionaram a Declaração de 1948 dentre os princípios e instrumentos de Direito Internacional de Direitos Humanos referendados pela empresa.[108]

1.3.4 As obrigações de Direitos Humanos definidas pelas *Normas* para as empresas transnacionais

O primeiro parágrafo das *Normas* identifica as obrigações gerais das empresas transnacionais. Ele começa retomando o conteúdo do parágrafo terceiro do seu Preâmbulo, que enfatiza que os Estados detêm a responsabilidade primária para promover, garantir o gozo, respeitar, assegurar o respeito e proteger os direitos humanos reconhecidos nas legislações internacionais e nacionais. As *Normas* prosseguem definindo que tanto os Estados-sede das empresas (*Home States*) como os Estados anfitriões de suas subsidiárias (*Host States*) possuem igualmente o dever de assegurar que as empresas transnacionais respeitem os direitos humanos.

---

[107] "The Universal Declaration may also address multinational companies. (...) The Universal Declaration is not addressed only to governments. It is a 'common standard for all peoples and all nations'. It means that *'every individual and every organ of society* shall strive – by progressive measures – to ensure their universal and effective recognition and observance among the people of the member states. *Every individual* includes juridical persons. *Every individual* and *every organ of society* excludes no one, no company, no market, no cyberspace. The Universal Declaration applies to them all" (HENKIN, L. The Universal Declaration at 50 and the Challenge of Global Markets. *Rooklin JIL*, 25, p. 24-5, 1999).

[108] "5. Do your company's principles/practices reference any particular international human rights instruments? If so which one(s):
Universal Declaration of Human Rights (UDHR) 83.3% (5)
ILO Declarations or conventions 33.3% (2)
OECD Guidelines 33.3 % (2)
Global Compact 16.7% (1)
Other (iii) 16.7 (1)
The top two "other instruments" included in the responses were the Voluntary Principles on Security and Human Rights (10%), and the Extractive Industries Transparency Initiative (4%) (RUGGIE, John G. IBLF, BUSINESS FOR SOCIAL RESPONSIBILITY, INTERNATIONAL ORGANIZATION OF EMPLOYERS, INTERNATIONAL CHAMBER OF COMMERCE, FES. *Human Rights Policies and Management Practices of Fortune Global 500 Firms: the Results of a Survey*. Harvard University, John F. Kennedy School of Government, 1st Sept. 2006. Table 3, p. 22).

Essa reafirmação deixa claro que as *Normas* não esvaziam, em nenhuma medida, a responsabilidade dos Estados de respeitar, proteger e promover os direitos humanos. Por extensão, não pretendem privatizá-los. Ou seja, as *Normas* não têm por objetivo demandar às empresas transnacionais que respeitem, protejam e promovam os direitos humanos no lugar dos Estados. Tão pouco permitem que seu conteúdo seja utilizado por Estados como escusa por terem falhado em suas responsabilidades e obrigações de direitos humanos.[109]

Ainda no primeiro parágrafo, as *Normas* determinam que as empresas transnacionais têm, em suas respectivas esferas de atividade e influência e como reflexo das responsabilidades tradicionalmente reputadas aos Estados, as mesmas obrigações de promover, garantir o gozo, respeitar, assegurar o respeito e proteger os direitos humanos reconhecidos nas legislações internacionais e nacionais, incluindo os direitos e interesses dos povos indígenas e outros grupos vulneráveis.[110] O primeiro parágrafo das Normas claramente define, pois, as obrigações de direitos humanos das empresas, seja com relação ao seu país-sede, seja com relação aos demais países onde desenvolvem outras atividades negociais.[111] Para tanto, é essencial que as empresas transnacionais ajam em conformidade com a *Due Diligence* esperada, garantindo, por um lado, que suas atividades não contribuam (direta ou indiretamente) com abusos de direitos humanos, e, por outro, que não se beneficiem (direta ou indiretamente) desses abusos.[112]

---

[109] "The Norms may not be used by States as an excuse for failing to take action to protect human rights, for example, through the enforcement of existing laws" [Sub-Commission, *Commentary on the Norms on the Responsibilities of Transnational Corporations and Other Business Enterprises with regard to Human Rights*, UN. Doc. E/CN.4/Sub.2/2003/38/Rev.2, para. 1 (b)].

[110] "A. General obligations. 1. States have the primary responsibility to promote, secure the fulfillment of, respect, ensure respect of and protect human rights recognized in international as well as national law, including ensuring that transnational corporations and other business enterprises respect human rights. Within their respective spheres of activity and influence, transnational corporations and other business enterprises have the obligation to promote, secure the fulfillment of, respect, ensure respect of and protect human rights recognized in international as well as national law, including the rights and interests of indigenous peoples and other vulnerable groups" (UN Doc. E/CN.4/Sub.2/2003/12/Rev.2, para. 1).

[111] "The obligation of transnational corporations and other business enterprises under these Norms applies equally to activities occurring in the home country or territory of the transnational corporation or other business enterprise, and in any country in which the business is engaged in activities" [Sub-Commission, *Commentary on the Norms on the Responsibilities of Transnational Corporations and Other Business Enterprises with regard to Human Rights*, UN. Doc. E/CN.4/Sub.2/2003/38/Rev.2, para. 1 (a)].

[112] "Transnational corporations and other business enterprises shall have the responsibility to use due diligence in ensuring that their activities do not contribute directly or indirectly to human abuses, and that they do not directly or indirectly benefit from abuses of which they were aware or ought to have been aware" [Sub-Commission, *Commentary on the Norms on the Responsibilities of Transnational Corporations and Other Business Enterprises with regard to Human Rights*, UN Doc. E/CN.4/Sub.2/2003/38/Rev.2, para. 1 (b)].

Não obstante, as empresas transnacionais devem abster-se de realizar quaisquer atividades que venham a contrariar os princípios de uma Estado Democrático de Direito, usando, ao contrário, sua influência econômica e política, bem como sua capacidade técnica, para ajudar a promover e assegurar o respeito dos direitos humanos. É imperativo que as empresas transnacionais adotem os mecanismos propostos para a implementação das *Normas* (descritas em seus parágrafos 15 a 19), monitorando todas as atividades e se mantendo cientes do impacto que geram sobre a realização dos direitos humanos. Esse acompanhamento evita que as empresas transnacionais possam ser eventualmente acusadas de cúmplices (diretas ou indiretas) de violações de direitos humanos.[113]

Nos parágrafos que seguem, as *Normas* afirmam, em particular, o direito à igualdade de oportunidades e tratamento (parágrafo 2); o direito à segurança das pessoas (parágrafos 3 e 4); os direitos dos trabalhadores (parágrafos 5 a 9); e as obrigações das empresas com relação à proteção ao consumidor (parágrafo 13), bem como com relação à proteção ambiental (parágrafo 14). As *Normas* sublinham, outrossim, o dever das empresas de respeitar a soberania nacional e os direitos humanos (parágrafos 10 a 12).

Ao enunciarem, em seu décimo parágrafo, o dever das empresas de reconhecer e respeitar as legislações nacionais e internacionais de direitos humanos,[114] as *Normas* incluem em seus Comentários também o dever de fomentar o desenvolvimento social, por meio da expansão de oportunidades econômicas, sobretudo nos países em desenvolvimento e nas nações menos desenvolvidas.[115] Os Comentários reafirmam,

---

[113] "Transnational corporations and other business enterprises shall further refrain from activities that would undermine the rule of law as well as governmental and other efforts to promote and ensure respect for human rights, and shall use their influence in order to help promote and ensure respect for human rights. Transnational corporations and other business enterprises shall inform themselves of the human rights impact of their principal activities and major proposed activities so that they can further avoid complicity in human rights abuses" [Sub-Commission, *Commentary on the Norms on the Responsibilities of Transnational Corporations and Other Business Enterprises with regard to Human Rights*, UN. Doc. E/CN.4/Sub.2/2003/38/Rev.2, para. 1 (b)].

[114] "10. Transnational corporations and other business enterprises shall recognize and respect applicable norms of international law, national laws and regulations, as well as administrative practices, the rule of law, the public interest, development objectives, social, economic and cultural policies including transparency, *Accountability* and prohibition of corruption, and authority of the countries in which the enterprises operate" (UN Doc. E/CN.4/Sub.2/2003/12/Rev.2, para. 10).

[115] "10. (a) Transnational corporations and other business enterprises, within the limits of their resources and capabilities, shall encourage social progress and development by expanding

igualmente, o dever das empresas transnacionais de respeitar o direito ao desenvolvimento, sobretudo das comunidades locais mais vulneráveis e negligenciadas,[116] permitindo o pleno gozo de todas as suas liberdades e de todos os seus direitos econômicos, sociais, culturais, civis e políticos.[117]

Além disso, os Comentários incluem o dever das empresas de respeitar, proteger e implementar os direitos de propriedade intelectual de maneira a contribuírem com a promoção de inovações tecnológicas e transferência de tecnologia. As *Normas* (em seu parágrafo décimo, comentário "d") realçam a necessidade de se perseguir benefícios mútuos, tanto para produtores como para usuários dos conhecimentos tecnológicos (dentre os quais se podem inserir os medicamentos), a caminho de um Estado de bem-estar econômico e social, em que se assegure a proteção da saúde pública.[118]

Pode-se, portanto, inferir que o Comentário (d) ao parágrafo 10 das *Normas* faz referência à questão da responsabilidade das empresas farmacêuticas pelo direito de acesso a medicamentos. Como veremos no Capítulo 4, o acesso a medicamento é elemento essencial do direito à saúde. O Comentário (d) realça o dever das empresas de assegurar a disseminação do conhecimento tecnológico, que, no contexto das

---

economic opportunities – particularly in developing countries and, most importantly, in the least developed countries" [Sub-Commission, *Commentary on the Norms on the Responsibilities of Transnational Corporations and Other Business Enterprises with regard to Human Rights*, UN. Doc. E/CN.4/Sub.2/2003/38/Rev.2, para. 10 (a)].

[116] "10. (c) Transnational corporations and other business enterprises shall respect the rights of local communities affected by their activities and the rights of indigenous peoples and communities consistent with international human rights standards" [Sub-Commission, *Commentary on the Norms on the Responsibilities of Transnational Corporations and Other Business Enterprises with regard to Human Rights*, UN. Doc. E/CN.4/Sub.2/2003/38/Rev.2, para. 10 (c)].

[117] "(b) Transnational corporations and other business enterprises shall respect the right to development, which all peoples are entitled to participate in and contribute to, and the right to enjoy economic, social, cultural and political development in which all human rights and fundamental freedoms can be fully realized and in which sustainable development can be achieved so as to protect the rights of future generations" [Sub-Commission, *Commentary on the Norms on the Responsibilities of Transnational Corporations and Other Business Enterprises with regard to Human Rights*, UN. Doc. E/CN.4/Sub.2/2003/38/Rev.2, para. 10 (b)].

[118] "(d) Transnational corporations and other business enterprises shall respect, protect and apply intellectual property rights in a manner that contributes to the promotion of technological innovation and to the transfer and dissemination of technology, to the mutual advantage of producers and users of technological knowledge, in a manner conducive to social and economic welfare, such as the protection of public health, and to a balance of rights and obligations" [Sub-Commission, *Commentary on the Norms on the Responsibilities of Transnational Corporations and Other Business Enterprises with regard to Human Rights*, UN. Doc. E/CN.4/Sub.2/2003/38/Rev.2, para. 10 (d)].

empresas farmacêuticas, é garantido pelo acesso às fórmulas medicinais patenteadas. Esse acesso deve, no entanto, ser garantido em conformidade com o direito de propriedade intelectual, beneficiando, assim, o produtor do conhecimento e o usuário do medicamento. Uma interpretação sistemática[119] de todo o conteúdo das Normas, todavia, reforçaria a necessidade de as empresas farmacêuticas deixarem de se beneficiar da violação do direito de acesso a medicamentos, sobretudo das populações negligenciadas. Afinal, conforme mencionado acima, as empresas devem abster-se de se favorecerem direta ou indiretamente de abusos de direitos humanos, dos quais estão ou deveriam estar cientes.[120]

O parágrafo 12 das *Normas* também merece atenção, em que pese sua alusão imediata ao tema da responsabilidade das empresas farmacêuticas em relação ao direito de acesso a medicamentos. Reza o parágrafo 12 que as empresas transnacionais devem respeitar os direitos econômicos, sociais e culturais, em especial, o direito à saúde e contribuir para a sua realização.[121] Os comentários a esse parágrafo são bastante elucidativos. Primeiramente, esclarecem que as empresas

---

[119] "Parece-me que (...) essa orientação, voltada para a representação de um determinado campo de investigação como um sistema, isto é, como um conjunto de elementos em relação de interdependência entre si e com o todo, é uma orientação geral das ciências sociais. (...) Kelsen partilhou com alguns dos maiores estudiosos contemporâneos, no âmbito das ciências sociais, a tendência à descoberta do sistema como meta última da pesquisa, entendido o sistema como a totalidade cuja estrutura, uma vez individualizada, permite explicar a composição, o movimento e a mudança de cada uma das partes. (...) a tendência, nascida com Kelsen, a uma teoria do direito como sistema de normas relacionadas entre si não pode deixar de trazer sugestões esclarecedoras pelo confronto com a guinada saussuriana na linguística. Em *Reine Rechtslehre*, Kelsen expressa-se desta maneira:
O posicionamento da doutrina pura do direito é (...) em tudo objetivista e universalista. Ela está voltada fundamentalmente para a totalidade do direito e busca compreender cada fenômeno individual somente em seu nexo sistemático com todos os outros, busca compreender em cada parte do direito a função da totalidade do direito. Neste sentido, ela é uma concepção verdadeiramente orgânica do direito" (BOBBIO, N. Da estrutura à função: novos estudos de teoria do direito. São Paulo: Manole, 2007. p. 197-8).

[120] "(b) Transnational corporations and other business enterprises shall have the responsibility to use due diligence in ensuring that their activities do not contribute directly or indirectly to human abuses, and that they do not directly or indirectly benefit from abuses of which they were aware or ought to have been aware" [Sub-Commission, *Commentary on the Norms on the Responsibilities of Transnational Corporations and Other Business Enterprises with regard to Human Rights*, UN. Doc. E/CN.4/Sub.2/2003/38/Rev.2, para. 1 (b)].

[121] "12. Transnational corporations and other business enterprises shall respect economic, social and cultural rights as well as civil and political rights and contribute to their realization, in particular the rights to development, adequate food and drinking water, the highest attainable standard of physical and mental health, adequate housing, privacy, education, freedom of thought, conscience, and religion and freedom of opinion and expression, and shall refrain from actions which obstruct or impede the realization of those rights" (UN Doc. E/CN.4/Sub.2/2003/12/Rev.2, para. 12).

transnacionais devem observar os quatro *standards* de promoção do direito à saúde (enunciados no Comentário Geral Número 14 ao Artigo 12 do Pacto Internacional de Direitos Econômicos, Sociais e Culturais),[122] a saber, disponibilidade, acessibilidade, aceitabilidade e qualidade.[123] Conforme se verá no Capítulo 4, esses são os parâmetros que informam o direito à saúde e, por extensão, o direito de acesso a medicamentos. Em sendo um elemento essencial do direito à saúde, os medicamentos devem estar *disponíveis* à população em quantidades suficientes. Devem ainda ser física e economicamente *acessíveis* a todos os povos, além de serem cultural e eticamente *aceitáveis* pela comunidade a que se destinam. Devem ademais possuir *qualidade* comprovada, em consonância com as normas médicas e científicas.[124]

1.3.5 As *Normas* da subcomissão de Direitos Humanos da ONU

1.3.5.1 Implementação das *Normas*

As *Normas* se diferenciam das demais iniciativas que endossam o movimento da responsabilidade das empresas por violações de direitos humanos. O aspecto fulcral da diferenciação das *Normas* conecta-se aos seus diversos meios de implementação. As *Normas* reforçam as metas definidas politicamente no Pacto Global e introduzem significativos meios de implementação a serem analisados a seguir. Nesse sentido, as *Normas* dão um passo além das iniciativas que as precederam, em que pese uma maior cobrança pelo comprometimento com seu conteúdo, por parte das empresas e dos Estados a que se destinam.

As *Normas* preveem, primeiramente, algumas formas de implementação a serem conduzidas pelas próprias empresas; e, posteriormente, apresentam outros métodos envolvendo a participação de

---

[122] *General Comment No. 14 (2000), The right to the highest attainable standard of health – article 12 of the International Covenant on Economic, Social and Cultural Rights*, Doc. UN E/C.12/2000/4.

[123] "(a) Transnational corporations and other business enterprises shall observe standards that promote the availability, accessibility, acceptability and quality of the right to health, for example, as identified in article 12 of the International Covenant on Economic, Social and Cultural Rights, general comment No. 14 on the right to the highest attainable standard of health adopted by the Committee on Economic, Social and Cultural Rights and the relevant standards established by the World Health Organization" [Sub-Commission, *Commentary on the Norms on the Responsibilities of Transnational Corporations and Other Business Enterprises with regard to Human Rights*, UN. Doc. E/CN.4/Sub.2/2003/38/Rev.2, para. 12 (a)].

[124] Doc. WHO.TDR/SDR/SEB/ST/07.2 (HUNT, Paul. Neglected Diseases: a HR Analysis. *Special Topics in Social, Economic, and Behavioural Research Report Series* n. 6, 2007. p. 31).

organizações intergovernamentais, uniões sindicais, ONGs, investidores, consumidores, Estados e outras instituições que podem contribuir para a implementação do texto das Normas.

No que tange aos mecanismos de implementação previstos para serem utilizados pelas próprias empresas, as *Normas* requerem, preliminarmente,[125] a incorporação do seu conteúdo aos códigos de conduta de cada empresa.[126] Esses códigos de conduta devem, posteriormente, ser divulgados a todos os envolvidos na cadeia de produção e consumo (*stakeholders*), de forma a serem legitimados e institucionalizados.[127] Tal medida permite que todos aqueles que são afetados pelas atividades empresariais tomem conhecimento das responsabilidades da empresa. Além disso, permite que essas responsabilidades sejam publicamente conhecidas e eventualmente cobradas. A implementação das *Normas* no ambiente interno das empresas demanda que se realizem treinamentos de seu pessoal, enfatizando a importância da adoção do texto das *Normas* nas práticas cotidianas da empresa.[128] Quanto ao

---

[125] "15. As an initial step towards implementing these Norms, each transnational corporation or other business enterprise shall adopt, disseminate and implement internal rules of operation in compliance with the Norms. Further, they shall periodically report on and take other measures fully to implement the Norms and to provide at least for the prompt implementation of the protections set forth in the Norms. Each transnational corporation or other business enterprise shall apply and incorporate these Norms in their contracts or other arrangements and dealings with contractors, subcontractors, suppliers, licensees, distributors, or natural or other legal persons that enter into any agreement with the transnational corporation or business enterprise in order to ensure respect for and implementation of the Norms" (UN Doc. E/CN.4/Sub.2/2003/12/Rev.2, para. 15).

[126] "The Norms (...) call upon business to adopt the substance of the Norms as the minimum standard for their own company coded of conduct or internal rules of operation and to adopt mechanism for creating *Accountability* within the company" (WEISSBRODT, David; KRUGER, Marcia. Human Rights Responsibilities of Business as Non-State Actors. *In*: ALSTON, Philip. *Non-State Actors and Human Rights*. Oxford: OUP, 2005. p. 341).

[127] "Dissemination requires business to ensure that the Norms are communicated in a manner ensuring that all relevant stakeholders can understand their meaning (...) It also ensures the companies' responsibilities will be made known to the general public, further legitimating and institutionalizing the existence of its responsibilities" (WEISSBRODT, David; KRUGER, Marcia. Human Rights Responsibilities of Business as Non-State Actors. *In*: ALSTON, Philip. *Non-State Actors and Human Rights*. Oxford: OUP, 2005. p. 341).

[128] "15. (b) Once internal rules of operation or similar measures have been adopted and disseminated, transnational corporations and other business enterprises shall— to the extent of their resources and capabilities — provide effective training for their managers as well as workers and their representatives in practices relevant to the Norms.
(e) Transnational corporations and other business enterprises shall inform in a timely manner everyone who may be affected by conditions caused by the enterprises that might endanger health, safety, or the environment.
[Sub-Commission, *Commentary on the Norms on the Responsibilities of Transnational Corporations and Other Business Enterprises with regard to Human Rights*, UN. Doc. E/CN.4/Sub.2/2003/38/Rev.2, para. 15 (b), (e)].

ambiente externo, nas esferas de influência da corporação, as *Normas* determinam que as empresas não só incorporem o seu texto em todos os contratos realizados com seus parceiros comerciais, mas também negociem preferencialmente com empresas que tenham igualmente se comprometido com ela.[129]

As *Normas* estabelecem, ademais, um sistema de monitoramento das atividades das empresas.[130] Preliminarmente, estabelecem a condução de monitoramentos internos de forma transparente, a partir da divulgação dos elementos avaliados.[131] Adicionalmente, preveem o

---

"Business enterprises should provide training to managers and representatives in practices relevant to the Norms" (WEISSBRODT, David; KRUGER, Marcia. Human Rights Responsibilities of Business as Non-State Actors. *In*: ALSTON, Philip. *Non-State Actors and Human Rights*. Oxford: OUP, 2005. p. 341).

[129] "The Norms also address implementation issues with regard to each business supply chain. They call upon business to apply and incorporate the Norms into their contracts with their business partners, and ensure that they only do business with others who follow standards similar to the Norms" (WEISSBRODT, David; KRUGER, Marcia. Human Rights Responsibilities of Business as Non-State Actors. *In*: ALSTON, Philip. *Non-State Actors and Human Rights*. Oxford: OUP, 2005. p. 341).

Os Comentários às *Normas* esclarecem que não se requer que as empresas interrompam imediatamente seus negócios com parceiros que não respeitem as Normas, mas incentiva que as empresas trabalhem com esses parceiros para que reformulem suas políticas e deixem de violar direitos humanos. Somente após verificada a manutenção da situação de violação de direitos humanos é que se demanda que as empresas deixem de celebrar acordos com o parceiro violador de direitos humanos.

"15. (c) Transnational corporations and other business enterprises shall ensure that they only do business with (including purchasing from and selling to) contractors, subcontractors, suppliers, licensees, distributors, and natural or other legal persons that follow these or substantially similar Norms. Transnational corporations and other business enterprises using or considering entering into business relationships with contractors, subcontractors, suppliers, licensees, distributors, or natural or other legal persons that do not comply with the Norms shall initially work with them to reform or decrease violations, but if they will not change, the enterprise shall cease doing business with them" [Sub-Commission, *Commentary on the Norms on the Responsibilities of Transnational Corporations and Other Business Enterprises with regard to Human Rights*, UN. Doc. E/CN.4/Sub.2/2003/38/Rev.2, para. 15 (c)].

[130] "16. Transnational corporations and other business enterprises shall be subject to periodic monitoring and verification by United Nations, other international and national mechanisms already in existence or yet to be created, regarding application of the Norms. This monitoring shall be transparent and independent and take into account input from stakeholders (including non-governmental organizations) and as a result of complaints of violations of these Norms. Further, transnational corporations and other business enterprises shall conduct periodic evaluations concerning the impact of their own activities on human rights under these Norms" (UN Doc. E/CN.4/Sub.2/2003/12/Rev.2, para. 16).

[131] Com relação à avaliação das condições de trabalho, por exemplo, Weissbrodt-Kruger sublinham a importância da participação das organizações sindicais. Além disso, sublinham que os acordos coletivos continuam fundamentais, não podendo ser substituídos pelas *Normas* ou qualquer outro documento de Responsabilidade Social Corporativa (WEISSBRODT, David; KRUGER, Marcia. Human Rights Responsibilities of Business as Non-State Actors. *In*: ALSTON, Philip. *Non-State Actors and Human Rights*. Oxford: OUP, 2005. p. 342).

estabelecimento de mecanismos de monitoramento externo. Assim, por um lado, deve haver o recebimento de questões, reclamações, sugestões, etc. colocadas por qualquer dos envolvidos na cadeia de produção e consumo (*stakeholders*),[132] dando-lhes voz participativa; por outro lado, deve igualmente haver a divulgação de informações. A divulgação de dados deve ser periódica, pública, transparente e independente. As empresas devem elaborar relatórios de acompanhamento que divulguem dados relevantes ao conteúdo das *Normas*, sublinhando as dificuldades e os progressos alcançados com relação ao respeito, proteção e promoção de direitos humanos. Os relatórios de acompanhamento devem abranger todas as atividades[133] que a empresa conduz, incluindo as ações de seus parceiros comerciais (contratantes, subcontratantes, fornecedores, distribuidores, entre outros).[134] As empresas devem também elaborar

---

Os Comentários, no tocante a isso, realçam a necessidade da manutenção de modelos legítimos e confidenciais para o depósito de reclamações sobre violações às *Normas* por parte dos empregados. Os Comentários realçam também a relevância de as empresas se absterem e condenarem quaisquer modos de ação de retaliação contra os empregados que depositam tais reclamações.
"(d) Transnational corporations and other business enterprises shall ensure that the monitoring process is transparent, for example by making available to relevant stakeholders the workplaces observed, remediation efforts undertaken and other results of monitoring. They shall further ensure that any monitoring seeks to obtain and incorporate input from relevant stakeholders. Further, they shall ensure such monitoring by their contractors, subcontractors, suppliers, licensees, distributors, and any other natural or legal persons with whom they have entered into any agreement, to the extent possible" [Sub-Commission, *Commentary on the Norms on the Responsibilities of Transnational Corporations and Other Business Enterprises with regard to Human Rights*, UN. Doc. E/CN.4/Sub.2/2003/38/Rev.2, para. 16 (d)].

[132] "A transnational corporation or other business enterprise shall make available the results of that study to relevant stakeholders and shall consider any reactions from stakeholders" [Sub-Commission, *Commentary on the Norms on the Responsibilities of Transnational Corporations and Other Business Enterprises with regard to Human Rights*, UN. Doc. E/CN.4/Sub.2/2003/38/Rev.2, para. 16 (i)].

[133] Os Comentários às *Normas* esclarecem que as empresas devem divulgar dados precisos e que respondam ao conteúdo das Normas detalhando questões referentes às ações e atividades das empresas, sua estrutura, sua situação financeira, sua performance, bem como informações relevantes sobre seus escritórios, sua sede, suas subsidiárias, suas fábricas, seus parceiros comerciais.
"15. (d) Transnational corporations and other business enterprises shall enhance the transparency of their activities by disclosing timely, relevant, regular and reliable information regarding their activities, structure, financial situation and performance. They shall also make known the location of their offices, subsidiaries and factories, so as to facilitate measures to ensure that the enterprises, products and services are being produced under conditions that respect these Norms" [Sub-Commission, *Commentary on the Norms on the Responsibilities of Transnational Corporations and Other Business Enterprises with regard to Human Rights*, UN. Doc. E/CN.4/Sub.2/2003/38/Rev.2, para. 15 (d)]; (WEISSBRODT, David; KRUGER, Marcia. Human Rights Responsibilities of Business as Non-State Actors. *In*: ALSTON, Philip. *Non-State Actors and Human Rights*. Oxford: OUP, 2005. p. 342).

[134] "16. (d) Transnational corporations and other business enterprises shall ensure that the monitoring process is transparent, for example by making available to relevant stakeholders

relatórios acerca do impacto das suas atividades sobre os direitos humanos.[135] Para tanto, devem considerar as informações recebidas pelos *stakeholders*, além de consultar e informar todos os indivíduos e comunidades que possam eventualmente ser prejudicados pelas ações e atividades empresariais.[136]

As *Normas* ressaltam também a contribuição fundamental que pode ser dada pela ONU para o seu monitoramento.[137] Para tanto,

---

the workplaces observed, remediation efforts undertaken and other results of monitoring. They shall further ensure that any monitoring seeks to obtain and incorporate input from relevant stakeholders. Further, they shall ensure such monitoring by their contractors, subcontractors, suppliers, licensees, distributors, and any other natural or legal persons with whom they have entered into any agreement, to the extent possible" [Sub-Commission, *Commentary on the Norms on the Responsibilities of Transnational Corporations and Other Business Enterprises with regard to Human Rights*, UN. Doc. E/CN.4/Sub.2/2003/38/Rev.2, para. 16 (d)].

[135] Os relatórios de impactos sobre os direitos humanos podem ser utilizados para evitar ou minorar as consequências adversas de determinados projetos empresariais. Esses relatórios devem incluir uma descrição do projeto, os benefícios esperados e os impactos sobre a situação dos direitos humanos causados pelas ações e atividades propostas. É desejável que os relatórios incluam também modelos alternativos a serem discutidos, bem como a indicação de todos os meios de minoração ou reparação dos impactos negativos e efeitos adversos (WEISSBRODT, David; KRUGER, Marcia. Human Rights Responsibilities of Business as Non-State Actors. *In*: ALSTON, Philip. *Non-State Actors and Human Rights*. Oxford: OUP, 2005. p. 343).
"16. (g) Each transnational corporation or other business enterprise shall engage in an annual or other periodic assessment of its compliance with the Norms, taking into account comments from stakeholders. In particular, they shall consult with and encourage the participation of indigenous peoples and communities to determine how best to respect their rights. The results of the assessment shall be made available to stakeholders to the same extent as the annual report of the transnational corporation or other business enterprise.
(h) Assessments revealing inadequate compliance with the Norms shall also include plans of action or methods of reparation and redress that the transnational corporation or other business enterprise will pursue in order to fulfill the Norms. See also paragraph 18.
(i) Before a transnational corporation or other business enterprise pursues a major initiative or project, it shall, to the extent of its resources and capabilities, study the human rights impact of that project in the light of these Norms. The impact statement shall include a description of the action, its need, anticipated benefits, an analysis of any human rights impact related to the action, an analysis of reasonable alternatives to the action, and identification of ways to reduce any negative human rights consequences. A transnational corporation or other business enterprise shall make available the results of that study to relevant stakeholders and shall consider any reactions from stakeholders [Sub-Commission, *Commentary on the Norms on the Responsibilities of Transnational Corporations and Other Business Enterprises with regard to Human Rights*, UN. Doc. E/CN.4/Sub.2/2003/38/Rev.2, para. 16 (g), (h), (i)].

[136] "15. (e) Transnational corporations and other business enterprises shall inform in a timely manner everyone who may be affected by conditions caused by the enterprises that might endanger health, safety, or the environment" [Sub-Commission, *Commentary on the Norms on the Responsibilities of Transnational Corporations and Other Business Enterprises with regard to Human Rights*, UN. Doc. E/CN.4/Sub.2/2003/38/Rev.2, para. 15 (e)].

[137] "16. (b) United Nations human rights treaty bodies should monitor implementation of these Norms through the creation of additional reporting requirements for States and the adoption of general comments and recommendations interpreting treaty obligations. The

sugerem, por exemplo, a utilização do mecanismo de monitoramento dos *Treaty Bodies*,[138] que poderiam demandar aos Estados que reportassem inclusive a situação de implementação das Normas. Além disso, os *Treaty Bodies*, mediante os trabalhos de interpretação que realizam na elaboração dos Comentários Gerais e Recomendações a cada tratado, poderiam aprofundar e esclarecer o conteúdo das Normas.[139]

United Nations and its specialized agencies should also monitor implementation by using the Norms as the basis for procurement determinations concerning products and services to be purchased and with which transnational corporations and other business enterprises develop partnerships in the field. Country rapporteurs and thematic procedures of the United Nations Commission on Human Rights should monitor implementation by using the Norms and other relevant international standards for raising concerns about actions by transnational corporations and other business enterprises within their respective mandates. The Commission on Human Rights should consider establishing a group of experts, a special rapporteur, or working group of the Commission to receive information and take effective action when enterprises fail to comply with the Norms. The Sub-Commission on the Promotion and Protection of Human Rights and its relevant working group should also monitor compliance with the Norms and developing best practices by receiving information from non-governmental organizations, unions, individuals and others, and then by allowing transnational corporations or other business enterprises an opportunity to respond. Further, the Sub-Commission, its working group and other United Nations bodies are invited to develop additional techniques for implementing and monitoring these Norms and other effective mechanisms and to ensure access is given to NGOs, unions, individuals and others" [Sub-Commission, *Commentary on the Norms on the Responsibilities of Transnational Corporations and Other Business Enterprises with regard to Human Rights*, UN. Doc. E/CN.4/Sub.2/2003/38/Rev.2, para. 16 (b)]; (WEISSBRODT, David; KRUGER, Marcia. Human Rights Responsibilities of Business as Non-State Actors. *In*: ALSTON, Philip. *Non-State Actors and Human Rights*. Oxford: OUP, 2005. p. 344).

[138] Cumpre esclarecer que o sistema onusiano dispõe de dois tipos essenciais órgãos que trabalham para a realização e o controle dos quatro propósitos e princípios enunciados pela Carta de São Francisco: (i) os órgãos previstos na Carta da ONU, ou *Charter-based Bodies*; e (ii) os órgãos criados por outros tratados, ou *Treaty-based Bodies*. Trata-se, em ambas as categorias, de órgãos que não apenas monitoram os tratados de direitos humanos e seu cumprimento pelos Estados, mas também esclarecem e aprofundam a interpretação desses instrumentos de direito internacional dos direitos humanos. Os *Charter-based Bodies* e os *Treaty-based Bodies* são, portanto, órgãos de controle, que verificam a observância, em âmbito doméstico, das obrigações contraídas internacionalmente pelos Estados, na assinatura e ratificação dos tratados; e ainda exaram interpretações sobre as normas desses tratados (na forma de Comentários Gerais ou Discussões Gerais), visando à uniformidade e harmonização na aplicação dos instrumentos de direitos humanos.

[139] No caso do Pacto Internacional sobre Direitos Econômicos, Sociais e Culturais, são desenvolvidos diversos Comentários Gerais. O Comentário Geral Número 14 versa sobre o Direito à Saúde, por exemplo. Neste caso, os *Traety Bodies* poderiam sugerir como as *Normas* poderiam ser interpretadas à luz do impacto negativo que as empresas eventualmente geram sobre o direito à saúde.
O parágrafo 50 do Comentário Geral Número 14 já sinaliza essa abertura, ao afirmar "Violations of the obligation to respect are those State actions, policies or laws that contravene the standards set out in article 12 of the Covenant and are likely to result in bodily harm, unnecessary mobility and preventable mortality. Examples include (...) the failure of the State to take into account its legal obligation regarding the right to health when entering into bilateral or multilateral agreements with other States, international organizations, and other entities, such as multinational corporations".

Contribuições significativas poderiam ser dadas, igualmente, pelos representantes especiais, não só provendo informações relevantes ao conteúdo das *Normas*, relacionadas aos limites de seus mandatos específicos, mas também as utilizando para elaborar recomendações ligadas ao impacto das atividades empresariais sobre a situação de direitos humanos que analisassem. Nesse sentido, novas parcerias, envolvendo outras agências especializadas da ONU, outras organizações intergovernamentais,[140] ONGs[141] e até mesmo grupos empresariais,

---

Nesse mesmo sentido, o parágrafo 51 coloca: "Violations of the obligation to protect follow from the failure of the State to take all necessary measures to safeguard persons within their jurisdiction from infringements of the right to health by third parties. This category included such omissions as the failure to regulate the activities of individuals, groups or corporations so as to prevent them from violating the right to health from others (...)" (General Comment No.14 (2000), *The right to the highest attainable standard of health – article 12 of the International Covenant on Economic, Social and Cultural Rights*, Doc. UN E/C.12/2000/4).

[140] OIT e OECD (com seus Pontos de Contato Nacionais) poderiam , por exemplo, enfatizar a utilização das *Normas* nas interpretações que efetuam de seus próprios instrumentos (Declaração Tripartite da OIT e Princípios Diretores da OECD). Isso realçaria a importância central das Normas, ao mesmo tempo que as reafirmaria perante a comunidade internacional. Weissbrodt-Kruger recomendam também que as comissões e cortes regionais de direitos humanos evoquem mais frequentemente as Normas, nos casos em que apreciam. Do mesmo modo, tanto a OEA como a UA e a UE poderiam contribuir com o monitoramento da implementação das Normas, oferecendo denúncias e demandando a seus Estados que monitorem as atividades empresariais (WEISSBRODT, David; KRUGER, Marcia. Human Rights Responsibilities of Business as Non-State Actors. *In*: ALSTON, Philip. *Non-State Actors and Human Rights*. Oxford: OUP, 2005. p. 347).

[141] "NGOs are also encouraged to use the Norms as the basis for their expectations of the conduct of the transnational corporation or other business enterprise and monitoring compliance" [Sub-Commission, *Commentary on the Norms on the Responsibilities of Transnational Corporations and Other Business Enterprises with regard to Human Rights*, UN. Doc. E/CN.4/Sub.2/2003/38/Rev.2, para. 16 (c)].
As ONGs contribuem significativamente para o trabalho de monitoramento de implementação das Normas, bem como para denúncias de casos de violações de direitos humanos pelas empresas. Aquelas que possuem representação perante a ONU levam casos diretamente à apreciação dos órgãos. Outras publicam informações relevantes ao tema e contribuem com dados e estudos sobre a questão, divulgando-os amplamente. A título de ilustração, cite-se o trabalho realizado por algumas ONGs que tratam do tema da violação de direitos humanos pelas empresas transnacionais:
- Amnesty International (<http://www.amnesty.org/en/campaigns/demand-dignity/issues/corporations-human-rights-and-poverty>)
- Human Rights Watch (<http://www.hrw.org/en/category/topic/business/corporations>)
- CorpWatch (<http://www.corpwatch.org/section.php?id=122>)
- Business&Human Rights Resource Center (<http://www.businesshumanrights.org/Categories/Issues/Health/Accesstomedicines>)
- AccountAbility (<http://www.accountability21.net/>)
- Business Leaders Initiative on Human Rights (<http://www.blihr.org/>)
- Christian Aid (<http://www.christianaid.org.uk/resources/corporate_reports/corporate_reports.aspx>)
- EarthRights International (http://www.earthrights.org/legal/un-norms-and-international-programs)
- Interfaith Center on Corporate Responsibility (<http://www.iccr.org/>)

investidores[142] e consumidores poderiam ser envolvidos em novos projetos conjuntos.

Finalmente, as *Normas* enfatizam mais uma vez o papel primordial dos Estados[143] (tanto os Estados-sede das empresas, ou *Home States*, como os Estados anfitriões de suas subsidiárias, ou *Host States*) no estabelecimento e consolidação de um modelo jurídico e administrativo adequado à responsabilização das empresas com relação a suas obrigações de direitos humanos. As *Normas* reforçam, nesse sentido, a importância das atividades de monitoramento a serem conduzidas pelos Estados. Os Estados poderiam, assim, não apenas divulgá-las, fazendo referência a seu conteúdo em suas legislações internas, mas também criar comissões nacionais de direitos humanos que se dediquem especificamente ao monitoramento das atividades das empresas que atuam em seu território.[144] Por último, as *Normas* relembram a

---

- International Commission of Jurists (<http://www.business-humanrights.org/Updates/Archive/ICJPaneloncomplicity>)
- International Network for Economic, Social and Cultural Rights (<http://www.escr-net.org/workinggroups/workinggroups_show.htm?doc_id=428672>).

[142] "(...) monitoring could take place by using the Norms as the basis for benchmarks of ethical investment initiatives and for other benchmarks of compliance. The Norms shall also be monitored through industry groups" [Sub-Commission, *Commentary on the Norms on the Responsibilities of Transnational Corporations and Other Business Enterprises with regard to Human Rights*, UN. Doc. E/CN.4/Sub.2/2003/38/Rev.2, para 16 (c)].
Interessante notar que o os "ethical investments", iluminados pelos princípios do "social responsible investing", vem se tornando cada vez mais procurados pelos investidores. Dentre as iniciativas, podem ser citadas FTSE4Good Index, Goldman Sachs Energy Environment and Social Index (STEINHART, R. Corporate Responsibility and the International Law of Human Rights: the New Lex Mercatoria. *In*: ALSTON, Philip (Ed.). *Non-State Actors and Human Rights*. Oxford: OUP, 2005. p. 184); além do Good Global 100 Index, Global Dow Jones Sustainability Group Inex e o Financial Times Stock Exchange (Doc. UN. A/HCR/11/12/Add.2, *Report of the Special Rapporteur on the right of everyone to the enjoyment of the highest attainable standard of Health, Paul Hunt – Annex – Mission to GlaxoSmithKline*, 5 de maio de 2009, para. 53). No Brasil, vale citar a Bolsa de Valores Sociais e Ambientais, louvável iniciativa da BOVESPA, que criou os conceitos de *Investidor, Ação* e *Lucro Socioambientais*. A BOVESPA e suas corretoras associadas oferecem uma carteira de ações sócio-ambientais, ligadas a diversos projetos desenvolvidos por ONGs brasileiras (Para maiores informações, consultar: <www.bovespasocial.org.br/QuemSomos.aspx>).
Essa mesma tendência é verificada no aumento de procura por certificações que confirmem ou legitimem tal consciência social, como o SA8000, o WRAP (Worldwide Responsible Apparel Production), o ABNT e o Selo Ethos, no Brasil, entre outros.

[143] "17. States should establish and reinforce the necessary legal and administrative framework for ensuring that the Norms and other relevant national and international laws are implemented by transnational corporations and other" (UN Doc. E/CN.4/Sub.2/2003/12/Rev.2, para. 17).

[144] "17. Governments should implement and monitor the use of the Norms, for example, by making them widely available and using them as a model for legislation or administrative provisions with regard to the activities of each enterprise doing business in their country, including through the use of labour inspections, ombudspersons, national human rights

necessidade de uma rápida, efetiva e adequada reparação às vítimas de violações de direitos humanos pelas empresas. Para tanto, asseveram a necessidade da aplicação de seu conteúdo pelos tribunais nacionais ou cortes internacionais.[145] No entanto, as *Normas* ressalvam que sua aplicação poderia ser eventualmente afastada, em favor da aplicação de um dispositivo doméstico mais protetivo dos direitos humanos e mais benéfico às vítimas.[146]

1.3.5.2 *Soft Law*

Diferentemente das diretrizes voluntárias encontradas no Pacto Global, as *Normas* possuem uma natureza mais incisiva, ultrapassando a sinalização de meras diretrizes.[147] Não se trata, portanto, de mais uma iniciativa de responsabilidade social corporativa, indo além da mera criação de valores inspiradores para uma conduta desejável. As *Normas* também se diferenciam do Projeto de Código da Conduta da ONU, porque inovam ao prever formas precisas de implementação. O caráter diferenciado das *Normas* ficou evidente desde 2003, quando da sua divulgação preliminar pela Subcomissão. A Resolução 2003/16 já previa, nesse sentido, a criação de um mecanismo de monitoramento participativo, em que organizações (governamentais e não governamentais, incluindo também o setor empresarial) submetessem

---

commissions, or other national human rights mechanisms" (Sub-Commission, *Commentary on the Norms on the Responsibilities of Transnational Corporations and Other Business Enterprises with regard to Human Rights*, UN. Doc. E/CN.4/Sub.2/2003/38/Rev.2, para. 17).

[145] "18. Transnational corporations and other business enterprises shall provide prompt, effective and adequate reparation to those persons, entities and communities that have been adversely affected by failures to comply with these Norms through, inter alia, reparations, restitution, compensation and rehabilitation for any damage done or property taken. In connection with determining damages, in regard to criminal sanctions, and in all other respects, these Norms shall be applied by national courts and/or international tribunals, pursuant to national and international law" (UN Doc. E/CN.4/Sub.2/2003/12/Rev.2, para. 18).

[146] "19. (a) This savings clause is intended to ensure that transnational corporations and other business enterprises will pursue the course of conduct that is the most protective of human rights – whether found in these Norms or in other relevant sources. If more protective standards are recognized or emerge in international or State law or in industry or business practices, those more protective standards shall be pursued" [Sub-Commission, *Commentary on the Norms on the Responsibilities of Transnational Corporations and Other Business Enterprises with regard to Human Rights*, UN. Doc. E/CN.4/Sub.2/2003/38/Rev.2, para. 19 (a)].

[147] "The non-voluntary nature of the Norms therefore goes beyond the voluntary guidelines found in the UN Global Compact, the ILO Tripartite Declaration, and the OECD Guidelines for Multinational Enterprises" (WEISSBRODT, David; KRUGER, Marcia. Human Rights Responsibilities of Business as Non-State Actors. *In*: ALSTON, Philip (Ed.). *Non-State Actors and Human Rights*. Oxford: OUP, 2005. p. 339).

informações sobre atividades empresariais que não atingissem os padrões mínimos estabelecidos pelas *Normas*.[148]

Embora se reforce a natureza não voluntária das *Normas*, é importante esclarecer que elas não têm natureza jurídica de tratado de direito internacional, que demanda um elevado grau de consenso entre as nações para ser desenvolvido, negociado e aprovado. Seria no mínimo ingênuo asseverar que o tema da responsabilidade das empresas com relação aos direitos humanos foi, em 2003, um ponto pacífico de concordância dos países para a celebração de um tratado. Ainda hoje o tema é objeto de amplas discussões, sobretudo no que toca ao grau e precisão conceitual da responsabilidade das empresas com relação aos direitos humanos. Conforme visto antes, o tema tem sido longamente debatido desde a década de 1970 e os avanços na matéria têm evoluído desde então, demandando, todavia, um grande esforço dos envolvidos na consolidação dos entendimentos alcançados. Essa é a razão pela qual se optou pela qualificação de *soft law* para o texto das Normas.

Weissbrodt-Kruger[149] observam que os tratados internacionais demandam anos de trabalhos e estudos prévios para a construção de consensos conceituais, antes de serem, enfim, submetidos às negociações pelos Estados, em que, novamente, serão objeto de questionamentos, reformulações e, no final, possivelmente, uma aprovação. Conforme visto antes, já na história de formulação das Normas houve um longo processo de cristalização conceitual, com negociações, ora mais progressistas, ora mais conservadoras, até que o texto das *Normas* fosse finalmente aprovado pela Resolução 2003/16 da Subcomissão

---

[148] "Resolution 2003/16 established the Working Group as a body to receive information from governments, NGOs, business enterprises, individuals, groups of individuals, and other source on the negative impacts of business and particularly information on the implementation of Norms. The Working Group is then to invite the business concerned to provide responses to the information received and to transmit its comments and recommendations to the relevant business, government, or non-governmental organization" (WEISSBRODT, David; KRUGER, Marcia. Human Rights Responsibilities of Business as Non-State Actors. *In*: ALSTON, Philip (Ed.). *Non-State Actors and Human Rights*. Oxford: OUP, 2005. p. 339).

[149] "In preparation for drafting almost all human rights treaties, the United Nations begins with declarations, principles, or other *soft law* instruments, such as the Norms. The consensus surrounding some declarations has evolved quite quickly to prompt the development of a treaty. (...) Some declarations, however, have not been codified in the form of treaties because of a lack of adequate consensus (...). Any treaty takes years of preliminary work and consensus building before it has a chance of receiving the approval necessary to be adopted and enter into force. Even *soft law* instruments may take years to develop" (WEISSBRODT, David; KRUGER, Marcia. Human Rights Responsibilities of Business as Non-State Actors. *In*: ALSTON, Philip (Ed.). *Non-State Actors and Human Rights*. Oxford: OUP, 2005. p. 339).

de Direitos Humanos e encaminhado à apreciação da Comissão de Direitos Humanos.

Cumpre relembrar que, depois de elaborados, negociados e aprovados preliminarmente por um dos órgãos da ONU (como a Subcomissão e a Comissão de Direitos Humanos da ONU, no caso das Normas), os textos são enviados à Assembleia Geral, para sua apreciação e possível aprovação, na forma de *soft law* ou de tratado internacional.[150] Ressalte-se que os textos de *soft law* podem ser adotados em qualquer dos diferentes níveis de aprovação do sistema onusiano, embora tal adoção possua maior grau de autoridade se aprovado por órgãos hierarquicamente mais elevados, como no caso da Assembleia Geral.[151]

Permite-se aqui concluir que as *Normas* possuem, portanto, status de *soft law*, tendo sido aprovadas não somente pela Divisão sobre os Métodos de Trabalho e as Atividades das Empresas Transnacionais,[152] mas também pela Subcomissão de Direitos Humanos,[153] aguardando ainda sua apreciação pela Comissão de Direitos Humanos e, possivelmente, pela Assembleia Geral. Como *soft law*, as *Normas* contribuem para o desenvolvimento progressivo do direito internacional, mediante sua consolidação e sistematização. As resoluções da ONU representam uma etapa rumo a esse desenvolvimento progressivo, na medida em que cristalizam paulatinamente os consensos jurídicos[154] dentro da comunidade internacional até que ganhem, enfim, força obrigatória formalizada em *hard law*. No entanto, cabe ressalvar que as resoluções da ONU, ainda que não possuam tal obrigatoriedade formal, produzem efeitos normativos, na medida em que contribuem consistentemente

---

[150] Relembre-se que, após a aprovação pela Assembleia Geral, em 1948, da Declaração Universal de Direitos Humanos na forma de *soft law*, a Assembleia Geral demorou mais dezoito anos para adotar e promulgar, na forma de tratados multilaterais, os Pactos Internacionais (sobre Direitos Econômicos, Sociais e Culturais e sobre Direitos Civis e Políticos, ambos de 1966).

[151] "*Soft law* standards, however, may be adopted at any one of the many different levels within the United Nations, although they are ordinarily considered more authoritative if they are adopted by higher organs such as the General Assembly" (WEISSBRODT, David; KRUGER, Marcia. Human Rights Responsibilities of Business as Non-State Actors. *In*: ALSTON, Philip (Ed.). *Non-State Actors and Human Rights*. Oxford: OUP, 2005. p. 340).

[152] UN Doc. E/CN.4/Sub.2/2002/13.

[153] Sub-Commission Resolution 2003/16.

[154] "Já não mais se pode negar o valor jurídico das resoluções das organizações internacionais e sua contribuição aos esforços em prol de uma nova ordem econômica internacional. Às vezes ocorre que, no decorrer dos anos, uma série de resoluções sobre determinado assunto gradativamente adquire um conteúdo mais específico refletindo uma *opinio juris* de consenso generalizado que acabará por diluir e absorver eventual oposição residual" (TRINDADE, A. A. Cançado. As Nações Unidas e a nova ordem econômica internacional. *Revista de Informação Legislativa*, v. 21, n. 81, p. 223, jan./mar. 1984).

na formação das normas consuetudinárias.[155] E tal é o grande valor das *Normas*, rumo à construção de consenso para a pacificação das tensões entre direitos humanos e empresas transnacionais.

Considerações finais do Capítulo 1

Este capítulo tratou de revisar os principais documentos da ONU que buscam regular o impacto das atividades empresariais nos direitos humanos, de maneira a evidenciar a evolução do entendimento acerca desse conflito. Todo esse robusto corpo de normas reforça a inexistência de barreiras conceituais à aplicação de obrigações internacionais a atores não estatais, como as empresas transnacionais. Com esteio nessa evolução interpretativa, que foi paulatinamente construída desde a década de 1970, com o Código de Conduta da ONU para as Empresas Multinacionais e o Pacto Global, as *Normas* constituem um "evento inaugural" na regulação da matéria dos direitos humanos e empresas transnacionais, na medida em que representam um definitivo "adensamento de juridicidade" na matéria, para falar com Lafer.

As *Normas* reafirmam as obrigações internacionais de direitos humanos que estão incorporadas à prática internacional. Ao mesmo tempo, realçam questões relevantes e que ainda são objeto de tensão na relação entre direitos humanos e empresas transnacionais.[156] Finalmente, dão um passo à frente, introduzindo um novo marco rumo à pacificação dessa tensão: ao somar-se às práticas de implementação já existentes e sublinhar as questões que ainda devem ser trabalhadas, as *Normas* reorganizam o cenário e buscam se concretizar como um documento com autoridade. Elas criam um conjunto de *standards* de Direito Internacional dos Direitos Humanos para empresas transnacionais,[157] a partir da introdução de mecanismos específicos de implementação, que forçam as empresas e os Estados a se comprometerem com seu conteúdo.

---

[155] PERRONE-MOISÉS, Cláudia. *O Código de Conduta das Empresas Multinacionais*: instrumento jurídico de regulação das relações econômicas internacionais. Orientador: C. Lafer. Dissertação (Mestrado) – Faculdade de Direito, Universidade de São Paulo, São Paulo, 1991. f. 51.

[156] WEISSBRODT, David; KRUGER, Marcia. Human Rights Responsibilities of Business as Non-State Actors. *In*: ALSTON, Philip (Ed.). *Non-State Actors and Human Rights*. Oxford: OUP, 2005. p. 334-5.

[157] WEISSBRODT, David; KRUGER, Marcia. Human Rights Responsibilities of Business as Non-State Actors. *In*: ALSTON, Philip (Ed.). *Non-State Actors and Human Rights*. Oxford: OUP, 2005. p. 337.

Em pertencendo à categoria de *soft law*, as *Normas* contribuem para o desenvolvimento progressivo do direito internacional, mediante sua consolidação e sistematização. Embora não tenham força obrigatória formal, têm efeito normativo, na medida em que contribuem com a formação das normas costumeiras. Não obstante, as *Normas* possuem um considerável efeito de persuasão moral, que lhe é reforçado pela autoridade da ONU e pela força que a temática ganhou ultimamente na opinião pública. As *Normas* são, portanto, o marco inaugural de um novo cenário, que se inicia com a intensificação do debate acerca das violações de direitos humanos geradas pelas atividades empresariais, mobilizando amplamente a sociedade civil. É assim que dão um passo à frente das iniciativas voluntárias que as precederam, consagrando um novo panorama, caracterizado por um intenso debate e uma forte pressão pública, e com respostas mais adequadas à tensão, a partir da divulgação de precisas medidas de implementação.

CAPÍTULO 2

A EVOLUÇÃO RECENTE DO TEMA DAS RESPONSABILIDADES DE DIREITOS HUMANOS PARA AS EMPRESAS TRANSNACIONAIS

Introdução

A seguir, verificaremos como o tema da Responsabilidade das Empresas Transnacionais com relação aos direitos humanos vem sendo trabalhado e aprofundado, desde 2004, após a aprovação das *Normas* pela Subcomissão e seu envio à apreciação pela Comissão de Direitos Humanos da ONU. Em especial, este capítulo tratará de analisar detidamente os relatórios do Representante Especial John Ruggie, nomeado em 2005 pelo Secretário-Geral Koffi Annan, a pedido da Comissão, para precisar os contornos das obrigações das empresas para com os direitos humanos. Ruggie realiza profundos estudos acerca das tensões que envolvem a relação entre direitos humanos e empresas transnacionais, tentando estabelecer um diálogo profícuo entre as duas searas, a princípio, incomunicáveis. Em 2008, finalmente, Ruggie explicita seu entendimento acerca da responsabilidade das empresas em relação aos direitos humanos, apresentando, em seu relatório, o tripé "Proteger, Respeitar e Remediar". Ao final do Capítulo 2, confrontar-se-á o modelo proposto por Ruggie com a teoria de Henry Shue acerca dos três níveis de responsabilidade de direitos humanos.

2.1 O ano de 2004

Conforme analisado no capítulo anterior, as *Normas sobre Responsabilidades das Corporações Transnacionais e outras empresas com relação aos Direitos Humanos* foram aprovadas em 2003 pela Subcomissão de Direitos Humanos da ONU, por meio da Resolução 2003/16. A Subcomissão encaminhava então as *Normas*[158] e seus Comentários[159] à apreciação e aprovação da Comissão de Direitos Humanos da ONU. Subsequentemente, em 20 de abril de 2004, a Comissão determinou, na Decisão 2004/116, que, enquanto a Comissão apreciasse o conteúdo das *Normas*, o Alto Comissariado da ONU para os Direitos Humanos (OHCHR) da Subcomissão deveria elaborar um estudo para identificar as iniciativas existentes no tocante às obrigações de direitos humanos das empresas transnacionais.[160]

Em resposta à Decisão 2004/16, em maio de 2004, o Alto Comissariado deu início a um processo de consulta, como o primeiro passo para apontar as iniciativas existentes na matéria de empresas transnacionais e direitos humanos. Foram recebidas muitas contribuições, enviadas por diferentes *stakeholders*.[161] Adicionalmente, em outubro de 2004,

---

[158] UN Doc. E/CN.4/Sub.2/2003/12/Rev.2.

[159] Sub-Commission, *Commentary on the Norms on the Responsibilities of Transnational Corporations and Other Business Enterprises with regard to Human Rights*, UN. Doc. E/CN.4/Sub.2/2003/38/Rev.2.

[160] A Comissão de Direitos Humanos requeria que "the Office of the United Nations High Commissioner for Human Rights to compile a report setting out the scope and legal status of existing initiatives and standards relating to the responsibility of transnational corporations and related business enterprises with regard to human rights, inter alia, the draft norms contained in [document E/CN.4/Sub.2/2003/12/Rev.2] and, identifying outstanding issues, to consult with all relevant stakeholders in compiling the report, including States, transnational corporations, employers' and employees' associations, relevant international organizations and agencies, treaty monitoring bodies and non-governmental organizations, and to submit the report to the Commission at its sixty-first session in order for it to identify options for strengthening standards on the responsibilities of transnational corporations and related business enterprises with regard to human rights and possible means of implementation" (UN. Doc. E/CN.4/2004/L.11/Add.7, para. 82).

[161] "2. In May 2004, the Office of the United Nations High Commissioner for Human Rights (OHCHR) began a consultation process as a first step in implementing the Commission's decision. The consultation process took two principal forms. First, OHCHR sent requests to relevant stakeholders seeking their written responses to the issues raised in the Commission's decision. On 19 May 2004, OHCHR sent notes verbale to all Member States. In June 2004, OHCHR sent letters to a selection of the organizations and bodies identified in the decision, namely transnational corporations, employers' associations, employees' associations, relevant international organizations and agencies, treaty monitoring bodies and non-governmental organizations. The present report refers to representatives of these organizations and bodies by the general term "stakeholders".
4. In view of the fact that many other stakeholders were interested in contributing to the High Commissioner's report, OHCHR accepted contributions from other stakeholders

o Alto Comissariado juntamente com o escritório do Pacto Global organizaram uma consulta pública, sob a forma de um fórum, para que os diferentes *stakeholders* pudessem se encontrar, discutir e trocar experiências acerca das iniciativas que conduziam. Como produto desse fórum, o Alto Comissariado e o escritório do Pacto Global publicaram em conjunto um documento com as principais questões debatidas.[162]

2.2 Relatório de 2005

Em fevereiro de 2005, a Subcomissão exarou o relatório 2005/91,[163] analisando o escopo e o status jurídico das iniciativas concernentes à questão das empresas transnacionais e dos direitos humanos. No relatório, são sublinhados alguns pontos que ainda careciam de esclarecimentos por parte da Comissão, sobretudo no tocante à natureza e delimitação da responsabilidade das empresas pelos direitos humanos. Com base nisso e nas consultas formuladas ao longo de 2004, o relatório da Subcomissão fez, junto às conclusões, recomendações que deveriam auxiliar a Comissão em seu trabalho de identificar as alternativas para as definições das lacunas apontadas.

O relatório 2005/91 define seis tipos básicos de iniciativas e *standards*:[164] (i) os Instrumentos Internacionais, nos quais se inserem os

---

who forwarded information" (*Report of the Sub-Commission on the Promotion and Protection of Human Rights – Report of the United Nations High Commissioner on Human Rights on the responsibilities of transnational corporations and related business enterprises with regard to human rights*, UN. Doc. E/CN.4/2005/91, paras. 2, 4).

[162] UN Global Compact, OHCHR, *Embedding Human Rights in Business Practice*, Global Compact Office, OHCHR, Dec. 2004. Disponível em: <http://www.unglobalcompact.org/docs/issues_doc/human_rights/embedding.pdf>.

[163] "The present report is submitted in response to Commission decision 2004/116. The report considers the scope and legal status of existing initiatives and standards on the responsibilities of transnational corporations and related business enterprises with regard to human rights as well as outstanding issues that require further consideration by the Commission. The report reviews existing initiatives and standards on corporate social responsibility from a human rights perspective, noting that there are gaps in understanding the nature and scope of the human rights responsibilities of business. Based on the consultative process undertaken in the compilation of the report, the High Commissioner makes conclusions and recommendations to assist the Commission in identifying options for strengthening standards on business and human rights and their implementation" (*Report of the Sub-Commission on the Promotion and Protection of Human Rights – Report of the United Nations High Commissioner on Human Rights on the responsibilities of transnational corporations and related business enterprises with regard to human rights*, UN. Doc. E/CN.4/2005/91, Summary).

[164] *Report of the Sub-Commission on the Promotion and Protection of Human Rights – Report of the United Nations High Commissioner on Human Rights on the responsibilities of transnational corporations and related business enterprises with regard to human rights*, UN. Doc. E/CN.4/2005/91, para. 7 (a), (b), (c), (d), (e), (f).

Princípios Diretores da OECD e a Declaração Tripartite da OIT; (ii) os *Standards* Nacionais, como o *Alien Torts Claims Acts*, dos EUA;[165] (iii) as Certificações, como o Worldwide Responsible Apparel Production (WRAP) e SA8000, já mencionados em nota;[166] (iv) as Iniciativas Voluntárias, dentre as quais se inserem os códigos de conduta das empresas[167] e o Pacto Global, como instrumento voluntário, administrado pela ONU; (v) os Índices Financeiros baseados em critérios sociais ou ambientais, como o *FTSE4Good Index e o Goldman Sachs Energy Environment and Social Index*, também citados em nota;[168] e (vi) as Conferências, *Workshops*, Parcerias Público-Privadas, dentre as quais são identificadas a *Business Leaders' Initiative for Human Rights (BLIHR)* e a *Danish Institute for Human Rights and Business Project*.

No tocante ao escopo das iniciativas e *standards* arrolados, o relatório assevera que eles podem visar (i) à promoção, ou (ii) à proteção

---

[165] Conforme relembra Clapham, o *Alien Torts Claim Act* foi criado em 1789, com o objetivo inicial de fornecer uma jurisdição que protegesse sobretudo os embaixadores de abusos cometidos contra eles fora da jurisdição estadunidense. (*"Congress intended the ATS to furnish jurisdiction for a relatively modest set of actions alleging violations of the law of nations. Uppermost in the legislative mind appears to have been offenses against ambassadors (...) violations of safe conduct were probably understood to be actionable (...) and individual actions arising out of the prize captures and piracy may well have also been contemplated"*– Suprema Corte dos EUA, *Sosa v. Alvarez Machain*, in *Opinion of 29 June 2004*, p. 25).
De toda forma, mais de 40 casos foram iniciados contra empresas multinacionais, desde 1993, sob o *Alien Torts Claim Act*. Ainda permanecem sob apreciação das cortes federais norte-americanas diversos casos envolvendo especialmente empresas petroquímicas, acusadas de utilização de trabalho forçado, tortura e estupro (ZIA-ZARIF, S. Suing Multinational Corporations in the U.S. for Violating International Law. *UCLA JIL and FA*, v. 4, n. 1, p. 81-148, 1999). Existem também casos envolvendo centros privados de detenção, como a prisão de *Abu Ghraib*, no Iraque, administrada por uma empresa (Human Rights and the court. *Intl Herald Tribune*, p. 6, 6 July 2004).
Clapham lembra ainda que, sob o *Alien Torts Claim Act*, até mesmo as empresas não incorporadas nos EUA podem ser demandadas em juízo por abusos a direitos cometidos em outros países. E, finalmente, ressalva que os casos de violações de direitos humanos cometidos por empresas podem ser levados às cortes federais norte-americanas não apenas sob o *Alien Torts Claim Act*, mas também sob outras legislações, como o *Torture Victims Protection Act* (28 USC, para 1350) e o *Racketeer Influenced and Corrupt Organizations Act* (18 USC para 1961) (CLAPHAM, Andrew. *Human Rights Obligations of Non-State Actors*. Oxford: OUP, 2006. p. 252-3).

[166] Ver nota 142.

[167] No que respeita às empresas farmacêuticas, cite-se: *Abbott Lab – Generations: 2006 Global Citizenship Report, AstraZeneca 2006 CR Summary Report; Bayer Sustainable Development Report 2006; Lilly Corporate Citizenship Report 2006/7; GlaxoSmithKline Corporate Responsibility Report 2007; Johnson&Johnson 2006 Sustainability Report; Merck&Co Corporate Responsibility 2004/05 Report; Novartis Code of Conduct; NovoNordisk Annual Report 2007; Pfizer 2007 Corporate Responsibility Report; Sanofi-Aventis Sustainable Development Report 2006; Wyeth Corporate Citizenship 2006* (THE ACCESS TO MEDICINE FOUNDATION. *Access to Medicine Index – Ranking Access to Medicine Practices*, Jun. 2008. p. 62-3).

[168] Ver nota 142.

dos direitos humanos, ou (iii) a ambas as categorias. No quadro abaixo, são resumidos os principais entendimentos alcançados quanto a cada uma das seis iniciativas essenciais. No entanto, quanto às iniciativas e *standards* que se vêm analisando desde o capítulo anterior, cumpre mais uma vez reforçar alguns pontos: o Pacto Global visa apenas à promoção de direitos humanos. Não tem natureza protetiva, porque não prevê mecanismos de implementação. Trata-se meramente de um compromisso político, que visa a divulgar dez princípios junto à comunidade empresarial, estabelecendo, assim, um diálogo entre as corporações transnacionais e os direitos humanos. As *Normas* têm natureza promocional e protetiva. São promocionais ao afirmarem explicitamente as responsabilidades das empresas com relação a todos os direitos humanos. As *Normas* mencionam os direitos humanos de modo claro e abrangente,[169] sem, contudo, serem vagas, como ocorre com os Princípios Diretores da OECD.[170] São também protetivas, pois identificam e combinam formas variadas de implementação, que vão desde o monitoramento interno nas empresas até mecanismos externos de verificação.[171]

No que concerne ao status jurídico das iniciativas e *standards*, o relatório aponta três classificações possíveis: (i) obrigatórios às empresas, (ii) obrigatórios aos Estados, ou (iii) não obrigatórios. No primeiro caso, são mencionados os casos de constituições ou outras legislações nacionais (a exemplo do *Alien Torts Claims Acts*, dos EUA) que preveem responsabilidades e comprometimentos para as empresas. No segundo caso, encontram-se as declarações e tratados internacionais de direitos

---

[169] As *Normas* realçam o dever das empresas de respeitar, proteger e promover todos os direitos humanos, vale dizer, os direitos econômicos, sociais, culturais, civis e políticos. Elas sublinham, em particular, o direito à igualdade de oportunidades e à não discriminação, o direito à segurança, o direito dos trabalhadores, o direito a um meio ambiente ecologicamente equilibrado, os direitos do consumidor, bem como os direitos de certos grupos sociais vulneráveis, como os indígenas (*Report of the Sub-Commission on the Promotion and Protection of Human Rights – Report of the United Nations High Commissioner on Human Rights on the responsibilities of transnational corporations and related business enterprises with regard to human rights,* UN. Doc. E/CN.4/2005/91, para. 18).

[170] "(...) the OECD Guidelines on Multinational Enterprises refer to human rights in only broad terms" [*Report of the Sub-Commission on the Promotion and Protection of Human Rights – Report of the United Nations High Commissioner on Human Rights on the responsibilities of transnational corporations and related business enterprises with regard to human rights,* UN. Doc. E/CN.4/2005/91, para. 8 (c)].

[171] "The draft envisages a range of implementation mechanisms of both a promotional and protective character such as self-reporting and external verification" (*Report of the Sub-Commission on the Promotion and Protection of Human Rights – Report of the United Nations High Commissioner on Human Rights on the responsibilities of transnational corporations and related business enterprises with regard to human rights,* UN. Doc. E/CN.4/2005/91, para. 18).

humanos, que comprometem os Estados-parte. Finalmente, no terceiro caso, encontra-se a maioria das iniciativas e *standards* que não obrigam os envolvidos, por terem um caráter eminentemente voluntário.

No quadro abaixo, é identificado, ademais, o *status* jurídico dos seis tipos de iniciativas arroladas. Vale, porém, sublinhar duas questões: quanto ao *status* jurídico dos Princípios Diretores da OECD, cumpre ressalvar que eles podem ser considerados meras recomendações voluntárias às empresas, muito embora os Estados signatários tenham se comprometido a promover suas diretivas. Apesar de sua relativa abrangência, com a adesão de trinta e oito Estados à OECD, os Princípios Diretores não possuem autoridade universal, diferentemente do que se observa nas *Normas*, no Pacto Global e até na Declaração Tripartite da OIT.[172]

O Pacto Global por se tratar de uma iniciativa estritamente voluntária, consiste em uma coletânea de dez metas, sem caráter vinculante, embora faça referência a instrumentos de direitos humanos internacionalmente reconhecidos.[173] Possui abrangência universal, uma vez que é escorado pela ONU. No tocante às *Normas*, porém, vale lembrar o lamentável teor da Decisão 2004/116 da Comissão de Direitos Humanos da ONU. Nessa declaração, excessivamente cautelosa, a Comissão afirmava a inexistência de *status* jurídico das *Normas*, por ainda se tratar de um mero projeto.[174] No entanto, cumpre destacar que, mesmo sob a forma de projeto, as *Normas* foram aprovadas pela Subcomissão de Direitos Humanos da ONU, possuindo efeito normativo, em que pese

---

[172] "13. In terms of legal status, the OECD Guidelines are purely voluntary recommendations to business; however adhering States are committed to promoting them. In spite of their significant reach, the OECD Guidelines are recommendations of 38 States and so do not have universal authority" (*Report of the Sub-Commission on the Promotion and Protection of Human Rights – Report of the United Nations High Commissioner on Human Rights on the responsibilities of transnational corporations and related business enterprises with regard to human rights*, UN. Doc. E/CN.4/2005/91, para. 13).

[173] "The Global Compact is purely voluntary for businesses, although the "internationally proclaimed human rights" it refers to are generally binding on States. In contrast with the OECD Guidelines and the ILO Tripartite Declaration, the Global Compact has no monitoring mechanism, relying on public *Accountability*, transparency and the enlightened self-interest of companies, labour and civil society to initiate and share action in pursuing the ten principles" (*Report of the Sub-Commission on the Promotion and Protection of Human Rights – Report of the United Nations High Commissioner on Human Rights on the responsibilities of transnational corporations and related business enterprises with regard to human rights*, UN. Doc. E/CN.4/2005/91, para. 16).

[174] "(...) the document E/CN.4/Sub.2/2003/12/Rev.2 has not been requested by the Commission, and, as draft proposal, has no legal standing, and that the Sub-Commission should not perform any monitoring function in this regard" (UN. Doc. E/CN.4/2004/L.11/Add.7, para. 82).

seu caráter de *Soft Law* e adensando a juridicidade dos instrumentos que as precederam. As *Normas*, tendo sido elaboradas no seio da ONU, possuem abrangência universal, contribuindo para a cristalização de normas costumeiras que sistematizam o direito internacional paulatinamente.

(continua)

Tipo	Iniciativas Identificadas	Escopo	Status Jurídico
Instrumentos Internacionais	1. Princípios Diretores da OECD.	1. Promoção e Proteção; abrangência limitada aos 38 Estados-membro da OECD.	1. Não obrigatório, embora preveja um comprometimento dos Estados-membro.
	2. Declaração Tripartite da OIT.	2. Promoção e Proteção; abrangência internacional.	2. Não obrigatório, embora se refira a Convenções da OIT, obrigatórias aos Estados-membro.
	3. Projeto das *Normas sobre Responsabilidades das Corporações Transnacionais e outras empresas com relação aos Direitos Humanos*.	3. Promoção e Proteção; abrangência internacional.	3. Como projeto, não possui *status* jurídico.[175]
Standards Nacionais	4. *Alien Torts Claims Acts*, dos EUA	4. Promoção e Proteção;[176] abrangência internacional.[177]	4. Obrigatória para as Empresas.

---

[175] "(...) the document E/CN.4/Sub.2/2003/12/Rev.2 has not been requested by the Commission, and, as draft proposal, has no legal standing, and that the Sub-Commission should not perform any monitoring function in this regard" (UN. Doc. E/CN.4/2004/L.11/Add.7, para. 82).

[176] A Alien Torts Claims Act permite que as jurisdições das Cortes Distritais dos EUA apreciam matéria envolvendo violações de direitos estabelecidos por legislações nacionais ou por tratados em que os EUA sejam parte.

[177] "This 1789 statute allows foreign plaintiffs (referred to as "aliens") to sue for torts that also constitute violations of the "law of nations" (customary international law). Its origins remain obscure, though it is assumed to have been adopted for such purposes as protecting ambassadors and combating piracy" (*Promotion and Protection of Human Rights– Interim report of the Special Representative of the Secretary-General on the issue of human rights and transnational corporations and other business enterprises*, Doc. UN. E/CN.4/2006/97, para. 15, note 6).

(conclusão)

Tipo	Iniciativas Identificadas	Escopo	Status Jurídico
Certificações	5. WRAP	5. Promoção e Proteção; abrangência limitada, focada nas Empresas do Setor de Roupas e Moda.	5. Não obrigatório.
	6. SA8000	6. Promoção e Proteção; abrangência ampla, incluindo *retailers*, *brand companies*, *suppliers*, dentre outros.	6. Não obrigatório.
Iniciativas Voluntárias	7. Pacto Global da ONU	7. Promoção; abrangência internacional.	7. Não obrigatório, ainda que faça referência a instrumentos internacionais de Direitos Humanos.
	8. Códigos de Condutas das empresas	8. Promoção; a abrangência variável.[178]	8. Não obrigatório.
Índices Financeiros baseados em critérios sociais ou ambientais	9. *FTSE4Good Index*	9. Promoção e Proteção; ampla abrangência nos setores empresariais.	9. Não obrigatório.
	10. *Goldman Sachs Energy Environment and Social Index*	10. Promoção e Proteção; abrangência limitada às indústrias de óleo e gás.	10. Não obrigatório.
Conferências, *Workshops*, Parcerias Público-Privadas	11. *Business Leaders' Initiative for Human Rights (BLIHR)*	11. Promoção; abrangência limitada a dez empresas	11. Não obrigatório.
	12. *Danish Institute for Human Rights and Business Project*	12. Promoção; abrangência ampla, incluindo os setores: farmacêutico, aço, agricultura, peças, madeireira, papel e papelão, roupas e têxtil	12. Não obrigatório.

FIGURA 1 – Tabela-Resumo das Iniciativas identificadas no relatório 2005/91, referentes aos temas das empresas e direitos humanos.

---

[178] A abrangência dos Códigos de Conduta das empresas é variável, podendo incluir apenas a empresa sede, como os demais envolvidos na cadeia de produção e consumo (*stakeholders*). Em se tratando de iniciativas voluntárias, os códigos de conduta são implementados e monitorados pelas próprias empresas, não possuindo, portanto, qualquer caráter obrigatório ou vinculante.

Ao final do relatório 2005/91, a Subcomissão exarava algumas recomendações à Comissão, sublinhando, sobretudo, a necessidade de definição da natureza e do escopo da responsabilidade das empresas para com os direitos humanos.[179] A Subcomissão também identifica a necessidade de se realizarem mais consultas a Estados e *stakeholders*, com especial atenção, porém, à inclusão de Estados e *stakeholders* dos países em desenvolvimento.[180] Por fim, a Subcomissão ressalta a necessidade de elaboração de um futuro estudo específico para o trato de algumas questões, quais sejam, os conceitos de "esferas de influência" e "cumplicidade"; a natureza de responsabilidade positiva das empresas no "financiamento" de direitos humanos; a responsabilidade de direitos humanos das empresas com relação a suas subsidiárias e cadeia de produção; a jurisdição e proteção dos direitos humanos em casos de Estados falidos;[181] o desenvolvimento de instrumentos de monitoramento dos impactos das atividades empresariais nos direitos humanos.[182]

---

[179] "(...) the High Commissioner underlines not only the importance of this issue to the Commission's agenda but also the need for the Commission to act expeditiously to build upon the significant momentum that currently exists to define and clarify the human rights responsibilities of business entities" (*Report of the Sub-Commission on the Promotion and Protection of Human Rights – Report of the United Nations High Commissioner on Human Rights on the responsibilities of transnational corporations and related business enterprises with regard to human rights*, UN. Doc. E/CN.4/2005/91, para. 52).

[180] "(...) there is a particular need to consider ways to include more effectively the views and opinions of States and stakeholders from developing countries" [*Report of the Sub-Commission on the Promotion and Protection of Human Rights – Report of the United Nations High Commissioner on Human Rights on the responsibilities of transnational corporations and related business enterprises with regard to human rights*, UN. Doc. E/CN.4/2005/91, para. 52(c)].

[181] "(e) Many of the issues identified in the present report require separate study. The principal issues that would benefit from further clarification and research include the concepts of "sphere of influence" and "complicity"; the nature of positive responsibilities on business to "support" human rights; the human rights responsibilities of business in relation to their subsidiaries and supply chain, questions relating to jurisdiction and protection of human rights in situations where a State is unwilling or unable to protect human rights; sector specific studies identifying the different challenges faced by business from sector to sector; and situation specific studies, including the protection of human rights in conflict zones [*Report of the Sub-Commission on the Promotion and Protection of Human Rights – Report of the United Nations High Commissioner on Human Rights on the responsibilities of transnational corporations and related business enterprises with regard to human rights*, UN. Doc. E/CN.4/2005/91, para. 52(e)].

[182] "(f) There is a significant need to develop 'tools' to assist businesses in implementing their responsibilities, in particular through the development of training materials and of methodologies for undertaking human rights impact assessments of current and future business activities" [*Report of the Sub-Commission on the Promotion and Protection of Human Rights – Report of the United Nations High Commissioner on Human Rights on the responsibilities of transnational corporations and related business enterprises with regard to human rights*, UN. Doc. E/CN.4/2005/91, para. 52(f)].

Logo depois, em abril de 2005, a Comissão de Direitos Humanos solicitou ao Secretário-Geral que apontasse um representante especial para tratar da questão dos "direitos humanos, corporações transnacionais e outras empresas", (i) definindo as noções de responsabilidade e *accountability* das empresas para com os direitos humanos; (ii) identificando as funções do Estado na regulação das atividades empresariais, inclusive por meio da cooperação internacional; (iii) esclarecendo a relação entre as atividades empresariais e os conceitos de "cumplicidade" e "esfera de influência"; (iv) desenvolvendo materiais e metodologias para o monitoramento do impacto das atividades empresariais nos direitos humanos; (iv) apontando as melhores iniciativas e práticas dos Estados e das empresas em matéria de direitos humanos; e (v) compilando as melhores iniciativas estatais e empresariais existentes na matéria de direitos humanos.[183]

Assim, em 28 de julho de 2005, para a realização dessa tarefa, John Ruggie, Professor da *Kennedy School of Governance*, da Universidade de Harvard, foi apontado como Representante Especial para a questão. Ruggie vem, desde então, definindo os contornos das obrigações das empresas para com os direitos humanos.

2.3. Relatório de 2006

Logo em fevereiro de 2006, Ruggie exarou um relatório com o objetivo de (i) delimitar o contexto geral da matéria de seu mandato, definindo seu programa de atividades e (ii) identificar algumas

---

[183] "1. *Requests* the Secretary-General to appoint a special representative on the issue of human rights and transnational corporations and other business enterprises, for an initial period of two years, who shall submit an interim report to the Commission on Human Rights at its sixty-second session and a final report at its sixty-third session, with views and recommendations for the consideration of the Commission, with the following mandate:
(*a*) To identify and clarify standards of corporate responsibility and *Accountability* for transnational corporations and other business enterprises with regard to human rights;
(*b*) To elaborate on the role of States in effectively regulating and adjudicating the role of transnational corporations and other business enterprises with regard to human rights, including through international cooperation;
(*c*) To research and clarify the implications for transnational corporations and other business enterprises of concepts such as "complicity" and "sphere of influence";
(*d*) To develop materials and methodologies for undertaking human rights impact assessments of the activities of transnational corporations and other business enterprises;
(*e*) To compile a compendium of best practices of States and transnational corporations and other business enterprises" (UN Doc. E/N.4/Res/2005/69, Human rights and transnational corporations and other business enterprises– Human Rights Resolution 2005/69, 20 April 2005).

questões cruciais que deveriam ser respondidas ao longo do seu trabalho como Representante Especial.[184] Assim, para contextualizar o impacto das atividades empresariais nos direitos humanos, Ruggie retomou primeiramente alguns aspectos da globalização, sublinhando o poder, a influência e a capacidade das empresas na cena internacional contemporânea. Após, discorreu acerca dos abusos de direitos humanos cometidos pelas empresas e retomou as respostas existentes para a pacificação desse conflito. Na segunda parte do relatório, Ruggie identifica alguns aspectos-chave para a análise da situação. Retoma, então, as *Normas sobre Responsabilidades das Corporações Transnacionais e outras empresas com relação aos Direitos Humanos*.

Ruggie se posiciona de uma maneira bastante crítica quanto ao conteúdo das *Normas*, em especial com relação a dois aspectos, a saber, a autoridade jurídica pretendida pelas *Normas* e a distribuição de responsabilidades de direitos humanos igualmente entre Estados e empresas.[185]

Quanto ao primeiro aspecto, Ruggie questiona a racionalidade que informaria a autoridade jurídica das *Normas*. Afinal, constituindo as *Normas* uma mera reafirmação de princípios de Direito Internacional dos Direitos Humanos, elas não poderiam estabelecer diretamente obrigação às empresas. Isso porque não existiriam princípios de Direito Internacional dos Direitos Humanos com essa capacidade, salvo nos casos do costume internacional, como a proibição dos crimes de guerra ou dos crimes contra a humanidade ou dos crimes contra a paz, para citar alguns exemplos. Para Ruggie, as *Normas* simplesmente se apropriaram de alguns dos instrumentos de Direito Internacional dos

---

[184] "This interim report is intended merely to frame the overall context of the mandate as the Special Representative sees it, to pose the main strategic options as well as to summarize his current and planned programme of activities" (*Promotion and Protection of Human Rights– Interim report of the Special Representative of the Secretary-General on the issue of human rights and transnational corporations and other business enterprises*, UN Doc. E/CN.4/2006/97, para. 6).

[185] "59. (...) the Norms exercise became engulfed by its own doctrinal excesses. Even leaving aside the highly contentious though largely symbolic proposal to monitor firms and provide for reparation payments to victims, its exaggerated legal claims and conceptual ambiguities created confusion and doubt even among many mainstream international lawyers and other impartial observers. Two aspects are particularly problematic in the context of this mandate. One concerns the legal authority advanced for the Norms and the other the principle by which they propose to allocate human rights responsibilities between States and firms" (*Promotion and Protection of Human Rights – Interim report of the Special Representative of the Secretary-General on the issue of human rights and transnational corporations and other business enterprises*, UN Doc. E/CN.4/2006/97, para. 59).

Direitos Humanos aplicáveis aos Estados e afirmaram sua aplicação direta também às empresas.[186]

Há, todavia, que se questionar essa postura de Ruggie, inesperada, inclusive, para um estudioso do Direito Internacional dos Direitos Humanos, apontado como representante especial pela própria Subcomissão. A posição de Ruggie parece motivada pela concepção mais tradicional do direito internacional como instrumento regulador das relações entre Estados,[187] em especial quando afirma que os instrumentos de Direito Internacional dos Direitos Humanos invocados pelas *Normas* não poderiam ser aplicados diretamente às empresas.[188] Embora relembre, na primeira parte do Relatório 2006/97, a influência, o poder e a capacidade das empresas como atores não estatais ativos e centrais na cena internacional contemporânea e reconheça, portanto,

---

[186] "60. The Norms are said merely to 'reflect' and 'restate' international legal principles applicable to business with regard to human rights. At the same time they are said to be the first such initiative at the international level that is 'non-voluntary' in nature and thus in some sense directly binding on corporations. But taken literally, the two claims cannot both be correct. If the Norms merely restate established international legal principles then they cannot also directly bind business because, with the possible exception of certain war crimes and crimes against humanity, there are no generally accepted international legal principles that do so. And if the Norms were to bind business directly then they could not merely be restating international legal principles; they would need, somehow, to discover or invent new ones. What the Norms have done, in fact, is to take existing State-based human rights instruments and simply assert that many of their provisions now are binding on corporations as well. But that assertion itself has little authoritative basis in international law – hard, soft, or otherwise" (*Report of the Sub-Commission on the Promotion and Protection of Human Rights – Report of the United Nations High Commissioner on Human Rights on the responsibilities of transnational corporations and related business enterprises with regard to human rights*, UN Doc. E/CN.4/2006/97, para. 60).

[187] Conforme mencionado no Capitulo I, a mais tradicional escola de direito internacional, encabeçada por Oppenheim, reconhecia apenas os Estados como sujeitos de direito internacional, únicos detentores de personalidade jurídica no âmbito do direito internacional. "The conception of International Persons is derived from the conception of the Law of Nations. As this law is the body of rules which the civilised States consider legally binding in their intercourse, every State which belongs to the civilised States, and is, therefore, a member of the Family of Nations, is an International Person. And since now, the Family of Nations has become an organised community under the name of the League of Nations with distinctive international rights and duties of its own, the League of Nations is an International Person *sui* generis, besides the several States. But apart from the League of Nations, sovereign States exclusively are International Persons – *i.e.* subjects of International Law" (OPPENHEIM, Lassa. *International Law*: a Treatise. 3rd ed. London: Longman, 1920. p. 125).

[188] "What the Norms have done, in fact, is to take existing State-based human rights instruments and simply assert that many of their provisions now are binding on corporations as well. But that assertion itself has little authoritative basis in international law – hard, soft, or otherwise" (*Report of the Sub-Commission on the Promotion and Protection of Human Rights – Report of the United Nations High Commissioner on Human Rights on the responsibilities of transnational corporations and related business enterprises with regard to human rights*, UN Doc. E/CN.4/2006/97, para. 60).

a necessidade de regulação das atividades empresariais em matéria de direitos humanos,[189] Ruggie rejeita, por outro lado, a transposição direta dessas obrigações de direitos humanos (formalmente dirigidas aos Estados) para as empresas.

Para Ruggie, existiria um obstáculo conceitual à aplicação de instrumentos reguladores da atividade estatal às entidades empresariais. No entanto, o direito internacional deve responder às novas exigências impostas pelo cenário mundial. É, todavia, função da sociedade civil, das organizações intergovernamentais e também dos próprios Estados sublinhar e evidenciar as mudanças às quais o direito internacional deve atentar. Seria, portanto, função da ONU demonstrar à comunidade internacional a necessidade das evoluções interpretativas; e seria, pois, esperado de Ruggie que contribuísse para uma visão atual do direito internacional, adequada à realidade e condizente com o máximo grau de respeito, proteção e promoção dos direitos humanos.

De fato, conforme relembra Ruggie,[190] não existem ainda obrigações de direitos humanos diretamente aplicáveis às empresas. Tal é, no entanto, precisamente o objetivo das *Normas*, que são fundamentadas nos princípios de Direito Internacional dos Direitos Humanos — e a

---

[189] "14. At least three distinct drivers are behind the increased attention on transnational corporations. The first is simply the latest expression of one of the oldest axioms of political life: the successful accumulation of power by one type of social actor will induce efforts by others with different interests or aims to organize countervailing power. When large firms in the industrialized countries first became major players on the national scene in the late nineteenth century, countervailing efforts came from labour and faith-based communities, among others, and ultimately from the State. At the global level today a broad array of civil society actors has been in the lead. Moreover, when global firms are widely perceived as abusing their power – as was the case with major pharmaceutical companies concerning pricing and patents of AIDS treatment drugs in Africa, for example – a social backlash is inevitable.
15. The second driver is that some companies have made themselves and even their entire industries targets by committing serious harm to human rights, labour standards, environmental protection, and other social concerns. This has generated increased demands for greater corporate responsibility and *Accountability* (...).
16. A third rationale for engaging the transnational corporate sector has emerged in the past few years: the sheer fact that it has global reach and capacity and that it is capable of acting at a pace and scale that neither Governments nor international agencies can match" (*Report of the Sub-Commission on the Promotion and Protection of Human Rights – Report of the United Nations High Commissioner on Human Rights on the responsibilities of transnational corporations and related business enterprises with regard to human rights*, UN Doc. E/CN.4/2006/97, para. 14).

[190] "60. The Norms are said merely to "reflect" and "restate" international legal principles applicable to business with regard to human rights. (...) if the Norms were to bind business directly then they could not merely be restating international legal principles; they would need, somehow, to discover or invent new ones" (*Report of the Sub-Commission on the Promotion and Protection of Human Rights – Report of the United Nations High Commissioner on Human Rights on the responsibilities of transnational corporations and related business enterprises with regard to human rights*, UN Doc. E/CN.4/2006/97, para. 60).

própria Declaração Universal de 1948 relembra que seu conteúdo é endereçado a *todos os indivíduos, grupos e órgãos da sociedade*.[191] Além disso, a adaptação para as empresas de instrumentos internacionais que obrigam Estados torna-se legítima e legalmente possível, após a construção do consenso internacional quanto à relevância e necessidade dessa evolução interpretativa. E é nesse sentido que Ruggie deveria colaborar, procurando, a nosso ver, harmonizar interesses corporativos e de direitos humanos, e sobretudo contribuindo com a maior proteção da dignidade humana.[192]

No tocante ao segundo ponto, Ruggie questiona a distribuição de responsabilidades de direitos humanos igualmente entre Estados e empresas. Ruggie relembra que as empresas não possuem uma responsabilidade tão ampla de direitos humanos quanto os Estados. Afinal, ainda que consideradas "órgãos da sociedade", as empresas exercem funções muito específicas e, por essa razão, devem possuir uma responsabilidade limitada a suas ações institucionais. De fato, embora muitas empresas transnacionais possuam capacidade, poder e influência superiores a muitas nações,[193] as *Normas* limitam a responsabilidade das empresas conforme suas "esferas de influência". A despeito de Ruggie criticar a inexistência de uma definição jurídica

---

[191] "The Universal Declaration may also address multinational companies. (...) The Universal declaration is not addressed only to governments. It is a 'common standard for all peoples and all nations'. It meant that *'every individual and every organ of society* shall strive — by progressive measures — to ensure their universal and effective recognition and observance among the people of the member states. *Every individual* includes juridical persons. *Every individual* and *every organ of society* excludes no one, no company, no market, no cyberspace. The Universal Declaration applies to them all" (HENKIN, L. The Universal Declaration at 50 and the Challenge of Global Markets. *Rooklin JIL*, 25, p. 24-5, 1999).

[192] PAUST, Jordan J. The Other Side of Right: Private Duties under Human Rights Law. *Harvard Human Rights Journal*, 5, p. 53, 1992.

[193] O poder econômico e a influência política de muitas empresas transnacionais podem ser, em muitos casos, facilmente equiparadas ou até superiores a muitos Estados. Guissé apontava, em 1998, que, das 100 maiores concentrações de riqueza do mundo, 49 eram controladas por Estados e 51 por empresas transnacionais (UN Sub-Commission on Human Rights, *The realization of Economic, Social and Cultural Rights: The Question of Transnational Corporations — Working Document on the Impact of the Activities of Transnational Corporations on the realization of Economic, Social and Cultural Rights*, report prepared by El Hadji Guissé, E/CN.4/Sub2/1998/6, 10 June 1998, p. 2).
Não obstante, é interessante e até assombrosa a constatação de Anderson-Cavanagh. Eles afirmam que a soma das vendas das 2.000 maiores empresas mutinacionais ultrapassaria a soma dos Produtos Internos Brutos de todos os países, com exceção das dez maiores economias mundiais. Completam ainda, seguindo esse raciocínio, que a empresa GM, por exemplo, seria maior do que a Dinamarca; a Shell/Royal Dutch seria maior do que a Venezuela; a IBM, maior que a Singapure; e a Sonny, maior que o Paquistão (ANDERSON, S.; CAVANAGH, J. *The Top 200*: the Rise of Global Corporate Power. 2000).

clara,[194] o conceito de "esferas de influência" não poderia ser delimitado pelo texto das *Normas*, uma vez que tal deveria ser objeto de discussão e posterior determinação pela prática do costume internacional, em cada questão particular a ser analisada.

Ruggie observa que a inexistência de uma diferenciação precisa entre as responsabilidades dos Estados e das empresas tornaria esses dois agentes igualmente responsáveis por uma ampla gama de direitos humanos.[195] Obviamente, alguns critérios para a distribuição das responsabilidades entre os agentes é necessária, de modo a diferenciar os deveres dos Estados-hospedeiros para com seus cidadãos, as obrigações das nações que servem de sede às empresas e as responsabilidades das próprias empresas para com as comunidades que elas afetam no exercício de suas atividades. No entanto, tal tarefa, por ser complexa e exigir debates prolongados, merece ser definida gradualmente, a partir das interpretações e práticas da comunidade internacional, não cabendo, pois, às *Normas*, como regulamentadoras gerais da matéria, definir a racionalidade de tal distribuição.

Finalmente, após ressalvar esses dois pontos críticos centrais das *Normas*, Ruggie indica a linha de argumentação a ser desenvolvida em seus próximos relatórios. Nesse sentido, reafirma a função primária e central dos Estados no debate acerca de direitos humanos e empresas. Sublinha a responsabilidade dos Estados especialmente em seu dever de proteção[196] e regulamentação das atividades empresariais. Indica

---

[194] "67. Lacking a principled basis for differentiating responsibilities, the concept of "spheres of influence" is left to carry the burden. But in legal terms this is a burden it cannot sustain on its own. Neither the text of the Norms nor the Commentary offers a definition nor is it clear what one would look like that would pass legal liability tests. Case law searches to date have found no explicit references to such a definition and nothing that corresponds to one beyond fairly direct agency-like relationships. So the strictly legal meaning of the concept remains elusive, hardly a suitable basis for establishing binding obligations" (*Promotion and Protection of Human Rights – Interim report of the Special Representative of the Secretary-General on the issue of human rights and transnational corporations and other business enterprises*, UN Doc. E/CN.4/2006/97, para. 67).

[195] "(...) corporations are not democratic public interest institutions and that making them, in effect, co-equal duty bearers for the broad spectrum of human rights — and for "the obligation to promote, secure the fulfillment of, respect, ensure respect and protect" those rights, as the General Obligations of the Norms put it — may undermine efforts to build indigenous social capacity and to make Governments more responsible to their own citizenry" (*Promotion and Protection of Human Rights – Interim report of the Special Representative of the Secretary-General on the issue of human rights and transnational corporations and other business enterprises*, UN Doc. E/CN.4/2006/97, para. 68).

[196] "79. The role of States in relation to human rights is not only primary but also critical. The debate about business and human rights would be far less pressing if all Governments faithfully executed their own laws and fulfilled their international obligations" (*Promotion and Protection of Human Rights – Interim report of the Special Representative of the Secretary-General on the issue of human rights and transnational corporations and other business enterprises*, UN Doc. E/CN.4/2006/97, para. 79).

inclusive a viabilidade da postulação de responsabilidade extraterritorial dos Estados-sede pelas violações de direitos humanos cometidas pelas empresas fora de sua jurisdição.[197]

2.4 Relatório de 2007

Em fevereiro de 2007, Ruggie apresentou seu segundo relatório (A/HRC/4/35), em resposta à Resolução 2005/69, que solicitava *inter alia* a identificação e o mapeamento dos *standards* e práticas internacionais, além das tendências e lacunas, relacionados ao tema de direitos humanos e empresas. Ruggie submeteu conjuntamente quatro adendos a esse relatório e mais um relatório adicional, de modo a responder mais adequadamente à Resolução 2005/69.[198] O Adendo 1 do relatório 4/35 aprofunda a questão da responsabilidade dos Estados de regular as atividades empresariais, estabelecida pelos tratados de direitos humanos da ONU.[199] O Adendo 2, por sua vez, analisa a responsabilidade das empresas da perspectiva do direito internacional, incluindo a regulação extraterritorial da matéria.[200] O Adendo 3 analisa as respostas a

---

[197] O caso emblemático da Unocal, ocorrido na Birmânia, é relembrado por Ruggie neste relatório. A Birmânia havia iniciado uma demanda contra a Unocal, alegando que a empresa havia contribuído, em suas ligações com os militares de Myanmar, com abusos, estupros, trabalho escravo e assassinatos, ao longo da condução de seu projeto de gás em Yanada (*John Roe X, v. Unocal Corp; Union Oil Rswl Co of California, USA*).
"It seems that the most explicit judicial definition of complicity thus far was provided by the United States Court of the Appeals for the 9th Circuit in the Unocal case, brought under the Alien Torts Claims Act" (*Promotion and Protection of Human Rights – Interim report of the Special Representative of the Secretary-General on the issue of human rights and transnational corporations and other business enterprises*, UN Doc. E/CN.4/2006/97, para. 72).

[198] "This report responds to various elements of paragraphs 1 (a) through (c) as well as 1 (e) of the mandate of the Special Representative of the Secretary-General as set out in resolution 2005/69 of the Commission on Human Rights: "to identify and clarify standards of corporate responsibility and *Accountability*... with regard to human rights"; "to elaborate on the role of States in effectively regulating and adjudicating" business activities; "to research and clarify the implications... of concepts such as 'complicity'"; and identify some prevailing if not "best" practices by States and companies. The four addenda to this report provide greater detail. A companion report (A/HRC/4/74) explains the key issues involved in conducting human rights impact assessments, pursuant to paragraph 1 (d)" (*Business and Human Rights: mapping international standards of responsibility and Accountability for corporate acts – Report of the Special Representative of the Secretary-General on the issue of human rights and transnational corporations and other business enterprises, John Ruggie*, UN Doc. A/HRC/4/35, Summary).

[199] *State responsibilities to regulate and adjudicate corporate activities under the United Nations core human rights treaties: an overview of treaty body commentaries – Report of the Special Representative of the Secretary-General on the issue of human rights and transnational corporations and other business enterprises*, UN Doc. A/HRC/4/35/Add.1.

[200] *Corporate Responsibility under international law and issues in extraterritorial regulation: summary off legal workshops – Report of the Special Representative of the Secretary-General on the issue of human rights and transnational corporations and other business enterprises*, UN Doc. A/HRC/4/35/Add.2.

dois questionários paralelos elaborados por Ruggie: um, a respeito de políticas públicas de direitos humanos, enviado aos Estados; o outro, sobre práticas empresariais, remetido à *Fortune Global 500*.[201] Finalmente, o Adendo 4 resume as práticas empresariais que fazem referência a *standards* de direitos humanos, dividindo-as em três grandes grupos: as iniciativas globais e multissetoriais; as iniciativas coletivas; e os índices de investimentos socialmente responsáveis.[202] O Relatório adicional nº 4/74 complementa, por fim, o Relatório nº 4/35, ao descrever os princípios e as características dos mecanismos de acompanhamento do impacto das atividades empresariais nos direitos humanos, traçando um paralelo com os mecanismos já existentes nas áreas ambiental e social.[203]

O Relatório nº 4/35 enfatiza a posição central desempenhada pelo Estado na disciplina da matéria. Trata-se da responsabilidade do Estado de proteger os direitos humanos contra abusos cometidos por terceiros, o que inclui as empresas. Nesse sentido, Ruggie inicia o relatório esclarecendo a diferença entre os termos responsabilidade e *accountability*. No primeiro caso, existem obrigações legais, sociais e morais impostas às empresas. No segundo caso, há mecanismos que forçam as empresas a cumprirem tais obrigações, prestando contas acerca de eventuais violações de direitos. Não obstante, Ruggie identifica cinco categorias, que variam da compulsoriedade à voluntariedade. O mais alto grau de compulsoriedade é representado pelo dever do Estado de proteger os direitos humanos. Trata-se de um dever obrigatório e central dos Estados em suas responsabilidades em matéria de direitos humanos. Em segundo lugar, Ruggie coloca a responsabilidade e *accountabilitty* das empresas por crimes internacionais, seguida pela responsabilidade das corporações por outras violações de direitos humanos. Como quarta categoria, Ruggie coloca os mecanismos de *Soft Law*, estudados

---

[201] "*Summary* — This report summarizes the responses to two surveys conducted by the Special Representative of the Secretary-General:
- A survey asking States to identify current practices of regulating, adjudicating, and otherwise influencing the role of corporations with respect to human rights;
- A survey asking the Fortune Global 500 firms about their human rights policies and practices" (Human Rights Policies and Management Practices: Results from questionnaire surveys of Governments and Fortune 500 firms – Report of the Special Representative of the Secretary-General on the issue of human rights and transnational corporations and other business enterprises, UN Doc. A/HRC/4/35/Add.3, Summary).

[202] Business recognition of human rights: Global patterns, regional and sectoral variations– *Report of the Special Representative of the Secretary-General on the issue of human rights and transnational corporations and other business enterprises*, UN Doc. A/HRC/4/35/Add. 4.

[203] Human rights impact assessments – resolving key methodological questions – *Report of the Special Representative of the Secretary-General on the issue of human rights and transnational corporations and other business enterprises*, UN Doc. A/HRC/4/74.

anteriormente, e, por fim, as autorregulações de conduta das empresas, como iniciativas totalmente voluntárias.[204]

```
Compulsório
    ↑
            (i)   Dever do Estado de proteção dos Direitos Humanos

            (ii)  Responsabilidade e Accountability das Empresas
                  por Crimes Internacionais

            (iii) Responsabilidade das Empresas por outras
                  violações de direitos humanos

            (iv) Mecanismos de Soft Law

            (v)  Autorregulações de conduta das empresas

Voluntário
```

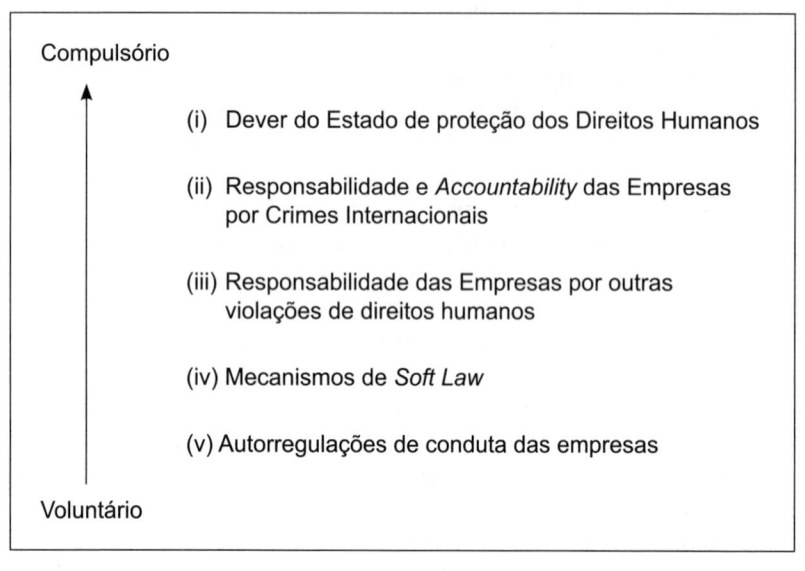

FIGURA 2 – Escala de gradação da voluntariedade para a compulsoriedade de cinco situações envolvendo a questão de direitos humanos e empresas.

A seguir analisaremos a visão de Ruggie a respeito de cada uma dessas cinco categorias, percorrendo o conteúdo do Relatório nº 4/35, com seus quatro adendos, bem como do Relatório nº 4/74.

---

[204] "6. The report is organized into five clusters of standards and practices governing corporate 'responsibility' (the legal, social, or moral obligations imposed on companies) and 'Accountability' (the mechanisms holding them to these obligations). For ease of presentation, the five are laid out along a continuum, starting with the most deeply rooted international legal obligations, and ending with voluntary business standards. A brief discussion of trends and gaps concludes the report. The clusters are:
I. State duty to protect;
II. Corporate responsibility and *Accountability* for international crimes;
III. Corporate responsibility for other human rights violations under international law;
IV. *Soft Law* mechanisms;
V. Self-regulation."
(*Business and Human Rights: mapping international standards of responsibility and Accountability for corporate acts – Report of the Special Representative of the Secretary-General on the issue of human rights and transnational corporations and other business enterprises, John Ruggie*, UN Doc. A/HRC/4/35, para. 6).

2.4.1 Dever do Estado de proteção dos Direitos Humanos

Segundo o Relatório nº 4/35 e seu Adendo 1, o dever dos Estados de proteger os direitos humanos contra abusos de terceiros — incluindo as empresas nacionais e transnacionais — é inequivocamente estabelecido nos principais tratados de direitos humanos da ONU, além de ser reconhecido pelo costume internacional.[205] Tais tratados e seus *treaty bodies* não necessariamente fazem referência explícita às empresas, embora ressaltem claramente o dever geral dos Estados de proteger os direitos humanos contra abusos de atores não estatais.[206] Ao Estado cabe, portanto, *proteger*, isto é, regular, por meio de legislações, os abusos contra direitos humanos, cometidos por quaisquer atores sociais, mediante remédios judiciais, incluindo, quando possível, compensações.[207] Trata-se, em outras palavras, do dever de *due diligence*.[208] do Estado, que tem a obrigação de prevenir abusos, punir terceiros que violem direitos

---

[205] "10. Many claims about business and human rights are deeply contested. But international law firmly establishes that States have a duty to protect against non-State human rights abuses within their jurisdiction, and that this duty extends to protection against abuses by business entities 5 The duty to protect exists under the core United Nations human rights treaties as elaborated by the treaty bodies, and is also generally agreed to exist under customary international law" (*Business and Human Rights: mapping international standards of responsibility and Accountability for corporate acts– Report of the Special Representative of the Secretary-General on the issue of human rights and transnational corporations and other business enterprises, John Ruggie*, UN Doc. A/HRC/4/35, para. 10).

[206] "4. The reports are based on references by the treaties and treaty bodies to States' duties to regulate and adjudicate corporate activities.8 However, as it is less common for the treaty bodies to refer explicitly to corporations, the reports also highlight more general references to State obligations regarding acts by non-State actors" (*State responsibilities to regulate and adjudicate corporate activities under the United Nations core human rights treaties: an overview of treaty body commentaries– Report of the Special Representative of the Secretary-General on the issue of human rights and transnational corporations and other business enterprises*, UN Doc. A/HRC/4/35/Add.1, para. 4).

[207] "The Committees tend not to specify the precise content of required State action, but generally recommend regulation through legislation and adjudication through judicial remedies, including compensation where appropriate" (*Business and Human Rights: mapping international standards of responsibility and Accountability for corporate acts– Report of the Special Representative of the Secretary-General on the issue of human rights and transnational corporations and other business enterprises, John Ruggie*, UN Doc. A/HRC/4/35, para. 14).

[208] O conceito de *due diligence* do Estado em relação a direitos humanos foi consagrado na decisão do caso *Velasquez-Rodriguez*, da Corte Interamericana de Direitos Humanos. Nessa decisão, confirmou-se a possibilidade de responsabilização do Estado por atos privados, quando o Estado falhasse em seu dever de diligência para prevenir, punir ou reparar violações. A responsabilidade estatal se configura inclusive quando o ato privado que viola um direito humano não é diretamente atribuído ao Estado.
"An illegal act which violates human rights and which is initially not directly imputable to a State (for example, because it is the act of a private person or because the person responsible has not been identified) can lead to international responsibility of the state, not because of the act itself, but because of the lack of due diligence to prevent the violation or to respond to it as required by the Convention" (Corte Interamericana de Direitos Humanos, Case *Velasquez-Rodriguez*, 29 July 1988, Serie C, n.4, para. 172).

humanos e reparar as vítimas.[209] Na hipótese de falharem em seu dever de *due diligence*, os Estados são responsabilizados pela inobservância dos compromissos assumidos nos tratados de direitos humanos que ratificaram.[210]

Ao analisar as referências feitas pelos tratados e *treaty bodies* ao dever do Estado de proteger os direitos humanos contra abusos cometidos por empresas, o Adendo 1 do Relatório nº 4/35 destaca a menção feita às empresas farmacêuticas pelo Pacto Internacional de Direitos Econômicos, Sociais e Culturais, em seu Comentário nº 14 sobre o Direito à Saúde.[211] Esse Pacto confirma e reitera o dever do Estado de proteção do direito à saúde contra abusos de empresas farmacêuticas, em especial no que concerne à disponibilidade, à aceitação ampla e ao acesso não discriminatório e igualitário a medicamentos de qualidade.[212] Nessa mesma medida, o Comentário nº 17 do Pacto ressalva

---

[209] "A reparação é consequência maior da violação de obrigação internacional primária. Logo, o Estado cumpre sua obrigação internacional secundária nascida da violação de norma primária de Direito Internacional ao reparar o dano causado. Por reparação entenda-se *toda e qualquer conduta do Estado infrator para eliminar as consequências do fato internacionalmente ilícito, o que compreende uma série de atos, inclusive as garantias de não*-repetição. Com isso, o retorno ao *status quo ante* é a essência da reparação, mas não exclui outras fórmulas de reparação do dano causado" (RAMOS, André de Carvalho. *Responsabilidade internacional por violação de direitos humanos*: seus elementos, a reparação devida e sanções possíveis. teoria e prática do direito internacional. São Paulo: Renovar, 2004. p. 245).

[210] "The treaty bodies describe the duty to protect against human rights violations as being part of the duty to ensure enjoyment of rights. States have positive obligations to prevent and punish third party interference with the enjoyment of rights. Failure to abide by these obligations may amount to a violation of the State's treaty obligations. An examination of the treaties and treaty bodies' commentary and jurisprudence (as will be discussed below) confirms that the duty to protect includes preventing corporations — both national and transnational, publicly or privately owned — from breaching rights and taking steps to punish them and provide reparation to victims when they do so" (*State responsibilities to regulate and adjudicate corporate activities under the United Nations core human rights treaties: an overview of treaty body commentaries – Report of the Special Representative of the Secretary-General on the issue of human rights and transnational corporations and other business enterprises*, UN Doc. A/HRC/4/35/Add.1, para. 7).

[211] "General comments and recommendations in this context tend to mention specific business sectors, such as the extractive industry or pharmaceutical companies. In addition, many general comments and recommendations refer to protection against corporate abuse in broad terms, for instance by confirming State duties to protect against abuse by "the private sector", "the labour market", "employment", "the informal sector", or in relation to "privately provided services" (*State responsibilities to regulate and adjudicate corporate activities under the United Nations core human rights treaties: an overview of treaty body commentaries– Report of the Special Representative of the Secretary-General on the issue of human rights and transnational corporations and other business enterprises*, UN Doc. A/HRC/4/35/Add.1, para. 47).

[212] "35. Obligations to *protect* include, *inter alia*, the duties of States to adopt legislation or to take other measures ensuring equal access to health care and health-related services provided by third parties; to ensure that privatization of the health sector does not constitute a threat to the availability, accessibility, acceptability and quality of health facilities, goods and services; to control the marketing of medical equipment and medicines by third parties; and to ensure

a necessidade de o Estado prevenir e punir preços de medicamentos injustificadamente altos, que obstem o acesso e que sejam fruto do abuso de direitos de propriedade intelectual por parte das empresas farmacêuticas.[213] O Comentário nº 17 assevera, assim, o dever do Estado de regular as atividades dos detentores de direitos de propriedade intelectual, ponderando esses interesses privados à luz do interesse público do acesso à saúde e aos medicamentos, bem como sublinhando, nesse esteio, a função social da propriedade intelectual.[214]

---

that medical practitioners and other health professionals meet appropriate standards of education, skill and ethical codes of conduct. States are also obliged to ensure that harmful social or traditional practices do not interfere with access to pre- and post-natal care and family-planning; to prevent third parties from coercing women to undergo traditional practices, e.g. female genital mutilation; and to take measures to protect all vulnerable or marginalized groups of society, in particular women, children, adolescents and older persons, in the light of gender-based expressions of violence. States should also ensure that third parties do not limit people's access to health-related information and services.
42. While only States are parties to the Covenant and thus ultimately accountable for compliance with it, all members of society — individuals, including health professionals, families, local communities, intergovernmental and non-governmental organizations, civil society organizations, as well as the private business sector — have responsibilities regarding the realization of the right to health. State parties should therefore provide an environment which facilitates the discharge of these responsibilities.
55. The national health strategy and plan of action should also be based on the principles of *Accountability*, transparency and independence of the judiciary, since good governance is essential to the effective implementation of all human rights, including the realization of the right to health. In order to create a favorable climate for the realization of the right, States parties should take appropriate steps to ensure that the private business sector and civil society are aware of, and consider the importance of, the right to health in pursuing their activities" (*General Comment No. 14 (2000), The right to the highest attainable standard of health (article 12 of the International Covenant on Economic, Social and Cultural Rights*, 11 August 2000, Doc. UN. E/C.12/2000/4, paras. 35, 42, 55).

[213] "47. Some Committees appear to have introduced a balancing test in relation to rights held by individuals related to their involvement in business enterprises. Such rights include those relating to the protection of moral and material interests resulting from scientific, literary or artistic productions. For example, CESCR has said that States parties must prevent unreasonably high medicine, food and education costs resulting from protecting intellectual property. Products should be denied patentability where "commercialization would jeopardize the full realization" of other rights. The Committee even suggests human rights impact assessments before increasing intellectual property protection. The implication from all of these statements is that States must regulate intellectual property rights holders (including those claiming rights as part of their participation in business enterprises) to protect other rights.
76. (...) CESCR also indicates some regulation of pharmaceutical companies may be necessary, at least in limiting their intellectual property rights where such rights could result in "unreasonably high medicine, food and education costs" (*State responsibilities to regulate and adjudicate corporate activities under the United Nations core human rights treaties: an overview of treaty body commentaries – Report of the Special Representative of the Secretary-General on the issue of human rights and transnational corporations and other business enterprises*, UN Doc. A/HRC/4/35/Add.1, paras. 47, 76).

[214] "35. The right of authors to benefit from the protection of the moral and material interests resulting from their scientific, literary and artistic productions cannot be isolated from the other rights recognized in the Covenant. States parties are therefore obliged to strike

Assim, Ruggie esclarece, no Relatório nº 4/35 e em seu Adendo 1, o dever do Estado de proteger os direitos humanos, regulando os abusos engendrados por atividades empresariais, em especial retomando os tratados e *treaty bodies* da ONU, em conjunto com os mecanismos regionais de proteção. Por outro lado, todavia, Ruggie verificou, em especial mediante a análise dos resultados obtidos pelo questionário submetido aos Estados (Adendo 3),[215] que os governos ou não compreendem precisamente o conteúdo de tal dever, ou não estão aptos a cumprir tal obrigação.[216] O questionário encaminhado por Ruggie aos Estados solicitava que os governos identificassem políticas, práticas e mecanismos utilizados para a regulação das atividades corporativas

---

an adequate balance between their obligations under article 15, paragraph 1 (c), on one hand, and under the other provisions of the Covenant, on the other hand, with a view to promoting and protecting the full range of rights guaranteed in the Covenant. In striking this balance, the private interests of authors should not be unduly favored and the public interest in enjoying broad access to their productions should be given due consideration. States parties should therefore ensure that their legal or other regimes for the protection of the moral and material interests resulting from one's scientific, literary or artistic productions constitute no impediment to their ability to comply with their core obligations in relation to the rights to food, health and education, as well as to take part in cultural life and to enjoy the benefits of scientific progress and its applications, or any other right enshrined in the Covenant. Ultimately, intellectual property is a social product and has a social function. States parties thus have a duty to prevent unreasonably high costs for access to essential medicines, plant seeds or other means of food production, or for schoolbooks and learning materials, from undermining the rights of large segments of the population to health, food and education. Moreover, States parties should prevent the use of scientific and technical progress for purposes contrary to human rights and dignity, including the rights to life, health and privacy, e.g. by excluding inventions from patentability whenever their commercialization would jeopardize the full realization of these rights. States parties should, in particular, consider to what extent the patenting of the human body and its parts would affect their obligations under the Covenant or under other relevant international human rights instruments. States parties should also consider undertaking human rights impact assessments prior to the adoption and after a period of implementation of legislation for the protection of the moral and material interests resulting from one's scientific, literary or artistic productions" (*General Comment No. 17 (2005), The right of everyone to benefit from the protection of the moral and material interests resulting from any scientific, literary or artistic production of which he or she is the author – article 15, paragraph 1 (c), of the Covenant,* 12 January 2006, Doc. UN. E/C.12/GC/17, para. 35).

[215] *Human Rights Policies and Management Practices: Results from questionnaire surveys of Governments and Fortune 500 firms– Report of the Special Representative of the Secretary-General on the issue of human rights and transnational corporations and other business enterprises,* UN Doc. A/HRC/4/35/Add.3.

[216] "16. The regional human rights systems also affirm the State duty to protect against non state abuse, and establish similar correlative State requirements to regulate and adjudicate corporate acts. Indeed, the increasing focus on protection against corporate abuse by the United Nations treaty bodies and regional mechanisms indicates growing concern that States either do not fully understand or are not always able or willing to fulfill this duty" (*Business and Human Rights: mapping international standards of responsibility and Accountability for corporate acts – Report of the Special Representative of the Secretary-General on the issue of human rights and transnational corporations and other business enterprises,* John Ruggie, UN Doc. A/HRC/4/35, para. 16).

em relação a direitos humanos.²¹⁷ A despeito do baixo número de respostas recebidas por Ruggie (de 192 Estados-membro da ONU, apenas 29 responderam ao questionário²¹⁸), algumas tendências puderam ser identificadas. Particularmente, pôde-se observar que, dentre os poucos Estados que responderam ao questionário, uma quantidade ínfima possui políticas, programas ou outros mecanismos que respondam aos desafios impostos pelas atividades empresariais ao gozo dos direitos humanos. Boa parte dos Estados que responderam ao questionário confessaram confiar tal resposta inteiramente às iniciativas das próprias empresas (dentro do amplo conceito da "responsabilidade social corporativa"), ou aos mecanismos de *Soft Law*, em especial os Princípios Diretores da OECD e os princípios do Pacto Global.²¹⁹

---

²¹⁷ "57. This questionnaire sought to identify the practices, tools, and policies States have developed in the field of business and human rights. The questionnaire focuses on economic regulations and policies that incorporate human rights requirements and incentives; bilateral and international agreements that include human rights provisions; investigation and adjudication of alleged violations by corporate actors; the provision of tools and best practices for companies; and the role of government in coordinating around the issue of business and human rights. The low response rate means that the results of the survey may not be representative. It also may mean that despite the importance that many States claim to place on the issue, very few have acted upon their political commitments. Nonetheless, some patterns emerge" (*Human Rights Policies and Management Practices: Results from questionnaire surveys of Governments and Fortune 500 firms – Report of the Special Representative of the Secretary-General on the issue of human rights and transnational corporations and other business enterprises*, UN Doc. A/HRC/4/35/Add.3, para. 57).

²¹⁸ "8. Of the 192 Member States of the United Nations, 29 answered the questionnaire, which represents a response rate of 15 per cent. The corresponding response rate to the FG500 survey was 20 per cent. The geographic distribution of the responding countries is as follows: Western Europe and North America: 13 (45 per cent of total responses); Latin America: 6 (21 per cent); Asia: 4 (14 per cent); Eastern Europe: 4 (14 per cent); Africa: 2 (7 per cent)" (*Human Rights Policies and Management Practices: Results from questionnaire surveys of Governments and Fortune 500 firms– Report of the Special Representative of the Secretary-General on the issue of human rights and transnational corporations and other business enterprises*, UN Doc. A/HRC/4/35/Add.3, para. 8).

²¹⁹ "17. The responses to the questionnaire survey addressed to States by the Special Representative, asking them to identify policies and practices by which they regulate, adjudicate, and otherwise influence corporate actions in relation to human rights, reinforce those concerns. No robust conclusions can be drawn because of the low response rate. But of those States responding, very few report having policies, programmes or tools designed specifically to deal with corporate human rights challenges. A larger number say they rely on the framework of corporate responsibility initiatives, including such *Soft Law* instruments as the Organization for Economic Cooperation and Development (OECD) Guidelines for Multinational Enterprises, or voluntary initiatives like the United Nations Global Compact. Very few explicitly consider human rights criteria in their export credit and investment promotion policies or in bilateral trade and investment treaties, points at which government policies and global business operations most closely intersect" (*Business and Human Rights: mapping international standards of responsibility and Accountability for corporate acts– Report of the Special Representative of the Secretary-General on the issue of human rights and transnational corporations and other business enterprises, John Ruggie*, UN Doc. A/HRC/4/35, para. 17).

O Relatório nº 4/35 e seus Adendos 1 e 2 enfatizam o dever do Estado de proteger os direitos humanos dentro de sua jurisdição. Os tratados de direitos humanos não obrigam, portanto, os Estados a exercerem sua jurisdição extraterritorialmente, de modo a responderem por violações cometidas fora de seu território.[220] Por outro lado, os mesmos tratados não impedem os Estados de assim fazê-lo, se o ator ou a vítima for um nacional, se a violação gerar-lhe consequências negativas, ou se tiverem ocorrido crimes internacionais.[221]

---

[220] Alguns tratados, por outro lado, encorajam os Estados a tomarem medidas preventivas às violações de direitos humanos ou abusos cometidos por empresas, fora de seu território. O Pacto Internacional de Direitos Econômicos, Sociais e Culturais, por exemplo, em seu Comentário nº 15, parágrafo 33, sugere aos Estados que tomem medidas que previnam que seus cidadãos ou suas empresas cometam violações de direitos humanos em outros Estados (*Business and Human Rights: mapping international standards of responsibility and Accountability for corporate acts– Report of the Special Representative of the Secretary-General on the issue of human rights and transnational corporations and other business enterprises, John Ruggie*, UN Doc. A/HRC/4/35, nota 9).
"33. Steps should be taken by States parties to prevent their own citizens and companies from violating the right to water of individuals and communities in other countries. Where States parties can take steps to influence other third parties to respect the right, through legal or political means, such steps should be taken in accordance with the Charter of the United Nations and applicable international law".
General Comment No. 15 (2002), The right to water (arts. 11 and 12 of the International Covenant on Economic, Social and Cultural Rights, 20 January, 2003, Doc. UN E/C.12/2002/11, para. 33).

[221] "15. Current guidance from the Committees suggests that the treaties do not require States to exercise extraterritorial jurisdiction over business abuse. But nor are they prohibited from doing so.9 International law permits a State to exercise such jurisdiction provided there is a recognized basis: where the actor or victim is a national, where the acts have substantial adverse effects on the State, or where specific international crimes are involved.10 Extraterritorial jurisdiction must also meet an overall "reasonableness" test, which includes non-intervention in the internal affairs of other States. Debate continues over precisely when the protection of human rights justifies extraterritorial jurisdiction" (*Business and Human Rights: mapping international standards of responsibility and Accountability for corporate acts – Report of the Special Representative of the Secretary-General on the issue of human rights and transnational corporations and other business enterprises, John Ruggie*, UN Doc. A/HRC/4/35, para. 15).
"84. Most of the treaty bodies have not discussed State duties regarding extraterritorial jurisdiction in detail or with great clarity. At the very least though, none of the treaties or treaty bodies suggest that exercising extraterritorial jurisdiction is prohibited though States should only exercise jurisdiction over acts abroad within the limits imposed by the principle of non-intervention under international law. What is difficult to derive from the treaties or the treaty bodies is any general obligation on States to exercise extraterritorial jurisdiction over violations by business enterprises abroad" (*State responsibilities to regulate and adjudicate corporate activities under the United Nations core human rights treaties: an overview of treaty body commentaries – Report of the Special Representative of the Secretary-General on the issue of human rights and transnational corporations and other business enterprises*, UN Doc. A/HRC/4/35/Add.1, para. 84).
"49. Accordingly, the most definitive conclusion one could take out of this discussion is that States have certain obligations under universal jurisdiction, but that otherwise both the source and content of any general duties regarding extraterritorial jurisdiction remain

No caso específico do debate que aqui se pretende fomentar, concernente à responsabilidade pelo direito à saúde, cabe relembrar o Comentário nº 14 ao Pacto sobre Direitos Econômicos, Sociais e Culturais. Esse documento assevera que os Estados devem *respeitar*, ou seja, não violar o direito à saúde em outros Estados. Isso permitiria afirmar também o dever do Estado de *proteger* o direito à saúde inclusive fora de sua jurisdição, prevenindo que terceiros sob sua influência (como no caso das empresas farmacêuticas transnacionais operantes dentro de seu território) violem o direito à saúde dos cidadãos de outros Estados. A questão da extraterritorialidade poderia ir além, justificando, inclusive com fulcro no princípio da cooperação internacional, que os Estados cumpram o dever de *promover* a direito à saúde fora de sua jurisdição, facilitando (e, portanto, não obstando) o acesso a medicamentos em outros países,[222] em especial aqueles mais marginalizados e necessitados.

Importa mencionar nesse esteio o conteúdo do Adendo 2 do Relatório nº 4/35, que lapida o tema da responsabilidade extraterritorial dos Estados, após retomar aspectos da responsabilidade das empresas para com os direitos humanos, da perspectiva do direito internacional.

Conforme tratado no Capítulo 1, o direito internacional clássico concentra-se na figura do Estado. Sob esse prisma estrito de análise, as empresas transnacionais deveriam ser regulamentadas pelo respectivo *Home State*. As atividades empresariais deveriam, assim, ser

---

unclear" (*Corporate Responsibility under international law and issues in extraterritorial regulation: summary of legal workshops – Report of the Special Representative of the Secretary-General on the issue of human rights and transnational corporations and other business enterprises*, UN Doc. A/HRC/4/35/Add.2, para. 49).

[222] "39. To comply with their international obligations in relation to article 12, States parties have to respect the enjoyment of the right to health in other countries, and to prevent third parties from violating the right in other countries, if they are able to influence these third parties by way of legal or political means, in accordance with the Charter of the United Nations and applicable international law. Depending on the availability of resources, States should facilitate access to essential health facilities, goods and services in other countries, wherever possible and provide the necessary aid when required. States parties should ensure that the right to health is given due attention in international agreements and, to that end, should consider the development of further legal instruments. In relation to the conclusion of other international agreements, States parties should take steps to ensure that these instruments do not adversely impact upon the right to health. Similarly, States parties have an obligation to ensure that their actions as members of international organizations take due account of the right to health. Accordingly, States parties which are members of international financial institutions, notably the International Monetary Fund, the World Bank, and regional development banks, should pay greater attention to the protection of the right to health in influencing the lending policies, credit agreements and international measures of these institutions" (*General Comment No. 14 (2000), The right to the highest attainable standard of health (article 12 of the International Covenant on Economic, Social and Cultural Rights*, 11 August 2000, Doc. UN. E/C.12/2000/4, para. 39).

escrutinadas por esse Estado, em seu dever de *due diligence*, e, na hipótese de inobservância desse dever estatal de responsabilidade de proteger os direitos humanos, o governo seria cobrado internacionalmente pela inobservância dos tratados de direito internacional que ratificou. Parte desse dever de *due diligence* e proteção dos direitos humanos abarcaria inclusive o dever do *Home State* de oferecer sua jurisdição para solucionar a controvérsia envolvendo a violação de direitos humanos efetuada por uma empresa sediada[223] em seu território.

A responsabilidade extraterritorial dos *Home States* por violações de direitos humanos causadas pelas atividades das empresas transnacionais é um tema de elevada complexidade e controvérsia, que vem sendo amplamente debatido pela doutrina internacional.[224] Foge, no entanto, ao escopo do presente trabalho analisar o tema com a abrangência merecida, sendo importante apenas mencionar a existência do argumento que vem sendo esboçado como uma das possíveis respostas às violações de direitos humanos consequentes das atividades das

---

[223] Cumpre esclarecer que a nacionalidade de uma empresa transnacional é, em geral, definida a partir de seu local de incorporação, ou de registro da sede.
"54. There was general agreement that international law does not prescribe any particular method for determining the nationality of legal persons. However, nationality is generally based on place of incorporation, location of registered main office or the principal centre of business. Participants debated whether other factors should be considered, such as whether there is a genuine link with the *Home State*. Participants also queried whether investment treaties provide any hints as to nationality and whether the parent company's nationality should determine its subsidiary's nationality. The requirement for a genuine link was mentioned, both regarding a State's ability to exercise jurisdiction, and to protest against regulations imposed on "their" TNCs by other States" (*Corporate Responsibility under international law and issues in extraterritorial regulation: summary of legal workshops – Report of the Special Representative of the Secretary-General on the issue of human rights and transnational corporations and other business enterprises*, UN Doc. A/HRC/4/35/Add.2, para. 54).

[224] Acerca do tema da responsabilidade extraterritorial dos Estados pelas violações de direitos humanos causadas pelas atividades de empresas transnacionais, consultar: LOWE, Vaughan. Corporations as International Actors and International Law Makers. *The Italian Yearbook of International Law*, v. 14, p. 23-58, 2004; JAGERS, Nicola. *Corporate Human Rights Obligations*: in Search of Accountability. Antwerp: Intersentia, 2002. p. 137-176.
"Even in circumstances where a corporation is plainly *not* an organ or agent of the State, and is engaged in commercial activities, it is still possible that the responsibility of the State may arise from the corporations activities. (...) Again, I do not think that a bald 'always responsible' or 'never responsible' answer can be correct. One must look at the function that the corporation fulfils, and its relation to the State. The provisions of the ILC Articles on State Responsibility concerning complicity in breaches of international law by other States go some way towards providing a helpful framework for analysis. The result, however, must surely be that there are some circumstances in which States bear responsibility for, or at least responsibility arising from, the actions of private corporations. Here, too, we see corporations as actors in international law" (LOWE, Vaughan. Corporations as International Actors and International Law Makers. *The Italian Yearbook of International Law*, v. 14, p. 33, 2004).

empresas transnacionais. Importa observar, ainda no tocante a isso, que nem todos os Estados estariam aptos ou teriam vontade de exercer tal jurisdição extraterritorial. Por parte de alguns países em desenvolvimento, por exemplo, poderia ser identificada uma falta de capacidade ou habilidade judiciária que lhes permitisse exercer tal dever. Por parte de alguns países desenvolvidos, a seu turno, poderia ser identificada uma falta de vontade política, em especial quando o exercício da jurisdição extraterritorial fosse demasiadamente dispendioso, demorado ou politicamente custoso.[225]

Casos de particular complexidade dentro do tema da responsabilidade extraterritorial e que foram mencionados brevemente no Adendo 2 envolviam situações em que (i) os Estados poderiam ser consideradas cúmplices[226] das violações engendradas pelas empresas,

---

[225] "51. Participants highlighted that not all States are equipped to exercise extraterritorial jurisdiction. They gave examples from developing countries where the State lacks both the ability and inclination to exercise jurisdiction, particularly where it seeks to encourage companies registered on its territory to expand their overseas operations. There were also examples of developed countries choosing not to prioritize evidence-gathering for extraterritorial cases, especially where such practices are seen as too costly, time-consuming or politically hazardous" (*Corporate Responsibility under international law and issues in extraterritorial regulation: summary of legal workshops– Report of the Special Representative of the Secretary-General on the issue of human rights and transnational corporations and other business enterprises,* UN Doc. A/HRC/4/35/Add.2, para. 51).

[226] Acerca do tema da cumplicidade das empresas transnacionais nas violações de direitos humanos causadas por atos ou omissões governamentais, consultar: CLAPHAM, Andrew; JERBI, Scott. *Towards a Common Understanding of Business Complicity in Human Rights Abuses.* Background Paper for the Global Compact Dialogue on the Role on of the Private Sector in Zones of Conflict, New York, 21-22, March 2001; CLAPHAM, Andrew. Double Effect in World Business: Dealing with Unintended Consequences of Corporate Activity. *Special Issues of New Academic Reviw – Business and Human Rights,* London, University of Cambridge, KPMG, 2, 1, p. 98-100, 2003.
"Where a corporation is alleged to have assisted a government in violating customary international law rights in circumstances which do not amount to international crimes, but rather to international delicts or torts, the analogous rules for state responsibility suggest that the corporations must be (a) aware of the circumstances making the activity of the assisted state a violation of international human rights law; (b) the assistance must be given with a view to facilitating the commission of such a violation and actually contribute significantly to the violation; and (c) the company itself should have an obligation not to violate the right in question, such obligations stem for example from principles in the Universal Declaration of Human Rights. (...) The greater the knowledge of the corporation and the longer the duration of the human rights abuses the more likely it is that this sort of beneficial corporate complicity will give rise to liability in a court of law. In any event, corporate compliance with human rights norms in this context is expected from civil society and from civil society and international organizations such as the UN" (CLAPHAM, Andrew. Double Effect in World Business: Dealing with Unintended Consequences of Corporate Activity. *Special Issues of New Academic Reviw – Business and Human Rights,* London, University of Cambridge, KPMG, 2, 1, p. 100, 2003).

ou (ii) as empresas poderiam ser consideradas diretamente responsáveis, no caso de exercer uma autoridade governamental, ou no caso de serem controladas pelo Estado.[227]

2.4.2 Responsabilidade e *Accountability* das empresas por crimes internacionais e por outras violações de direitos humanos

No que concerne à Responsabilidade e *Acountability* das Empresas, Ruggie diferencia os casos que configuram crimes internacionais[228] daqueles que envolvem violações de outros direitos humanos. Para Ruggie, a responsabilidade dos indivíduos está mais bem definida nos instrumentos que tratam de crimes internacionais do que nos documentos que tutelam os outros tipos de violações de direitos humanos. Conforme já havia asseverado em seu primeiro relatório, Ruggie afirma que não há responsabilidade jurídica internacional diretamente

---

[227] "In its work on a code of State responsibility, the International Law Commission (ILC) has dealt with the question whether acts by non-State entities may be attributed to the State and as such give rise to State responsibility. According to the draft articles on State responsibility that were finalised in 2001, private acts constituting a violation of international law may entail State responsibility in two ways. Firstly, the conduct of non-State entities may be attributed to the State under certain circumstances: where non-State entities are empowered by law to exercise governmental authority; where a State has organs of another State placed at its disposal; where private conduct is directed or controlled by the State; where private conduct is exercised in the absence of official authority; where an insurrectional movement becomes the new government; and where a State endorses private acts as its own. In these cases, the private act is considered an act of State for which State responsibility may arise. According to this rule of attribution, corporate activities may, on occasion, involve State responsibility. Secondly, State responsibility may arise where a State fails in its general obligation to protect or respond to private acts that violate international law. In this case, the primary rule of attribution comes into play: this failure is considered an act of the State for which responsibility arises" (JAGERS, Nicola. *Corporate Human Rights Obligations*: in Search of Accountability. Antwerp: Intersentia, 2002. p. 250).

[228] Quanto à Responsabilidade e *Accountability* das Empresas por Crimes Internacionais, Ruggie retoma algumas questões já trabalhadas no Capítulo 1, quando abordamos a inclusão de indivíduos no rol dos portadores de obrigações de direito internacional. A questão está plenamente pacificada no âmbito do Direito Internacional Penal, desde o Tribunal de Nuremberg, que concluiu pela responsabilidade de indivíduos por crimes contra a paz, crimes de guerra e crimes contra a humanidade. Em seu Relatório 4/35, Ruggie relembra o debate sobre os sujeitos de direito internacional e a inclusão das pessoas físicas e jurídicas nesse rol. Após, analisa a questão da responsabilidade penal das empresas nas cortes internacionais e também nas diversas jurisdições nacionais, as quais dão diferentes respostas à matéria (*Business and Human Rights: mapping international standards of responsibility and Accountability for corporate acts– Report of the Special Representative of the Secretary-General on the issue of human rights and transnational corporations and other business enterprises, John Ruggie*, UN Doc. A/HRC/4/35, paras. 19-32).

aplicável às empresas pela violação de direitos humanos.²²⁹ De fato, os tratados de direitos humanos não estabelecem explicitamente a responsabilidade direta das empresas.²³⁰ No entanto, não caberia aqui uma interpretação ampliativa e progressista dos diplomas internacionais, sugerindo que, da mesma maneira que não asseveram explicitamente a responsabilização direta das empresas, também não a proíbem, o que permitiria afirmar a viabilidade do argumento, em que pese o fim maior dos tratados de direitos humanos de proteger a dignidade humana?

Ruggie adota novamente, portanto, uma visão excessivamente cautelosa, limitando-se a realçar a inexistência, nos instrumentos de direito internacional vigentes, da responsabilidade direta das empresas por violações de direitos humanos. Ele se limita a identificar a possibilidade de uma responsabilização indireta das empresas, a partir da articulação dos mecanismos de direitos internacional que cobram os Estados pelo seu dever de proteção. Tal invocação do direito internacional para uma responsabilização indireta das empresas parece mais realista. Critica-se, no entanto, a postura pouco audaciosa de Ruggie, que se limita a esclarecer a responsabilidade indireta das empresas, reforçando o papel primário e direto dos Estados em seu dever de proteção contra abusos de terceiros.

Outra crítica pertinente à postura pouco criativa de Ruggie refere-se à diferenciação que ele faz entre a responsabilidade e *Accountability* das empresas por crimes internacionais,²³¹ de um lado, e por outras

---

[229] "60. The Norms are said merely to "reflect" and "restate" international legal principles applicable to business with regard to human rights. (...) if the Norms were to bind business directly then they could not merely be restating international legal principles; they would need, somehow, to discover or invent new ones" (*Report of the Sub-Commission on the Promotion and Protection of Human Rights – Report of the United Nations High Commissioner on Human Rights on the responsibilities of transnational corporations and related business enterprises with regard to human rights*, UN Doc. E/CN.4/2006/97, para. 60).

[230] "41. In short, the treaties do not address direct corporate legal responsibilities explicitly, while the commentaries of the treaty bodies on the subject are ambiguous. However, the increased attention the Committees are devoting to the need to prevent corporate abuse acknowledges that businesses are capable of both breaching human rights and contributing to their protection" (*Business and Human Rights: mapping international standards of responsibility and Accountability for corporate acts – Report of the Special Representative of the Secretary-General on the issue of human rights and transnational corporations and other business enterprises*, John Ruggie, UN Doc. A/HRC/4/35, para. 41).

[231] C. Perrone-Moisés identifica duas categorias de crimes internacionais: (i) aqueles delitos que atentam contra a ordem pública internacional, incluindo-se os crimes contra a paz, os crimes de guerra, os crimes contra a humanidade e o crime de genocídio, e (ii) aqueles delitos que atentam contra a segurança de certos Estados, em determinadas situações, incluindo-se o narcotráfico, o terrorismo e a lavagem de dinheiro. Todavia, Perron-Moisés ressalva que, na atual noção da comunidade internacional, a segunda categoria de crimes também colocaria em risco a ordem pública internacional, de maneira que poderiam ser regulados

violações de direitos humanos, de outro. Dando um caráter peremptório à primeira categoria, Ruggie acaba por realizar, em última instância, uma polarização por importância. Desde a Convenção de Viena de 1993, consagrou-se *a universalidade, a indivisibilidade, a interdependência e a complementaridade dos direitos humanos*, o que torna, por conseguinte, todos os direitos humanos igualmente relevantes. Não obstante, tanto a proibição dos crimes internacionais[232] como a proteção dos direitos humanos[233] são definidas em normas de ius *cogens*, em razão de seu caráter obrigatório, justificado pelo interesse fundamental e coletivo da comunidade internacional. Assim, uma diferenciação entre a obrigatoriedade da proibição dos crimes internacionais e a obrigatoriedade da proteção de direitos humanos é discutível, em que pese sua inter-relação. Obviamente, partindo-se de um ponto de vista prático, é legítimo que as políticas priorizem determinados direitos e deveres em casos de maior necessidade e urgência. No entanto, em sendo a proteção da dignidade humana o fim maior da comunidade internacional, os responsáveis pelos direitos humanos devem assegurar sua plena realização irrestrita e igualmente.

2.4.3 Mecanismos de *Soft Law* e autorregulação de conduta das empresas

A quarta categoria definida por Ruggie, em sua escala de obrigatoriedade, é representada pelas iniciativas de *Soft Law*, já estudadas anteriormente (resumidas na FIG. 1). Mais do que revisar cada um dos mecanismos, Ruggie ressalta a importância preliminar que o *Soft Law* possui no processo paulatino de cristalização de *standards*, até serem

---

juntamente com a primeira categoria dos crimes internacionais, embora haja problemas de competência de jurisdição para julgar um ou outro grupo (PERRONE-MOISÉS, Cláudia. *Imunidades de chefes de Estado e crimes internacionais*. Tese (Livre-Docência) – Faculdade de Direito da USP, São Paulo, 2009. f. 9, 10).

[232] "A violação de uma norma imperativa, a seu turno, constitui muitas vezes crime internacional, mas não podemos negar que a categoria de normas inderrogáveis é mais ampla que a dos crimes internacionais. De toda forma, podemos afirmar hoje que as normas que proíbem os crimes do núcleo duro do direito internacional penal pertencem ao *ius cogens* e constituem obrigações *erga omnes* (PERRONE-MOISÉS, Cláudia. *Imunidades de chefes de Estado e crimes internacionais*. Tese (Livre-Docência) – Faculdade de Direito da USP, São Paulo, 2009. f. 14).

[233] "There is an almost intrinsic relationship between *jus cogens* and human rights. Peremptory human rights norms, as projections of the individual and collective conscience, materialize as powerful collective beliefs. As such, they inherently possess an extraordinary force of social attraction that has an almost magical character" (BIANCHI, A. Human Rights and the Magic of Jus Cogens. *EJIL*, v. 19, n. 3, 2008).

aprovados sob a forma de normas pela comunidade internacional. Nesse processo de consolidação, Ruggie sublinha a importância da perspectiva dos direitos humanos, cujos princípios (dentre os quais a participação, a transparência e o monitoramento) devem servir de fundamento aos mecanismos de *accountability* das iniciativas de *Soft Law*. Não obstante, Ruggie também identifica a relevância de que as responsabilidades sejam compartilhadas entre Estados, empresas e outros *stakeholders*, na condução das iniciativas de *Soft Law* estudadas. O Representante Especial ressalva, porém, a responsabilidade primária e central dos Estados,[234] reiterando sua postura de admitir a responsabilização direta apenas dos Estados, e não das empresas.

No que tange à quinta categoria, em sua última escala de obrigatoriedade, Ruggie aponta as políticas e práticas empresariais desenvolvidas internamente pelas empresas e por elas adotadas voluntariamente, seja como uma resposta a pressões da sociedade civil e da comunidade internacional, seja como um incentivo ou oportunidade oferecidos pelo espaço regulatório dos Estados. Para avaliar a percepção das próprias empresas acerca da sua responsabilidade com relação aos direitos humanos, o Representante Especial da ONU elaborou um questionário (Adendo 3 ao Relatório nº 4/35[235]). Treze questões foram então enviadas às empresas que compõem o *Fortune Global 500 Firms (FG500)*, uma lista atualizada anualmente que classifica as 500 maiores empresas, de acordo com seu patrimônio e lucros atingidos.[236]

---

[234] "62. In sum, the standard-setting role of *Soft Law* remains as important as ever to crystallize emerging norms in the international community. The increased focus on *Accountability* in some intergovernmental arrangements, coupled with the innovations in *Soft Law* mechanisms that involve corporations directly in regulatory rulemaking and implementation, suggests increased State and corporate acknowledgment of evolving social expectations and a recognition of the need to exercise shared responsibility" (*Business and Human Rights: mapping international standards of responsibility and Accountability for corporate acts– Report of the Special Representative of the Secretary-General on the issue of human rights and transnational corporations and other business enterprises, John Ruggie*, UN Doc. A/HRC/4/35, para. 62).

[235] *Human Rights Policies and Management Practices: Results from questionnaire surveys of Governments and Fortune 500 firms– Report of the Special Representative of the Secretary-General on the issue of human rights and transnational corporations and other business enterprises*, UN Doc. A/HRC/4/35/Add.3.

[236] "The *Fortune Global 500* are the world's largest firms by revenue. In 2005, more than 450 of them were headquartered in the United States (176), Europe (195), and Japan (80)" (RUGGIE, John G. IBLF, BUSINESS FOR SOCIAL RESPONSIBILITY, INTERNATIONAL ORGANIZATION OF EMPLOYERS, INTERNATIONAL CHAMBER OF COMMERCE, FES. *Human Rights Policies and Management Practices of Fortune Global 500 Firms*: the Results of a Survey. Harvard University, John F. Kennedy School of Government, 1º Sept. 2006. p. 2). Para a lista completa das 500 empresas classificadas no ano de 2005 e para aquelas a que Ruggie enviou o questionário, consultar: <http://money.cnn.com/magazines/fortune/global500/2005/index.html>.

Assim, as empresas deveriam identificar (i) políticas e experiências de direitos humanos vivenciadas; (ii) direitos referendados pelas políticas e práticas empresariais arroladas; (iii) *stakeholders* mencionados por tais políticas e práticas; (iv) envolvimento desses *stakeholders* na implementação das iniciativas; (v) instrumentos internacionais de direitos humanos invocados pelas próprias empresas; e (vi) mecanismos de *accountability* (como relatórios, sistemas de controle interno e externo, e monitoramento do impacto das atividades nos direitos humanos) adotados.[237] Ao final, preencheram o questionário 102[238] empresas (aproximadamente 20% do total consultado), incluindo representantes dos mais variados setores: serviços financeiros; tecnologia da informática, eletrônicos e telecomunicações; varejo e bens de consumo; setores extrativistas; manufaturados pesados; bens de infraestrutura; setores farmacêutico e químico; alimentação, comida e bebida; e outros.[239]

Para a lista completa das empresas farmacêuticas constantes na *Fortune Global 500* e para aquelas a que Ruggie enviou o questionário, consultar: <http://money.cnn.com/magazines/fortune/global500/2005/industries/Pharmaceuticals/1.html>.

[237] "(b) Fortune Global 500 survey: firms were asked to identify: (i) human rights policy uptake and incident experience; (ii) rights addressed by policies and practices; (iii) stakeholders covered by policies and practices; (iv) international instruments referenced; (v) stakeholder engagement; and (vi) *Accountability* mechanisms such as reporting and compliance systems or human rights impact assessments" (*Human Rights Policies and Management Practices: Results from questionnaire surveys of Governments and Fortune 500 firms– Report of the Special Representative of the Secretary-General on the issue of human rights and transnational corporations and other business enterprises*, UN Doc. A/HRC/4/35/Add.3, Summary).

[238] "A total of 102 companies completed the questionnaire, a relatively good response rate for an online survey. It was even higher among firms for which we had specific contact information. Nevertheless, the responses reflect possible sampling biases that should be borne in mind in interpreting the results" (RUGGIE, John G. IBLF, BUSINESS FOR SOCIAL RESPONSIBILITY, INTERNATIONAL ORGANIZATION OF EMPLOYERS, INTERNATIONAL CHAMBER OF COMMERCE, FES. *Human Rights Policies and Management Practices of Fortune Global 500 Firms:* the Results of a Survey. Harvard University, John F. Kennedy School of Government, 1º Sept. 2006. p. 3).

[239] RUGGIE, John G. IBLF, BUSINESS FOR SOCIAL RESPONSIBILITY, INTERNATIONAL ORGANIZATION OF EMPLOYERS, INTERNATIONAL CHAMBER OF COMMERCE, FES. *Human Rights Policies and Management Practices of Fortune Global 500 Firms: the Results of a Survey*. Harvard University, John F. Kennedy School of Government, 1º Sept. 2006. Table 1, p. 14.

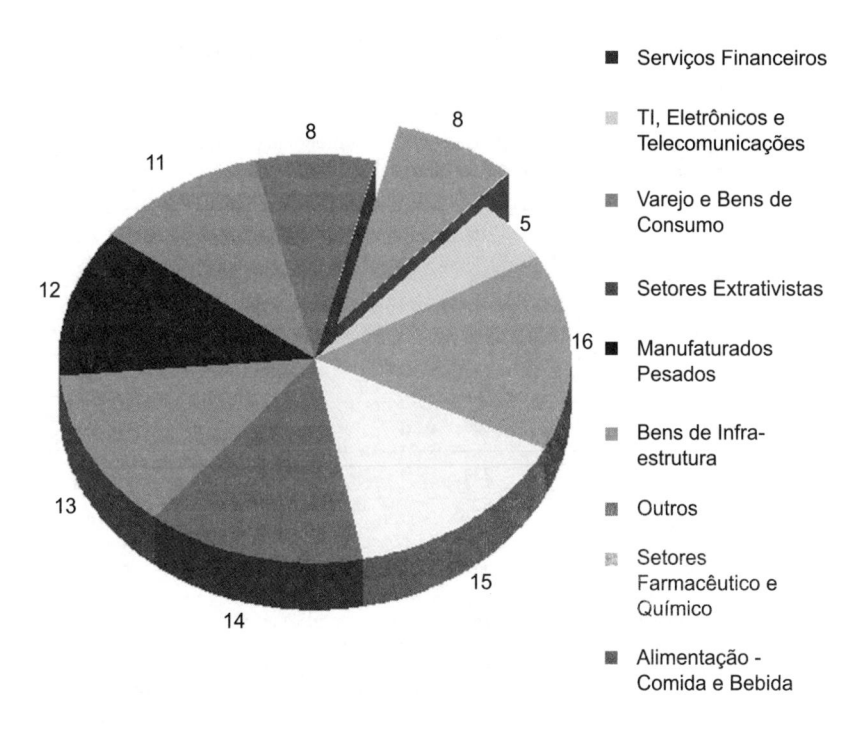

FIGURA 3 – Número total de empresas e seus respectivos setores, em resposta ao questionário formulado por John Ruggie.

No que concerne especificamente às empresas farmacêuticas, cumpre esclarecer que o questionário foi enviado a um total de doze empresas, classificadas entre as 500 maiores empresas farmacêuticas do mundo, no ano de 2005: Pfizer, Johnson&Johnson, GlaxoSmithKline, Novartis, Grupo Roche, Merck, Bristol-Myers Sqibb, Astra-Zeneca, Laboratórios Abbott, Sanofi-Aventis, Wyeth e Eli Lilly. A tabela a seguir detalha a classificação das doze empresas consultadas, com relação não apenas ao próprio setor farmacêutico (primeira coluna da FIG. 4 a seguir), mas também às demais empresas do *Global 500* consultadas (segunda coluna da FIG. 4 a seguir), revelando, inclusive, o patrimônio e os lucros atingidos por cada uma delas, os quais foram decisivos para essa categorização.

EMPRESAS FARMACÊUTICAS CONSULTADAS POR RUGGIE[240]

Classificação dentro do setor farmacêutico	Classificação geral no *Global* 500	Patrimônio (milhões de dólares)	Lucros (milhões de dólares)
1. Pfizer	75	$52,921	$11,361
2. Johnson&Johnson	88	$47,348	$8,509
3. GlaxoSmithKline	122	$37,304	$8,095
4. Novartis	188	$28,247	$5,767
5. Grupo Roche	209	$25,166	$5,344
6. Merck	239	$22,939	$5,813
7. Bristol-Myers Squibb	258	$21,886	$2,388
8. Astra-Zeneca	267	$21,426	$3,813
9. Laboratórios Abbott	285	$20,473	$3,236
10. Sanofi-Aventis	321	$18,710	$–4,490
11. Wyeth	346	$17,358	$1,234
12. Eli Lilly	445	$13,858	$1,810

FIGURA 4 – Ranking das Doze Maiores Empresas Farmacêuticas Transnacionais de 2005, conforme a *Fortune Global 500 firms*, consultadas por John Ruggie.

Ao final, das doze empresas farmacêuticas consultadas, oito (aproximadamente 67%) responderam ao questionário de Ruggie, sendo quatro empresas europeias e quatro norte-americanas.[241] Os resultados estatísticos e numéricos obtidos em cada uma das doze perguntas são detalhados no quadro a seguir.

---

[240] Dados obtidos em pesquisa realizada em 25 de julho de 2005 pela Fortune Global 500 e disponíveis no *website*: <http://money.cnn.com/magazines/fortune/global500/2005/industries/Pharmaceuticals/1.html>.

[241] RUGGIE, John G. IBLF, BUSINESS FOR SOCIAL RESPONSIBILITY, INTERNATIONAL ORGANIZATION OF EMPLOYERS, INTERNATIONAL CHAMBER OF COMMERCE, FES. *Human Rights Policies and Management Practices of Fortune Global 500 Firms: the Results of a Survey*. Harvard University, John F. Kennedy School of Government, 1º Sept. 2006. Table 2, p. 19.

CAPÍTULO 2
A EVOLUÇÃO RECENTE DO TEMA DAS RESPONSABILIDADES DE DIREITOS HUMANOS PARA AS EMPRESAS ...

(continua)

Pergunta	Porcentagem de empresas farmacêuticas	Número de empresas farmacêuticas
1. Sua empresa já vivenciou alguma questão relevante envolvendo direitos humanos?		
- Sim	50%	4
- Não	50%	4
2. Sua empresa possui atualmente um conjunto de princípios e/ou práticas empresariais que explicitem suas implicações sobre os direitos humanos gerados por suas operações?		
- Sim	75%	6
- Não	12.5%	1
- Outros*	12.5%	1
* A opção "Outros" refere-se a códigos de ética das empresas que foram considerados muito genéricos para constituírem princípios ou práticas explícitas de direitos humanos.		
3. Como sua empresa leva em consideração os direitos humanos? Selecione tantas opções quanto julgar cabíveis.		
- Como um conjunto específico de direitos humanos?	28.6%	2
- Dentro de um código corporativo ou conjunto de princípios?	85.7%	6
- Nos guias operacionais da empresa?	28.6%	2
- Nos relatórios de riscos gerais?	28.6%	2
4. Sua empresa elabora relatórios de impactos sobre os direitos humanos para determinados projetos?		
- Nunca	14.3%	1
- Ocasionalmente	42.9%	3
- Rotineiramente	42.9%	3
5. Os princípios e práticas de sua empresa fazem referência a algum desses instrumentos internacionais de direitos humanos? Em caso afirmativo, quais?		
- Pacto Global	16.7%	1
- Declarações e convenções da OIT	33.3%	2
- Princípios Diretores da OECD	33.3%	2
- Declaração Universal de Direitos Humanos	83.3%	5
- Outros**	16.7%	1
** Dentre os "Outros Instrumentos" incluíram-se, particularmente, os Princípios Voluntários sobre Segurança e Direitos Humanos (10%) e a Iniciativa de Transparência das Indústrias Extrativistas (4%).		

(continua)

Pergunta	Porcentagem de empresas farmacêuticas	Número de empresas farmacêuticas
6. Indique as categorias de direitos humanos incluídas nas políticas e práticas de suas empresas. Selecione tantas opções quanto julgar cabíveis.		
- Direito à vida, à liberdade e à segurança da pessoa	42.9%	3
- Trabalho forçado, obrigatório ou compulsório, bem como trabalho infantil	85.7%	6
- Direito à Privacidade	71.4%	5
- Liberdade de associação e negociação coletiva	85.7%	6
- Não Discriminação	100%	7
- Saúde e segurança do local de trabalho	100%	7
- Direito a um adequado padrão de vida	71.4%	5
- Direito à Saúde	42.9%	3
- Outros***	28.6%	2
*** Os dois "Outros direitos" mais mencionados foram "Salário Mínimo" (12%) e "limite de horas de trabalho" (7%).		
7. Quais são os *stakeholders* que as políticas e práticas de sua empresa levam em consideração? Selecione tantas opções quanto julgar cabíveis.		
- Empregados	100%	7
- Fornecedores, contratantes, distribuidores, parceiros de *joint venture* e outros em sua cadeia de valores	85.7%	6
- As comunidades no entorno das suas operações	71.4%	5
- Os países em que sua empresa opera	71.4%	5
- Outros****	42.9%	3
****Os dois principais "Outros *stakeholders*" mencionados foram "clientes/consumidores" (13%) e "acionistas/investidores" (9%).		
8. Sua empresa dispõe de sistemas de relatórios e controles internos, no que concerne aos princípios e práticas de direitos humanos?		
- Sim	100%	7
- Não	-	-
9. Sua empresa participa de algum mecanismo de relatórios e controles externos periódicos relativos às políticas e práticas de direitos humanos?		
- Sim	71.4%	5
- Não	28.6%	2

(conclusão)

Pergunta	Porcentagem de empresas farmacêuticas	Número de empresas farmacêuticas
10. Quando sua empresa participa desses relatórios externos periódicos, relativos às práticas de direitos humanos, quais meios são utilizados?		
- O *website* da empresa	80%	4
- Uma publicação periódica	100%	5
- Um meio veiculado por uma terceira parte	-	-
- Outros*****	40%	2
*****Os dois principais "Outros meios" de relatório apontados foram "Governo/Agências Reguladoras" (3%) e "índices éticos", como o FTSE4Good (2%).		
11. Sua empresa trabalha com *stakeholders* externos para o desenvolvimento e implementação de duas políticas e práticas?		
- Sim	71.4%	5
- Não	28.6%	2
12. Com quais *stakeholders* externos sua empresa trabalha no desenvolvimento e implementação das políticas e práticas? Selecione tantas opções quanto julgar cabíveis.		
- Governos	80%	4
- Associações de Indústrias	100%	5
- Uniões de Trabalhadores	40%	2
- ONGs	100%	5
- A ONU e outras organizações intergovernamentais	80%	4
- Outros******	60%	3
Os dois principais "Outros *stakeholders* externos" citados foram "analistas de investimentos/ fundos de investimento socialmente responsáveis" (8%) e "escritórios de consultoria" (7%).		

FIGURA 5 – Respostas das oito empresas farmacêuticas que responderam ao questionário de John Ruggie.[242]

A análise das respostas enviadas por oito empresas farmacêuticas a Ruggie, as quais foram acima colacionadas na FIG. 5, despertam algumas reflexões importantes. Pode-se verificar que seis (75%) dessas oito

---

[242] Os números específicos correspondentes às empresas farmacêuticas consultadas foram extraídos do documento: RUGGIE, John G. IBLF, BUSINESS FOR SOCIAL RESPONSIBILITY, INTERNATIONAL ORGANIZATION OF EMPLOYERS, INTERNATIONAL CHAMBER OF COMMERCE, FES. *Human Rights Policies and Management Practices of Fortune Global 500 Firms: the Results of a Survey*. Harvard University, John F. Kennedy School of Government, 1º Sept. 2006. Table 3, p. 20-8.

empresas possuem atualmente um conjunto de princípios ou práticas que se relacionam às consequências que suas atividades empresariais geram sobre os direitos humanos.[243] Nesse sentido, essas seis empresas declararam tratar de direitos humanos em seus códigos e princípios de conduta corporativa. Apenas duas delas revelaram possuir também um conjunto específico de princípios e condutas para tratar particularmente de direitos humanos.[244]

No tocante aos direitos humanos que são particularmente tratados nas políticas e práticas das empresas farmacêuticas, a saúde e a segurança do local de trabalho, bem como o direito à não discriminação,[245] são citados por sete das oito empresas farmacêuticas consideradas. Seis das oito empresas farmacêuticas mencionaram, além desses, o direito à liberdade de associação e negociação coletiva, além da proibição ao trabalho forçado, obrigatório ou compulsório, incluindo o trabalho

---

[243] "2. Does your company currently have an explicit set of principles and/or management practices in place regarding the human rights implications of its operations?
yes 75% (6)
no 12.5% (1)
Other(ii) 12.5% (1)
(ii) The "other" categories throughout the questionnaire permitted companies to include items of their own choosing. A number of companies added commentaries and/or links to their *websites*. In this particular instance we included responses in the "other" category when they referenced codes of business ethics that were too general to constitute explicit human rights principles or practices" (RUGGIE, John G. IBLF, BUSINESS FOR SOCIAL RESPONSIBILITY, INTERNATIONAL ORGANIZATION OF EMPLOYERS, INTERNATIONAL CHAMBER OF COMMERCE, FES. *Human Rights Policies and Management Practices of Fortune Global 500 Firms*: the Results of a Survey. Harvard University, John F. Kennedy School of Government, 1º Sept. 2006. Table 3, p. 21).

[244] "3. How does your company take human rights into account? Select as many as may apply.
By means of a set of corporate principles on human rights specifically? 28.6% (2)
Within an overall corporate code or principles? 85.7% (6)
In operational guidance notes? 28.6% (2)
In overall risk assessments? 28.6% (2)"
(RUGGIE, John G. IBLF, BUSINESS FOR SOCIAL RESPONSIBILITY, INTERNATIONAL ORGANIZATION OF EMPLOYERS, INTERNATIONAL CHAMBER OF COMMERCE, FES. *Human Rights Policies and Management Practices of Fortune Global 500 Firms*: the Results of a Survey. Harvard University, John F. Kennedy School of Government, 1º Sept. 2006. Table 3, p. 21).

[245] "67. All FG500 respondents, irrespective of region or sector, included non-discrimination as a core corporate responsibility, at minimum meaning recruitment and promotion based on merit. Workplace health and safety standards were cited almost as frequently. More than three quarters recognized freedom of association and the right to collective bargaining, the prohibition against child and forced labour, and the right to privacy. European firms were more likely than their United States counterparts to recognize the rights to life, liberty, and security of person; health; and an adequate standard of living" (*Business and Human Rights: mapping international standards of responsibility and Accountability for corporate acts – Report of the Special Representative of the Secretary-General on the issue of human rights and transnational corporations and other business enterprises*, John Ruggie, UN Doc. A/HRC/4/35, para. 67).

infantil.²⁴⁶ Lidos sob outra perspectiva, esses números revelam uma priorização das empresas (nesse caso, não apenas das farmacêuticas, mas também das indústrias em geral,²⁴⁷ conforme demonstra a FIG. 6 comparativa a seguir) ao Direito do Trabalho. Os direitos humanos dos trabalhadores das empresas, em particular quando no local de trabalho, são as preocupações mais óbvias e imediatas das corporações.

O direito à privacidade e o direito a um padrão de vida adequado foram evocados por cinco das oito empresas farmacêuticas consultadas.²⁴⁸ Por derradeiro, apenas três das oito empresas farmacêuticas relembraram o direito à vida, à liberdade, à segurança, além do direito à saúde.²⁴⁹ Parece desnecessário sublinhar o paradoxo das últimas

---

[246] "6. Please indicate what areas of human rights are included in your company's policies/practices. Select as many as apply.
Non-discrimination; 100% (7)
Workplace health and safety; 100% (7)
Forced, bonded or compulsory labor as well as child labor; 85.7% (6)
Freedom of association and collective bargaining; 85.7% (6)"
(RUGGIE, John G. IBLF, BUSINESS FOR SOCIAL RESPONSIBILITY, INTERNATIONAL ORGANIZATION OF EMPLOYERS, INTERNATIONAL CHAMBER OF COMMERCE, FES. *Human Rights Policies and Management Practices of Fortune Global 500 Firms*: the Results of a Survey. Harvard University, John F. Kennedy School of Government, 1º Sept. 2006. Table 3, p. 23).

[247] "6. Please indicate what areas of human rights are included in your company's policies/practices. Select as many as apply.
Non-discrimination; 100% (94)
Workplace health and safety; 95.7% (90)
Freedom of association and collective bargaining;87.2% (82)
Forced, bonded or compulsory labor as well as child labor; 80.9% (76)"
(RUGGIE, John G. IBLF, BUSINESS FOR SOCIAL RESPONSIBILITY, INTERNATIONAL ORGANIZATION OF EMPLOYERS, INTERNATIONAL CHAMBER OF COMMERCE, FES. *Human Rights Policies and Management Practices of Fortune Global 500 Firms*: the Results of a Survey. Harvard University, John F. Kennedy School of Government, 1º Sept. 2006. Table 1, p. 11).

[248] "6. Please indicate what areas of human rights are included in your company's policies/practices. Select as many as apply.
Right to privacy; 71.4% (5)
Right to an adequate standard of living; 71.4% (5)"
(RUGGIE, John G. IBLF, BUSINESS FOR SOCIAL RESPONSIBILITY, INTERNATIONAL ORGANIZATION OF EMPLOYERS, INTERNATIONAL CHAMBER OF COMMERCE, FES. *Human Rights Policies and Management Practices of Fortune Global 500 Firms*: the Results of a Survey. Harvard University, John F. Kennedy School of Government, 1º Sept. 2006. Table 3, p. 23).

[249] "6. Please indicate what areas of human rights are included in your company's policies/practices. Select as many as apply.
Right to life, liberty and security of the person; 42.9% (3)
Right to health; 42.9% (3)
Others(iv) 28.6% (2)
(iv) The top two "other rights" mentioned were "fair/living wage" (12%), and "limits to working hours" (7%)".

estatísticas, em que pese o fato de as empresas farmacêuticas controlarem o acesso a medicamentos e, por extensão, terem impacto direto sobre o direito à saúde das populações. Causa ainda maior perplexidade o fato de a incidência na evocação do direito à saúde, em comparação com o grupo de referência (composto pelas 102 empresas[250] totais), ser superior à proporção de empresas farmacêuticas[251] a relembrarem desse direito humano (54.3% contra 42.9%, conforme se pode visualizar abaixo). Isso demonstra não apenas o desconhecimento das empresas sobre o conceito e o conteúdo do direito à saúde (a serem explorados no Capítulo seguinte), mas também a ignorância das empresas farmacêuticas sobre a função essencial que exercem na promoção desse direito básico.

(RUGGIE, John G. IBLF, BUSINESS FOR SOCIAL RESPONSIBILITY, INTERNATIONAL ORGANIZATION OF EMPLOYERS, INTERNATIONAL CHAMBER OF COMMERCE, FES. *Human Rights Policies and Management Practices of Fortune Global 500 Firms*: the Results of a Survey. Harvard University, John F. Kennedy School of Government, 1º Sept. 2006. Table 3, p. 23).

[250] 6. Please indicate what areas of human rights are included in your company's policies/practices. Select as many as apply.
Right to health; 54.3% (51)
(RUGGIE, John G. IBLF, BUSINESS FOR SOCIAL RESPONSIBILITY, INTERNATIONAL ORGANIZATION OF EMPLOYERS, INTERNATIONAL CHAMBER OF COMMERCE, FES. *Human Rights Policies and Management Practices of Fortune Global 500 Firms*: the Results of a Survey. Harvard University, John F. Kennedy School of Government, 1º Sept. 2006. Table 1, p. 11).

[251] "6. Please indicate what areas of human rights are included in your company's policies/practices. Select as many as apply.
Right to health; 42.9% (3)
(RUGGIE, John G. IBLF, BUSINESS FOR SOCIAL RESPONSIBILITY, INTERNATIONAL ORGANIZATION OF EMPLOYERS, INTERNATIONAL CHAMBER OF COMMERCE, FES. *Human Rights Policies and Management Practices of Fortune Global 500 Firms*: the Results of a Survey. Harvard University, John F. Kennedy School of Government, 1º Sept. 2006. Table 3, p. 23).

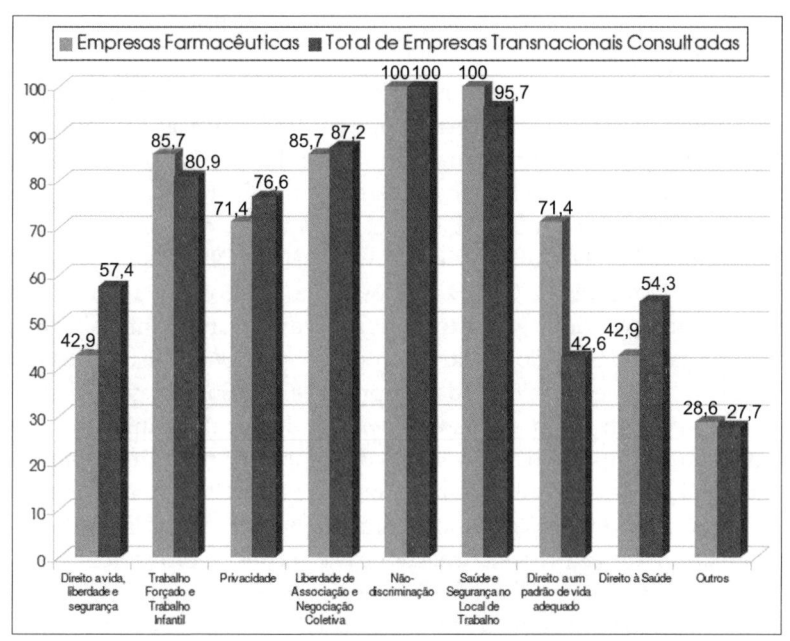

FIGURA 6 – Direitos Humanos citados nas Políticas e Práticas das Empresas Farmacêuticas, em comparação aos Direitos Humanos citados pelas empresas em geral.

Direito	Empresas Farmacêuticas	Total de Empresas Transnacionais Consultadas
Direito a vida, liberdade e segurança	42,9	57,4
Trabalho Forçado e Trabalho Infantil	85,7	80,9
Privacidade	71,4	76,6
Liberdade de Associação e Negociação Coletiva	85,7	87,2
Não-discriminação	100	100
Saúde e Segurança no Local de Trabalho	100	95,7
Direito a um padrão de vida adequado	71,4	42,6
Direito à Saúde	42,9	54,3
Outros	28,6	27,7

Outra questão a ser sublinhada, no tocante ao resultado das respostas coletadas no questionário, refere-se aos instrumentos internacionais de direitos humanos mencionados pelas corporações, em seus princípios e práticas corporativos. As porcentagens do grupo de referência, que é composto pelo total de 102 empresas,[252] confirmam a priorização dos direitos trabalhistas, como indicado acima, uma vez que as Declarações e Convenções da OIT são relembradas por 71.1% das empresas. Em segundo lugar, com 61.8%, as empresas citaram, em seus princípios e práticas, a Declaração Universal dos Direitos Humanos,

---

[252] "5. Do your company's principles/practices reference any particular international human rights instruments? If so which one(s):
ILO Declarations or Conventions; 71.1% (54)
Universal Declaration on Human Rights; 61.8% (47)
Global Compact; 56.6% (43)
OECD Guidelines; 40.8% (31)
Other; 34.2% (26)"
(RUGGIE, John G. IBLF, BUSINESS FOR SOCIAL RESPONSIBILITY, INTERNATIONAL ORGANIZATION OF EMPLOYERS, INTERNATIONAL CHAMBER OF COMMERCE, FES. *Human Rights Policies and Management Practices of Fortune Global 500 Firms*: the Results of a Survey. Harvard University, John F. Kennedy School of Government, 1º Sept. 2006. Table 1, p. 11).

seguida pelo Pacto Global (56.6%) e, por último, os Princípios Diretores da OECD (40.8%).

No que concerne aos números obtidos pelas empresas farmacêuticas,[253] as respostas são bastante contra intuitivas. Das oito empresas farmacêuticas sob análise, cinco relembraram-se da Declaração Universal dos Direitos Humanos, instrumento que reina praticamente absoluto na lista, com 83.3%. Em segundo lugar, com meros 33.3%, encontram-se as Declarações e Convenções da OIT, assim como os Princípios Diretores da OECD, ambos sendo citados por apenas duas das oito farmacêuticas. Nesse tocante, parece relevante a intensificação da divulgação desses dois instrumentos internacionais de direitos humanos perante a comunidade das empresas farmacêuticas, que parecem desconhecer, em sua maioria, a relevância dessas duas iniciativas na regulação do impacto das atividades das empresas nos direitos humanos. Finalmente, com 16.7%, encontra-se o Pacto Global, mencionado por uma única empresa farmacêutica, o que gera certa inquietação, já que das doze empresas farmacêuticas ora consideradas, seis fazem parte do Pacto Global,[254] conforme verificado no Capítulo 1, tendo-se comprometido politicamente com a realização de suas dez metas, ainda que meramente no plano retórico.

---

[253] "5. Do your company's principles/practices reference any particular international human rights instruments? If so which one(s):
Universal Declaration of Human Rights (UDHR) 83.3% (5)
ILO Declarations or conventions 33.3% (2)
OECD Guidelines 33.3 %(2)
Global Compact 16.7% (1)
Other(iii) 16.7 (1)
The top two "other instruments" included in the responses were the Voluntary Principles on Security and Human Rights (10%), and the Extractive Industries Transparency Initiative (4%).
(RUGGIE, John G. IBLF, BUSINESS FOR SOCIAL RESPONSIBILITY, INTERNATIONAL ORGANIZATION OF EMPLOYERS, INTERNATIONAL CHAMBER OF COMMERCE, FES. *Human Rights Policies and Management Practices of Fortune Global 500 Firms*: the Results of a Survey. Harvard University, John F. Kennedy School of Government, 1º Sept. 2006. Table 3, p. 22).

[254] Fazem parte do Pacto Global as seguintes empresas farmacêuticas: Pfizer, GlaxoSmithKline, Novartis, Merck, Sanofi-Aventis e Eli Lilly. Dados obtidos pela consulta ao *website*: <http://www.business-humanrights.org/Categories/Individualcompanies>.

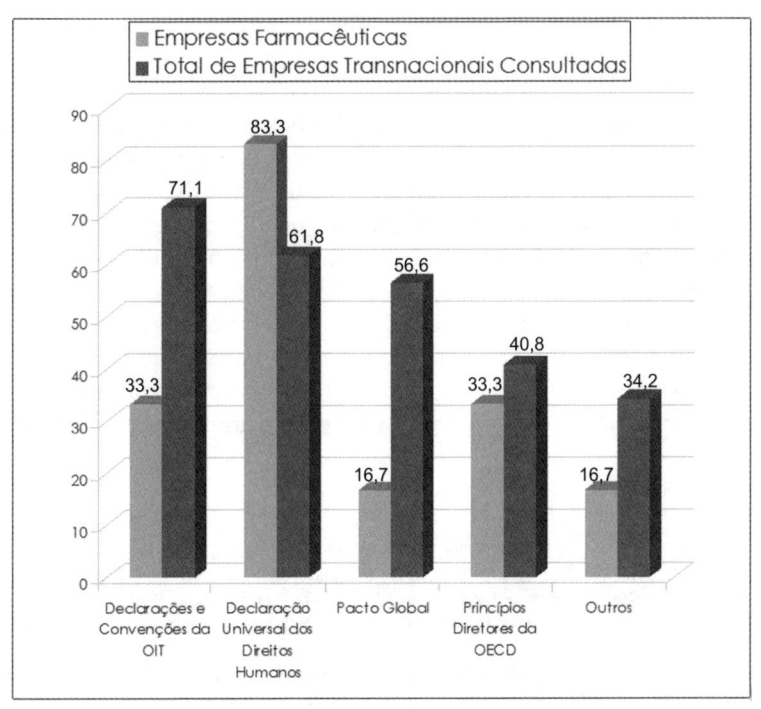

FIGURA 7 – Instrumentos internacionais de direitos humanos mencionados pelas empresas farmacêuticas em seus princípios e práticas corporativos, em comparação às outras empresas.

Por fim, convém ressalvar que, surpreendentemente, apenas uma das oito empresas farmacêuticas confessou nunca ter elaborado uma avaliação do impacto sobre direitos humanos produzida por seus projetos empresariais. Três empresas farmacêuticas responderam elaborá-la ocasionalmente, e outras três atestaram desenvolver os relatórios de impactos rotineiramente (resta saber se, em algum momento das tomadas de decisão, ou em algum momento do processo de implementação dos projetos empresariais, eles são verdadeiramente levados em consideração, de modo a efetivamente obstarem um impacto negativo nos direitos humanos e reverterem uma situação de violação de direitos e abuso de poder).[255]

---

[255] "4. Does your company carry out human rights impact assessments for particular projects?
Never 14.3% (1)
Occasionally 42.9%(3)
Routinely 42.9% (3)"

Os relatórios que avaliam os impactos das atividades empresariais nos direitos humanos são objeto do Relatório nº 4/74, também de 2007, em que Ruggie define os princípios e características desses instrumentos, comparando-os com as avaliações que já são conduzidas na matéria sócio-ambiental.[256] De maneira geral, os relatórios de impacto devem estabelecer os regimentos legais, administrativos e regulatórios envolvidos na implementação do projeto, incluindo as legislações locais e internacionais do Estado-sede da empresa e do Estado-hospedeiro do projeto,[257] sobretudo em matéria de direitos humanos.[258] Devem descrever, ademais, as condições dos direitos humanos nas áreas e comunidades afetadas pelo projeto empresarial, antecipando as possíveis mudanças a serem causadas pela atividade corporativa proposta.[259] Os impactos negativos devem ser previstos e amplamente discutidos

---

(RUGGIE, John G. IBLF, BUSINESS FOR SOCIAL RESPONSIBILITY, INTERNATIONAL ORGANIZATION OF EMPLOYERS, INTERNATIONAL CHAMBER OF COMMERCE, FES. *Human Rights Policies and Management Practices of Fortune Global 500 Firms*: the Results of a Survey. Harvard University, John F. Kennedy School of Government, 1º Sept. 2006. Table 3, p. 22).

[256] "(...) this report describes principles and characteristics of human rights impact assessments for business, including similarities to environmental and social impact assessments, and provides updates on current initiatives" (Human rights impact assessments — resolving key methodological questions — *Report of the Special Representative of the Secretary-General on the issue of human rights and transnational corporations and other business enterprises*, UN Doc. A/HRC/4/74, Summary).

[257] "12. HRIAs should catalogue the legal, regulatory and administrative standards to which the activity is subject. This should include the relevant national and local laws and regulations of the home and host countries; requirements of project financiers; and internal company policies" (Human rights impact assessments — resolving key methodological questions — *Report of the Special Representative of the Secretary-General on the issue of human rights and transnational corporations and other business enterprises*, UN Doc. A/HRC/4/74, para. 12).

[258] "23. In addition to the legal and regulatory requirements described in paragraph 12, HRIAs should catalogue the relevant human rights standards, including those set out in international conventions to which the home and host countries are signatories (perhaps also noting human rights conventions those countries have not ratified), other standards such as indigenous customary laws and traditions (for example, those that govern the distribution and ownership of land), and international humanitarian law, where there might be armed conflict" (Human rights impact assessments – resolving key methodological questions – *Report of the Special Representative of the Secretary-General on the issue of human rights and transnational corporations and other business enterprises*, UN Doc. A/HRC/4/74, para. 23).

[259] "HRIAs should put forth a view of what is likely to change because of the business activity. This is a difficult and subjective exercise; one approach is to construct multiple scenarios, while another might predict outcomes based on varying levels of intervention. An HRIA might also consider community perceptions of what is likely to change" (Human rights impact assessments – resolving key methodological questions – *Report of the Special Representative of the Secretary-General on the issue of human rights and transnational corporations and other business enterprises*, UN Doc. A/HRC/4/74, para. 14).

com a população local, de modo público e transparente.²⁶⁰ Os relatórios devem também incluir recomendações para a minimização dos efeitos adversos gerados pelo projeto, prevendo um mecanismo de monitoramento e revisão periódico, com a participação da comunidade e de peritos técnicos.²⁶¹ Enfatiza-se, portanto, a significativa participação e envolvimento das comunidades afetadas, além de uma ampla consulta à sociedade civil, em um diálogo transparente entre os diferentes atores envolvidos.²⁶²

Por fim, Ruggie realça a importância da utilização de uma perspectiva de direitos humanos na formulação dos relatórios de impactos das atividades empresariais. Essa leitura de direitos humanos enfatiza especialmente dois aspectos centrais: (i) a definição dos detentores de direitos e dos responsáveis pelas obrigações e (ii) o estabelecimento de princípios norteadores dos projetos. Com relação ao primeiro aspecto, é importante a discussão das causas das violações de direitos, além das capacidades não só dos responsáveis (Estado-hospedeiro, Estado--sede e empresa transnacional) de realizar tais direitos, mas também das comunidades afetadas de reclamá-los.²⁶³ No tocante aos princípios

---

²⁶⁰ "15. HRIAs should then prioritize the human rights risks that the proposed business activity presents and make practical recommendations to address those risks. Such recommendations could include actions that can be taken by the company alone, such as modifying project design, but also options for collaboration with Governments, local communities, civil society organizations and other companies in the area" (Human rights impact assessments – resolving key methodological questions – *Report of the Special Representative of the Secretary-General on the issue of human rights and transnational corporations and other business enterprises*, UN Doc. A/HRC/4/74, para. 15).

²⁶¹ "18. HRIAs should involve experts in the industry, local context, and human rights, whether such experts lead the HRIA or are heavily consulted. Both internal and external personnel should be considered: independent third parties may bring external credibility but may not have local or industry knowledge, while internal staff may not be familiar with human rights issues and best practices outside their sector. The credibility of independent assessors has been challenged when the company pays for their work (as it has been for auditors of corporate reports), but in the absence of other neutral sources of funding there is no other option, and the assessment should be judged on its merits (Human rights impact assessments – resolving key methodological questions – *Report of the Special Representative of the Secretary-General on the issue of human rights and transnational corporations and other business enterprises*, UN Doc. A/HRC/4/74, para. 18).

²⁶² "20. The process of carrying out an HRIA can be as or even more important than a final report. An impact assessment can serve as a convening mechanism to bring representatives of the company, community, and government together in dialogue. It is critical that HRIAs are based on consultation carried out in a manner that promotes genuine dialogue and relationship-building" (Human rights impact assessments – resolving key methodological questions – *Report of the Special Representative of the Secretary-General on the issue of human rights and transnational corporations and other business enterprises*, UN Doc. A/HRC/4/74, para. 20).

²⁶³ "29. The HRBA requires an analysis of the rights-holders and their needs and entitlements and the corresponding duty-bearers and their obligations. This analysis is meant to include

a informarem as avaliações de impacto dos projetos empresariais, Ruggie lembra que não existe um conjunto definido de princípios a serem evocados, embora uma leitura de direitos humanos, em geral, reitere o *empowerment*, a participação, a não discriminação, a priorização de grupos marginalizados, a responsabilidade e *accountability*.[264]

Paul Hunt, quando Relator Especial da ONU sobre direito à saúde, por exemplo, definiu sete princípios para os Estados, na elaboração de seus relatórios de impacto sobre o direito à saúde: (i) uso de uma clara e explícita moldura de direitos humanos; (ii) objetivo de realização progressiva dos direitos humanos; (iii) promoção da igualdade e não discriminação nos processos e políticas empresariais; (iv) participação de todos os *stakeholders*, (v) divulgação transparente de informações e proteção do direito à liberdade de expressão; (vi) estabelecimento de mecanismos de responsabilização dos Estados; e (vii) reconhecimento da interdependência de todos os direitos humanos.[265] Lidos em conjunto com os princípios basilares de direitos humanos evocados por Ruggie (*empowerment*, participação, não discriminação, priorização de grupos marginalizados, responsabilidade e *accountability*[266]), os sete princípios

---

an assessment of the causes of the non-realization of rights, and of the capacity of the rights-holders to claim their rights and the duty-bearers to fulfill their obligations. Such an analysis could be extremely helpful to private sector investment. While it may seem obvious that the rights-holders are local residents and the duty-bearer is the State, a company could find itself assuming the role of duty-bearer in areas of weak governance — and indeed, communities must also respect the rights of company employees. Adopting the HRBA could prove helpful for gaining clarity and agreement on respective roles and responsibilities" (Human rights impact assessments – resolving key methodological questions – *Report of the Special Representative of the Secretary-General on the issue of human rights and transnational corporations and other business enterprises*, UN Doc. A/HRC/4/74, para. 29).

[264] "28. There does not appear to be a single set of guiding principles for the HRBA, but sources generally refer to principles such as empowerment, participation, non-discrimination, prioritization of vulnerable groups, and *Accountability*. It could be suggested that any impact assessment could be considered an HRIA if it demonstrates HRBA principles, regardless of its label. But again, experimentation is needed to know whether this is reasonable" (Human rights impact assessments – resolving key methodological questions – *Report of the Special Representative of the Secretary-General on the issue of human rights and transnational corporations and other business enterprises*, UN Doc. A/HRC/4/74, para. 28).

[265] HUNT, Paul; MAcNAUGHTON, G. *Impact Assessment, Poverty and Human Rights*: a Case Study Using the Right to the Highest Attainable Standard of Health, UNESCO, 31 May 2006.

[266] "28. There does not appear to be a single set of guiding principles for the HRBA, but sources generally refer to principles such as empowerment, participation, non-discrimination, prioritization of vulnerable groups, and *Accountability*. It could be suggested that any impact assessment could be considered an HRIA if it demonstrates HRBA principles, regardless of its label. But again, experimentation is needed to know whether this is reasonable" (Human rights impact assessments – resolving key methodological questions – *Report of the Special Representative of the Secretary-General on the issue of human rights and transnational corporations and other business enterprises*, UN Doc. A/HRC/4/74, para. 28).

listados por Hunt com relação ao direito à saúde poderiam servir de orientação às empresas farmacêuticas na condução de seus relatórios e avaliações de impactos.

2.5 Relatório de 2008

Em seu relatório de 2008, Ruggie finalmente expõe seu entendimento acerca da responsabilidade das empresas em relação aos direitos humanos, na interface com as responsabilidades dos Estados. Para tanto, anuncia a matriz "Proteger, Respeitar, Remediar". A relação entre os direitos humanos e as empresas transnacionais é estabelecida sobre três pilares essenciais, a saber, (i) o dever do Estado de proteger os indivíduos contra abusos de direitos humanos cometidos por terceiros, incluindo empresas; (ii) a responsabilidade das empresas de respeitar direitos humanos; e (iii) o amplo acesso das vítimas de violação de direitos humanos por empresas a efetivas instituições reparadoras.[267]

Ruggie reafirma a necessidade de se diferenciar as responsabilidades dos Estados e as responsabilidades específicas das empresas, não apenas com relação a determinados direitos humanos, mas com relação a todos os direitos humanos, que podem sofrer um impacto negativo das atividades empresariais.[268] Trata-se, portanto, de responsabilidades distintas, embora complementares.[269] O tripé "Proteger, Respeitar

---

[267] "(...) this report presents a conceptual and policy framework to anchor the business and human rights debate, and to help guide all relevant actors. The framework comprises three core principles: the State duty to protect against human rights abuses by third parties, including business; the corporate responsibility to respect human rights; and the need for more effective access to remedies. The three principles form a complementary whole in that each supports the others in achieving sustainable progress" (Doc UN: A/HRC/8/5, John Ruggie, *Protect, respect, and remedy: a framework for business and human rights*, 2008, Summary).

[268] "6. Some stakeholders believe that the solution lies in a limited list of human rights for which companies would have responsibility, while extending to companies, where they have influence, essentially the same range of responsibilities as States. For reasons this report spells out, the Special Representative has not adopted this formula. Briefly, business can affect virtually all internationally recognized rights. Therefore, any limited list will almost certainly miss one or more rights that may turn out to be significant in a particular instance, thereby providing misleading guidance. At the same time, as economic actors, companies have unique responsibilities. If those responsibilities are entangled with State obligations, it makes it difficult if not impossible to tell who is responsible for what in practice. Hence, this report pursues the more promising path of addressing the specific responsibilities of companies in relation to all rights they may impact" (Doc UN: A/HRC/8/5, John Ruggie, *Protect, respect, and remedy: a framework for business and human rights*, 2008, para. 6).

[269] "9. The framework rests on differentiated but complementary responsibilities. It comprises three core principles: the State duty to protect against human rights abuses by third parties, including business; the corporate responsibility to respect human rights; and the need for more effective access to remedies. Each principle is an essential component of the

e Remediar" ora proposto por Ruggie visa essencialmente a reduzir ou compensar a lacuna e as ausências governamentais, que criam um ambiente propício à ocorrência e perpetuação de violações de direitos humanos por empresas. A seguir, portanto, analisar-se-á cada um dos três elementos que compõem a teoria sugerida.

2.5.1 A Responsabilidade do Estado de proteger os Direitos Humanos contra abusos cometidos por empresas

No relatório de 2008, Ruggie reafirma a postura adotada em seus relatórios anteriores,[270] no sentido de que os instrumentos internacionais impõem aos Estados que eles protejam os direitos humanos contra ameaças de atores não estatais, dentre os quais se incluem as empresas. Esses instrumentos internacionais de direitos humanos, conforme visto anteriormente, não impõem aos Estados que restrinjam sua proteção a seus limites territoriais, embora não os obriguem a exercer esse dever extraterritorialmente.[271] De toda forma, o dever de proteger os direitos humanos inclui a regulação das atividades empresariais, bem como a prevenção, a investigação e a punição das violações de direitos humanos perpetradas pelas empresas.[272]

---

framework: the State duty to protect because it lies at the very core of the international human rights regime; the corporate responsibility to respect because it is the basic expectation society has of business; and access to remedy, because even the most concerted efforts cannot prevent all abuse, while access to judicial redress is often problematic, and non-judicial means are limited in number, scope and effectiveness. The three principles form a complementary whole in that each supports the others in achieving sustainable progress (Doc UN: A/HRC/8/5, John Ruggie, *Protect, respect, and remedy: a framework for business and human rights*, 2008, para. 9).

[270] *Business and Human Rights: mapping international standards of responsibility and Accountability for corporate acts – Report of the Special Representative of the Secretary-General on the issue of human rights and transnational corporations and other business enterprises*, John Ruggie, UN Doc. A/HRC/4/35.

[271] Conforme analisado, a responsabilidade extraterritorial do Estado com relação aos direitos humanos justifica-se desde que o autor ou a vítima da violação sejam nacionais; a violação prejudique o Estado; ou crimes internacionais tenham sido praticados (*Corporate Responsibility under international law and issues in extraterritorial regulation: summary off legal workshops – Report of the Special Representative of the Secretary-General on the issue of human rights and transnational corporations and other business enterprises*, UN Doc. A/HRC/4/35/Add.2).

[272] *State responsibilities to regulate and adjudicate corporate activities under the United Nations core human rights treaties: an overview of treaty body commentaries – Report of the Special Representative of the Secretary-General on the issue of human rights and transnational corporations and other business enterprises*, UN Doc. A/HRC/4/35/Add.1.

Ainda no tocante ao dever de proteção, Ruggie introduz quatro novas questões, de maneira a reforçar o papel central dos Estados na proteção dos direitos humanos, negativamente impactados pelas ações empresariais.

Primeiramente, enfatiza a posição estratégica dos governos em incentivar e pressionar as empresas a adotarem condutas e políticas de respeito aos direitos humanos.[273] Na sequência, Ruggie sublinha a relevância das políticas públicas, seja dos Estados-hospedeiros das empresas transnacionais, seja dos seus Estados-sede, na harmonização das tensões das atividades empresariais e na implementação dos direitos humanos. No caso dos Estados-hospedeiros, os tratados bilaterais de investimentos, celebrados com as empresas, têm o intuito de oferecer-lhes maior segurança e, por consequência, atrair mais investimentos estrangeiros. Assim, não raro as empresas impõem que o cenário regulatório do Estado-hospedeiro permaneça inalterado até o término do projeto acordado. Isso dificulta a realização de adequações regulatórias na matéria sócio-ambiental, ou de direitos humanos, por exemplo, durante todo o período de vigência do investimento. Com isso se impede, em certa medida, que o Estado-hospedeiro cumpra com seus deveres de proteção dos direitos humanos,[274] situação que se torna ainda mais aguda nos países em desenvolvimento,[275] que precisam

---

[273] "29. Governments are uniquely placed to foster corporate cultures in which respecting rights is an integral part of doing business. This would reinforce steps companies themselves are asked to take to demonstrate their respect for rights" (Doc UN: A/HRC/8/5, John Ruggie, *Protect, respect, and remedy: a framework for business and human rights*, 2008, para. 29).

[274] "34. To attract foreign investment, host States offer protection through bilateral investment treaties and host government agreements. They promise to treat investors fairly, equitably, and without discrimination, and to make no unilateral changes to investment conditions. But investor protections have expanded with little regard to States' duties to protect, skewing the balance between the two. Consequently, host States can find it difficult to strengthen domestic social and environmental standards, including those related to human rights, without fear of foreign investor challenge, which can take place under binding international arbitration.
35. This imbalance creates potential difficulties for all types of countries. Agreements between host governments and companies sometimes include promises to "freeze" the existing regulatory regime for the project's duration, which can be a half-century for major infrastructure and extractive industries projects. During the investment's lifetime, even social and environmental regulatory changes that are applied equally to domestic companies can be challenged by foreign investors claiming exemption or compensation" (Doc UN: A/HRC/8/5, John Ruggie, *Protect, respect, and remedy: a framework for business and human rights*, 2008, para. 34, 35).

[275] "36. The imbalance is particularly problematic for developing countries" (Doc UN: A/HRC/8/5, John Ruggie, *Protect, respect, and remedy: a framework for business and human rights*, 2008, para. 36).

consolidar um marco regulatório adequado. Da parte dos Estados-sede, por sua vez, coloca-se a questão das Agências Exportadoras de Crédito, recomendando-se que elas imponham a seus clientes um processo de *due diligence* com relação aos potenciais impactos que suas atividades possam oferecer aos direitos humanos.[276]

A terceira questão levantada por Ruggie refere-se ao papel essencial exercido pela comunidade internacional, nos deveres dos Estados para a cooperação e proteção internacional dos direitos humanos. Ruggie ressalta, nesse tocante, os mecanismos de monitoramento oferecidos por diversos instrumentos internacionais. Esses mecanismos evidenciam quais questões merecem especial atenção e resposta por parte dos Estados, no cumprimento de seu dever de proteção dos direitos humanos. Nesse sentido, cita os *treaty bodies* de direitos humanos, bem como o *Universal Periodic Review*,[277] aliado aos trabalhos de denúncia e

---

Observe-se que a situação dos países em desenvolvimento torna-se ainda mais crítica ao se considerar que esses tratados bilaterais de investimento estão atrelados à arbitragem internacional para a solução de eventuais controvérsias. Em sendo estritamente confidencial, o processo arbitral pode ensejar questionamentos quanto à transparência e publicidade, aspectos tão caros aos direitos humanos.
"37. When investment cases go to international arbitration they are generally treated as commercial disputes in which public interest considerations, including human rights, play little if any role. Additionally, arbitration processes are often conducted in strict confidentiality so that the public in the country facing a claim may not even know of its existence. Where human rights and other public interests are concerned, transparency should be a governing principle, without prejudice to legitimate commercial confidentiality" (Doc. UN: A/HRC/8/5, John Ruggie, *Protect, respect, and remedy: a framework for business and human rights*, 2008, para. 37).

[276] "40. On policy grounds alone, a strong case can be made that ECAs, representing not only commercial interests but also the broader public interest, should require clients to perform adequate due diligence on their potential human rights impacts. This would enable ECAs to flag up where serious human rights concerns would require greater oversight – and possibly indicate where State support should not proceed or continue" (Doc. UN: A/HRC/8/5, John Ruggie, *Protect, respect, and remedy: a framework for business and human rights*, 2008, para. 40).

[277] "The Universal Periodic Review (UPR) is a unique process which involves a review of the human rights records of all 192 UN Member States once every four years. The UPR is a State-driven process, under the auspices of the Human Rights Council, which provides the opportunity for each State to declare what actions they have taken to improve the human rights situations in their countries and to fulfill their human rights obligations. As one of the main features of the Council, the UPR is designed to ensure equal treatment for every country when their human rights situations are assessed. The UPR was created through the UN General Assembly on 15 March 2006 by resolution 60/251, which established the Human Rights Council itself. It is a cooperative process which, by 2011, will have reviewed the human rights records of every country. Currently, no other universal mechanism of this kind exists. The UPR is one of the key elements of the new Council which reminds States of their responsibility to fully respect and implement all human rights and fundamental freedoms. The ultimate aim of this new mechanism is to improve the human rights situation in all countries and address human rights violations wherever they occur" (Disponível em: <http://www.ohchr.org/EN/HRBODIES/UPR/Pages/UPRMain.aspx>).

análise desenvolvidos pelos mandatários de procedimentos especiais da ONU, combinado ao apoio oferecido pelas pesquisas conduzidas pelo Alto Comissariado para os Direitos Humanos.[278] Não obstante, Ruggie assevera o princípio da cooperação internacional, ao lembrar as parcerias entre Estados-hospedeiros e Estados-sede, sobretudo, em se tratando de assistência para a regulação e o monitoramento das empresas pelos Estados, quando estes não possuírem os recursos técnicos e financeiros necessários.[279]

Por fim, a quarta questão para a qual Ruggie chama a atenção, no tema da responsabilidade dos Estados pela proteção dos direitos humanos contra abusos cometidos por empresas, refere-se à situação peculiar das zonas de conflitos, mais suscetíveis à violação de direitos humanos. Ruggie sublinha a necessidade de regulamentação da questão, em razão da facilidade com que as empresas transnacionais instaladas em locais de conflitos poderiam contribuir para perpetrar mais violações.[280]

---

[278] "43. Effective guidance and support at the international level would help States achieve greater policy coherence. The human rights treaty bodies can play an important role in making recommendations to States on implementing their obligations to protect rights vis-à-vis corporate activities.32 Special procedures mandate holders can also highlight relevant issues. OHCHR can contribute to capacity-building in States that may lack the necessary tools by providing technical advice.
44. States are encouraged to share information about challenges and best practices, thus promoting more consistent approaches and perhaps increasing their expectations of each other for protecting rights against corporate abuse. Peer learning would be facilitated by States including information about business in their reports for the universal periodic review" (Doc UN: A/HRC/8/5, John Ruggie, *Protect, respect, and remedy: a framework for business and human rights*, 2008, para. 43, 44).

[279] "45. Where States lack the technical or financial resources to effectively regulate companies and monitor their compliance, assistance from other States with the relevant knowledge and experience offers an important means to strengthen the enforcement of human rights standards. Such partnerships could be particularly fruitful between States that have extensive trade and investment links, and between the home and host States of the same transnational's (Doc UN: A/HRC/8/5, John Ruggie, *Protect, respect, and remedy: a framework for business and human rights*, 2008, para. 45).

[280] "47. It is well established that some of the most egregious human rights abuses, including those related to corporations, occur in conflict zones. The human rights regime cannot function as intended in the unique circumstances of sporadic or sustained violence, governance breakdown, and absence of the rule of law. Specific policy innovations are required to prevent corporate abuse, yet it seems that many States lag behind international institutions and responsible businesses in grappling with these difficult issues" (Doc UN: A/HRC/8/5, John Ruggie, *Protect, respect, and remedy: a framework for business and human rights*, 2008, para. 47).

2.5.2 A responsabilidade das empresas transnacionais de respeitar os Direitos Humanos

Conforme relatado no Capítulo 1, desde a década de 1970, o impacto negativo das atividades empresariais nos direitos humanos tem sido objeto de discussões na seara internacional. Instrumentos de *Soft Law* surgiram e evoluíram paulatinamente para regular a questão e assegurar uma proteção mais adequada dos direitos humanos. Verificamos que as *Normas* representam a consolidação dessa evolução, ao afirmarem as responsabilidades das empresas de respeitar, proteger e promover os direitos humanos, rumo a uma ampla garantia da dignidade humana.

Ruggie, desde seu primeiro relatório,[281] vem criticando as *Normas* no que se refere à definição de três categorias de responsabilidades para empresas (respeitar, proteger e promover os direitos humanos) como reflexo das três espécies de responsabilidade estatal pelos direitos humanos. Para Ruggie, essa concepção dilatada da responsabilidade das corporações seria excessivamente "imprecisa e expansiva",[282] sendo imprescindível uma definição exata das responsabilidades específicas das empresas com relação aos direitos humanos. Afinal, para ele, seria essencial uma diferenciação clara entre as responsabilidades do Estado pelos direitos humanos e o limite da responsabilidade das empresas.

Para Ruggie, as empresas, diferentemente dos Estados, possuem uma responsabilidade limitada ao *respeitar* os direitos humanos, devendo a responsabilidade das empresas ser independente em relação às responsabilidades dos Estados.[283] *Respeitar*, nesse sentido, equivale a

---

[281] "59. (...) the Norms exercise became engulfed by its own doctrinal excesses. Even leaving aside the highly contentious though largely symbolic proposal to monitor firms and provide for reparation payments to victims, its exaggerated legal claims and conceptual ambiguities created confusion and doubt even among many mainstream international lawyers and other impartial observers. Two aspects are particularly problematic in the context of this mandate. One concerns the legal authority advanced for the Norms and the other the principle by which they propose to allocate human rights responsibilities between States and firms" (*Promotion and Protection of Human Rights – Interim report of the Special Representative of the Secretary-General on the issue of human rights and transnational corporations and other business enterprises*, UN Doc. E/CN.4/2006/97, para. 59).

[282] "(...) the norms would have extended to companies essentially the entire range of duties that States have, separated only by the undefined concepts of "primary" versus "secondary" obligations and "corporate sphere of influence". This formula emphasizes precisely the wrong side of the equation: defining a limited list of rights linked to imprecise and expansive responsibilities, rather than defining the specific responsibilities of companies with regard to all rights" (Doc UN: A/HRC/8/5, John Ruggie, *Protect, respect, and remedy: a framework for business and human rights*, 2008, para. 51).

[283] "55. The corporate responsibility to respect exists independently of States' duties. Therefore, there is no need for the slippery distinction between "primary" State and "secondary"

não violar ou *não prejudicar* os direitos de outras pessoas.[284] A obrigação de respeitar os direitos humanos é considerada o dever minimamente esperado de *todas* as empresas, com relação a *todos* os direitos humanos, embora Ruggie admita casos de responsabilidades adicionais, quando a empresa voluntariamente se compromete a cumprir determinados deveres, ou quando a empresa exerce determinadas funções públicas.[285] Mas o que Ruggie definiria como função pública? Seria o controle das condições de acesso à saúde da população, por meio do controle do acesso a medicamentos, uma função pública exercida pelas empresas farmacêuticas?

Respeitar os direitos humanos implica também observar os *standards* e as legislações nacionais dos países em que as empresas transnacionais realizam seus projetos. Na hipótese de inobservância dessas normativas internas, as empresas podem ser levadas a julgamento pela opinião pública, ou pelas cortes locais, a depender da definição que o país adota para a responsabilidade das empresas de respeitar os direitos humanos.[286]

À guisa de aprofundamento da responsabilidade das empresas de respeitar os direitos humanos, Ruggie realça três conceitos centrais e correlacionados: *due diligence*, esferas de influência, e cumplicidade,

---

corporate obligations – which in any event would invite endless strategic gaming on the ground about who is responsible for what (Doc UN: A/HRC/8/5, John Ruggie, *Protect, respect, and remedy: a framework for business and human rights*, 2008, para. 55).

[284] Respeitar os direitos humanos significa abster-se de violá-los. No entanto, não necessariamente se resume a deveres negativos ou passivos, podendo ensejar, igualmente, ações positivas.
"Doing no harm" is not merely a passive responsibility for firms but may entail positive steps" (Doc UN: A/HRC/8/5, John Ruggie, *Protect, respect, and remedy: a framework for business and human rights*, 2008, para. 55).

[285] "24. To respect rights essentially means not to infringe on the rights of others – put simply, to do no harm. Because companies can affect virtually all internationally recognized rights, they should consider the responsibility to respect in relation to all such rights, although some may require greater attention in particular contexts. There are situations in which companies may have additional responsibilities – for example, where they perform certain public functions, or because they have undertaken additional commitments voluntarily. But the responsibility to respect is the baseline expectation for all companies in all situations (Doc UN: A/HRC/8/5, John Ruggie, *Protect, respect, and remedy: a framework for business and human rights*, 2008, para. 24).

[286] "54. In addition to compliance with national laws, the baseline responsibility of companies is to respect human rights. Failure to meet this responsibility can subject companies to the courts of public opinion — comprising employees, communities, consumers, civil society, as well as investors — and occasionally to charges in actual courts. Whereas governments define the scope of legal compliance, the broader scope of the responsibility to respect is defined by social expectations — as part of what is sometimes called a company's social license to operate (Doc UN: A/HRC/8/5, John Ruggie, *Protect, respect, and remedy: a framework for business and human rights*, 2008, para. 54).

sendo que as noções de esferas de influência e cumplicidade são relevantes para a consecução do objeto do processo de *due diligence*.[287]

2.5.2.1 *Due diligence*

Não há como falar de responsabilidade de respeitar os direitos humanos sem se falar em *due diligence*. Trata-se de ações a serem adotadas pelas empresas com o fito de tomarem consciência dos impactos negativos que suas atividades podem produzir sobre os direitos humanos, prevenindo e compensando seus efeitos adversos.[288] É, portanto, o processo mediante o qual as empresas não apenas garantem a observância das legislações dos locais onde atuam, mas também contornam e previnem,[289] inclusive por meio de mecanismos de monitoramento, os riscos que suas atividades possam representar aos direitos humanos.[290] Em resumo, os procedimentos de *due diligence* existem para responder a todos os impactos (potenciais ou em curso) sobre os direitos humanos causados pelas atividades e relações empresariais estabelecidas.[291]

---

[287] "4. The concepts of sphere of influence and complicity have potential implications for the scope of due diligence — the range of factors and actors a company needs to consider as it exercises its due diligence (Doc UN: A/HRC/8/16, John Ruggie, *Clarifying the Concepts of "Sphere of Influence" and "Complicity"*, 2008, para. 4).

[288] "56. To discharge the responsibility to respect requires due diligence. This concept describes the steps a company must take to become aware of, prevent and address adverse human rights impacts" (Doc UN: A/HRC/8/5, John Ruggie, *Protect, respect, and remedy: a framework for business and human rights*, 2008, para. 56).

[289] No que concerne à prevenção de riscos, relembre-se um dos princípios basilares do direito ambiental, a saber, o princípio da precaução. Ao lado do princípio da responsabilização (ou princípio do poluidor-pagador) e do princípio da cooperação (ou princípio da participação), o princípio da precaução norteia as políticas ambientais em nível global. Ele busca essencialmente evitar os riscos e a ocorrência dos danos ambientais.
Analogamente, portanto, poder-se-ia traçar aqui um paralelo entre o conceito de *due diligence* e o princípio da precaução, do direito ambiental.

[290] "What is required is due diligence — a process whereby companies not only ensure compliance with national laws but also manage the risk of human rights harm with a view to avoiding it. The scope of human rights-related due diligence is determined by the context in which a company is operating, its activities, and the relationships associated with those activities" (Doc UN: A/HRC/8/5, John Ruggie, *Protect, respect, and remedy: a framework for business and human rights*, 2008, para. 25).

[291] "25. In sum, the scope of due diligence to meet the corporate responsibility to respect human rights is not a fixed sphere, nor is it based on influence. Rather, it depends on the potential and actual human rights impacts resulting from a company's business activities and the relationships connected to those activities" (Doc UN: A/HRC/8/16, John Ruggie, *Clarifying the Concepts of "Sphere of Influence" and "Complicity"*, 2008, para. 25).

As ações que compõem um processo de *due diligence* devem atentar à analise de três aspectos centrais:[292] (i) as especificidades, os desafios e a situação geral de direitos humanos no Estado-hospedeiro;[293] (ii) os potenciais impactos que as ações empresariais virão a causar sobre os direitos humanos locais;[294] e (iii) a contribuição da empresa a abusos de direitos humanos, engendrados pela parceria entre a empresa e o Estado-hospedeiro.[295]

Além disso, são quatro os elementos do processo de *due diligence* definidos por Ruggie: (i) política de direitos humanos, a informar o processo de *due diligence*;[296] (ii) avaliações de impacto, a anteciparem

---

[292] "57. If companies are to carry out due diligence, what is its scope? The process inevitably will be inductive and fact-based, but the principles guiding it can be stated succinctly. Companies should consider three sets of factors. The first is the country contexts in which their business activities take place, to highlight any specific human rights challenges they may pose. The second is what human rights impacts their own activities may have within that context — for example, in their capacity as producers, service providers, employers, and neighbors. The third is whether they might contribute to abuse through the relationships connected to their activities, such as with business partners, suppliers, State agencies, and other non-State actors. How far or how deep this process must go will depend on circumstances" (Doc UN: A/HRC/8/5, John Ruggie, *Protect, respect, and remedy: a framework for business and human rights*, 2008, para. 57).

[293] "20. A company should be aware of the human rights issues in the places in which it does business to assess what particular challenges that context may pose for them. Such information is readily available from reports by workers, NGOs, Governments and international agencies.10 The analysis should include the country's national laws and international obligations as they relate to human rights, and potential gaps between international standards and national law and practice" (Doc UN: A/HRC/8/16, John Ruggie, *Clarifying the Concepts of "Sphere of Influence" and "Complicity"*, 2008, para. 20).

[294] "21. A company should analyze potential and actual impacts arising from its own activities on groups such as employees, communities, and consumers. It should determine which policies and practices may harm human rights and adjust those actions to prevent harm from occurring. An illustrative list of activities with direct impact might include the production process itself; the products or services the company provides; its labour and employment practices; the provision of security for personnel and assets; and the company's lobbying or other political activities" (Doc UN: A/HRC/8/16, John Ruggie, *Clarifying the Concepts of "Sphere of Influence" and "Complicity"*, 2008, para. 21).

[295] "22. A company should ensure that it is not implicated in third party harm to rights through its relationships with such parties. This possibility can arise from a company's business activities, including the provision or contracting of goods, services, and even non-business activities, such as lending equipment or vehicles. Therefore, a company needs to understand the track records of those entities with which it deals in order to assess whether it might contribute to or be associated with harm caused by entities with which it conducts, or is considering conducting business or other activities. This analysis of relationships will include looking at instances where the company might be seen as complicit in abuse caused by others" (Doc UN: A/HRC/8/16, John Ruggie, *Clarifying the Concepts of "Sphere of Influence" and "Complicity"*, 2008, para. 22).

[296] As empresas devem adotar uma política de direitos humanos.
"60. Companies need to adopt a human rights policy. Broad aspirational language may be used to describe respect for human rights, but more detailed guidance in specific

as consequências do projeto, com a prevenção de violações de direitos humanos;[297] (iii) integração da política de direitos humanos a todas as etapas do processo de produção e consumo;[298] e (iv) acompanhamento de resultados, mediante procedimentos de monitoramento e auditorias periódicos.[299]

2.5.2.2 Esferas de influência

O termo "esferas de influência" foi introduzido pelo Pacto Global, estudado anteriormente. É representado por uma sequência de ciclos concêntricos: a empresa e suas atividades operacionais são representadas pelo núcleo, seguidas, no círculo seguinte, pelos distribuidores e demais participantes da cadeia de produção, avançando para os consumidores, para as comunidades afetadas e assim por diante. Objetiva-se ilustrar, assim, os graus decrescentes de responsabilidade das empresas: ao se avançar de um círculo a outro, a influência da empresa se

---

functional areas is necessary to give those commitments meaning (Doc. UN: A/HRC/8/5, John Ruggie, *Protect, respect, and remedy: a framework for business and human rights*, 2008, para. 60).

[297] É importante que as empresas antecipem os potenciais impactos de seus projetos antes de iniciá-los, de modo a prevenir a ocorrência de violações de direitos humanos. A avaliação dos riscos que determinado projeto envolve já são desenvolvidos em matéria sócio-ambiental. Deveria, portanto, ser também estendida a todo o espectro dos direitos humanos tutelados nos tratados da ONU.
"61. Many corporate human rights issues arise because companies fail to consider the potential implications of their activities before they begin. Companies must take proactive steps to understand how existing and proposed activities may affect human rights" (Doc UN: A/HRC/8/5, John Ruggie, *Protect, respect, and remedy: a framework for business and human rights*, 2008, para. 61).

[298] Os direitos humanos devem ser uma preocupação de todos os segmentos e setores empresariais. Ou seja, os eles devem estar integrados a todas as etapas do processo produtivo e de consumo.
"62. The integration of human rights policies throughout a company may be the biggest challenge in fulfilling the corporate responsibility to respect. As is true for States, human rights considerations are often isolated within a company. That can lead to inconsistent or contradictory actions: product developers may not consider human rights implications; sales or procurement teams may not know the risks of entering into relationships with certain parties; and company lobbying may contradict commitments to human rights (Doc UN: A/HRC/8/5, John Ruggie, *Protect, respect, and remedy: a framework for business and human rights*, 2008, para. 62).

[299] Processos de auditoria e monitoramento permitem que as empresas acompanhem os impactos das atividades empresariais nos direitos humanos dos locais em que se realiza o projeto.
"63. Monitoring and auditing processes permit a company to track ongoing developments. The procedures may vary across sectors and even among company departments, but regular updates of human rights impact and performance are crucial" (Doc UN: A/HRC/8/5, John Ruggie, *Protect, respect, and remedy: a framework for business and human rights*, 2008, para. 63).

tornaria cada vez mais tênue, e, portanto, suas responsabilidades em matéria de direitos humanos supostamente seriam, do mesmo modo, cada vez menores.[300]

Em 2003, as *Normas* retomam esse raciocínio para fundamentar a atribuição de obrigações legais às empresas, usando as "esferas de influência" como uma analogia à jurisdição dos Estados.[301] Visando a esclarecer a comparação estabelecida pelas *Normas*, Ruggie trabalha tais conceitos não apenas no relatório 8/5, de 2008, mas sobretudo no Relatório nº 8/16, do mesmo ano, abordando com maior precisão o conceito de esferas de influência.[302]

---

[300] "8. The Global Compact developed a model to visualize the sphere of influence, which a number of companies then adopted. It consists of a set of concentric circles, mapping stakeholders in a company's value chain: with employees in the innermost circle, then moving outward to suppliers, the marketplace, the community, and governments. The model made the implicit assumption that the "influence", and thus presumably the responsibility, of a company declines as one moves outward from the centre".

(Doc UN: A/HRC/8/16, John Ruggie, Clarifying the Concepts of "Sphere of Influence" and "Complicity", 2008, para. 4).

[301] "66. Sphere of influence was introduced into corporate social responsibility discourse by the Global Compact. It was intended as a spatial metaphor: the "sphere" was expressed in concentric circles with company operations at the core, moving outward to suppliers, the community, and beyond, with the assumption that the "influence" – and thus presumably the responsibility – of the company declines from one circle to the next. The draft norms later proposed the concept as a basis for attributing legal obligations to companies, using it as though it were analogous to the jurisdiction of State (Doc UN: A/HRC/8/5, John Ruggie, *Protect, respect, and remedy: a framework for business and human rights*, 2008, para. 66).

[302] "10. As companies sought to determine more precisely what actions their social responsibilities may require, and to whom they owe specific responsibilities, imprecision and ambiguity in the sphere of influence concept became increasingly apparent. Moreover, the need for heightened clarity escalated several fold when the United Nations draft norms on the responsibilities of transnational corporations and other business enterprises sought to employ the concept of sphere of influence to demarcate legal obligations of companies, using the concept as though it were a functional equivalent to a State's jurisdiction" (Doc UN: A/HRC/8/16, John Ruggie, *Clarifying the Concepts of "Sphere of Influence" and "Complicity"*, 2008, para. 10).

Nos Relatório nº 8/5 e 8/16, ambos de 2008, Ruggie ressalva que o termo "influência" pode ter dois significados: (i) impacto nos locais e nas comunidades em que as atividades empresariais causam danos aos direitos humanos e (ii) poder sobre outros agentes que determinam diretamente a violação de direitos humanos.[303] A noção de impacto estabelece uma clara diretriz, que informa o dever das empresas de respeitar os direitos humanos. A ideia do poder que a empresa exerce sobre outros atores violadores de direitos, a seu turno, é mais complexa[304] e demanda um esclarecimento quanto ao liame entre o dano e a influência ou cumplicidade empresarial nas causas da violação. Afinal, as empresas não poderiam ser responsabilizadas por qualquer impacto produzido por todas as entidades sobre as quais detenham certa influência, abarcando inclusive os casos em que as empresas não causaram o dano ou não contribuíram para a violação.[305]

Ruggie sublinha também que o conceito de "esferas de influência" tem sido operacionalizado a partir do entendimento do termo "proximidade", seja proximidade contratual, política, econômica ou geográfica. Todavia, todas essas noções permanecem obscuras. O que seria precisamente a proximidade política ou econômica? A questão da proximidade geográfica entre as atividades empresariais e o dano pode ser mais facilmente identificada. No entanto, Ruggie enfatiza que esse não pode ser o fator determinante do impacto e, por extensão, da responsabilidade da empresa de respeitar os direitos humanos. Afinal, as atividades empresariais podem afetar diretamente ademais os direitos de comunidades locais.[306] No caso das doenças negligenciadas, por

---

[303] "68. To begin with, sphere of influence conflates two very different meanings of influence: one is impact, where the company's activities or relationships are causing human rights harm; the other is whatever leverage a company may have over actors that are causing harm. The first falls squarely within the responsibility to respect; the second may only do so in particular circumstances" (Doc UN: A/HRC/8/5, John Ruggie, *Protect, respect, and remedy: a framework for business and human rights*, 2008, para. 68).

[304] "12. However, this conflates two very different meanings of "influence". One is "impact", where the company's activities or relationships are causing human rights harm. The other is whatever "leverage" a company may have over actors that are causing harm or could prevent harm. Impact falls squarely within the responsibility to respect; leverage may only do so in particular circumstances" (Doc UN: A/HRC/8/16, John Ruggie, *Clarifying the Concepts of "Sphere of Influence" and "Complicity"*, 2008, para. 12).

[305] "13. Anchoring corporate responsibility in influence defined as leverage is problematic, because it requires assuming, in moral philosophy terms, that "can implies ought". However, companies cannot be held responsible for the human rights impacts of every entity over which they may have some leverage, because this would include cases in which they are not contributing to, nor are a causal agent of the harm in question" (Doc UN: A/HRC/8/16, John Ruggie, *Clarifying the Concepts of "Sphere of Influence" and "Complicity"*, 2008, para. 13).

[306] "71. Finally, the emphasis on proximity in the sphere of influence model can be misleading. Clearly, companies need to be concerned with their impact on workers and surrounding

exemplo, que afetam comunidades marginalizadas, é grande a distância geográfica entre as atividades ou omissões corporativas e os seus danos consequentes. No entanto, a relação de causa e efeito entre a omissão das empresas e a negação do direito de acesso a medicamentos às populações negligenciadas é direta, conforme verifica o próprio Ruggie.[307]

É, pois, nesse diapasão que Ruggie tenta redefinir "influência", agregando-lhe as noções de "controle" ou "causalidade".[308] É fundamental, portanto, que a aferição de impacto e responsabilidade das empresas com relação a direitos humanos seja respaldada não no liame geográfico entre a violação e sua causa, mas sim na análise (i) das redes de atividade que cada empresa exerce, (ii) das relações que estabelece e (iii) dos efeitos e impactos produzidos.[309]

Como o objeto deste trabalho é analisar especificamente a responsabilidade das empresas farmacêuticas transnacionais em relação ao direito à saúde, cabe fazer algumas observações. A questão do acesso a medicamentos a doenças negligenciadas estabelece um claro exemplo de relação direta entre as políticas empresariais das corporações farmacêuticas e a negação do direito à saúde das populações negligenciadas, em consonância com o próprio Adendo 2 do Relatório nº 8/5. As práticas empresariais adotadas pelas indústrias farmacêuticas transnacionais afetam globalmente o direito à saúde dos possíveis consumidores finais de seus produtos (medicamentos).[310] Sobretudo em

---

communities. But their activities can equally affect the rights of people far away from the source — as, for example, violations of privacy rights by Internet service providers can endanger dispersed end-users. Hence, it is not proximity that determines whether or not a human rights impact falls within the responsibility to respect, but rather the company's web of activities and relationships" (Doc UN: A/HRC/8/5, John Ruggie, *Protect, respect, and remedy: a framework for business and human rights*, 2008, para. 71).

[307] Doc UN: A/HCR/8/5/Add.2, John Ruggie, *Corporations and human rights: a survey of the scope and patterns of alleged corporate-related human rights abuse*, 2008, paras. 90-4.

[308] "16. To discharge the mandate requirement to "clarify" the concept of sphere of influence and its implications, the Special Representative has explored the possibility of redefining corporate "influence" in terms of "control" or "causation" (Doc UN: A/HRC/8/16, John Ruggie, *Clarifying the Concepts of "Sphere of Influence" and "Complicity"*, 2008, para. 16).

[309] "72. In short, the scope of due diligence to meet the corporate responsibility to respect human rights is not a fixed sphere, nor is it based on influence. Rather, it depends on the potential and actual human rights impacts resulting from a company's business activities and the relationships connected to those activities" (Doc UN: A/HRC/8/5, John Ruggie, *Protect, respect, and remedy: a framework for business and human rights*, 2008, para. 72).

[310] "With the exception of two allegations in this group, all [direct cases alleged impacts on end-users] were made against pharmaceutical firms for policies and practices alleged to affect the right to health of end-users globally — and, thus, also occupying a substantial portion of the "global" designation in the region of alleged incident chart" (Doc UN: A/HCR/8/5/Add.2, John Ruggie, *Corporations and human rights: a survey of the scope and patterns of alleged corporate-related human rights abuse*, 2008, para. 90).

regiões afetadas por crises sanitárias, as empresas farmacêuticas, que produzem e controlam a distribuição de medicamentos vitais, obstam o acesso das populações afetadas àquele direito. A questão vem sendo objeto de ampla discussão na comunidade internacional, que requer que as empresas farmacêuticas transnacionais tomem atitudes adicionais ao mero respeito aos direitos humanos.

Em razão da forte influência que as empresas farmacêuticas transnacionais exercem sobre a saúde pública global, entendemos que é mister que não apenas se abstenham de violar os direitos humanos, mas também que firmem compromissos mais condizentes com a realização do direito à saúde, conduzindo pesquisas específicas para as doenças negligenciadas, flexibilizando voluntariamente os direitos de propriedade intelectual sobre seus produtos e reduzindo os preços dos medicamentos essenciais desenvolvidos, em parceria com os Estados, as universidades, a sociedade civil internacional.[311]

2.5.2.3 Cumplicidade

A responsabilidade das empresas por respeitar os direitos humanos implica que elas se abstenham da cumplicidade nas violações desses direitos. A cumplicidade é, nessa medida, uma conivência ou um envolvimento indireto das empresas nos abusos de direitos humanos cometidos por terceiros.[312] O conceito de cumplicidade, segundo Ruggie, está bem definido na seara dos crimes internacionais,[313] referindo-se

---

[311] O próprio Ruggie ressalva a pressão pública sobre as empresas farmacêuticas transnacionais: "In regions facing health crises, the cases suggest that pharmaceutical companies producing vital drugs, such as HIV/AIDS medications, are at risk of allegations that they have prevented access to essential medicines. The allegations indicate that society expects global pharmaceutical firms to take additional steps in these circumstances, calling for positive steps such as research, relaxation of intellectual property restrictions, reduction of costs, or a thorough presentation of the business case for action to shareholders" (Doc UN: A/HCR/8/5/Add.2, John Ruggie, *Corporations and human rights: a survey of the scope and patterns of alleged corporate-related human rights abuse*, 2008, para. 94).

[312] "73. The corporate responsibility to respect human rights includes avoiding complicity. The concept has legal and non-legal pedigrees, and the implications of both are important for companies. Complicity refers to indirect involvement by companies in human rights abuses — where the actual harm is committed by another party, including governments and non-State actors. Due diligence can help a company avoid complicity" (Doc UN: A/HRC/8/5, John Ruggie, *Protect, respect, and remedy: a framework for business and human rights*, 2008, para. 73).

[313] Os crimes internacionais foram objeto de discussão de parte do relatório de 2007 (*Business and Human Rights: mapping international standards of responsibility and Accountability for corporate acts – Report of the Special Representative of the Secretary-General on the issue of human rights and transnational corporations and other business enterprises*, John Ruggie, UN Doc. A/HRC/4/35, paras. 22-32).

aos casos em que há encorajamento à ou assistência[314] na ocorrência do ilícito.[315] No entanto, Ruggie encontra dificuldade para conceituar com precisão a cumplicidade das empresas em relação a violações de direitos humanos, rejeitando inclusive os "testes"[316] que definem nos casos concretos.[317]

Ruggie chama atenção, todavia, para dois pontos relevantes na definição da cumplicidade. O primeiro deles discute a questão do benefício auferido da violação de direitos, o segundo discorre acerca do tema da omissão.

No que concerne ao benefício, Ruggie lembra que nem todos os casos em que as empresas se beneficiam das violações de direitos humanos levam à sua responsabilização direta. Para Ruggie, o elo entre o dano e a prática empresarial deve ser inequívoco, embora, mesmo nos casos em que é obscuro, a empresa sofra uma consequência social negativa, ao se beneficiar direta ou indiretamente de uma violação de

---

[314] "37. The assistance need not cause, or be a necessary contribution to, the commission of the crime. In other words, it does not have to be shown that the crime would not have happened without the contribution. Furthermore, the assistance may occur before, during, or after the principal crime has been committed, and it need not occur within geographic proximity to the crime" (Doc UN: A/HRC/8/16, John Ruggie, *Clarifying the Concepts of "Sphere of Influence" and "Complicity"*, 2008, para. 37).

[315] "74. The legal meaning of complicity has been spelled out most clearly in the area of aiding and abetting international crimes, i.e. knowingly providing practical assistance or encouragement that has a substantial effect on the commission of a crime" (Doc UN: A/HRC/8/5, John Ruggie, *Protect, respect, and remedy: a framework for business and human rights*, 2008, para. 74).

[316] Acerca dos testes que verificam e definem a cumplicidade das empresas nas violações de direitos humanos, consultar: CLAPHAM, Andrew. *Human Rights Obligations of Non-State Actors*. Oxford: OUP, 2006. p. 263-65.
"The Test for State Responsibility for State Complicity – It seems there are three factors determining responsibility for aiding and assisting in the commission of an internationally wrongful act. First, it is not necessary to show that the assisting state shared the intention of the assisted state. What is required is knowledge of the circumstances of the internationally wrongful act. Applying this rule, by analogy, to companies, one would not have to prove the intent of a company, one need merely show that the company knew the circumstances of the wrongful act. Second, to invoke complicity of states in the wrongful acts of other states, it is necessary to show that the aid actually facilitated the wrongful act, and was given with a view to that purpose. But one does not need to show that the aid was an essential contribution to a wrongful act. One does not have to show that, *but for* the corporate contribution, the wrongful act would not have been committed. The corporate contribution need only *actually facilitate the wrongful act*. And third, under the rules of state responsibility, the accomplice state must be bound by the same obligation to be held responsible in international law for complicity" (CLAPHAM, Andrew. *Human Rights Obligations of Non-State Actors*. Oxford: OUP, 2006. p. 263).

[317] "76. Owing to the relatively limited case history, especially in relation to companies rather than individuals, and given the substantial variations in definitions of complicity within and between the legal and non-legal spheres, it is not possible to specify definitive tests for what constitutes complicity in any given context" (Doc UN: A/HRC/8/5, John Ruggie, *Protect, respect, and remedy: a framework for business and human rights*, 2008, para. 76).

direitos humanos. Afinal, depreciam-se a imagem corporativa e sua percepção pública perante seus *stakeholders*, o que pode ser, inclusive, mais custoso à empresa do que uma responsabilização legal propriamente dita.[318]

Para o objeto específico deste trabalho, que lida com o tema das doenças negligenciadas, argumenta-se que as empresas farmacêuticas lucrariam sobre tais moléstias e sobre a restrição de acesso a medicamentos. O elo entre o dano (violação do direito de acesso a medicamentos) e a prática empresarial (preferência da concentração de P&D em certas doenças, em detrimento de outras menos atrativas economicamente) é evidente. Afinal, sem a preferência das políticas de P&D por determinadas enfermidades mais lucrativas e sem a omissão das empresas farmacêuticas quanto à persistência do problema das doenças negligenciadas, a violação do direito de acesso a medicamentos não ocorreria. Obviamente, há que se considerar a importante parcela de responsabilidade dos Estados na realização do direito de acesso a medicamentos. No entanto, a cumplicidade das empresas farmacêuticas na continuidade da violação de direitos das populações negligenciadas é clara. Prova disso é a deterioração da reputação ou imagem pública das empresas farmacêuticas, que se agrava com a divulgação das proporções cada vez maiores desse problema.[319]

No tocante à omissão, Ruggie esclarece que a mera presença comercial de uma empresa em um território onde ocorrem abusos de direitos humanos por terceiros não pode ser definida como um caso de omissão e cumplicidade. Afinal, não existiria, nessa hipótese, uma assistência ou um encorajamento substanciais às violações.[320] No entanto, os casos em que a omissão da empresa visa a apoiar, impulsionar, sustentar ou mesmo diretamente provocar abusos ensejam a responsabilização.[321]

---

[318] "78. Similarly, deriving a benefit from a human rights abuse is not likely on its own to bring legal liability. Nevertheless, benefiting from abuses may carry negative implications for companies in the public perception" (Doc UN: A/HRC/8/5, John Ruggie, *Protect, respect, and remedy: a framework for business and human rights*, 2008, para. 78).

[319] ANGELL, Marcia. *A verdade sobre os laboratórios farmacêuticos*: como somos enganados e o que podemos fazer a respeito. Tradução de Waldéa Barcellos. Rio de Janeiro: Record, 2007.

[320] "38. The International Law Commission Code indicates that an accomplice must provide the kind of assistance that contributes "directly and substantially" to the commission of the crime. A substantial and direct contribution could be, for example, providing the means that enable the perpetrator to commit the crime. The assistance must facilitate the crime in some significant way" (Doc UN: A/HRC/8/16, John Ruggie, *Clarifying the Concepts of "Sphere of Influence" and "Complicity"*, 2008, para. 38).

[321] "77. Mere presence in a country, paying taxes, or silence in the face of abuses is unlikely to amount to the practical assistance required for legal liability. However, acts of omission in narrow contexts have led to legal liability of individuals when the omission legitimized

Tal é precisamente o caso que ora analisamos. As empresas farmacêuticas que contribuem significativamente para a violação do direito à saúde das populações negligenciadas, mediante uma omissão evidente, deixam de produzir medicamentos essenciais às comunidades afetadas, em razões da ínfima lucratividade apresentada por tais moléstias. A contribuição, nesse caso, é inequívoca. Afinal, não há medicamentos sem P&D promovidos pelas indústrias farmacêuticas, sobretudo as multinacionais, mais poderosas, influentes e tecnicamente capazes. As empresas farmacêuticas controlam desde o desenvolvimento até a distribuição dos medicamentos, exercendo um papel crucial na realização do direito de acesso a medicamentos. Assim, no caso das doenças negligenciadas, as empresas farmacêuticas geram, apoiam, impulsionam e sustentam a negação do acesso aos medicamentos.

Em resumo, as questões do benefício e da omissão na violação de direitos são caras ao debate sobre a responsabilidade das empresas farmacêuticas. Conforme mencionado, no caso das doenças negligenciadas, as empresas farmacêuticas optam por não investir em P&D de medicamentos para determinadas doenças, tidas como não atraentes do ponto de vista mercadológico. Essa omissão causa diretamente[322] uma negação do direito de acesso a medicamentos das populações marginalizadas. As empresas farmacêuticas mantêm, assim, seus benefícios econômicos em detrimento do direito à saúde das comunidades negligenciadas. A responsabilização, nesse caso, é plausível, tendo-se em vista o nexo que se estabelece entre a omissão e a violação de direito. A responsabilização é legítima por se tratar de um benefício econômico imoral, garantido e continuado pelo abuso de poder econômico e político das empresas farmacêuticas.

O argumento de defesa das empresas farmacêuticas provavelmente sustentaria a mera existência e manutenção de suas atividades empresariais normais e esperadas, baseadas na decisão corporativa de investir em certas doenças, em detrimento de outras, conforme a lógica de mercado e as vantagens econômicas comparativas mais adequadas. Afinal, como empresas, seria esperado que perseguissem o lucro, e não que tivessem responsabilidades e obrigações de direitos humanos.

---

or encouraged the abuse.48 Moreover, under international criminal law standards, practical assistance or encouragement need neither cause the actual abuse, nor be related temporally or physically to the abuse" (Doc UN: A/HRC/8/5, John Ruggie, *Protect, respect, and remedy: a framework for business and human rights*, 2008, para. 77).

[322] Doc UN: A/HCR/8/5/Add.2, John Ruggie, *Corporations and human rights: a survey of the scope and patterns of alleged corporate-related human rights abuse*, 2008, paras. 90-4.

Todavia, não há mais espaço, em nossos dias, para esse tipo de argumentação, dado que a existência de responsabilidades de direitos humanos que recaem sobre as empresas é um assunto presente na agenda internacional desde a década de 1970. Ademais, no caso das doenças negligenciadas, a violação do direito à saúde está diretamente[323] relacionada com a cumplicidade das empresas farmacêuticas, lembrando que existe cumplicidade da empresa quando sua ação ou omissão contribui para o abuso e quando a empresa tem — ou deveria ter — conhecimento[324] das violações que causa.[325]

Nesse caso, o conhecimento da omissão por parte das empresas farmacêuticas é indubitável, haja vista o amplo debate e apelo público que se estabelecem em torno do tema, em âmbito global.

2.5.3 Acesso a remédios judiciais e não judiciais

Finalmente, o terceiro pilar sobre o qual Ruggie fundamenta sua teoria refere-se ao acesso a remédios judiciais e não judiciais. Segundo Ruggie, o dever do Estado de proteger os direitos humanos contra abusos de terceiros, assim como o dever das empresas de respeitar os direitos humanos, podem ter sua efetividade ameaçada caso não sejam previstos mecanismos de investigação, punição e compensação. É nesse sentido que se fala na necessidade de garantir o acesso a remédios judiciais e não judiciais que permitam o exame da questão e que cobrem

---

[323] Doc UN: A/HCR/8/5/Add.2, John Ruggie, *Corporations and human rights: a survey of the scope and patterns of alleged corporate-related human rights abuse*, 2008, paras. 90-4.

[324] "30. Complicity in the business and human rights context refers to the indirect involvement of companies in human rights abuses. In essence, complicity means that a company knowingly contributed to another's abuse of human rights. It is conceived as indirect involvement because the company itself does not actually carry out the abuse. In principle, complicity may be alleged in relation to knowingly contributing to any type of human rights abuse, whether of civil or political rights, or economic, social and cultural rights (Doc UN: A/HRC/8/16, John Ruggie, *Clarifying the Concepts of "Sphere of Influence" and "Complicity"*, 2008, para. 30).
"79. Legal interpretations of "having knowledge" vary. When applied to companies, it might require that there be actual knowledge, or that the company "should have known", that its actions or omissions would contribute to a human rights abuse. Knowledge may be inferred from both direct and circumstantial facts. The "should have known" standard is what a company could reasonably be expected to know under the circumstances" (Doc UN: A/HRC/8/5, John Ruggie, *Protect, respect, and remedy: a framework for business and human rights*, 2008, para. 79).

[325] "(...) it may not matter that the company was merely carrying out normal business activities if those activities contributed to the abuse and the company was aware or should have been aware of its contribution" (Doc UN: A/HRC/8/5, John Ruggie, *Protect, respect, and remedy: a framework for business and human rights*, 2008, para. 80).

uma resposta dos entes responsáveis. Some-se a isso a possibilidade de uma restituição às vítimas,[326] sob a forma de desculpas públicas, alterações na legislação, garantias de não repetição, compensações monetárias, entre outras.[327]

No tocante aos mecanismos judiciais, Ruggie realça, inicialmente, as barreiras enfrentadas pelas vítimas de abusos perpetrados por empresas na busca por resposta ou compensação ao dano sofrido. As vítimas geralmente encontram em seu ordenamento jurídico nacional uma lacuna que as impossibilita de demandar perante uma corporação estrangeira. Em outros casos, ainda que não exista esse impedimento jurídico, a nação à qual a vítima pertence pode ver-se impossibilitada de resolver a questão, tendo em conta fatores políticos, econômicos ou legais que constranjam o Estado a negligenciá-la.[328]

Por conta dessa impossibilidade de a jurisdição de certos Estados em que a violação ocorreu manifestar-se a propósito da questão, começou a se falar na extensão da jurisdição de outros Estados, interessados em resolver a controvérsia, às vítimas de abusos de direitos humanos cometidos por empresas transnacionais. Justificar-se-ia mais facilmente a invocação da jurisdição extraterritorial do Estado-sede da empresa violadora. No entanto, ainda são muitos os obstáculos que permeiam a utilização desse artifício, em particular no que tange aos custos judiciais e à neutralidade e imparcialidade dos tribunais no momento de estabelecer as reparações contra empresas de sua própria

---

[326] "82. Effective grievance mechanisms play an important role in the State duty to protect, in both its legal and policy dimensions, as well as in the corporate responsibility to respect. State regulation proscribing certain corporate conduct will have little impact without accompanying mechanisms to investigate, punish, and redress abuses. Equally, the corporate responsibility to respect requires a means for those who believe they have been harmed to bring this to the attention of the company and seek remediation, without prejudice to legal channels available. Providing access to remedy does not presume that all allegations represent real abuses or bona fide complaints" (Doc UN: A/HRC/8/5, John Ruggie, *Protect, respect, and remedy: a framework for business and human rights*, 2008, para. 82).

[327] "83. Expectations for States to take concrete steps to adjudicate corporate-related human rights harm are expanding. Treaty bodies increasingly recommend that States investigate and punish human rights abuse by corporations and provide access to redress for such abuse when it affects persons within their jurisdiction" (Doc UN: A/HRC/8/5, John Ruggie, *Protect, respect, and remedy: a framework for business and human rights*, 2008, para. 83).

[328] "88. Judicial mechanisms are often under-equipped to provide effective remedies for victims of corporate abuse. Victims face particular challenges when seeking personal compensation or reparation as opposed to more general sanction of the corporation through a fine or administrative remedies. They may lack a basis in domestic law on which to found a claim. Even if they can bring a case, political, economic or legal considerations may hamper enforcement" (Doc UN: A/HRC/8/5, John Ruggie, *Protect, respect, and remedy: a framework for business and human rights*, 2008, para. 88).

jurisdição.³²⁹ De toda sorte, o direito vem paulatinamente respondendo a esses desafios. Em algumas jurisdições, como em países da União Europeia (no Reino Unido, em particular),³³⁰ na Austrália³³¹ e, especialmente, nos EUA,³³² por exemplo, já se permite que as empresas ou suas subsidiárias sejam demandadas por seus atos ou omissões perante as

---

[329] "89. Some complainants have sought remedy outside the State where the harm occurred, particularly through *Home State* courts, but have faced extensive obstacles. Costs may be prohibitive, especially without legal aid; non-citizens may lack legal standing; and claims may be barred by statutes of limitations. Matters are further complicated if the claimant is seeking redress from a parent corporation for actions by a foreign subsidiary. In common law countries, the court may dismiss the case based on *forum non conveniens* grounds – essentially, that there is a more appropriate forum for it. Even the most independent judiciaries may be influenced by governments arguing for dismissal based on various "matters of State". These obstacles may deter claims or leave the victim with a remedy that is difficult to enforce" (Doc UN: A/HRC/8/5, John Ruggie, *Protect, respect, and remedy: a framework for business and human rights*, 2008, para. 83).

[330] "For example, Connelly v. RTZ Corporation plc and others [1998] AC 854, and Lubbe v. Cape plc [2000] 4 All ER 268 (House of Lords, United Kingdom)" (Doc UN: A/HRC/8/5, John Ruggie, *Protect, respect, and remedy: a framework for business and human rights*, 2008, para. 90, nota 50).

[331] "The European Court of Justice has confirmed that national courts in an EU member State may not dismiss actions against companies domiciled in that State on *forum non conveniens* grounds. Owusu v. Jackson [2005] ECR-I-1283. And in Australia, defendants must now prove that the forum is "clearly inappropriate". Voth v. Manildra Flour Mills Pty. Ltd. (1990) 171 C.L.R. 538 (H.C.A.)" (Doc UN: A/HRC/8/5, John Ruggie, *Protect, respect, and remedy: a framework for business and human rights*, 2008, para. 90, nota 51).

[332] Conforme relembra Clapham, o *Alien Torts Claim Act* foi criado em 1789, com o objetivo inicial de fornecer uma jurisdição que protegesse sobretudo os embaixadores de abusos cometidos contra eles fora da jurisdição estadunidense ("*Congress intended the ATS to furnish jurisdiction for a relatively modest set of actions alleging violations of the law of nations. Uppermost in the legislative mind appears to have been offenses against ambassadors (...) violations of safe conduct were probably understood to be actionable (...) and individual actions arising out of the prize captures and piracy may well have also been contemplated*" – Suprema Corte dos EUA, *Sosa v. Alvarez Machain*, in *Opinion of 29 June 2004*, p. 25).
De toda forma, mais de 40 casos foram iniciados contra empresas multinacionais, desde 1993, sob o *Alien Torts Claim Act*. Ainda permanecem sob apreciação das cortes federais norte-americanas diversos casos envolvendo especialmente empresas petroquímicas, acusadas de utilização de trabalho forçado, tortura e estupro (ZIA-ZARIFI, Saman. Suing Multinational Corporations in the U.S. for Violating International Law. *UCLA JIL and FA*, v. 4, n. 1, p. 81-148, 1999). Existem também casos envolvendo centros privados de detenção, como a prisão de *Abu Ghraib*, no Iraque, administrada por uma empresa (Human Rights and the Court. *Intl Herald Tribune*, p. 6, 6 July 2004).
Clapham lembra ainda que, sob o *Alien Torts Claim Act*, até mesmo as empresas não incorporadas nos EUA podem ser demandadas em juízo por abusos a direitos cometidos em outros países. E, finalmente, ressalva que os casos de violações de direitos humanos cometidos por empresas podem ser levados às cortes federais norte-americanas não apenas sob o *Alien Torts Claim Act*, mas também sob outras legislações, como o *Torture Victims Protection Act* (28 USC, para 1350) e o *Racketeer Influenced and Corrupt Organizations Act* (18 USC para 1961) (CLAPHAM, Andrew. *Human Rights Obligations of Non-State Actors*. Oxford: OUP, 2006. p. 252-3).

cortes dessas jurisdições, na hipótese de violações de direitos ocorridas extraterritorialmente.³³³

No que concerne aos mecanismos não judiciais, por sua vez, Ruggie reforça sua importância, em especial nas situações em que as cortes não estão habilitadas a se pronunciar a respeito da violação de direitos humanos por empresas. Não obstante, os mecanismos não judiciais são mais céleres, oferecendo uma resposta mais imediata, acessível e flexível,³³⁴ se comparados aos mecanismos judiciais. No entanto, Ruggie evoca seis princípios a serem observados pelos mecanismos não judiciais, sejam eles estatais³³⁵ ou não estatais,³³⁶ no momento de sua implementação: (i) legitimidade, possuindo instrumentos transparentes e independentes; (ii) acesso não discriminatório, garantindo sua ampla publicização; (iii) previsibilidade, utilizando regras, procedimentos e resultados em potencial conhecidos, com prazos, etapas e sistemas de implementação e monitoramento claros; (iv) equidade, assegurando igualdade de armas às partes envolvidas e justiça na solução das controvérsias; (v) legalidade, buscando a compatibilidade com as normas de direito internacional dos direitos humanos; e (vi) transparência, garantindo que os processos e resultados esperados atendam ao interesse público.³³⁷

---

³³³ "90. The law is slowly evolving in response to some of these obstacles. In some jurisdictions, plaintiffs have brought cases against parent companies claiming that they should be held responsible for their own actions and omissions in relation to harm involving their foreign subsidiaries. Elsewhere it is getting somewhat more difficult for defendant companies to have cases alleging harm abroad dismissed on the basis that there is a more appropriate forum. And foreign plaintiffs are using the United States Alien Tort Claims Act to sue even non-United States companies for harm suffered abroad" (Doc UN: A/HRC/8/5, John Ruggie, *Protect, respect, and remedy: a framework for business and human rights*, 2008, para. 90).

³³⁴ "84. Non-judicial mechanisms play an important role alongside judicial processes. They may be particularly significant in a country where courts are unable, for whatever reason, to provide adequate and effective access to remedy. Yet they are also important in societies with well-functioning rule of law institutions, where they may provide a more immediate, accessible, affordable, and adaptable point of initial recourse" (Doc UN: A/HRC/8/5, John Ruggie, *Protect, respect, and remedy: a framework for business and human rights*, 2008, para. 84)

³³⁵ Dentre os mecanismos estatais, Ruggie realça a relevância das Instituições Nacionais de Direitos Humanos, que têm meios de forçar companhias a responderem por seus atos e omissões violadores de direitos. Em especial, os Pontos de Contato Nacionais, previstos pela OECD, têm seu potencial relembrado (Doc UN: A/HRC/8/5, John Ruggie, *Protect, respect, and remedy: a framework for business and human rights*, 2008, paras. 96-9).

³³⁶ No tocante aos mecanismos não estatais, Ruggie ressalta a relevância da cooperação e colaboração, a envolverem diferentes *stakeholders* também nos procedimentos de compensações. Cita-se, nesse sentido, o envolvimento de ONGs, Instituições Nacionais de Direitos Humanos, instituições acadêmicas, governos, empresas e outros atores que contribuam para o processo de investigação e compensação (Doc UN: A/HRC/8/5, John Ruggie, *Protect, respect, and remedy: a framework for business and human rights*, 2008, paras. 100-3).

³³⁷ "92. Non-judicial mechanisms to address alleged breaches of human rights standards should meet certain principles to be credible and effective. Based on a year of multi-stakeholder and bilateral consultations related to the mandate, the Special Representative believes that, at a minimum, such mechanisms must be:

2.6 Relatórios de 2009 e de 2010

Em junho de 2008, o Conselho de Direitos Humanos aprovou o Relatório nº 8/5, em que Ruggie propõe um tripé para tentar responder aos graves impactos das atividades empresariais nos direitos humanos. Esse tripé é composto (i) pelo dever do Estado de proteger os direitos humanos contra abusos cometidos pelas empresas; (ii) pela responsabilidade das empresas de respeitar os direitos humanos; e (iii) pelo amplo acesso das vítimas a remédios judiciais e não judiciais.[338] Em 2009, Ruggie exara o Relatório nº 11/13, e em 2010, o Relatório nº14/17, em que retoma e aprofunda o modelo "Proteger, Respeitar e Remediar". Ruggie enfatiza, desse modo, a necessidade de governos e empresas reestruturarem suas políticas, definindo objetivos de longo prazo que garantam a estabilidade e a segurança, por meio de ações transparentes e responsáveis, em vez de negligenciarem os direitos humanos, priorizando metas de curto prazo que garantam vantagens imediatas, mas insustentáveis.[339]

(a) Legitimate: a mechanism must have clear, transparent and sufficiently independent governance structures to ensure that no party to a particular grievance process can interfere with the fair conduct of that process;
(b) Accessible: a mechanism must be publicized to those who may wish to access it and provide adequate assistance for aggrieved parties who may face barriers to access, including language, literacy, awareness, finance, distance, or fear of reprisal;
(c) Predictable: a mechanism must provide a clear and known procedure with a time frame for each stage and clarity on the types of process and outcome it can (and cannot) offer, as well as a means of monitoring the implementation of any outcome;
(d) Equitable: a mechanism must ensure that aggrieved parties have reasonable access to sources of information, advice and expertise necessary to engage in a grievance process on fair and equitable terms;
(e) Rights-compatible: a mechanism must ensure that its outcomes and remedies accord with internationally recognized human rights standards;
(f) Transparent: a mechanism must provide sufficient transparency of process and outcome to meet the public interest concerns at stake and should presume transparency wherever possible; non-State mechanisms in particular should be transparent about the receipt of complaints and the key elements of their outcomes" (Doc UN: A/HRC/8/5, John Ruggie, *Protect, respect, and remedy: a framework for business and human rights*, 2008, para. 84).

[338] "1. At its June 2008 session, the Human Rights Council was unanimous in welcoming the "protect, respect and remedy" policy framework proposed by the Special Representative of the Secretary-General on the issue of human rights and transnational corporations and other business enterprises. This marked the first time the Council or its predecessor had taken a substantive policy position on business and human rights" (Doc. UN, A/HRC/11/13, John Ruggie, *Business and Human Rights – Towards operationalizing the "Protect, respect, and remedy" framework*, 2009, para. 1).

[339] "9. In major downturns, those who are already vulnerable – individuals and countries – are often the most severely affected. Global and national efforts are needed to limit the damage and restore economic momentum. Governments must avoid erecting protectionist barriers or lowering human rights standards for businesses; their short-run gains are illusory and they undermine longer term recovery. For companies, even downsizing and plant closings

No tocante ao dever dos Estados de proteger os direitos humanos contra abusos cometidos por terceiros, dentre os quais se incluem as empresas, Ruggie ressalva que se trata de uma responsabilidade de conduta, e não de uma responsabilidade de resultados. Deve haver, portanto, um processo de adoção de medidas legislativas, administrativas e judiciais que previnam, investiguem, punam e compensem violações de direitos humanos cometidas por empresas.[340] Para tanto, Ruggie analisa três temas que importam à atividade regulatória dos Estados sobre as atividades empresariais e que mereceriam maior atenção: (i) os instrumentos oferecidos pelo Direito Empresarial, (ii) os acordos de comércio e investimento e (iii) a cooperação internacional.[341]

No que concerne à responsabilidade das empresas de respeitar os direitos humanos, a seu turno, Ruggie retoma mais uma vez as suas críticas dirigidas às *Normas*, sobretudo pela dificuldade em se diferenciar as responsabilidades dos Estados e das empresas com relação aos direitos humanos. Ruggie reforça, então, que é exatamente visando a responder à necessidade de tal diferenciação que o tripé "Proteger, Respeitar e Remediar" é desenvolvido, estabelecendo responsabilidades distintas, embora complementares.[342]

---

must be conducted responsibly, and restoring public trust and confidence in business is as much of an immediate challenge as reinventing viable business models" (Doc. UN, A/HRC/11/13, John Ruggie, *Business and Human Rights – Towards operationalizing the "Protect, respect, and remedy" framework*, 2009, para. 1).

[340] "14. The State duty to protect is a standard of conduct, and not a standard of result. That is, States are not held responsible for corporate-related human rights abuse per se, but may be considered in breach of their obligations where they fail to take appropriate steps to prevent it and to investigate, punish and redress it when it occurs. Within these parameters, States have discretion as to how to fulfill their duty. The main human rights treaties generally contemplate legislative, administrative and judicial measures. The treaty bodies have recommended to States such measures as adopting anti-discrimination legislation governing employment practices; consulting with communities before approving mining and logging projects; monitoring and addressing the human rights impacts of such projects; and encouraging businesses to develop codes of conduct that include human rights" (Doc. UN, A/HRC/11/13, John Ruggie, *Business and Human Rights – Towards operationalizing the "Protect, respect, and remedy" framework*, 2009, para. 14).

[341] Doc. UN, A/HRC/11/13, John Ruggie, *Business and Human Rights – Towards operationalizing the "Protect, respect, and remedy" framework*, 2009, para. 24-44.

[342] "58. Confusion has also existed because the first generation of advocacy in business and human rights, culminating in the Draft Norms on the Responsibilities of Transnational Corporations and Other Business Enterprises with Regard to Human Rights, 44 so co-mingled the respective responsibilities of States and companies that it was difficult if not impossible to disentangle the two. Unsurprisingly, this approach was rejected by Governments and business alike. Here, too, there has been good progress: the "protect, respect and remedy" framework now provides a common platform of differentiated yet complementary responsibilities on the basis of which to move forward" (Doc. UN, A/HRC/11/13, John Ruggie, *Business and Human Rights – Towards operationalizing the "Protect, respect, and remedy" framework*, 2009, para. 58).

Seria, contudo, possível uma distinção dessas responsabilidades, considerando que os deveres de respeitar, proteger e promover são complementares e inter-relacionados? Seria, ainda, suficiente que as empresas se limitassem a apenas respeitar ou não violar os direitos humanos, mesmo nos casos em que elas detêm o controle sobre bens vitais, como medicamentos, por exemplo?

Finalmente, quanto ao acesso das vítimas de abusos de direitos humanos cometidos por empresas a remédios judiciais e não judiciais, Ruggie esclarece que esse terceiro pilar seria, em verdade, o resultado da combinação tanto de parte do dever das empresas de respeitar como do dever dos Estados de proteger. Para as empresas, tratar-se-ia, sobretudo, de uma forma de alerta a problemas, antes que abusos e disputas viessem a se materializar. Para os Estados, por sua vez, tratar-se-ia de uma forma de regulamentar as atividades empresariais,[343] de acordo com determinadas normas, para garantir o acesso à justiça e às cortes civis e criminais ou aos mecanismos administrativos, em âmbito nacional ou internacional, mediante o instituto da responsabilidade extraterritorial do Estado.

Considerações finais do Capítulo 2

O caráter progressista das *Normas* encontra-se, sobretudo, no estabelecimento de responsabilidades de direitos humanos para as empresas, não as limitando ao dever de respeitar os direitos humanos, mas impondo também a responsabilidade de protegê-los e promovê-los. De um lado, tanto no parágrafo terceiro de seu Preâmbulo como no parágrafo primeiro das Obrigações Gerais, as *Normas* sublinham que os Estados detêm *a responsabilidade primária de promover, garantir o gozo, respeitar, assegurar o respeito e a proteção dos direitos humanos reconhecidos nas legislações internacionais e nacionais*. Os Estados possuem, portanto, o dever de *assegurar que as empresas transnacionais e outras atividades*

---

[343] "115. Grievance mechanisms, judicial and non-judicial, form part of both the State duty to protect and the corporate responsibility to respect. They are essential to ensuring access to remedy for victims of corporate abuse. For States, they are also means of enforcing or incentivizing corporate compliance with relevant law and standards, and of deterring abuse. For companies, operational-level mechanisms have the added benefit of giving early warning of problems and helping mitigate or resolve them before abuses occur or disputes compound. But too many barriers exist to accessing judicial remedy, and too few non-judicial mechanisms meet the minimum principles of effectiveness. Further improvements, shared learning, and innovations are required" (Doc. UN, A/HRC/11/13, John Ruggie, *Business and Human Rights – Towards operationalizing the "Protect, respect, and remedy" framework*, 2009, para. 115).

corporativas respeitem os direitos humanos. As *Normas* determinam, de outro lado, que as corporações têm, como extensão dessas responsabilidades alocadas aos Estados, as obrigações de *promover, garantir o gozo, respeitar, assegurar o respeito e a proteção dos direitos humanos reconhecidos nas legislações internacionais e nacionais, incluindo os direitos e interesses dos povos indígenas e outros grupos vulneráveis.*[344] Enfatizam, todavia, que as responsabilidades das empresas existem nos estritos limites de suas respectivas *esferas de atividade e influência.*

As *Normas* estabelecem princípios de direitos humanos aplicáveis às empresas transnacionais, adaptando a tradicional doutrina da Tipologia Tripartite sobre a natureza das obrigações de direitos *humanos*[345] *para o contexto corporativo.*[346] A tipologia tripartite, enunciada nas Diretrizes de Maastricht,[347] define os três graus de responsabilidade dos Estados com relação aos direitos humanos, conforme a teoria de Henry Shue.

As *Normas* retomam essa tipologia como um instrumento de delimitação das obrigações das empresas com relação os direitos humanos. Ao retomá-la, reafirmam as três dimensões de responsabilidade de direitos humanos, não apenas no âmbito estatal, mas também no contexto empresarial, embora se ressalve que a responsabilidade seja primariamente atribuída aos Estados.

---

[344] "A. General obligations 1. States have the primary responsibility to promote, secure the fulfillment of, respect, ensure respect of and protect human rights recognized in international as well as national law, including ensuring that transnational corporations and other business enterprises respect human rights. Within their respective spheres of activity and influence, transnational corporations and other business enterprises have the obligation to promote, secure the fulfillment of, respect, ensure respect of and protect human rights recognized in international as well as national law, including the rights and interests of indigenous peoples and other vulnerable groups" (UN Doc. E/CN.4/Sub.2/2003/12/Rev.2, para. 1).

[345] A Tipologia Tripartite foi elaborada por Henry Shue (SHUE, H. *Basic Rights, Subsistence, Affluence, and U.S. Foreign Policy.* Princeton: PUP, 1980), tendo sido retomada por Asbjorn Eide, quando elaborava o Comentário Geral N.12 do Pacto Internacional de Direitos Econômicos, Sociais e Culturais, à ocasião em que exercia a função de Special Rapporteur sobre o Direito à Alimentação (Doc. UN: E/CN.4/Sub.2/1987/23, *The Right to Adequate Food as a Human Right*, 7 July 1987, para. 66-69). Mais tarde, a tipologia sobre a natureza e extensão das obrigações de direitos humanos foi estabelecida formalmente pelas Diretrizes de Maastricht, de 1997 (The Maastricht Guidelines on Violation of Economic, Social and Cultural Rights. *HRQ*, 20, 3, p. 691-705, 1998).

[346] JAGERS, Nicola. *Corporate Human Rights Obligations*: in Search of Accountability. Antwerp: Intersentia, 2002. p. 248.

[347] "The obligation to respect requires States to refrain from interfering with the enjoyment of economic, social and cultural rights (...). The obligation to protect requires States to prevent violations of such rights by third parties (...). The obligation to fulfill requires States to take appropriate legislative, administrative, budgetary, judicial and the measures towards the full realization of such rights" (The Maastricht Guidelines on Violation of Economic, Social and Cultural Rights. *HRQ*, 20, 3, p. 691-705, 1998).

Fala-se, assim, em três níveis de responsabilidade, a saber: respeitar, proteger e promover os direitos humanos.[348]

Primeiramente, no tocante à obrigação de respeitar os direitos humanos, afirma-se a necessidade de os Estados e as empresas transnacionais se absterem de violar tais direitos. Ou seja, Estados e empresas devem deixar de executar quaisquer atos ou omissões que resultem em violações de direitos pelo abuso de seu poder político ou econômico.[349] As empresas, em particular, não devem interferir, seja direta ou indiretamente,[350] na fruição dos direitos de seus empregados ou mesmo de indivíduos e comunidades em sua esfera de influência.

Em segundo lugar, quanto à obrigação de proteger os direitos humanos, requer-se a adoção de medidas de prevenção ou resposta às ameaças e violações de direitos humanos cometidas por terceiros. Os governos devem adotar, assim, as providências necessárias para evitar que outros indivíduos ou grupos (inclusive as empresas) pratiquem atos que violem direitos humanos. Nesse sentido, os Estados devem adotar, por exemplo, medidas legislativas para regular as atividades empresariais, evitando que violações a direitos humanos ocorram ou se perpetuem.[351] A responsabilidade das empresas de proteger os direitos humanos, a seu turno, é uma questão mais controversa, não sendo completamente pacífico o entendimento quanto à obrigação de

---

[348] Enquanto a obrigação de respeitar envolve um dever negativo, as obrigações de proteger e promover requerem não apenas uma abstenção, mas também uma prestação positiva. Não obstante, os três níveis envolveriam, igualmente, tanto obrigações de conduta como obrigações de resultado (JAGERS, Nicola. *Corporate Human Rights Obligations*: in Search of Accountability. Antwerp: Intersentia, 2002. p. 77).

[349] "Corporations have to *respect* the human rights of everyone and refrain from any activity that represents an abuse of those rights" (CLAPHAM, Andrew. *Human Rights Obligations of Non-State Actors*. Oxford: OUP, 2006. p. 230).

[350] As empresas, em seu dever de respeitar, devem deixar de executar quaisquer atos ou omissões que gerem violações de direitos, inclusive no âmbito das parcerias que realizam. Afinal, a participação intencional das empresas em parcerias que violam direitos humanos implica a configuração da cumplicidade delas.
"(...) proceedings can be brought against a corporation for intentionally participating in human rights violations carried out by State authorities. (...) Besides the intentional participation in human rights violations committed by States, which constitutes a violation of the corporate duty to respect, corporations may also inadvertently become involved in human rights violations when operating in States that violate human rights. (...) It may be concluded that a corporation should abstain from acts independently or through participation, that results in violations of the human rights of individuals" (JAGERS, Nicola. *Corporate Human Rights Obligations*: in Search of Accountability. Antwerp: Intersentia, 2002. p. 81-2).

[351] "(...) the obligation to protect (...) forces the State to take steps — through legislation *or otherwise* — which prevent or prohibit others (third persons) from violating recognized rights and freedoms" (JAGERS, Nicola. *Corporate Human Rights Obligations*: in Search of Accountability. Antwerp: Intersentia, 2002. p. 83).

a corporação dirigir seu poder e sua influência à proteção de indivíduos em sua esfera de influência. Clapham e Jagers, porém, sustentam a obrigação das empresas de proteger os indivíduos das ameaças a direitos humanos efetuadas, ainda que involuntariamente, pelos seus parceiros comerciais.[352]

Em terceiro lugar, há a responsabilidade de implementar os direitos humanos. Requer-se dos Estados a adoção de medidas positivas que assegurem a promoção de direitos. Ou seja, o Estado deve criar condições para a concretização de determinados resultados e metas de maneira progressiva.[353] Por sua vez, com relação às empresas, essa terceira dimensão da responsabilidade de direitos humanos é bastante discutível. No nosso entender, as corporações que controlam as condições de acesso a bens de necessidade básica — como no nosso caso, em que as empresas farmacêuticas definem os requisitos de acesso a medicamentos — têm a obrigação de assegurar que todos, inclusive os indivíduos marginalizados, tenham acesso a tais bens essenciais produzidos pelas empresas transnacionais. Permite-se afirmar que as populações vulneráveis também se encontram na esfera de influência das empresas transnacionais, uma vez que são elas que decidem os termos em que se concretizará o acesso aos bens de necessidade básica por ela produzidos.[354]

Embora se ressalte o indubitável caráter progressista das *Normas* ao definirem as responsabilidades das empresas, não apenas de respeitar os direitos humanos, mas também de protegê-los e promovê-los, concordamos com Ruggie precisamente quanto à importância de se diferenciar os conteúdos dessas responsabilidades no âmbito dos Estados e das corporações. Admite-se, portanto, que as responsabilidades das empresas para com os direitos humanos não devem ser

---

[352] CLAPHAM, Andrew. *Human Rights Obligations of Non-State Actors*. Oxford: OUP, 2006. p. 231. Para Jagers, as empresas têm obrigação de implementar medidas positivas para assegurar que seus parceiros comerciais não violem direitos humanos, o que poderia, por exemplo, ser estabelecido nos contratos de parceria (JAGERS, Nicola. *Corporate Human Rights Obligations*: in Search of Accountability. Antwerp: Intersentia, 2002. p. 83).

[353] "Obligations to fulfil are mainly of a programmatic nature and require positive action" (JAGERS, Nicola. *Corporate Human Rights Obligations*: in Search of Accountability. Antwerp: Intersentia, 2002. p. 84).

[354] No caso da responsabilidade de implementar os direitos humanos, as empresas têm a obrigação de assegurar que todos, inclusive os indivíduos marginalizados, tenham acesso aos bens essenciais por elas produzidos. No entanto, parece que esse dever fica condicionado ao porte, aos recursos e à capacidade das empresas. As empresas transnacionais, assim, teriam melhores condições de garantir a realização de determinados direitos humanos, se comparadas à capacidade das empresas menores (JAGERS, Nicola. *Corporate Human Rights Obligations*: in Search of Accountability. Antwerp: Intersentia, 2002. p. 85).

uma projeção imediata e idêntica das responsabilidades dos Estados. Devem-se distinguir as obrigações dos Estados e das empresas, em relação aos direitos humanos.[355]

Ruggie entende, por exemplo, que os Estados têm o dever de respeitar, proteger e promover os direitos humanos, ao passo que as empresas transnacionais possuiriam apenas o dever de respeitar os direitos humanos,[356] no âmbito do seu dever de *due diligence*.[357] No entanto, tal diferenciação não parece ser a mais adequada ao Direito Internacional dos Direitos Humanos. De fato, as responsabilidades das empresas para com os direitos humanos devem ser definidas dentro de contextos mais específicos e restritivos, como assevera Ruggie.[358] Afinal, como observa Shue, não seria razoável afirmar que todos os detentores de obrigações de direitos humanos possuem graus idênticos de responsabilidades com relação a todos os direitos de todos os

---

[355] "(...) there are multiple agents, or duty-bearers, with different kinds and degrees of responsibilities towards various right-bearers, that we need to distinguish among duties. And we can see that different duty-bearers have different kinds and degrees of responsibility only by reflecting upon principles that allocate responsibilities among agents. So the question of correlative duties, relevant agents, and allocative principles are deeply interdependent, as are the duties themselves" (SHUE, Henry. The Interdependence of Duties. *In*: ALSTON, P.; TOMASEVSKI, K. (Ed.). *The Right to Food*: Intl' Studies in Human Rights, Netherlands Institute of Human Rights, Marthinus Nijhoff, 1984. p. 83).

[356] Para Ruggie, a responsabilidade das empresas de respeitar os direitos humanos existe independentemente das responsabilidades dos Estados. Além disso, não se trata, em um caso ou em outro, de um mero dever negativo, em que o agente se abstém de praticar uma violação. A responsabilidade de respeitar pode gerar, portanto, deveres e prestações positivas (Doc. UN: A/HRC/8/5, *Protect, Respect and Remedy: a Framework for Business and HR*, Report of the Special Representative of the Secretary General on the issue of HR and TNCs and other business enterprises, John Ruggie, 7 April 2008, para. 55).

[357] A *Due Diligence* abarca todas as medidas que a empresa deve implementar para se conscientizar, prevenir e combater as violações de direitos humanos. Consequentemente, as empresas transnacionais devem analisar o contexto político-econômico de seu Estado-sede, bem como o de seu Estado anfitrião; avaliar os impactos que suas atividades podem provocar nos direitos humanos; e investigar se suas ações institucionais estão contribuindo para a perpetração de violações, mediante as parcerias que realiza (o que caracterizaria uma situação de cumplicidade na violação de direitos humanos, por exemplo) (Doc. UN: A/HRC/8/5, *Protect, Respect and Remedy: a Framework for Business and HR*, Report of the Special Representative of the Secretary General on the issue of HR and TNCs and other business enterprises, John Ruggie, 7 April 2008, para. 56-8).

[358] "(...) While corporations may be considered "organs of society", they are specialized economic organs, not democratic public interest institutions. As such, their responsibilities cannot and should not simply mirror the duties of States. Accordingly, the Special Representative has focused on identifying the distinctive responsibilities of companies in relation to human rights (Doc. UN: A/HRC/8/5, *Protect, Respect and Remedy: a Framework for Business and HR*, Report of the Special Representative of the Secretary-General on the issue of HR and TNCs and other business enterprises, John Ruggie, 7 April 2008, para. 53).

seres humanos.³⁵⁹ No entanto, como também pontua Shue, não há que se falar em responsabilidade de respeitar desvinculada por completo das responsabilidades de proteger e promover. Na Doutrina da Tipologia Tripartite de Shue, as responsabilidades de respeitar, proteger e promover são interdependentes.³⁶⁰

É pacífico na ONU o entendimento de que tanto Estados como empresas devem igualmente respeitar os direitos humanos,³⁶¹ embora haja discussões a respeito das responsabilidades das empresas de protegê-los e promovê-los. É imperativo, todavia, que os contornos das responsabilidades das empresas para com os direitos humanos sejam definidos para além do mero dever negativo de se absterem de violar esses direitos.

Há que se estender o alcance das responsabilidades das empresas, abarcando também as obrigações positivas de *proteger* e *implementar* os direitos humanos, em determinadas situações e sob circunstâncias específicas (o que não se confunde com a atribuição de responsabilidades idênticas aos Estados e às empresas). No tocante à *proteção* dos direitos humanos, iluminados pela teoria de Bobbio,³⁶² entendemos que

---

[359] "It would be helpful to have before us a comprehensive list of categories of relevant agents, although naturally not every kind of agent will bear every kind of duty toward everyone" (SHUE, Henry. The Interdependence of Duties. *In*: ALSTON, P.; TOMASEVSKI, K. (Ed.). *The Right to Food*: Intl' Studies in Human Rights, Netherlands Institute of Human Rights, Marthinus Nijhoff, 1984. p. 88).

[360] "In 1980 I suggested that every basic right, and most other moral rights as well, could be analyzed using a very simple tripartite typology of interdependent duties of avoidance, protection and aid" (SHUE, Henry. The Interdependence of Duties. *In*: ALSTON, P.; TOMASEVSKI, K. (Ed.). *The Right to Food*: Intl' Studies in Human Rights, Netherlands Institute of Human Rights, Marthinus Nijhoff, 1984. p. 88).

[361] "(...) because the responsibility to respect is a baseline expectation, a company cannot compensate for human rights harm by performing good deeds elsewhere (...)" (Doc. UN: A/HRC/8/5, *Protect, Respect and Remedy: a Framework for Business and HR*, Report of the Special Representative of the Secretary-General on the issue of HR and TNCs and other business enterprises, John Ruggie, 7 April 2008, para. 55).
"We can be quite sure that every agent has the duty to show respect toward everyone else, since every person or organization who was an exception to this duty would be at liberty to violate the right at will, leaving the 'right' seriously compromised at best" (SHUE, Henry. The Interdependence of Duties. *In*: ALSTON, P.; TOMASEVSKI, K. (Ed.). *The Right to Food*: Intl' Studies in Human Rights, Netherlands Institute of Human Rights, Marthinus Nijhoff, 1984. p. 88).

[362] Em *A era dos direitos*, ao discorrer acerca do sistema internacional de proteção dos direitos humanos, Bobbio diferencia a *vis directiva* da influência e a *vis coactiva* do poder para anunciar as três vertentes do plano internacional: a promoção, o controle e a garantia. Enquanto a promoção e o controle se inserem na lógica da *vis directiva* da influência, a garantia, por sua vez, alia-se à *vis coactiva* do poder (BOBBIO, N. *A era dos direitos*. Rio de Janeiro: Elsevier, 2004. p. 66-81).
"A promoção busca irradiar, para consolidá-los, o valor dos direitos humanos. (...) O controle se faz mediante relatórios que monitoram o cumprimento, pelos estados, dos compromissos

ela abrange os conceitos de controle e garantia. Para Bobbio, o controle se realiza por meio dos relatórios de monitoramento, que avaliam o cumprimento dos compromissos de direitos humanos assumidos internacionalmente. Assim, tanto os Estados como as empresas deveriam submeter-se a esse processo de controle por monitoramento, no seio da ONU, por exemplo, ou de outras instituições capazes de garantirem a transparência e a visibilidade democráticas. A garantia, a seu turno, é o oferecimento de uma tutela jurisdicional internacional, que reforça a efetividade da tutela jurisdicional interna. Nesse sentido, as atitudes e decisões não apenas dos Estados, mas também das empresas, deveriam ser julgadas pelas diversas instâncias que compõe o sistema internacional de proteção dos direitos humanos, tanto no nível global quanto no regional.[363] No que concerne à *implementação* dos direitos humanos, evocando Bobbio novamente, entendemos que a implementação se revele no conceito da promoção dos direitos humanos, ou seja, na divulgação e irradiação[364] à guisa da cristalização dos direitos humanos. Bobbio comunga, portanto, da visão de Shue quando entende que a proteção, seja pelo controle, seja pela garantia, está relacionada à promoção dos direitos humanos.

Os Estados têm responsabilidade de respeitar, proteger e implementar todos os direitos humanos, de todos os indivíduos. As empresas, diferentemente, têm a responsabilidade de respeitar todos os direitos humanos de todas as pessoas, além de proteger e promover os direitos humanos no âmbito circunscrito a sua esfera de influência. Esse é o conceito de responsabilidade de direitos humanos para as empresas transnacionais que ora se adota, com fulcro nas teorias de Shue e Bobbio.

---

assumidos em matéria de direitos humanos, em tratados internacionais de que são partes contratantes. (...) A garantia é a possibilidade de uma tutela jurisdicional internacional, que reforce, pela possibilidade de a ela recorrer, a efetividade da tutela jurisdicional nacional. É o que ocorre na Europa, graças à Convenção Européia de Direitos Humanos e é o que vem ocorrendo na América Latina, com a plena aplicação do Pacto de São José. Merece, igualmente, menção, a criação do Tribunal Penal Internacional que, com a entrada em vigor do Estatuto de Roma, estabeleceu uma jurisdição para os crimes internacionais violadores dos direitos humanos" (LAFER, Celso. Prefácio. *In*: BOBBIO, N. *A era dos direitos*. Rio de Janeiro: Elsevier, 2004. p. vi).

[363] Poderiam aqui ser citadas não apenas as jurisdições globais e regionais institucionalizadas (como a ONU, que, a OEA, para citar algumas), mas também as jurisdições de apelo internacional organizadas pela sociedade civil, como o Tribunal dos Povos, por exemplo.

[364] A divulgação e irradiação dos direitos humanos seria o exercício da ideologia 'sobre as mentes pela produção de idéias, de símbolos, de visões de mundo, de ensinamentos práticos mediante o uso da palavra' (BOBBIO, N. *Os intelectuais e o poder*, citado por LAFER, Celso. Prefácio. *In*: BOBBIO, N. *A era dos direitos*. Rio de Janeiro: Elsevier, 2004. p. vi).

O que significa, porém, respeitar, proteger e promover, no contexto específico da esfera de influência das empresas farmacêuticas transnacionais, no que tange particularmente à situação do acesso a medicamentos para doenças negligenciadas?

(continua)

Ano	Orgão e Sessão	Documento	Título
2005	Comissão de Direitos Humanos (61ª Sessão)	E/CN.4/2005/91	Report of the United Nations High Commissioner on Human Rights on the responsibilities of transnational corporations and related business enterprises with regard to human rights.
2006	Comissão de Direitos Humanos (62ª Sessão)	E/CN.4/2006/92	Report of the United Nations High Commissioner for Human Rights on the sectoral consultation entitled "Human rights and the extractive industry", 10-11 November 2005.
2006	Comissão de Direitos Humanos (62ª Sessão)	E/CN.4/2006/97	Interim report of the Special Representative of the Secretary-General on the issue of human rights and transnational corporations and other business enterprises.
2007	Conselho de Direitos Humanos (4ª Sessão)	A/HRC/4/35	Report of the Special Representative of the Secretary-General on the issue of human rights and transnational corporations and other business enterprises.
2007	Conselho de Direitos Humanos (4ª Sessão)	A/HRC/4/35/Add. 1	State responsibilities to regulate and adjudicate corporate activities under the United Nations core human rights treaties: an overview of treaty body commentaries.

(continua)

Ano	Orgão e Sessão	Documento	Título
2007	Conselho de Direitos Humanos (4ª Sessão)	A/HRC/4/35/Add. 2	Corporate responsibility under international law and issues in extraterritorial regulation: summary of legal workshops.
2007	Conselho de Direitos Humanos (4ª Sessão)	A/HRC/4/35/Add. 3	Human rights policies and management practices: results from questionnaire surveys of Governments and the Fortune Global 500 firms.
2007	Conselho de Direitos Humanos (4ª Sessão)	A/HRC/4/35/Add. 4	Business recognition of human rights: Global patterns, regional and sectoral variations.
2007	Conselho de Direitos Humanos (4ª Sessão)	A/HRC/4/74	Report of the Special Representative of the Secretary-General on the issue of human rights and transnational corporations and other business enterprises: Human rights impact assessments – resolving key methodological questions.
2007	Conselho de Direitos Humanos (4ª Sessão)	A/HRC/4/99	Report of the High Commissioner for Human Rights on the outcome of the second annual sectoral consultation of senior company executives and experts.
2008	Conselho de Direitos Humanos (8ª Sessão)	A/HRC/8/5	Report of the Special Representative of the Secretary-General on the issue of human rights and transnational corporations and other business enterprises, John Ruggie.
2008	Conselho de Direitos Humanos (8ª Sessão)	A/HRC/8/5/Add.1	Summary of five multi-stakeholder consultations.

(conclusão)

Ano	Orgão e Sessão	Documento	Título
2008	Conselho de Direitos Humanos (8ª Sessão)	A/HRC/8/5/Add.2	*Corporations and human rights: a survey of the scope and patterns of alleged corporate-related human rights abuse.*
2008	Conselho de Direitos Humanos (8ª Sessão)	A/HRC/8/16	*Clarifying the Concepts of "Sphere of influence" and "Complicity".*
2009	Conselho de Direitos Humanos (11ª Sessão)	A/HRC/11/13	*Report of the Special Representative of the Secretary-General on the issue of human rights and transnational corporations and other business enterprises, John Ruggie.*
2009	Conselho de Direitos Humanos (11ª Sessão)	A/HRC/11/13/Add.1	*State obligations to provide access to remedy for human rights abuses by third parties, including business.*
2010	Conselho de Direitos Humanos (14ª Sessão)	A/HRC/14/27	*Report of the Special Representative of the Secretary-General on the issue of human rights and transnational corporations and other business enterprises, John Ruggie. Business and Human Rights: further steps toward the operationalization of the "protect, respect and remedy" framework.*

FIGURA 8 – Quadro-resumo dos relatórios de John Ruggie, Representante Especial do Secretário-Geral sobre o tema dos direitos humanos e as corporações transnacionais e outras atividades empresariais.

PARTE II

AS RESPONSABILIDADES DAS EMPRESAS FARMACÊUTICAS EM RELAÇÃO AO DIREITO DE ACESSO A MEDICAMENTOS

CAPÍTULO 3

A EVOLUÇÃO RECENTE DOS TEMAS DO ACESSO A MEDICAMENTOS E DAS RESPONSABILIDADES DAS EMPRESAS FARMACÊUTICAS TRANSNACIONAIS

Introdução

No capítulo anterior, analisamos as responsabilidades das empresas transnacionais com relação aos direitos humanos. Neste capítulo voltaremos a atenção às responsabilidades específicas das empresas farmacêuticas em relação ao direito à saúde e ao acesso a medicamentos. Para tanto se verificará, preliminarmente, como a questão do acesso a medicamentos foi desenvolvida na Assembleia Geral da ONU e no ECOSOC (pela Comissão de Direitos Humanos, pelo Conselho de Direitos Humanos), até ser definida como elemento essencial do direito à saúde. Estudar-se-á o trâmite da questão nesses órgãos da ONU, retomando, dessa forma, o histórico da conquista do acesso a medicamentos, a partir dos trabalhos complementares da Assembleia Geral, da Comissão e do Conselho de Direitos Humanos e, em especial, do Relator Especial Paul Hunt. Analisar-se-á, finalmente, os principais relatórios da ONU que debatem a responsabilidade das empresas farmacêuticas em relação ao acesso a medicamentos, notadamente no caso das doenças negligenciadas.

No entanto, para que se possa compreender a evolução da questão nesses órgãos da ONU, faz-se necessário revisar brevemente a lógica de proteção internacional dos direitos humanos.

A proteção internacional dos direitos humanos prevê dois mecanismos complementares de proteção: o global e o regional (constituído pelos sistemas africano,[365] árabe,[366] europeu[367] e interamericano[368]). O sistema global desenvolve-se no seio da ONU, organização fundada pela Carta de São Francisco, de 1945.[369] A ONU foi criada para instaurar uma nova ordem mundial, construída com base nas relações pacíficas entre as nações, em que os direitos humanos sejam universalmente respeitados. A ONU visa, assim, a quatro propósitos e princípios essenciais, enunciados no artigo 1º do seu tratado constitutivo: (i) manter a paz e a segurança internacionais; (ii) desenvolver relações amistosas entre as nações, respeitando-se o princípio de igualdade de direitos e de autodeterminação dos povos; (iii) buscar a cooperação internacional não apenas para resolver os problemas internacionais de caráter econômico, social, cultural ou humanitário, mas também para promover e estimular o respeito aos direitos humanos de modo universal; e (iv) buscar harmonizar a ação das nações para a consecução desses objetivos comuns.[370]

O sistema onusiano dispõe de dois tipos essenciais de órgãos que trabalham para a realização e o controle desses quatro propósitos e princípios enunciados pela Carta de São Francisco: (i) os órgãos previstos

---

[365] Carta Africana dos Direitos Humanos e dos Direitos dos Povos, de 1981.
[366] Carta Árabe dos Direitos Humanos, de 1994.
[367] Convenção Europeia para Proteção dos Direitos Humanos e Liberdades Fundamentais, de 1950.
[368] Declaração Americana dos Direitos e Deveres do Homem, de 1948, e Convenção Americana de Direitos Humanos, de 1969.
[369] A Carta da ONU foi assinada em 26 de junho de 1945, em São Francisco, como resultado da Conferência das Nações Unidas sobre Organização Internacional. A Carta de São Francisco, como também é denominada, entrou em vigor em 24 de outubro daquele mesmo ano.
[370] "Propósitos e Princípios – Artigo 1 – Os propósitos das Nações unidas são:
1. Manter a paz e a segurança internacionais e, para esse fim: tomar, coletivamente, medidas efetivas para evitar ameaças à paz e reprimir os atos de agressão ou outra qualquer ruptura da paz e chegar, por meios pacíficos e em conformidade com os princípios da justiça e do direito internacional, a um ajuste ou solução das controvérsias ou situações que possam levar a uma perturbação da paz;
2. Desenvolver relações amistosas entre as nações, baseadas no respeito ao princípio de igualdade de direitos e de autodeterminação dos povos, e tomar outras medidas apropriadas ao fortalecimento da paz universal;
3. Conseguir uma cooperação internacional para resolver os problemas internacionais de caráter econômico, social, cultural ou humanitário, e para promover e estimular o respeito aos direitos humanos e às liberdades fundamentais para todos, sem distinção de raça, sexo, língua ou religião; e
4. Ser um centro destinado a harmonizar a ação das nações para a consecução desses objetivos comuns".
(Carta da ONU, 1945, Capítulo 1, artigo 1).

na Carta da ONU, ou *Charter-based Bodies*, e (ii) os órgãos criados por outros tratados, ou *Treaty-based Bodies*. Trata-se, em ambas as categorias, de órgãos que não apenas monitoram os tratados de direitos humanos e seu cumprimento pelos Estados, mas também esclarecem e aprofundam a interpretação dos instrumentos de Direito Internacional dos Direitos Humanos. Os *Charter-based Bodies* e os *Treaty-based Bodies* são, portanto, órgãos de controle, que verificam a observância, em âmbito doméstico, das obrigações contraídas internacionalmente pelos Estados, quando da assinatura e ratificação dos tratados;[371] e, ainda, exaram interpretações acerca das normas desses tratados (na forma de Comentários ou Discussões Gerais), visando à uniformidade e harmonização na aplicação dos instrumentos de direitos humanos.[372]

Quanto aos *Charter-based Bodies*, cumpre relembrar que a Carta da ONU estabelecia seis órgãos principais a compor a organização.[373] No que respeita ao acesso a medicamentos e à responsabilidade das empresas farmacêuticas com relação a esse direito, dois órgãos possuem maior relevância na matéria: a Assembleia Geral e o ECOSOC. Neste último, analisam-se os debates conduzidos (i) na Comissão de Direitos Humanos, substituída pelo Conselho de Direitos Humanos, em 2006; e (ii) nos mandatos dos Procedimentos Especiais do Conselho de Direitos Humanos. Dois mandatos, em particular, são relevantes à presente discussão da responsabilidade das empresas farmacêuticas: o do relator Paul Hunt, sobre *Direito ao gozo do mais elevado padrão atingível de saúde física e mental* (objeto do presente capítulo); e do relator

---

[371] Cumpre lembrar que são sete as fases de conclusão de um tratado: (i) negociação, em que se definem os texto do tratado; (ii) assinatura, em que se atesta a autenticidade do texto da convenção; (iii) aprovação legislativa, que ocorre na ordem jurídica interna do país signatário (No ordenamento jurídico brasileiro, a CF/88, em seu art. 84, determina que a competência para celebrar tratados é privativa do Presidente da República, estando sujeitos a referendo do Congresso Nacional. O tratado deve, assim, ser aprovado pela Câmara dos Deputados e, após, pelo Senado. O Senado, então, edita o Decreto Legislativo, no qual manifesta a sua aprovação); (iv) ratificação, ato internacional em que o Estado signatário obriga-se definitivamente para com o texto da convenção (no Brasil, o depósito do instrumento de ratificação é de competência privativa do Presidente da República); (v) promulgação, que, no Brasil, ocorre mediante um Decreto do Presidente da República; (vi) publicação, que, no Brasil, consolida-se a partir da divulgação do Decreto Presidencial de Promulgação, no *Diário Oficial da União*; e finalmente (vii) registro perante a ONU, conforme dispõe o art. 102 da Carta de São Francisco.

[372] RAMOS, A. de C. *Teoria geral dos direitos humanos na ordem internacional*. Rio de Janeiro: Renovar, 2005. p. 17.

[373] Artigo 7 da Carta da ONU – "1. Ficam estabelecidos como órgãos principais das Nações Unidas: uma Assembleia Geral, um Conselho de Segurança, um Conselho Econômico e Social, um Conselho de Tutela, uma Corte Internacional de Justiça e um Secretariado".

John Ruggie, sobre *Direitos Humanos, Corporações Transnacionais e outras atividades empresariais*.[374]

Por sua vez, os *Treaty-based Bodies* são estruturados em torno de oito comitês essenciais, que controlam a implementação dos principais tratados de direitos humanos.[375] Têm particular relevância para o debate

---

[374] Existem oito mandatos que analisam a situação dos direitos humanos em países determinados: Burundi, Camboja, República Democrática da Coreia, Haiti, Myanmar, territórios ocupados da Palestina desde 1967, Somália e Sudão (Dados disponíveis em: <http://www2.ohchr.org/english/bodies/chr/special/countries.htm>).
Existem também os relatores temáticos, que analisam a situação mundial de direitos humanos de uma perspectiva específica, dentre os quais citamos: Moradia Adequada como um Componente do Direito a um padrão Adequado de Vida; Grupo de Trabalho sobre Descendentes Africanos; Grupo de Trabalho sobre Detenção Arbitrária; Tráfico de Crianças, Prostituição Infantil e Pornografia relativa a Crianças; Direito à Educação; Grupo de Trabalho sobre Desaparecimento Involuntário ou Forçado de Pessoas; Execuções Extrajudiciais, Sumárias ou Arbitrárias; Direitos Humanos e Extrema Pobreza; Direito à Alimentação; Efeitos das Políticas de Reforma Econômica e Dívida Externa no Pleno Gozo dos Direitos Humanos – particularmente dos Direitos Econômicos, Sociais e Culturais; Promoção e Proteção do Direito à Liberdade de Opinião e Expressão; Intolerância Religiosa; *Direito ao gozo do mais elevado padrão atingível de saúde física e mental*; Situação dos Defensores de Direitos Humanos; Independência dos Juízes e Advogados; Situação dos Direitos Humanos e das Liberdades Fundamentais dos Povos Indígenas; Deslocados Internos; Direitos Humanos dos Imigrantes; Questão das Minorias; Formas Contemporâneas de Racismo, Discriminação Racial, Xenofobia e Intolerância Relacionada; Direitos Humanos e Solidariedade Internacional; Promoção e Proteção dos Direitos Humanos no Combate ao Terrorismo; Tortura e outros Tratamentos ou Penas Cruéis, Desumanos ou Degradantes; Efeitos Adversos do Movimento Ilícito e do Depósito de Produtos Tóxicos e Produtos Perigosos e Lixos sobre o gozo dos Direitos Humanos; Tráfico de Pessoas, especialmente Mulheres e Crianças; *Direitos Humanos e Corporações Transnacionais e outros empreendimentos corporativos*; Obrigações de Direitos Humanos Relacionadas ao Acesso à Água Potável e Sanitariedade; Violência contra as Mulheres, suas Causas e Consequências (Informações disponíveis em: <http://www2.ohchr.org/english/bodies/chr/special/themes.htm>).
Cumpre esclarecer que os trabalhos dos relatores temáticos Paul Hunt (Direito ao gozo do mais elevado padrão atingível de saúde física e mental) e John Ruggie (Direitos humanos e corporações transnacionais e outros empreendimentos corporativos) são objeto de análise nos capítulos 4 e 3, respectivamente, por contribuírem significativamente para a discussão do tema da responsabilidade das empresas farmacêuticas.

[375] "There are nine core international human rights treaties, one of which — on enforced disappearance — has not yet entered into force. Since the adoption of the Universal Declaration of Human Rights in 1948, all UN Member States have ratified at least one core international human rights treaty, and 80 percent have ratified four or more.
There are eight human rights treaty bodies, which are committees of independent experts that monitor implementation of the core international human rights treaties. They are created in accordance with the provisions of the treaty that they monitor. OHCHR assists treaty bodies in harmonizing their working methods and reporting requirements through their secretariats" (Disponível em: <http://www.ohchr.org/en/hrbodies/Pages/HumanRightsBodies.aspx>).
Os oito Comitês que compõe o *Treaty-based Bodies* são: (i) o Comitê de Direitos Humanos; (ii) o Comitê de Direitos Econômicos, Sociais e Culturais; (iii) o Comitê contra a Tortura, com seu Protocolo Adicional à Convenção contra a Tortura e seu Subcomitê de Prevenção à Tortura; (iv) o Comitê para a Eliminação de Todas as Formas de Discriminação Racial; (v) o Comitê para a Eliminação de Todas as Formas de Discriminação Contra a Mulher;

que aqui se pretende fomentar os trabalhos conduzidos pelo Comitê de Direitos Econômicos, Sociais e Culturais. Os trabalhos interpretativos exarados por esse Comitê merecem destaque. Citem-se, em especial, o Comentário Geral nº 14 (sobre o direito ao mais alto padrão de saúde, de 11 de agosto de 2000)[376] e o Comentário Geral nº 17 (sobre o direito de todos de se beneficiarem da proteção dos interesses morais e materiais resultantes de qualquer produção científica, literária ou artística).[377] É igualmente importante o trabalho de monitoramento conduzido pelo Comitê de Direitos Econômicos, Sociais e Culturais, que se dá por meio da análise de relatórios submetidos por cada Estado-parte, a cada cinco anos. Nesse relatório, o Estado deve demonstrar os meios pelos quais vem cumprindo as obrigações assumidas no momento da assinatura do tratado, devendo, para tanto, explicitar também as medidas legislativas, judiciais e políticas que adotou para proteger os direitos humanos, objeto do tratado. O relatório dos Estados é analisado por especialistas que integram o Comitê, os quais formularão conclusões e recomendações a respeito do conteúdo do relatório submetido. Tais recomendações deverão ser objeto de implementação pelo Estado nos próximos cinco anos, momento em que um novo relatório de monitoramento será submetido ao Comitê.[378]

(vi) o Comitê para os Direitos das Crianças; (vii) o Comitê para a Proteção dos Direitos dos Trabalhadores Migrantes e suas Famílias; e (viii) o Comitê para a Proteção das Pessoas com Deficiências.

[376] Doc. UN: E/C.12/2000/4, Comitê de Direitos Econômicos, Sociais e Culturais, General Comment, *The right to the highest attainable standard of health*, 11 August 2000.

[377] Doc. UN: E/C.12/GC/17, Comitê de Direitos Econômicos, Sociais e Culturais, General Comment, *The right of everyone to benefit from the protection of the moral and material interests resulting from any scientific, literary or artistic production of which he or she is the author*, 12 January 2006.

[378] "Submission of reports and the pre-sessional working group – When States parties submit their reports, a standard procedure of consideration is followed by the Committee. Once received, processed and translated by the Secretariat, States parties' reports are initially reviewed by the Committee's five-person pre-sessional working group, which meets six months prior to a report being considered by the full Committee. The pre-sessional working group gives a preliminary consideration to the report, appoints one member to give particular consideration to each report, and develops written lists of questions based on disparities found in the reports which are submitted to the States parties concerned. The States parties are then required to reply in writing to these questions prior to their appearance before the Committee.
Presentation of reports – Representatives of reporting States are strongly encouraged to be present at meetings when the Committee considers their reports. Such delegations are virtually always present during this process, which is generally carried out over a two-day period. Delegations first provide introductory comments and responses to the pre-sessional working group's written questions. This is followed by the provision of information by the United Nations specialized agencies relevant to the report under consideration. Committee members then put questions and observations to the State party appearing before it. A further

A seguir, analisaremos, então, da perspectiva organizacional dos *Charter-based Bodies*, os instrumentos jurídicos exarados pela Assembleia Geral e pelo ECOSOC (incluindo os trabalhos da Comissão e do Conselho de Direitos Humanos, além dos principais relatórios de Paul Hunt), conforme sua relevância para o tema da responsabilidade das empresas farmacêuticas com relação ao direito de acesso a medicamentos. Cumpre esclarecer que as resoluções exaradas tanto pela Assembleia Geral como pela Comissão e pelo Conselho de Direitos Humanos do ECOSOC auxiliam na cristalização dos costumes internacionais, contribuindo, assim, para a evolução das regras no Direito Internacional dos Direitos Humanos.[379]

3.1 Assembleia Geral e a construção do acesso a medicamentos como elemento essencial do direito à saúde

A Assembleia Geral é composta por todos os membros que integram a ONU,[380] cada qual com poder de voto sobre quaisquer das questões ou assuntos em debate[381] contidos no escopo da Carta de São

---

period of time is then allowed for representatives of States parties to respond, generally not on the same day, to the questions and views put to them, as precisely as possible. If the questions cannot be adequately dealt with, the Committee often requests a State party to provide it with additional information for its consideration at forthcoming sessions.
Concluding observations – The Committee decides upon completion by the Committee of its analysis of reports and the appearance by States parties, the Committee concludes its consideration of States parties' reports by issuing "concluding observations", which constitute the decision of the Committee regarding the status of the Covenant in a given State party. Concluding observations are divided into five sections: (a) introduction; (b) positive aspects; (c) factors and difficulties impeding the implementation of the Covenant; (d) principal subjects of concern; (e) suggestions and recommendations. Concluding observations are adopted in private session, and are released to the public on the final day of each session. On a number of occasions, the Committee has concluded that violations of the Covenant had taken place, and subsequently urged States parties to desist from any further infringements of the rights in question" [OHCHR, *Fact Sheet nº 16 (Rev.1) – The Committee en Economic, Social and Cultural Rights*. p. 16. (Disponível em: <http://www.ohchr.org/Documents/Publications/FactSheet16rev.1en.pdf>)].

[379] RAMOS, A. de C. *Teoria geral dos direitos humanos na ordem internacional*. Rio de Janeiro: Renovar, 2005. p. 56-7.

[380] Art. 9, da Carta da ONU – 1. A Assembleia Geral será constituída por todos os Membros das Nações Unidas.

[381] Art. 10 da Carta da ONU – A Assembleia Geral poderá discutir quaisquer questões ou assuntos que estiverem dentro das finalidades da presente Carta ou que se relacionarem com as atribuições e funções de qualquer dos órgãos nela previstos e, com exceção do estipulado no Artigo 12, poderá fazer recomendações aos Membros das Nações Unidas ou ao Conselho de Segurança ou a este e àqueles conjuntamente, a propósito de qualquer daquelas questões ou assuntos.

Francisco. Prevê-se, portanto, uma ampla competência para a Assembleia Geral, de tal maneira que a repetição de tópicos discutidos por outros órgãos e agências da ONU torna-se inevitável. Todavia, esses debates paralelos, em diferentes órgãos e agências das Nações Unidas, sobre uma mesma matéria são considerados benéficos, porque reforçam a pressão internacional e reiteram a legitimidade do assunto como interesse geral da comunidade internacional.[382]

No caso do acesso a medicamentos para pandemias como o HIV/AIDS, por exemplo, houve densas discussões, sobretudo no ano de 2001. Tais debates ocorriam paralelamente, não apenas em diferentes órgãos da ONU (em especial na Assembleia Geral e na Comissão de Direitos Humanos), mas também em algumas de suas agências especializadas (como a UNAIDS[383] e a UNCTAD[384], por exemplo) e em outras

---

[382] ALSTON, Philip. *United Nations and Human Rights*: a Critical Appraisal. Oxford: Clarendon Press, 1992. p. 57.

[383] O *Joint United Nations Programme on HIV/AIDS – UNAIDS* foi criado pela Resolução 1994/24, do ECOSOC. Na Resolução 1994/24, o ECOSOC cria a UNAIDS, definindo sua plena implementação a partir de 1996, com a participação de seis entidades: (i) o Programa das Nações Unidas para o Desenvolvimento (PNUD-UNDP) (ii) o Fundo das Nações Unidas para Infância (UNICEF); (iii) o Fundo das Nações Unidas para as Populações (UNFPA); (iv) a Organização Mundial da Saúde (OMS-WHO), por meio da Resolução EB93.R5; (v) a Organização das Nações Unidas para Educação, Ciência e Cultura (UNESCO), por meio da Resolução 144EX-5.1.5; e (vi) o Banco Mundial. Atualmente, patrocinam também o programa: o Alto Comissariado das Nações Unidas para os Refugiados (ACNUR-UNHCR); o Programa Mundial de Alimentos (WFP); o Escritório das Nações Unidas para Drogas e Crimes (UNOC); e a Organização Internacional do Trabalho (OIT-ILO). Informações disponíveis em: <http://www.unaids.org/en/Cosponsors/>.
A UNAIDS visa, portanto, a somar esforços e recursos de dez instituições não somente para o tratamento das pessoas que vivem com o HIV, mas também para a mitigação dos seus impactos na vida das pessoas e para a prevenção mundial de novas infecções de HIV. Para tanto, a UNAIDS, sediada em Genebra, atua em 80 países, elaborando respostas em conjunto com governos e as sociedades civis locais (Dados disponíveis em: <http://www.unaids.org/en/AboutUNAIDS/default.asp>).
Em 1º de dezembro de 2003, no Dia Mundial de Combate à AIDS, a UNAIDS e a OMS lançam a meta "*3 by 5 – Treating 3 million people by 2005*", iniciativa que visava à ampliação do acesso a medicamentos antirretrovirais a 3 milhões de pessoas, em 50 países em desenvolvimento, até o final do ano de 2005. Essa iniciativa seria o primeiro passo para a viabilização do acesso universal a medicamentos antirretrovirais (Disponíveis em: <http://data.unaids.org/Cosponsors/WHO/pr_who_3by5_01dec03_en.pdf>).
Ato contínuo, em 9 janeiro de 2004, a UNAIDS lançou o relatório *Business and HIV/AIDS: OMS Me?*, que apresenta os resultados de uma pesquisa de opinião, realizada perante os líderes empresariais, sobre o risco que o HIV/AIDS representa para a economia mundial, as empresas e as comunidades. O relatório, apresentado no Fórum Econômico Mundial daquele ano, identifica uma crescente preocupação dos setores empresariais com relação ao HIV/AIDS e o acesso a medicamentos antirretrovirais, muito embora as iniciativas nos setores empresariais sejam ainda muito tímidas nesse tocante. ("Both the Global Business Coalition on HIV/AIDS and the World Economic Forum's Global Health Initiative assert that "HIV/AIDS should be a core business issue for every company, particularly those with interests in heavily affected countries." In recent years, a number of businesses have received attention for developing vigorous programmes to combat the epidemic.

organizações internacionais (dentre as quais OMS,[385] OMC,[386] OIT[387]). Muito embora se realce a significância e complementaridade de todas essas discussões, sob os diferentes aspectos do problema do acesso a medicamentos para pandemias como HIV/AIDS, analisaremos, neste trabalho, o teor das discussões conduzidas apenas nos órgãos da ONU (a saber, Assembleia Geral e ECOSOC[388]), em razão da perspectiva de Direito Internacional dos Direitos Humanos que se adotou.

However, the World Economic Forum's Executive Opinion Survey reveals businesses of this type are in a small minority" (UNAIDS, *business and HIV/AIDS: OMS Me?*. p. 8. Disponível em: <http://data.unaids.org/Topics/Partnership-Menus/wef-ghi_businesshivaids_(short)_04_en.pdf>).

Em julho de 2009, o ECOSOC, em sua reunião ministerial anual, debruçou-se novamente sobre a questão da saúde pública global. A reunião, cujo título era *"Implementing the internationally agreed goals and commitments in regard to global public health"*, deveria, entre outros pontos, analisar a agenda da UNAIDS para o período de 2009 a 2011. Assim, por meio da Resolução E/2009/L.23, o ECOSOC aprovou o *UNAIDS Outcome Framework* proposto, na busca do acesso universal aos medicamentos antirretrovirais, especialmente a partir da remoção de obstáculos legais e socioeconômicos, e da máxima utilização das flexibilidades previstas no TRIPS (Dados disponíveis em: <http://www.aegis.org/news/unaids/2009/UN090727.html>).

[384] Em 2002, a UNCTAD, em parceria com a ONG *International Centre for Trade and Sustainable Development – ICTSD*, organizou um encontro (os *Diálogos de Bellagio sobre Políticas de Desenvolvimento e Propriedade Intelectual*) que visava a discutir a questão do acesso à saúde, sob o enfoque das políticas nacionais e internacionais de proteção dos direitos de Propriedade Intelectual, levando em consideração o contexto econômico, tecnológico, social e cultural dos países em desenvolvimento (BASSO, M. et al. *Direito de propriedade intelectual e saúde pública*: o acesso aos medicamentos anti-retrovirais no Brasil. São Paulo: IDCID, 2007. p. 38-41).

Desde 2002, portanto, a UNCTAD e a ICTSD vêm trabalhando em parceria no projeto sobre Direitos de Propriedade Intelectual e Desenvolvimento Sustentável, que discute e produz documentos que analisam o tema do acesso a medicamentos, da perspectiva do Direito de Propriedade Intelectual. Foram realizados cinco encontros, em que se discutiram, entre outros tópicos, a evolução do tema do acesso à saúde e a proteção dos direitos de propriedade intelectual; as estratégias para o fomento de parcerias público-privadas orientadas para o desenvolvimento de P&D para doenças negligenciadas; a licença compulsória; as políticas antitruste e seu papel no acesso à saúde (Informações e detalhes sobre cada um dos encontros e discussões realizadas podem ser encontrados em: <http://www.iprsonline.org/unctadictsd/bellagio/dialogue2003/bell2_description.htm>).

[385] A OMS, agência especializada da ONU que possui como seis funções centrais: (i) liderar decisões críticas referentes à saúde, inclusive em parcerias, quando ações conjuntas são necessárias para a promoção da saúde global; (ii) nortear a agenda de pesquisa em saúde, além de estimular a geração e disseminação de valores e conhecimentos de saúde; (iii) definir normas e padrões relativos à saúde global, promovendo e monitorando sua implementação; (iv) articular políticas de saúde éticas e bem fundamentadas; (v) prover suporte técnico, servindo como uma catalisadora de mudanças e uma construtora de capacidade institucional; e (vi) monitorar as situações globais de saúde, identificando tendências na saúde das populações (Disponível em: <http://www.who.int/about/role/en/index.html>).

A OMS dispõe, portanto, de uma vasta competência, de modo que sua World Health Assembly exara resoluções sobre variados temas relevantes à saúde mundial. No que tange especificamente à questão do acesso a medicamentos, que surge como um clamor mundial inicialmente no contexto da pandemia do HIV/AIDS, a OMS vem adotando, desde 2000, uma série de resoluções. A seguir, mencionamos as principais resoluções adotadas pelo OMS no que tange à questão do acesso a medicamentos, no período de 2000 a 2009:

No âmbito da Assembleia Geral da ONU, cumpre destacar o acontecimento da 26ª Sessão Especial da Assembleia Geral da ONU, entre 25 e 27 de junho de 2001, na qual se debateu intensamente a necessidade e a urgência da situação do HIV/AIDS, em todos os seus aspectos. Buscava-se maior comprometimento, a partir da coordenação de esforços nos níveis nacional, regional e internacional. Então se adotou a Resolução A/RES/S-26/2,[389] que aprovava por unanimidade a *Declaração de Comprometimento com a "Crise Global – Ação Global"* ao *HIV/AIDS*.

2000: WHA53.14 – HIV/AIDS: confronting the epidemic;
2001: WHA54.10 – Scaling up the response to HIV/AIDS, e WHA54.11 – WHO medicines strategy;
2002: WHA55.12 – Contribution of OMS to the follow-up of the United Nations General Assembly special session on HIV/AIDS, e WHA55.14 – Ensuring accessibility of essential medicines;
2003: WHA56.27 – Intellectual property rights, innovation and public health, e WHA56.30 – Global health-sector strategy for HIV/AIDS;
2004: WHA57.14 – Scaling up treatment and care within a coordinated and comprehensive response to HIV/AIDS;
2005: WHA58.30 – Accelerating the achievement of the internationally agreed health-related development goals including those contained in the Millennium Declaration;
2006: WHA59.11 – Nutrition and HIV/AIDS, WHA59.12 – Implementation by OMS of the recommendations of the Global Task Team on Improving AIDS Coordination among Multilateral Institutions and International Donors, WHA59.24 – Public health, innovation, essential health research and intellectual property rights: towards a global strategy and plan of action, e WHA59.26 – International trade and health;
2007: WHA60.18 – Malaria, including proposal for establishment of World Malaria Day, WHA60.19 – Tuberculosis control: progress and long-term planning, WHA60.20 – Better medicines for children, WHA60.29 – Health technologies, WHA60.30 – Public health, innovation and intellectual property;
2008: WHA61.18 – Monitoring of the achievement of the health-related Millennium Development Goals, e WHA61.21 – Global strategy and plan of action on public health, innovation and intellectual property;
2009: WHA62.15 – Prevention and control of multidrug-resistant tuberculosis and extensively drug-resistant tuberculosis e WHA62.16 – Global strategy and plan of action on public health, innovation and intellectual property.

[386] Há uma vasta literatura sobre o tema do acesso a medicamentos e as políticas da OMC, em especial no Brasil, já que o País liderou as pressões da comunidade internacional para que o interesse público da saúde se sobrepusesse aos interesses financeiros defendidos pelas empresas farmacêuticas. O clamor internacional intensificou-se sobremaneira após o fim do contencioso iniciado pelos EUA junto ao Órgão de Solução de Controvérsias da OMC (Dispute DS199: Brazil – Measures Affecting Patent Protetion. Disponível em: <http://www.wto.org/english/tratop_e/dispu_e/cases_e/ds199_e.htm>) contra o governo brasileiro. O caso gerou forte mobilização na OMC, o que levou a organização a adotar, em 14 de novembro de 2001, a Declaração de Doha, sobre TRIPS e Saúde Pública (Doc. WTO: WT/MIN(01)/DEC/2, *Declaração on the TRIPs Agreement and Public Health*, 2001), cujo texto inicial fora proposto por Brasil e Índia. A Declaração de Doha ressalta a tensão existente entre o direito de propriedade intelectual, que justifica o alto preço dos medicamentos, e a saúde pública global. Nesse sentido, a Declaração legitima o direito de os países-membro da OMC utilizarem-se do edifício jurídico da licença compulsória e o direito de os países menos desenvolvidos dilatarem o prazo de introdução dos direitos patentários dos medicamentos até 2016.

A Declaração de Comprometimento com o HIV/AIDS reconhecia
que o acesso a medicamentos no contexto das pandemias é um elemento

> Em 30 de agosto de 2003, o Conselho Geral da OMC emitiu uma decisão sobre a implementação do parágrafo 6 da Declaração de Doha sobre TRIPs e Saúde Pública. A Decisão de 2003 (Doc. WTO, WT/L/540 and Corr.1 *Implementation of Paragraph 6 of the Doha Declaration on the TRIPs Agreement and Public Health*, 2003), regula, portanto, a importação paralela de medicamentos cujas patentes tenham sido submetidas ao licenciamento compulsório. Assim, países com capacidade insuficiente de produção local dos medicamentos licenciados poderiam importar esses produtos farmacêuticos dos países que realizaram o licenciamento.
> Em 2005, o Conselho Geral da OMC houve por bem tornar permanente a Decisão de 2003, a partir da criação de uma emenda ao artigo 31 do TRIPS. Trata-se da Decisão de 2005 (Doc. WTO, WT/L/641, *Amendment of the TRIPs Agreement*, 2005), adotada em 6 de dezembro de 2005, durante a Conferência Ministerial de Hong Kong. A Decisão de 2005 deveria ser ratificada por 2/3 dos membros da OMC até 1 de dezembro de 2007. Todavia, não tendo atingido o número necessário de ratificações, o Conselho Geral decidiu, em 18 de dezembro de 2007, dilatar esse prazo até 31 de dezembro de 2009 (Doc. WTO, WT/L/711, *Amendment of the TRIPs Agreement – extension of the Period for the Acceptance by members of the Protocol amending the TRIPs Agreement*, 2007).

[387] A OIT criou em 2000 o Programa ILO/AIDS, sobre HIV/AIDS no ambiente de trabalho, com três objetivos centrais: (i) conscientizar as pessoas sobre os efeitos sociais e econômicos, além dos impactos no desenvolvimento, gerados pela AIDS sobre o trabalho e o emprego; (ii) auxiliar governos, empregadores e trabalhadores nos esforços de controle do HIV/AIDS; e (iii) eliminar a discriminação e o estigma relacionados às condições de HIV/AIDS. Em 2001, durante a Sessão Especial da Assembleia Geral das Nações Unidas, ocorrida entre 25 e 27 de junho, a OIT lança o *Code of Practice on HIV/AIDS and the World of Work*, após um amplo processo de consultas realizadas pela organização perante os empregadores, os trabalhadores e os Estados (Disponível em: <http://www.ilo.org/public/english/protection/trav/aids/publ/code.htm>).

[388] Cumpre esclarecer que neste trabalho serão analisados apenas os documentos da Assembleia Geral e do ECOSOC (em particular os trabalhos da Comissão, do Conselho de Direitos Humanos e do relator Paul Hunt), que se debruçaram sobre a questão do direito de acesso a medicamentos no contexto das pandemias.
No âmbito do Conselho de Segurança, foram exaradas duas resoluções relacionadas à questão do acesso a medicamentos: (i) Resolução 1308, de 2000, sobre HIV/AIDS e as operações de manutenção da paz (DOC. UN. S/RES/1308, 2000) e (ii) Resolução 1460, de 2003, sobre crianças nos conflitos armados (DOC. UN. S/RES/1460, 2003). Em Janeiro de 2000, o Conselho de Segurança da ONU, pela primeira vez, analisou uma questão de saúde. Por essa razão, a adoção da Resolução 1308, pioneira, possui uma importância singular, que é reafirmada e complementada em 2003 pela Resolução 1460. No entanto, essas resoluções se restringem ao contexto específico da HIV/AIDS nas operações de manutenção da paz e nos conflitos armados, motivo pelo qual não serão objeto de nossa discussão.
No âmbito da Corte Internacional de Justiça, a questão do acesso a medicamentos no contexto das pandemias ainda não foi objeto de qualquer decisão ou parecer consultivo.
Finalmente, no que concerne à Secretaria, vale lembrar que ela participa ativamente e auxilia na condução dos trabalhos da Comissão, do Conselho de Direitos Humanos e dos relatores de Procedimentos Especiais, sobretudo por meio do OHCHR.

[389] "1. We, heads of State and Government and representatives of States and Governments, assembled at the United Nations, from 25 to 27 June 2001, for the twenty-sixth special session of the General Assembly, convened in accordance with resolution 55/13 of 3 November 2000, as a matter of urgency, to review and address the problem of HIV/AIDS in all its aspects, as well as to secure a global commitment to enhancing coordination and intensification of national, regional and international efforts to combat it in a comprehensive manner" (Doc. UN. A/RES/S-26/2, 2 de Agosto de 2001, para. 1).

crucial para a realização do direito humano ao mais alto padrão de saúde física e mental.³⁹⁰ Em outras palavras, a Declaração de Comprometimento realça a inafastável perspectiva de direitos humanos para uma análise adequada da problemática do HIV/AIDS. Nesse sentido, reconhece também a necessidade da redução dos preços de remédios e outras tecnologias, com a colaboração do setor privado e das empresas farmacêuticas,³⁹¹ dada a inexistência de medicamentos antirretrovirais financeiramente acessíveis, em particular aos mais marginalizados nas sociedades.³⁹² Ressalta ainda a liderança a ser exercida pelos governos no combate ao HIV/AIDS, complementada pela ativa participação conjunta da sociedade civil e da comunidade empresarial.³⁹³

Subsequentemente, em 10 de março de 2004, a Assembleia Geral aprovou a Resolução 58/173, na qual chama a atenção, dentre outros aspectos, para as necessidades especiais dos grupos mais marginalizados e vulneráveis das sociedades, incluindo aqueles que convivem com o HIV/AIDS. Nesse esteio, requer aos Estados e à comunidade internacional que adotem medidas, em caráter de urgência, para implementar o direito de todos ao gozo do mais alto padrão de saúde física e mental.³⁹⁴

Ato contínuo, em 15 de junho de 2006, por meio da Resolução 60/262, a Assembleia Geral da ONU adotou a Declaração Política sobre HIV/AIDS, na qual reafirma o acesso a medicamentos, no contexto das pandemias, como um elemento essencial do direito à saúde³⁹⁵ e do

---

[390] "15. Recognizing that access to medication in the context of pandemics such as HIV/AIDS is one of the fundamental elements to achieve progressively the full realization of the right of everyone to the enjoyment of the highest attainable standard of physical and mental health" (Doc. UN. A/RES/S-26/2, 2 de Agosto de 2001, para. 15).

[391] "24. Recognizing also that the cost, availability and affordability of drugs and related technology are significant factors to be reviewed and addressed in all aspects and that there is a need to reduce the cost of these drugs and technologies in close collaboration with the private sector and pharmaceutical companies" (Doc. UN. A/RES/S-26/2, 2 August 2001, para. 24).

[392] "25. Acknowledging that the lack of affordable pharmaceuticals and of feasible supply structures and health systems continues to hinder an effective response to HIV/AIDS in many countries, especially for the poorest people, and recalling efforts to make drugs available at low prices for those in need" (Doc. UN. A/RES/S-26/2, 2 August 2001, para. 25).

[393] "Leadership by Governments in combating HIV/AIDS is essential and their efforts should be complemented by the full and active participation of civil society, the business community and the private sector" (Doc. UN. A/RES/S-26/2, 2 August 2001, para. Leadership).

[394] "6. Calls upon States to pay special attention to the situation of vulnerable groups, including by the adoption of positive measures, in order to safeguard the full realization of the right of everyone to the enjoyment of the highest attainable standard of physical and mental health" (Doc. UN. A/RES/58/173, *The right of everyone to the enjoyment of the highest attainable standard of physical and mental health*, 10 March 2004).

[395] "12. Reaffirm also that access to medication in the context of pandemics, such as HIV/AIDS, is one of the fundamental elements to achieve progressively the full realization of the right of everyone to the enjoyment of the highest attainable standard of physical and mental health" (Doc. UN. A/RES/60/262, 15 de Junho de 2006, para. 12).

combate à pobreza, na perseguição das Metas de Desenvolvimento do Milênio (MDGs).[396] Nesse contexto, realça a necessária remoção de barreiras regulatórias que obstam o acesso não só a medicamentos, mas também a métodos de prevenção, diagnósticos e outros tratamentos, a fim de que sejam financeiramente acessíveis e de qualidade.[397]

Não obstante, a Declaração Política sobre HIV/AIDS lembra três documentos importantes da OMC: (i) a Declaração de Doha sobre TRIPs e Saúde Pública, adotada em 2001; (ii) a Decisão, de 2003, sobre a implementação do parágrafo 6 da Declaração de Doha; e (iii) a Decisão, de 2005, acerca da emenda ao artigo 31 do TRIPS.[398] Realça, assim, que o TRIPs não deve impedir que os membros da OMC implementem medidas que visem à proteção da saúde pública. Nesse diapasão, ressalta também que o TRIPS deve ser interpretado em conformidade com o direito de se proteger a saúde pública e com o direito de se promover o acesso universal a medicamentos.[399]

Finalmente, a Declaração Política sobre HIV/AIDS reforça reiteradamente a importância da participação do setor privado, em especial das empresas farmacêuticas, em parcerias público-privadas para o desenvolvimento de pesquisas, transferência de tecnologias, incluindo a produção de antirretrovirais genéricos, como respostas efetivas à crise global do HIV/AIDS.[400]

---

[396] "13. Recognize that in many parts of the world, the spread of HIV/AIDS is a cause and consequence of poverty, and that effectively combating HIV/AIDS is essential to the achievement of internationally agreed development goals and objectives, including the Millennium Development Goals" (Doc. UN. A/RES/60/262, 15 June 2006, para. 13).

[397] "42. Commit ourselves also to finding appropriate solutions to overcome barriers in pricing, tariffs and trade agreements, and to making improvements to legislation, regulatory policy, procurement and supply chain management in order to accelerate and intensify access to affordable and quality HIV/AIDS prevention products, diagnostics, medicines and treatment commodities" (Doc. UN. A/RES/60/262, 15 June 2006, para. 42).

[398] Ver nota 386.

[399] "43. Reaffirm that the World Trade Organization's Agreement on Trade-Related Aspects of Intellectual Property Rights does not and should not prevent members from taking measures now and in the future to protect public health. Accordingly, while reiterating our commitment to the TRIPS Agreement, reaffirm that the agreement can and should be interpreted and implemented in a manner supportive of the right to protect public health and, in particular, to promote access to medicines for all including the production of generic antiretroviral drugs and other essential drugs for AIDS-related infections. In this connection, we reaffirm the right to use, to the full, the provisions in the TRIPS Agreement, the Doha Declaration on the TRIPS Agreement and Public Health 4 and the World Trade Organization's General Council Decision of 2003 and amendments to Article 31, which provide flexibilities for this purpose" (Doc. UN. A/RES/60/262, 15 June 2006, para. 43).

[400] "14. Recognize also that we now have the means to reverse the global pandemic and to avert millions of needless deaths, and that to be effective, we must deliver an intensified, much more urgent and comprehensive response, in partnership with the United Nations

3.2 ECOSOC – Comissão de Direitos Humanos, Conselho de Direitos Humanos e o mandato de Paul Hunt

3.2.1 Comissão de Direitos Humanos

O ECOSOC é composto por 53 Estados-membros da ONU, que são eleitos pela Assembleia Geral.[401] Ao ECOSOC compete a elaboração de estudos e relatórios que abordem questões internacionais de caráter econômico, social, cultural, educacional ou sanitário, podendo ele fazer recomendações à Assembleia Geral, aos Estados-membro da ONU e às agências especializadas interessadas.[402] O ECOSOC pode, nesse sentido, criar comissões que analisem esses assuntos econômicos e sociais, conexos à proteção dos direitos humanos.[403] É nesse contexto que a Comissão de Direitos Humanos da ONU foi criada, em 1946, com o objetivo inicial de coordenar a elaboração da Declaração Universal dos Direitos Humanos, que viria a ser aprovada pela Assembleia Geral da ONU logo após, em 10 de dezembro de 1948.

Tendo seu mandato renovado pelo ECOSOC,[404] a Comissão de Direitos Humanos foi então mantida, cabendo a ela: coordenar a implementação de instrumentos de direitos humanos ou recomendar a elaboração de novos instrumentos; investigar, monitorar e relatar as violações de direitos humanos, perpetradas em determinados países (*Country Mandates*) ou em situações específicas (*Thematic Mandates*); fomentar a solidariedade e a cooperação entre países, concentrando esforços nos países e grupos vulneráveis; auxiliar o ECOSOC na

---

system, intergovernmental organizations, people living with HIV and vulnerable groups, medical, scientific and educational institutions, non-governmental organizations, the business sector, including generic and research-based pharmaceutical companies, trade unions, the media, parliamentarians, foundations, community organizations, faith-based organizations and traditional leaders.
46. Encourage pharmaceutical companies, donors, multilateral organizations and other partners to develop public-private partnerships in support of research and development and technology transfer, and in the comprehensive response to HIV/AIDS" (Doc. UN. A/RES/60/262, 15 de Junho de 2006, paras. 14, 46).

[401] Artigo 61, Carta da ONU – 1. O Conselho Econômico e Social será composto de cinquenta e quatro Membros das Nações Unidas eleitos pela Assembleia Geral.

[402] Artigo 62, Carta da ONU – 1. O Conselho Econômico e Social fará ou iniciará estudos e relatórios a respeito de assuntos internacionais de caráter econômico, social, cultural, educacional, sanitário e conexos e poderá fazer recomendações a respeito de tais assuntos à Assembleia Geral, aos Membros das Nações Unidas e às entidades especializadas interessadas.

[403] Artigo 68, Carta da ONU – O Conselho Econômico e Social criará comissões para os assuntos econômicos e sociais e a proteção dos direitos humanos, assim como outras comissões que forem necessárias para o desempenho de suas funções.

[404] Doc. UN. Resolution 1235 (XLII), 1967; Doc. UN. Resolution 1503 (XLVIII), 1970.

coordenação de atividades referentes à proteção e promoção dos direitos humanos no sistema onusiano.[405] Ela deveria, para tanto, servir de fórum, não só para a aprovação de resoluções e decisões, mas também para a discussão participativa envolvendo governos e atores não estatais.[406] Além disso, a Comissão de Direitos Humanos, na elaboração de estudos e relatórios acerca de situações específicas de direitos humanos, contava com o apoio técnico da Subcomissão para a Promoção e Proteção dos Direitos Humanos. Essa subcomissão organizava uma série de grupos de trabalho, contando com diversos especialistas independentes, além de representantes e relatores especiais.[407]

Cumpre ressaltar que foi sob a coordenação da Comissão de Direitos Humanos da ONU que o acesso a medicamentos para pandemias como o HIV/AIDS, malária e tuberculose consagrou-se definitivamente como um direito. Cabe realçar também a liderança brasileira na condução dos esforços diplomáticos rumo ao reconhecimento do acesso a medicamentos como um elemento essencial e uma condição *sine qua non* para a realização progressiva do direito à saúde. As várias resoluções aprovadas no seio da Comissão de Direitos Humanos eram de início dedicadas estritamente ao tema do acesso a medicamentos antirretrovirais. Mais tarde, o escopo das resoluções foi alargado para o contexto das pandemias como o HIV/AIDS, a malária e a tuberculose. Essa dilatação, além de demonstrar uma evolução interpretativa rumo a uma maior proteção dos direitos humanos, tornou paradigmático caso

---

[405] "Commission on Human Rights procedures and mechanisms are mandated to examine, monitor and publicly report either on human rights situations in specific countries or territories (known as country mechanisms or mandates) or on major phenomena of human rights violations worldwide (known as thematic mechanisms or mandates). These procedures and mechanisms are collectively referred to as the Special Procedures of the Commission on Human Rights" (Disponível em: <http://www2.ohchr.org/english/bodies/chr/background.htm>).

[406] "The United Nations Commission on Human Rights was established in 1946 to weave the international legal fabric that protects our fundamental rights and freedoms. Composed of 53 States members, its brief expanded over time to allow it to respond to the whole range of human rights problems and it set standards to govern the conduct of States. It also acted as a forum where countries large and small, non-governmental groups and human rights defenders from around the world voiced their concerns. (Disponível em: <http://www2.ohchr.org/english/bodies/chr/index.htm>).

[407] "During its regular annual session in Geneva, for which over 3,000 delegates from member and observer States and from non-governmental organizations participated, the Commission adopted about a hundred resolutions, decisions and Chairperson's statements on matters of relevance to individuals in all regions and circumstances. It was assisted in this work by the Sub-Commission on the Promotion and Protection of Human Rights, a number of working groups and a network of individual experts, representatives and rapporteurs mandated to report to it on specific issues" (Disponível em: <http://www2.ohchr.org/english/bodies/chr/index.htm>).

do acesso a medicamentos como um direito, abrindo a possibilidade para uma interpretação ainda mais ampla e propícia a uma maior proteção dos direitos humanos. A seguir retomaremos, então, o histórico dessa conquista do acesso a medicamentos como um direito humano.

Em 27 de abril de 1999, a Comissão de Direitos Humanos da ONU adota a Resolução 1999/49, que chama a atenção global para a necessidade de *proteção dos direitos humanos no contexto do HIV/AIDS*, em especial para as pessoas infectadas mais vulneráveis, que habitavam os países em desenvolvimento, em condições de pobreza. Nesse sentido, a Comissão reforça a importância da cooperação internacional, na soma de esforços de governos, organizações intergovernamentais e atores não estatais, sob coordenação da UNAIDS, para a promoção dos direitos humanos das pessoas mundialmente afetadas pela doença.[408]

No que concerne especificamente ao tema do acesso a medicamentos, cumpre destacar que o tópico foi introduzido em 2001, sob a liderança do governo brasileiro,[409] ao propor a Resolução 2001/33,

---

[408] Dando continuidade à Resolução 1999/49 e reiterando a necessidade da *Proteção dos direitos humanos no contexto do HIV/AIDS*, em 2001, a Comissão de Direitos Humanos da ONU adotou a Resolução 2001/51, relembrando, *inter alia*, a importância da sessão especial da Assembleia Geral da ONU sobre HIV/AIDS, ocorrida entre 25 e 27 de junho daquele ano. Subsequentemente, em 2003, a Comissão de Direitos Humanos adotou a Resolução 2003/47, enfatizando, entre outros aspectos, a relevância da Declaração de Comprometimento com a "Crise Global – Ação Global" do HIV/AIDS, adotada pela Assembleia Gral da ONU em 2001; o primeiro relatório de Paul Hunt (E/CN.4/2003/58); o Fundo Global na Luta Contra a AIDS, Tuberculose e Malária, além do trabalho da UNAIDS e do OHCHR. Após, em 2005, a Comissão de Direitos Humanos da ONU adotou a Resolução 2005/84, ainda sobre a *Proteção dos direitos humanos no contexto do HIV/AIDS*, com o intuito de reforçar, dentre outras questões, os trabalhos da UNAIDS, do OHCHR e de Paul Hunt, em especial no que concerne ao fenômeno da feminização, pauperização e infantização da doença.

[409] "Resolution 2001/33, entitled "Access to Medication in the Context of Pandemics such as HIV/AIDS", approved on the 23rd of April 2001 by occasion of the 57th Session of the United Nations Commission for Human Rights, is by far one of the major contributions the international community managed to come up with during the current year in the field of HIV/AIDS. It symbolized a key breakthrough in the apparent and false dichotomy between efforts directed at prevention and those aimed at treatment and care for those already infected. It unveiled a whole territory where governments had been insofar timid to walk in — the duty to provide medicines to all those in need — and helped to unleash the call for action that was later approved unanimously by the UNGASS on HIV/AIDS through its Declaration of Commitment. (...)
Brazil was a major contributor and sponsor of Resolution 2001/33, not only because of its understanding of the importance of treatment and care in the battle against HIV/AIDS, but also, and mainly, because of its principled commitment to the protection and advancement of the human rights of those people living with HIV/AIDS (PLWA) and because of its comprehension that the deep involvement of PLWAs enhances and maximizes the capacity of the State to play a meaningful role in the overall strategy to halt the AIDS epidemic" (Doc. UN.E/CN.4/2002/71, *Note Verbale dated 24 March 2002 from the Permanent Mission of Brazil to the United Nations Office at Geneva addressed to the Chairperson of the fifty-eighth session of the Commission on Human Rights*, p. 1, 2).

no item 10 da agenda sobre direitos econômicos, sociais e culturais, da 57ª sessão da Comissão de Direitos Humanos da ONU.[410] Em seu preâmbulo, a Resolução 2001/33 reafirma a importância da Declaração Universal dos Direitos Humanos, do Pacto Internacional de Direitos Econômicos, Sociais e Culturais e do Direito à Saúde,[411] e relembra a Resolução 1999/49,[412] o Comentário Geral nº 14 do Comitê de Direitos Econômicos, Sociais e Culturais,[413] os trabalhos da UNAIDS,[414] as resoluções da WHO[415] e do Conselho de Segurança.[416]

A Resolução 2001/33 é paradigmática,[417] pois inaugura,[418] na comunidade internacional, a preocupação específica com relação à

---

[410] A Resolução 2001/33 foi aprovada por 52 votos pela Comissão de Direitos Humanos da ONU, em 23 de abril de 2001, com uma única abstenção (dos EUA).

[411] "Reaffirming the Universal Declaration of Human Rights and the International Covenant on Economic, Social and Cultural Rights,
Reaffirming also that the right of everyone to the enjoyment of the highest attainable standard of physical and mental health is a human right" (UN. Doc. E/CN.4/RES/2001/33, *Access to medication in the context of pandemics such as HIV/AIDS – Commission on Human Rights resolution 2001/33*, 20 April 2001, Preamble).

[412] "Recalling further its resolution 1999/49 of 27 April 1999 and welcoming the report of the Secretary-General on the protection of human rights in the context of human immunodeficiency virus (HIV) and acquired immunodeficiency syndrome (AIDS) (E/CN.4/2001/80)" (UN. Doc. E/CN.4/RES/2001/33, *Access to medication in the context of pandemics such as HIV/AIDS – Commission on Human Rights resolution 2001/33*, 20 April 2001, Preamble).

[413] "Taking note of General Comment nº 14 (E/C.12/2000/4) on the right to the highest attainable standard of health, adopted by the Committee on Economic, Social and Cultural Rights at its twenty-second session in April/May 2000" (UN. Doc. E/CN.4/RES/2001/33, *Access to medication in the context of pandemics such as HIV/AIDS – Commission on Human Rights resolution 2001/33*, 20 de abril de 2001, preâmbulo).

[414] "Noting with great concern that, according to the Joint United Nations Programme on HIV/AIDS, the HIV/AIDS pandemic had claimed 21.8 million lives by the end of 2000" (UN. Doc. E/CN.4/RES/2001/33, *Access to medication in the context of pandemics such as HIV/AIDS – Commission on Human Rights resolution 2001/33*, 20 April 2001, Preamble).

[415] Ver nota 386.
"Bearing in mind World Health Assembly resolution 53/14 entitled "HIV/AIDS: confronting the epidemic", adopted on 20 May 2000" (UN. Doc. E/CN.4/RES/2001/33, *Access to medication in the context of pandemics such as HIV/AIDS – Commission on Human Rights resolution 2001/33*, 20 April 2001, Preamble).

[416] "Recognizing that the spread of HIV/AIDS can have a uniquely devastating impact on all sectors and levels of society and stressing that the HIV/AIDS pandemic, if unchecked, may pose a risk to stability and security, as stated in Security Council resolution 1308 (2000) of 17 July 2000" (UN. Doc. E/CN.4/RES/2001/33, *Access to medication in the context of pandemics such as HIV/AIDS – Commission on Human Rights resolution 2001/33*, 20 April 2001, Preamble).

[417] "The cornerstone progress of Resolution 2001/33 is the clear and unambiguous acknowledgement of access to medication in the context of pandemics — such as HIV/AIDS — as an integral and primary element of any strategy that seeks to guarantee the enjoyment of everybody's right to the highest attainable standard of physical and mental health, recognized worldwide as a fundamental human right. In other words, it is impossible to protect everyone's right to the highest attainable standard of physical and mental health without public policies that ensure the provision of life-saving medicines to all those in need.

questão do acesso a medicamentos como um direito, ao reconhecer, em seu parágrafo 1º, o acesso a medicamentos, no contexto das pandemias, como um elemento fundamental para a progressiva realização do direito à saúde.[419] Em seu parágrafo 2º, reitera a necessidade de os medicamentos serem acessíveis universalmente, sem discriminação, sobretudo aos setores marginalizados e mais vulneráveis da sociedade. Os medicamentos devem, portanto, estar disponíveis às populações em quantidades suficientes, além de serem economicamente acessíveis e de qualidade cientificamente aprovada.[420] Finalmente, a Resolução 2001/33 solicita aos Estados, quer em suas políticas públicas e instituições nacionais,[421] quer em sua política externa e políticas de cooperação

---

Resolution 2001/33, however, enshrined in its clauses not only normative principles but also pragmatic steps that ought to be taken so as to ensure all pledges in it can be fully met (Doc. UN.E/CN.4/2002/71, *Note Verbale dated 24 March 2002 from the Permanent Mission of Brazil to the United Nations Office at Geneva addressed to the Chairperson of the fifty-eighth session of the Commission on Human Rights*, p. 2).

[418] "Com efeito, a Resolução 2001/33 sobre Acesso a Medicamentos no contexto das Pandemia foi a primeira contribuição da comunidade internacional no que concerne à atenção dos Estados em relação ao problema do *acesso a medicamentos*" (BASSO, M. et al. *Direito de propriedade intelectual e saúde pública*: o acesso aos medicamentos anti-retrovirais no Brasil. São Paulo: IDCID, 2007. p. 27).

[419] "1. Recognizes that access to medication in the context of pandemics such as HIV/AIDS is one fundamental element for achieving progressively the full realization of the right of everyone to the enjoyment of the highest attainable standard of physical and mental health" (UN. Doc. E/CN.4/RES/2001/33, *Access to medication in the context of pandemics such as HIV/AIDS – Commission on Human Rights resolution 2001/33*, 20 April 2001, para. 1).

[420] "2. Calls upon States to pursue policies, in accordance with applicable international law, including international agreements acceded to, which would promote:
(a) The availability in sufficient quantities of pharmaceuticals and medical technologies used to treat pandemics such as HIV/AIDS or the most common opportunistic infections that accompany them;
(b) The accessibility to all without discrimination, including the most vulnerable sectors of the population, of such pharmaceuticals or medical technologies and their affordability for all, including socially disadvantaged groups;
(c) The assurance that pharmaceuticals or medical technologies used to treat pandemics such as HIV/AIDS or the most common opportunistic infections that accompany them, irrespective of their sources and countries of origin, are scientifically and medically appropriate and of good quality" (UN. Doc. E/CN.4/RES/2001/33, *Access to medication in the context of pandemics such as HIV/AIDS – Commission on Human Rights resolution 2001/33*, 20 April 2001, para. 2).

[421] "3. Also calls upon States, at the national level, on a non-discriminatory basis:
(a) To refrain from taking measures which would deny or limit equal access for all persons to preventive, curative or palliative pharmaceuticals or medical technologies used to treat pandemics such as HIV/AIDS or the most common opportunistic infections that accompany them;
(b) To adopt legislation or other measures, in accordance with applicable international law, including international agreements acceded to, to safeguard access to such preventive, curative or palliative pharmaceuticals or medical technologies from any limitations by third parties;

internacional, que promovam o acesso a medicamentos, em seu território e em outros países.⁴²² Ou seja, requer expressamente da comunidade internacional que os países desenvolvidos auxiliem os países em desenvolvimento na promoção do acesso universal a medicamentos, no contexto das pandemias.⁴²³

Em continuidade aos trabalhos inaugurados pela Resolução 2001/33, em 2002, o Brasil novamente apresenta uma resolução sobre o *Acesso a medicamentos no contexto de pandemias, como o HIV/AIDS*. Em 22 de abril de 2002, a Resolução 2002/32 é aprovada,⁴²⁴ reiterando o acesso a medicamentos como um direito humano, ao reafirmá-lo, em seu parágrafo 1º, como um elemento essencial⁴²⁵ do direito à saúde.⁴²⁶

(c) To adopt all appropriate positive measures to the maximum of the resources allocated for this purpose, to promote effective access to such preventive, curative or palliative pharmaceuticals or medical technologies" (UN. Doc. E/CN.4/RES/2001/33, *Access to medication in the context of pandemics such as HIV/AIDS – Commission on Human Rights resolution 2001/33*, 20 April 2001, para. 3).

⁴²² "4. Further calls upon States, at the international level, to take steps, individually and/ or through international cooperation, in accordance with applicable international law, including international agreements acceded to, such as:
(a) To facilitate, wherever possible, access in other countries to essential preventive, curative or palliative pharmaceuticals or medical technologies used to treat pandemics such as HIV/AIDS or the most common opportunistic infections that accompany them, as well as to extend the necessary cooperation, wherever possible, especially in times of emergency;
(b) To ensure that their actions as members of international organizations take due account of the right of everyone to the enjoyment of the highest attainable standard of physical and mental health and that the application of international agreements is supportive of public health policies which promote broad access to safe, effective and affordable preventive, curative or palliative pharmaceuticals and medical technologies (UN. Doc. E/CN.4/ RES/2001/33, *Access to medication in the context of pandemics such as HIV/AIDS – Commission on Human Rights resolution 2001/33*, 20 April 2001, para. 4).

⁴²³ "5. Calls upon the international community, the developed countries in particular, to continue to assist the developing countries in their fight against pandemics such as HIV/AIDS through financial and technical support as well as training of personnel" (UN. Doc. E/CN.4/RES/2001/33, *Access to medication in the context of pandemics such as HIV/AIDS – Commission on Human Rights resolution 2001/33*, 20 April 2001, para. 4).

⁴²⁴ A partir de 2002, as resoluções da Comissão de Direitos Humanos da ONU que versam sobre acesso a medicamentos no contexto das pandemias são aprovadas sem votação, já que adotadas por unanimidade.

⁴²⁵ "1. *Recognizes* that access to medication in the context of pandemics such as HIV/AIDS is one fundamental element for achieving progressively the full realization of the right of everyone to the enjoyment of the highest attainable standard of physical and mental health" (UN. Doc. E/CN.4/RES/2002/32, *Access to medication in the context of pandemics such as HIV/AIDS – Commission on Human Rights resolution 2002/32*, 22 April 2002, para. 1).

⁴²⁶ Cumpre lembrar que, no mesmo ano de 2002, a Assembleia Geral aprovava, em sua 58ª sessão, a Resolução A/RES/58/173, sobre o direito de todos ao gozo do mais alto padrão de saúde física e mental.
Ainda em 2002, a Comissão de Direitos Humanos adota, paralelamente à Resolução E/CN.4/RES/2002/32, sobre *Acesso a medicamentos no contexto de pandemias como HIV/AIDS*, a Resolução E/CN.4/RES/2002/31, que versa sobre o *Direito de todos ao gozo do mais alto padrão de saúde física e mental*.

A partir de 2003, o escopo das resoluções da Comissão de Direitos Humanos da ONU acerca do acesso a medicamentos para pandemias é alargado, incorporando os contextos da tuberculose e da malária. Na sequência, as resoluções 2003/29,[427] 2004/26[428] e 2005/23[429] são adotadas.[430] As três resoluções em comento retomam e atualizam o conteúdo das resoluções que as precederam. No seu artigo 1º, o acesso a medicamentos no contexto das pandemias como HIV/AIDS, tuberculose e malária é reafirmado como direito, constituindo um elemento fundamental do direito de todos ao mais alto padrão de saúde física e mental.[431] Ressaltam, sobretudo, a urgência na realização do acesso a medicamentos essenciais. Denunciam que um terço da população mundial (especialmente aquelas concentradas nas regiões mais pauperizadas da África e Ásia) não tem acesso a medicamentos essenciais e metade da população mundial não tem acesso sequer às mais básicas das drogas consideradas essenciais pela OMS.[432]

Nos anos subsequentes, foram adotadas, no seio da Comissão de Direitos Humanos, as seguintes resoluções sobre o *Direito de todos ao gozo do mais alto padrão de saúde física e mental*: E/CN.4/RES/2003/28; E/CN.4/RES/2004/27 e E/CN.4/RES/2005/24. Em 2006, com o Conselho de Direitos Humanos, aprovou a Decisão A/HCR/DEC/2/108, sobre o *Direito de todos ao gozo do mais alto padrão de saúde física e mental*, dando continuidade aos trabalhos sobre o direito à saúde. Em 2007, adota a resolução A/HRC/RES/6/29, em sua sexta sessão.

[427] UN. Doc. E/CN.4/RES/2003/29, *Access to medication in the context of pandemics such as HIV/AIDS, tuberculosis and malária – Commission on Human Rights resolution 2003/29*, 22 April 2003.

[428] UN. Doc. E/CN.4/RES/2004/26, *Access to medication in the context of pandemics such as HIV/AIDS, tuberculosis and malária – Commission on Human Rights resolution 2004/26*, 15 April 2004.

[429] UN. Doc. E/CN.4/RES/2005/23, *Access to medication in the context of pandemics such as HIV/AIDS, tuberculosis and malária – Human Rights Resolution 2005/23*, 15 April 2005.

[430] Conforme mencionado na nota 426, as três resoluções da Comissão de Direitos Humanos da ONU foram aprovadas sem votação, sendo adotadas por unanimidade.

[431] "1. *Recognizes* that access to medication in the context of pandemics such as HIV/AIDS, tuberculosis and malaria is one fundamental element for achieving progressively the full realization of the right of everyone to the enjoyment of the highest attainable standard of physical and mental health" (UN. Docs. E/CN.4/RES/2003/29, E/CN.4/RES/2004/26, E/CN.4/RES/2005/23, *Access to medication in the context of pandemics such as HIV/AIDS – Commission on Human Rights resolutions 2003/29, 2004/26, 2005/23*, para. 1).

[432] "*Alarmed* that, according to the World Health Organization, one third of the world's population still lacks access to essential medicines and that in the poorest parts of Africa and Asia, over half of the population lacks access to even the most basic essential drugs" (UN. Docs. E/CN.4/RES/2004/26, E/CN.4/RES/2005/23, *Access to medication in the context of pandemics such as HIV/AIDS – Commission on Human Rights resolutions 2004/26, 2005/23*, Preamble).

3.2.2 Conselho de Direitos Humanos

Em abril de 2006, por conta do projeto de reforma da ONU, proposto pelo então Secretário-Geral Kofi Annan,[433] a Comissão de Direitos Humanos da organização foi substituída pelo Conselho de Direitos Humanos,[434] que, além de contar com o novo mecanismo da Revisão Periódica Universal – UPR,[435] deveria promover o respeito universal pela proteção de todos os direitos humanos e liberdades fundamentais, sem distinção de quaisquer natureza e de maneira justa e igualitária.[436] O Conselho de Direitos Humanos, com sede em Genebra, é um órgão subsidiário da Assembleia-Geral, constituído por 47 Estados-membro, eleitos de maneira a garantir um equilíbrio geográfico dos representantes, e que deve realizar, no mínimo, três sessões regulares anualmente.[437]

---

[433] Doc. UN. A/59/2005, *In larger freedom: towards development, security and human rights for all – Report of the Secretary-General*, 21 March 2005.

[434] Doc. UN. A/60/251, *Human Rights Council*, 3 April 2006.

[435] "The Universal Periodic Review (UPR) is a unique process which involves a review of the human rights records of all 192 UN Member States once every four years. The UPR is a State-driven process, under the auspices of the Human Rights Council, which provides the opportunity for each State to declare what actions they have taken to improve the human rights situations in their countries and to fulfill their human rights obligations. As one of the main features of the Council, the UPR is designed to ensure equal treatment for every country when their human rights situations are assessed. The UPR was created through the UN General Assembly on 15 March 2006 by resolution 60/251, which established the Human Rights Council itself. It is a cooperative process which, by 2011, will have reviewed the human rights records of every country. Currently, no other universal mechanism of this kind exists. The UPR is one of the key elements of the new Council which reminds States of their responsibility to fully respect and implement all human rights and fundamental freedoms. The ultimate aim of this new mechanism is to improve the human rights situation in all countries and address human rights violations wherever they occur" (Disponível em: <http://www.ohchr.org/EN/HRBODIES/UPR/Pages/UPRMain.aspx>).

[436] "2. Decides that the Council shall be responsible for promoting universal respect for the protection of all human rights and fundamental freedoms for all, without distinction of any kind and in a fair and equal manner" (Doc. UN. A/60/251, *Human Rights Council*, 3 April 2006, para. 2).

[437] "1. Decides to establish the Human Rights Council, based in Geneva, in replacement of the Commission on Human Rights, as a subsidiary organ of the General Assembly; the Assembly shall review the status of the Council within five years;
7. Decides further that the Council shall consist of forty-seven Member States, which shall be elected directly and individually by secret ballot by the majority of the members of the General Assembly; the membership shall be based on equitable geographical distribution, and seats shall be distributed as follows among regional groups: Group of African States, thirteen; Group of Asian States, thirteen; Group of Eastern European States, six; Group of Latin American and Caribbean States, eight; and Group of Western European and other States, seven; the members of the Council shall serve for a period of three years and shall not be eligible for immediate re-election after two consecutive terms;
10. Decides further that the Council shall meet regularly throughout the year and schedule no fewer than three sessions per year, including a main session, for a total duration of no less than ten weeks, and shall be able to hold special sessions, when needed, at the request of a member of the Council with the support of one third of the membership of the Council (Doc. UN. A/60/251, *Human Rights Council*, 3 April 2006, paras. 1, 7, 10).

Em sua segunda sessão regular, em 9 de janeiro de 2007, foi aprovada por unanimidade (ou seja, foi adotada sem voto), a Decisão 2/107, sobre *Acesso a Medicamentos no contexto de pandemias como HIV/ AIDS, tuberculose e malária*, também proposta pelo Brasil. Nessa decisão, o Conselho de Direitos Humanos retoma e reafirma todas as resoluções anteriormente adotadas pela Comissão de Direitos Humanos,[438] permitindo, com isso, a continuidade dos debates e evoluções interpretativas pertinentes à matéria do acesso a medicamentos para pandemias.

3.2.3 Mandato de Paul Hunt

3.2.3.1 O ano de 2002

Em 22 de abril de 2002, após forte campanha do governo brasileiro, a Comissão de Direitos Humanos, por meio da Resolução 2002/31, decidia apontar, por um período de três anos, um relator especial para a questão do direito de todos ao mais alto padrão de saúde física e mental (direito à saúde). Assim, em agosto daquele ano, o Professor Paul Hunt, da Faculdade de Direito da Universidade de Essex, assumia o mandato, devendo (i) trocar e compilar informações de governos, organizações intergovernamentais e não governamentais, a respeito da realização do direito universal ao gozo do mais alto padrão de saúde física e mental; (ii) estabelecer diálogos e discussões, com o fito de firmar cooperação entre os atores relevantes ao tema (como governos, órgãos, agências e programas da ONU – OMS e UNAIDS em especial – ONGs, instituições financeiras); (iii) relatar a situação global do direito à saúde, incluindo provisões legislativas, políticas, boas práticas que favoreçam o direito à saúde, bem como obstáculos que impeçam sua realização, quer no âmbito doméstico, quer no internacional; e (iv) fazer recomendações para a adoção de medidas apropriadas à promoção e proteção do direito à saúde, de modo a apoiar esforços governamentais que melhorem a saúde pública.[439]

---

[438] "The Human Rights Council decides to adopt the following text:
'The Human Rights Council recalls all the resolutions concerning access to medication in the context of pandemics such as HIV/AIDS, tuberculosis and malaria that were adopted by the Commission on Human Rights'" (Doc. UN. A/HCR/DEC/2/107, *Access to medication in the context of pandemics such as HIV/AIDS, tuberculosis and malaria – Human Rights Council Decision 2/07*, 27 November 2006).

[439] "*The Commission on Human Rights,*
5. *Requests* the Special Rapporteur:

3.2.3.2 Relatório de 2003

Durante o ano de 2003, Hunt elaborou dois relatórios principais. O primeiro, de 13 de fevereiro de 2003, é submetido à Comissão de Direitos Humanos. Sob o título *Direitos Econômicos, Sociais e Culturais – O Direito de todos ao gozo do mais alto padrão de saúde física e mental*,[440] o primeiro relatório de Hunt dividia-se em quatro sessões: (i) o direito humano à saúde; (ii) objetivos gerais do seu mandato; (iii) sugestão dos temas principais a serem trabalhados ao longo do seu mandato; e (iv) projetos, questões e intervenções, propostos a título de ilustração. A seu turno, o segundo relatório, de 10 de outubro de 2003, é submetido à Assembleia Geral da ONU, tendo como objetivo relatar as atividades desenvolvidas até então no mandato e sublinhar a relevância de alguns assuntos que o relator julgava terem maior relevância ou urgência para o debate dos direitos humanos.[441] Dentre esses temas especiais, destacam-se duas questões particulares: o caso do HIV/AIDS e o caso

---

(*a*) To gather, request, receive and exchange information from all relevant sources, including Governments, intergovernmental organizations and non-governmental organizations, on the realization of the right of everyone to the enjoyment of the highest attainable standard of physical and mental health;
(*b*) To develop a regular dialogue and discuss possible areas of cooperation with all relevant actors, including Governments, relevant United Nations bodies, specialized agencies and programmes, in particular the World Health Organization and the Joint United Nations Programme on Human Immunodeficiency Virus/Acquired Immunodeficiency Syndrome, as well as non-governmental organizations and international financial institutions;
(*c*) To report on the status, throughout the world, of the realization of the right of everyone to the enjoyment of the highest attainable standard of physical and mental health, in accordance with the provisions of the instruments listed in paragraph 4 above, and on developments relating to this right, including on laws, policies and good practices most beneficial to its enjoyment and obstacles encountered domestically and internationally to its implementation;
(*d*) To make recommendations on appropriate measures to promote and protect the realization of the right of everyone to the enjoyment of the highest attainable standard of physical and mental health, with a view to supporting States' efforts to enhance public health" (UN. Doc. E/CN.4/2002/31, *The right of everyone to the enjoyment of the highest attainable standard of physical and mental health– Commission on Human Rights Resolution 2002/31*, 22 April 2002, para. 5).

[440] Doc. UN. E/CN.4/2003/58, *Economic, Social and Cultural Rights – The right of everyone to the enjoyment of the highest attainable standard of physical and mental health – Report of the Special Rapporteur, Paul Hunt, submitted in accordance with Commission resolution 2002/31*, 13 de fevereiro de 2003.

[441] "The present report reflects on the activities of, and issues of particular interest to, the Special Rapporteur on the right of everyone to enjoy the highest attainable standard of physical and mental health in the period since his preliminary report to the Commission on Human Rights (E/CN.4/2002/58)" (Doc. UN. A/58/427, *The right of everyone to enjoy the highest attainable standard of physical and mental health – Note by the Secretary-General*, 10 de outubro de 2003).

das doenças negligenciadas (dentre as quais chama cuidadosa atenção para a hanseníase), ambos em relação ao direito à saúde.

3.2.3.2.1 O Direito Humano à Saúde: suas fontes e seu conteúdo

Na primeira parte do relatório 2003/58, Hunt discorre acerca das fontes e do conteúdo do direito à saúde.

3.2.3.2.1.1 Fontes do direito à saúde

No tocante às fontes, Hunt arrola instrumentos internacionais, regionais e domésticos.

No caso das normativas internacionais, Hunt relembra preliminarmente, a definição contida na Constituição da OMS, de 1946, que declara pela primeira vez ser o gozo do mais alto padrão de saúde um direito essencial de todo ser humano, sem distinção de raça, religião, posicionamento político, ou condição socioeconômica. O preâmbulo da Constituição da OMS também define a saúde como o completo bem-estar físico, mental e social, não circunscrito à mera ausência de doenças ou enfermidades.[442]

A Declaração Universal dos Direitos Humanos, de 1948, em seu artigo 25 (1) estabelece a matriz do direito à saúde no sistema internacional dos direitos humanos,[443] a partir da qual diversos tratados dos sistemas internacional e regionais se guiaram, consolidando paulatinamente as fontes do direito humano à saúde.[444]

---

[442] "Health is a state of complete physical, mental and social well-being and not merely the absence of disease or infirmity.
The enjoyment of the highest attainable standard of health is one of the fundamental rights of every human being without distinction of race, religion, political belief, economic or social condition" (Preâmbulo da Constituição da Organização Mundial de Saúde, 1946).

[443] "Artigo XXV. 1. Todo ser humano tem direito a um padrão de vida capaz de assegurar-lhe, e a sua família, saúde e bem-estar, inclusive alimentação, vestuário, habitação, cuidados médicos e os serviços sociais indispensáveis, e direito à segurança em caso de desemprego, doença, invalidez, viuvez, velhice ou outros casos de perda dos meios de subsistência em circunstâncias fora de seu controle" [Declaração Universal dos Direitos Humanos, 1948, art. 25 (1)].

[444] "10. Adopted in 1946, the Constitution of OMS states: "The enjoyment of the highest attainable standard of health is one of the fundamental rights of every human being without distinction of race, religion, political belief, economic or social condition." Two years later, article 25 (1) UDHR laid the foundations for the international legal framework for the right to health. Since then, the right to health has been codified in numerous legally binding international and regional human rights treaties. The following paragraphs provide a

O Pacto dos Direitos Econômicos, Sociais e Culturais, de 1966, é crucial no sistema internacional de proteção dos direitos humanos, uma vez que introduz normativas obrigatórias aos 146 Estados[445] que o ratificaram.[446] O direito à saúde é previsto em seu artigo 12, que prevê, igualmente, medidas a serem adotadas pelos Estados em seu dever de respeitar, proteger e implementar o direito à saúde.[447]

Não obstante, o direito à saúde também é tutelado em diversas outras circunstâncias específicas: na Convenção Internacional para a Eliminação de Todas as Formas de Discriminação Racial (1968);[448] na Convenção Internacional para a Eliminação de Todas as Formas de Discriminação contra a Mulher (1981);[449] na Convenção dos Direitos

---

brief overview of selected legal sources of the right to health" (UN DOC. E/CN.4/2003/58, *Economic, Social and Cultural Rights – The right of everyone to the enjoyment of the highest attainable standard of physical and mental health – Report of the Special Rapporteur, Paul Hunt, submitted in accordance with Commission resolution 2002/31*, 13 February 2003, para. 10).

[445] O *Pacto Internacional dos Direitos Econômicos, Sociais e Culturais* foi adotado pela Resolução nº 2.200-A (XXI), da Assembleia Geral da ONU, em 16 de dezembro de 1966, sendo ratificado pelo Brasil em 24 de janeiro de 1992.

[446] "11. Article 12 of ICESCR provides the cornerstone protection of the right to health in international law: the Covenant introduces legally binding provisions that apply to all individuals in the 146 ratifying States. Additional right-to-health protections for marginalized groups are contained in group-specific international treaties" (UN DOC. E/CN.4/2003/58, *Economic, Social and Cultural Rights – The right of everyone to the enjoyment of the highest attainable standard of physical and mental health – Report of the Special Rapporteur, Paul Hunt, submitted in accordance with Commission resolution 2002/31*, 13 February 2003, para. 11).

[447] "Art. 12. 1. Os Estados-partes no presente Pacto reconhecem o direito de toda pessoa de desfrutar o mais elevado nível de saúde física e mental.
2. As medidas que os Estados-partes no presente Pacto deverão adotar, com o fim de assegurar o pleno exercício desse direito, incluirão as medidas que se façam necessárias para assegurar:
a) A diminuição da mortinatalidade e da mortalidade infantil, bem como o desenvolvimento são das crianças.
b) A melhoria de todos os aspectos de higiene do trabalho e do meio ambiente.
c) A prevenção e o tratamento das doenças epidêmicas, endêmicas, profissionais e outras, bem como a luta contra essas doenças.
d) A criação de condições que assegurem a todos assistência médica e serviços médicos em caso de enfermidade" (Pacto Internacional de Direitos Econômicos, Sociais e Culturais, 1966, artigo 12).

[448] "Artigo V. De acordo com as obrigações fundamentais enunciadas no artigo 2 desta Convenção, os Estados Partes comprometem-se a proibir e a eliminar a discriminação racial sob todas as suas formas e a garantir o direito de cada um à igualdade perante a lei, sem distinção de raça, de cor ou de origem nacional ou étnica, nomeadamente no gozo dos seguintes direitos:
e) direitos econômicos, sociais e culturais, nomeadamente:
(iv) direito à saúde, a cuidados médicos, à previdência social e aos serviços sociais" (Convenção Internacional para a Eliminação de Todas as Formas de Discriminação Racial, 1968, art.5(e) (iv).

[449] "Artigo 11. 1 - Os Estados Partes comprometem-se a tomar todas as medidas apropriadas para eliminar a discriminação contra as mulheres no domínio do emprego com o fim de assegurar, com base na igualdade dos homens e das mulheres os mesmos direitos, em particular:

da Criança (1990);[450] na Convenção Internacional para a Proteção dos Direitos de todos os Trabalhadores Migrantes e membros de suas Famílias (1990),[451] entre outras.

Finalmente, Hunt lembra que o direito à saúde é reiterado e consolidado por meio das resoluções da Assembleia Geral[452] e das diversas resoluções da Comissão de Direitos Humanos, em especial no que respeita ao acesso a medicamentos,[453] conforme analisado anteriormente.

No tocante aos instrumentos regionais, Hunt evoca a Carta Africana sobre Direitos Humanos e dos Povos (1986), bem como a Carta Africana dos Direitos e Bem-Estar das Crianças (1990); o Protocolo Adicional à Convenção Americana de Direitos Humanos em matéria

---

f) O direito à proteção da saúde e à segurança nas condições de trabalho, incluindo a salvaguarda da função de reprodução.
Artigo 12. 1 - Os Estados Partes tomam todas as medidas apropriadas para eliminar a discriminação contra as mulheres no domínio dos cuidados de saúde, com vista a assegurar-lhes, com base na igualdade dos homens e das mulheres, o acesso aos serviços médicos, incluindo os relativos ao planejamento da família.
Artigo 14. 2 - Os Estados Partes tomam todas as medidas apropriadas para eliminar a discriminação contra as mulheres nas zonas rurais, com o fim de assegurar, com base na igualdade dos homens e das mulheres, a sua participação no desenvolvimento rural e nas suas vantagens e, em particular, assegurando-lhes o direito: b) De ter acesso aos serviços adequados no domínio da saúde, incluindo a informação, aconselhamento e serviços em matéria de planejamento da família" [Convenção Internacional para a Eliminação de Todas as Formas de Discriminação contra a Mulher, 1981, artigos 11 (1) (f); 12 (1); 14 (2) (b)].

[450] "Artigo 24. 1 - Os Estados Partes reconhecem o direito da criança de gozar do melhor padrão possível de saúde e dos serviços destinados ao tratamento das doenças e à recuperação da saúde. Os Estados Partes envidarão esforços no sentido de assegurar que nenhuma criança se veja privada de seu direito de usufruir desses serviços sanitários" (Convenção dos Direitos da Criança, 1990, art. 24).

[451] "Article 28 – Migrant workers and members of their families shall have the right to receive any medical care that is urgently required for the preservation of their life or the avoidance of irreparable harm to their health on the basis of equality of treatment with nationals of the State concerned. Such emergency medical care shall not be refused them by reason of any irregularity with regard to stay or employment.
Article 43 – 1. Migrant workers shall enjoy equality of treatment with nationals of the State of employment in relation to: (e) Access to social and health services, provided that the requirements for participation in the respective schemes are met;
Article 45 – 1. Members of the families of migrant workers shall, in the State of employment, enjoy equality of treatment with nationals of that State in relation to: (c) Access to social and health services, provided that requirements for participation in the respective schemes are met" [International Convention on the Protection of the Rights of All Migrant Workers and Members of their families (1990), arts. 28, 43 (1) (e), and 45 (1) (c)].

[452] No âmbito da Assembleia Geral, cumpre relembrar: a *Declaração de Comprometimento com a "Crise Global – Ação Global" do HIV/AIDS* (Resolução A/RES/S-26/2) e a Declaração Política sobre HIV/AIDS (Resolução A/RES/60/262), analisadas acima.

[453] No âmbito da Comissão de Direitos Humanos, relembrem-se as resoluções: 1999/49, 2001/33, 2002/32, 2003/29, 2004/26 e 2005/23, analisadas acima.

de Direitos Econômicos, Sociais e Culturais (Protocolo de San Salvador, 1999) e a Carta Social Europeia (1999).[454]

No caso específico do sistema interamericano de proteção dos direitos humanos, cabem algumas considerações. A Convenção Interamericana de Direitos Humanos (Pacto de San Jose, de 1969) faz uma menção genérica aos direitos econômicos, sociais e culturais, em seu artigo 26. Todavia, visando a uma maior proteção dos direitos econômicos, sociais e culturais, em 1982 iniciou-se a preparação de um protocolo adicional à Convenção de San Jose. Assim, em 1988, o Protocolo de San Salvador, adicional à Convenção Interamericana de Direitos Humanos em matéria de Direitos Econômicos, Sociais e Culturais é adotado, entrando em vigor em novembro de 1999, quando atingiu o número de onze assinaturas. O direito à saúde é previsto no artigo 10 do Protocolo de San Salvador,[455] que consagra o direito ao mais alto padrão de saúde mental, física e social, reconhecendo a saúde como um bem público.

Ainda no que concerne ao sistema interamericano, cabe lembrar o Caso 12.249, *Jorge Odir Miranda Cortez et al. v. El Salvador*, de 2000. Trata-se de um caso paradigmático, em que a *Fundación de Estudios para la Aplication del Derecho (FESPAD) e o Centro para a Justiça e o Direito (CEJIL)* apresentaram denúncia à Comissão Interamericana de Direitos Humanos, representando 26 pessoas com HIV/AIDS, que alegavam a violação, pelo governo de El Salvador, do direito à vida, à saúde e à integridade pessoal. Embora a Comissão Interamericana de Direitos

---

[454] "15. In addition to international standards, the right to health is recognized in regional human rights treaties, including the African Charter on Human and Peoples' Rights (art. 16); the African Charter on the Rights and Welfare of the Child (art. 14); the Additional Protocol to the American Convention on Human Rights in the Area of Economic, Social and Cultural Rights, known as the "Protocol of San Salvador" (art. 10); and the European Social Charter (art. 11)" (UN DOC. E/CN.4/2003/58, *Economic, Social and Cultural Rights – The right of everyone to the enjoyment of the highest attainable standard of physical and mental health – Report of the Special Rapporteur, Paul Hunt, submitted in accordance with Commission resolution 2002/31*, 13 February 2003, para. 15).

[455] "Artigo 10. Direito à saúde: 1. Toda pessoa tem direito à saúde, entendida como o gozo do mais alto nível de bem-estar físico, mental e social; 2. A fim de tornar efetivo o direito à saúde, os Estados Partes comprometem-se a reconhecer a saúde como bem público e, especialmente, a adotar as seguintes medidas para garantir este direito:
a. Atendimento primário de saúde, entendendo-se como tal a assistência médica essencial colocada ao alcance de todas as pessoas e famílias da comunidade; b. Extensão dos benefícios dos serviços de saúde a todas as pessoas sujeitas à jurisdição do Estado; c. Total imunização contra as principais doenças infecciosas; d. Prevenção e tratamento das doenças endêmicas, profissionais e de outra natureza; e. Educação da população sobre prevenção e tratamento dos problemas da saúde; e f. Satisfação das necessidades de saúde dos grupos de mais alto risco e que, por sua situação de pobreza, sejam mais vulneráveis"
(Protocolo Adicional à Convenção Americana de Direitos Humanos em matéria de Direitos Econômicos, Sociais e Culturais – Protocolo de San Salvador, 1999, art. 10).

Humanos tenha se declarado incompetente para apreciar violações ao artigo 10 do Protocolo de San Salvador, o Caso 12.249 é relevante porque reconhece a possibilidade de análise do direito à saúde e do acesso a medicamentos à luz dos artigos 26 e 29 da Convenção de San Jose.[456]

Por fim, quanto aos instrumentos domésticos, Hunt afirma que mais de 60 constituições tutelam o direito à saúde, e mais de 40 constituições garantem também direitos conexos ao direito à saúde, como o direito a um meio ambiente saudável e o direito a cuidados médicos na gravidez, por exemplo.[457] Nesse esteio, cumpre lembrar que a Constituição Federal brasileira, de 1988, consagra, em seu artigo 6º, a saúde como um direito social fundamental. O artigo 196,[458] a seu turno, estabelece a saúde como um bem público universal ao garanti-la como um direito de todos os cidadãos e um dever do Estado brasileiro. Isso significa que o Estado deve respeitar, proteger e implementar o direito à saúde, devendo, portanto, o Poder Público brasileiro regulamentar, fiscalizar e controlar as ações e serviços de saúde.[459] A Constituição Federal brasileira estabelece ainda o Sistema Único de Saúde – SUS, em seu artigo 198.[460] Trata-se de uma rede de ações e serviços de saúde

---

[456] "19. In its admissibility decision in Jorge Odir Miranda Cortez et al. v. El Salvador, the Inter-American Commission on Human Rights held that while it was not competent to determine violations of article 10 (the right to health) of the Protocol of San Salvador, it would "take into account the provisions related to the right to health in its analysis of the merits of the case, pursuant to the provisions of articles 26 and 29 of the American Convention" (UN DOC. E/CN.4/2003/58, *Economic, Social and Cultural Rights – The right of everyone to the enjoyment of the highest attainable standard of physical and mental health – Report of the Special Rapporteur, Paul Hunt, submitted in accordance with Commission resolution 2002/31*, 13 February 2003, para. 19).

[457] "20. WHO has commissioned the International Commission of Jurists to embark upon a survey of national constitutions that enshrine the right to health and health-related rights. According to the preliminary findings of this study, which remains in its early stages, over 60 constitutional provisions include the right to health or the right to health care, while over 40 constitutional provisions include health-related rights, such as the right to reproductive health care, the right of the disabled to material assistance, and the right to a healthy environment" (UN DOC. E/CN.4/2003/58, *Economic, Social and Cultural Rights – The right of everyone to the enjoyment of the highest attainable standard of physical and mental health – Report of the Special Rapporteur, Paul Hunt, submitted in accordance with Commission resolution 2002/31*, 13 February 2003, para. 20).

[458] "Art. 196. A saúde é direito de todos e dever do Estado, garantido mediante políticas sociais e econômicas que visem à redução do risco de doença e de outros agravos e ao acesso universal igualitário às ações e serviços para sua promoção, proteção e recuperação" (CF/88, art. 196).

[459] "Art. 197. São de relevância pública as ações e serviços de saúde, cabendo ao Poder Publico dispor, nos termos da lei, sobre sua regulamentação, fiscalização e controle, devendo sua execução ser feita diretamente ou através de terceiros e, também, por pessoa física ou jurídica de direito privado" (CF/88, art. 197).

[460] "Art. 198. As ações e serviços públicos de saúde integram uma rede regionalizada e hierarquizada e constituem um sistema único (...)".

financiada por recursos do orçamento da seguridade social, da União, dos estados, do Distrito Federal e dos municípios. Além disso, a Constituição Brasileira permite a participação da iniciativa privada, de modo a complementar o sistema de saúde público.[461]

No âmbito infraconstitucional, duas leis principais devem ser citadas: a Lei nº 8.080 e a Lei nº 8.142, ambas de 1990. A primeira, também denominada Lei Orgânica da Saúde, define a promoção, proteção e recuperação da saúde, além da organização e funcionamento dos serviços de saúde.[462] A outra, por sua vez, dispõe acerca da participação da comunidade na gestão do SUS e acerca da estrutura e o financiamento do sistema, à guisa da universalidade, integralidade e igualdade de acesso aos serviços de saúde.[463]

3.2.3.2.1.2 Conteúdo do direito à saúde

O conteúdo do direito à saúde é definido, sobretudo, no Comentário Geral nº 14, a respeito do direito ao mais alto padrão de saúde, exarado em 11 de agosto de 2000, pelo Comitê de Direitos Econômicos, Sociais e Culturais. Segundo o comentário, a direito à saúde é composto por liberdades e poderes.[464] As liberdades referem-se ao direito de controlar e administrar a própria saúde, o que inclui, por exemplo, o direito de não se submeter a tratamentos ou experimentos médicos

---

Parágrafo Único. O Sistema Único de Saúde será financiado, nos termos do art. 195, com recurso do orçamento da seguridade social da União, dos Estados, do Distrito Federal e dos Municípios, além de outras fontes" (CF/88, art. 198).

[461] "Art. 199. A assistência à saúde é livre à iniciativa privada.
§1º As instituições privadas poderão participar de forma complementar do sistema único de saúde, segundo diretrizes deste, mediante contrato de direito público ou convênio, tendo preferência as entidades filantrópicas e as sem fins lucrativos.
§2º É vedada a destinação de recursos públicos para auxílios ou subvenções às instituições privadas com fins lucrativos.
§3º É vedada a participação direta ou indireta de empresas ou capitais estrangeiros na assistência à saúde no País, salvo nos casos previstos em lei" (CF/88).

[462] Disponível em: <http://www.planalto.gov.br/ccivil_03/Leis/L8080.htm>.

[463] Disponível em: <http://www.planalto.gov.br/ccivil_03/LEIS/L8142.htm>.

[464] "8. The right to health is not to be understood as a right to be *healthy*. The right to health contains both freedoms and entitlements. The freedoms include the right to control one's health and body, including sexual and reproductive freedom, and the right to be free from interference, such as the right to be free from torture, non-consensual medical treatment and experimentation. By contrast, the entitlements include the right to a system of health protection which provides equality of opportunity for people to enjoy the highest attainable level of health" (Doc. UN. E/C.12/2000/4, *General Comment nº 14 – The right to the highest attainable standard of health (article 12 of the International Covenant on Economic, Social and Cultural Rights)*, 11 de agosto de 2000, para. 8).

não consensuais. Os poderes, a seu turno, referem-se ao direito a um sistema integrado de proteção da saúde. Isso inclui, *inter alia*, o acesso a instalações, bens (dentre os quais os medicamentos), serviços e outros cuidados médicos, além de acesso aos fatores determinantes da saúde básica (como, por exemplo, acesso à água potável, a um meio ambiente saudável, a uma alimentação balanceada, a uma moradia adequada e à educação e informação conexas à saúde). Esses acessos devem ser garantidos igualitariamente a todas as pessoas, de forma não discriminatória[465] e em conformidade com as necessidades e particularidades locais.[466]

A realização do direito à saúde deve ser progressiva.[467] No entanto, preveem-se determinadas obrigações imediatas, dada a relação direta que se estabelece entre o direito à saúde e a preservação da dignidade humana. Dentre tais obrigações imediatas citam-se a garantia do exercício do direito à saúde, livre de qualquer forma de discriminação, além da obrigação de se definirem medidas concretas e políticas consistentes para a plena realização do direito à saúde.[468]

---

[465] "19. With respect to the right to health, equality of access to health care and health services has to be emphasized. States have a special obligation to provide those OMS do not have sufficient means with the necessary health insurance and health-care facilities, and to prevent any discrimination on internationally prohibited grounds in the provision of health care and health services, especially with respect to the core obligations of the right to health" (Doc. UN. E/C.12/2000/4, *General Comment nº 14 – The right to the highest attainable standard of health (article 12 of the International Covenant on Economic, Social and Cultural Rights)*, 11 de agosto de 2000, para. 18-9).

[466] "11. The Committee interprets the right to health, as defined in article 12.1, as an inclusive right extending not only to timely and appropriate health care but also to the underlying determinants of health, such as access to safe and potable water and adequate sanitation, an adequate supply of safe food, nutrition and housing, healthy occupational and environmental conditions, and access to health-related education and information, including on sexual and reproductive health. A further important aspect is the participation of the population in all health-related decision-making at the community, national and international levels" (Doc. UN. E/C.12/2000/4, *General Comment nº 14 – The right to the highest attainable standard of health (article 12 of the International Covenant on Economic, Social and Cultural Rights)*, 11 de agosto de 2000, para. 11).

[467] "(...) progressive realization means that States parties have a specific and continuing obligation to move as expeditiously and effectively as possible towards the full realization of article 12" (Doc. UN. E/C.12/2000/4, *General Comment nº 14 – The right to the highest attainable standard of health (article 12 of the International Covenant on Economic, Social and Cultural Rights)*, 11 de agosto de 2000, para. 31).

[468] "30. While the Covenant provides for progressive realization and acknowledges the constraints due to the limits of available resources, it also imposes on States parties various obligations which are of immediate effect. States parties have immediate obligations in relation to the right to health, such as the guarantee that the right will be exercised without discrimination of any kind (art. 2.2) and the obligation to take steps (art. 2.1) towards the full realization of article 12. Such steps must be deliberate, concrete and targeted towards the full realization of the right to health" (Doc. UN. E/C.12/2000/4, *General Comment nº 14 – The right to the highest attainable standard of health (article 12 of the International Covenant on Economic, Social and Cultural Rights)*, 11 August 2000, para. 31).

Trata-se, portanto, de um direito inclusivo, que não se limita à assistência e aos cuidados médicos. Inclui também a provisão de instalações e condições adequadas, além de bens e serviços de saúde, necessários à prevenção, ao tratamento e ao controle das doenças. Para tanto, faz-se indispensável o acesso aos medicamentos. Em outras palavras, a luta pelo acesso igualitário e não discriminatório aos medicamentos essenciais visa, em última instância, à realização universal do mais alto padrão de saúde física e mental, a ser definido por cada comunidade.[469]

O Comentário Geral nº 14 define, ademais, que o direito à saúde possui quatro elementos essenciais e inter-relacionados:[470] disponibilidade, acesso, aceitabilidade e qualidade.

No que respeita à *disponibilidade*, o Comentário esclarece que equipamentos, bens, serviços e programas de saúde pública devem estar disponíveis em quantidade suficiente para o atendimento da população. Isso inclui os fatores determinantes de saúde, como água potável e instalações sanitárias adequadas, além de hospitais e clínicas, munidos de pessoal médico competente e medicamentos essenciais, tais quais aqueles definidos pelo Programa de Ação da OMS sobre Medicamentos Essenciais.

Quanto ao *acesso*, o Comentário Geral nº 14 define que instalações, bens e serviços de saúde devem ser universalmente acessíveis, sem discriminação, não apenas dentro da jurisdição do Estado-parte do Pacto Internacional de Direitos Econômicos Sociais e Culturais, mas também extraterritorialmente, para todos. A acessibilidade, a seu turno, possui quatro perspectivas, igualmente relevantes: (i) não discriminação: as instalações, os bens e os serviços de saúde devem ser acessíveis a todos, especialmente àqueles mais vulneráveis e marginalizados da sociedade; (ii) acessibilidade física: as instalações, os bens e os serviços de saúde devem estar fisicamente acessíveis a toda população, em particular, àqueles indivíduos mais vulneráveis e marginalizados, como minorias, indígenas, mulheres, crianças, adolescentes, idosos, pessoas

---

[469] "(...) the right to health must be understood as a right to the enjoyment of a variety of facilities, goods, services and conditions necessary for the realization of the highest attainable standard of health" (Doc. UN. E/C.12/2000/4, *General Comment nº 14 – The right to the highest attainable standard of health (article 12 of the International Covenant on Economic, Social and Cultural Rights)*, 11 August 2000, para. 9).

[470] "12. The right to health in all its forms and at all levels contains the following interrelated and essential elements, the precise application of which will depend on the conditions prevailing in a particular State party" (Doc. UN. E/C.12/2000/4, *General Comment nº 14 – The right to the highest attainable standard of health (article 12 of the International Covenant on Economic, Social and Cultural Rights)*, 11 August 2000, para. 12).

com condições especiais ou portadores do HIV/AIDS, indivíduos que habitam a zona rural, etc. Todos devem ter acesso livre, fácil e seguro às instalações, aos bens e aos serviços de saúde; (iii) acessibilidade econômica: o pagamento por instalações, bens e serviços de saúde deve ser informado pelo princípio da equidade e da justiça, de maneira a garantir que eles sejam acessíveis a todos, inclusive aos grupos marginalizados; (iv) acessibilidade de informação: garante-se o direito a informações conexas à saúde, embora se proteja igualmente o direito à confidencialidade e ao sigilo de dados médicos pessoais.

No tocante à *aceitabilidade*, o Comentário Geral nº 14 reforça que todas as instalações, os bens e os serviços de saúde devem seguir os preceitos da ética médica, sendo também culturalmente adequados, ou seja, respeitando a cultura local dos indivíduos, minorias, povos e comunidades.

Finalmente, quanto à *qualidade*, as instalações, os bens e os serviços de saúde devem ser cientificamente aprovados, possuindo qualidade médica atestada. Para tanto, entre outros aspectos, fazem-se necessários pessoal médico competente, medicamentos cientificamente aprovados, equipamento hospitalar adequado, com instalações sanitárias e água potável.

Por fim, o Comentário Geral nº 14 pontua a responsabilidade compartilhada por toda a sociedade pela realização progressiva do direito à saúde. Embora os Estados-parte sejam primária e diretamente demandados a cumprir as diretrizes do Pacto Internacional de Direitos Econômicos, Sociais e Culturais, respeitando, protegendo e implementando o direito à saúde,[471] todos os membros da sociedade (ou seja, todos os indivíduos, profissionais da área de saúde, famílias, comunidades, ONGs, organizações intergovernamentais, organizações da sociedade civil, empresas e setores privados) compartilham a responsabilidade[472]

---

[471] "33. The right to health, like all human rights, imposes three types or levels of obligations on States parties: the obligations to *respect, protect* and *fulfill*. In turn, the obligation to fulfill contains obligations to facilitate, provide and promote" (Doc. UN. E/C.12/2000/4, *General Comment nº 14 – The right to the highest attainable standard of health (article 12 of the International Covenant on Economic, Social and Cultural Rights)*, 11 August 2000, para. 33).

[472] "42. While only States are parties to the Covenant and thus ultimately accountable for compliance with it, all members of society – individuals, including health professionals, families, local communities, intergovernmental and non-governmental organizations, civil society organizations, as well as the private business sector – have responsibilities regarding the realization of the right to health. State parties should therefore provide an environment which facilitates the discharge of these responsibilities" (Doc. UN. E/C.12/2000/4, *General Comment nº 14 – The right to the highest attainable standard of health (article 12 of the International Covenant on Economic, Social and Cultural Rights)*, 11 August 2000, para. 42).

pela realização plena e progressiva do direito à saúde. Para tanto, é imprescindível que os Estados promovam um ambiente adequado ao cumprimento dessas responsabilidades, dentro de sua jurisdição e, inclusive, extraterritorialmente, quando possível.[473]

3.2.3.2.2 Objetivos gerais do mandato de Hunt

Hunt perseguiu três grandes objetivos, que estão, todavia, inter-relacionados. Buscou, primeiramente, definir o direito à saúde como um direito humano básico, afirmado em tratados internacionais de direitos humanos, resoluções da Comissão e Conselho de Direitos Humanos e na constituição da OMS, conforme acima mencionado. Pretendeu também esclarecer o conteúdo do direito à saúde, baseando-se, sobretudo, no Comentário Geral nº 14. Além disso, tentou identificar bons exemplos e práticas para a operacionalização do direito à saúde, nas comunidades, quer no âmbito nacional, quer internacional.

3.2.3.2.3 Sugestões de alguns temas principais a serem trabalhados ao longo do seu mandato

Em sendo um direito inclusivo, o direito à saúde possui ampla gama de temas relacionados com ele. No entanto, Hunt procurou, ao longo de seu mandato, fundamentar metodologicamente seus relatórios e definir seus conteúdos e objetos com base em duas perspectivas principais e inter-relacionados: (a) o direito à saúde e a pobreza; e (b) o direito à saúde, a discriminação e o estigma.

3.2.3.2.3.1 O direito à saúde e a pobreza

O direito à saúde, assim como os outros direitos humanos, tem um papel central na redução da pobreza. Afinal, a falta de saúde é, ao

---

[473] "States parties have to respect the enjoyment of the right to health in other countries, and to prevent third parties from violating the right in other countries, if they are able to influence these third parties by way of legal or political means, in accordance with the Charter of the United Nations and applicable international law. Depending on the availability of resources, States should facilitate access to essential health facilities, goods and services in other countries, wherever possible and provide the necessary aid when required" (Doc. UN. E/C.12/2000/4, *General Comment nº 14 – The right to the highest attainable standard of health (article 12 of the International Covenant on Economic, Social and Cultural Rights)*, 11 August 2000, para. 39).

mesmo tempo, sua causa e consequência.⁴⁷⁴ Assim, o direito humano à saúde, informado pelos princípios de direitos humanos, como igualdade e não discriminação, participação, cooperação internacional e *accountability*, é fundamental para a definição de políticas públicas sustentáveis, inclusivas, justas e efetivas à minoração da pobreza.⁴⁷⁵ Portanto, a relação entre o direito à saúde e a pobreza permeará todos os relatórios exarados por Hunt, de 2002 a 2009.

3.2.3.2.3.2 O direito à saúde, a discriminação e o estigma

Uma segunda perspectiva de análise dos temas conexos ao direito à saúde é a da discriminação e estigma. Nesse esteio, Hunt prestará particular atenção no grupo dos marginalizados e mais vulnerabilizados da sociedade, como as mulheres, as minorias étnicas e raciais, as pessoas portadoras de necessidades especiais e as pessoas portadoras do vírus HIV/AIDS.⁴⁷⁶

---

⁴⁷⁴ "In other words, ill health is both a cause and a consequence of poverty: sick people are more likely to become poor and the poor are more vulnerable to disease and disability" (UN DOC. E/CN.4/2003/58, *Economic, Social and Cultural Rights – The right of everyone to the enjoyment of the highest attainable standard of physical and mental health – Report of the Special Rapporteur, Paul Hunt, submitted in accordance with Commission resolution 2002/31*, 13 February 2003, para. 45).

⁴⁷⁵ "44. The right to health — and other human rights — have a significant and constructive role to play in poverty reduction and similar strategies. Policies that are based on national and international human rights are more likely to be effective, sustainable, inclusive, equitable and meaningful to those living in poverty.
58. In conclusion, the Special Rapporteur will explore the specific contribution of the right to health to reducing poverty. This specific contribution has to be understood in the context of the general contribution of human rights — *e.g.* non-discrimination, participation, international cooperation, *accountability* — to poverty reduction" (UN DOC. E/CN.4/2003/58, *Economic, Social and Cultural Rights – The right of everyone to the enjoyment of the highest attainable standard of physical and mental health – Report of the Special Rapporteur, Paul Hunt, submitted in accordance with Commission resolution 2002/31*, 13 February 2003, paras. 44, 58).

⁴⁷⁶ "59. The Special Rapporteur proposes to focus on issues related to discrimination and stigma in the context of the right to health as a second key theme. Discrimination on grounds of gender, race, ethnicity and other factors is a social determinant of health. Social inequalities, fuelled by discrimination and marginalization of particular groups, shape both the distribution of diseases and the course of health outcomes amongst those afflicted. As a result, the burden of ill-health is borne by vulnerable and marginalized groups in society. At the same time, discrimination and stigma associated with particular health conditions such as mental disabilities and diseases, like HIV/AIDS, tend to reinforce existing social divisions and inequalities" (UN DOC. E/CN.4/2003/58, *Economic, Social and Cultural Rights – The right of everyone to the enjoyment of the highest attainable standard of physical and mental health – Report of the Special Rapporteur, Paul Hunt, submitted in accordance with Commission resolution 2002/31*, 13 de fevereiro de 2003, paras. 59).

3.2.3.2.4 Projetos de intervenções específicas propostos por Hunt: a questão do HIV/AIDS e o caso das doenças negligenciadas

Seguindo as duas perspectivas mencionadas acima, Hunt propõe uma lista de temas para suas considerações ao longo de seu mandato. Dentre estes temas encontram-se a questão do HIV/AIDS e a problemática das doenças negligenciadas, objeto particular deste trabalho.

Quanto à questão do HIV/AIDS, Hunt mais uma vez afirma o acesso a medicamentos como um componente fundamental do direito à saúde, tendo sido consagrado como tal nas diversas resoluções exaradas pela Comissão de Direitos Humanos, na matéria de AIDS, tuberculose, malária e outras pandemias, sendo também confirmado nas resoluções da Assembleia Geral que reforçam o comprometimento dos Estados com relação à questão. A premência da matéria é reavivada pelo Relator Especial, que realizou um encontro em junho de 2003, com o apoio do Alto Comissariado da ONU para os Direitos Humanos (OHCHR) e da UNAIDS, no qual se trocaram experiências frutíferas entre os participantes e se discutiram os novos desafios, além de novas estratégias a serem implementadas na matéria dos direitos humanos no contexto do HIV/AIDS.[477]

No que concerne às doenças negligenciadas, Hunt adota a definição elaborada pela OMS, para a qual as doenças negligenciadas são moléstias que afetam as populações negligenciadas, particularmente as comunidades rurais mais marginalizadas e vulneráveis dos países pobres.[478] Para Hunt, as doenças negligenciadas são tanto causa como consequência de violações de direitos humanos. Afinal, as violações sistemáticas de direitos humanos acarretam a exacerbação da vulnerabilidade das populações negligenciadas.[479]

---

[477] Doc. UN. A/58/427, *The right of everyone to enjoy the highest attainable standard of physical and mental health – Note by the Secretary-General*, 10 October 2003, para. 64-75.

[478] "Neglected diseases are those diseases understood to be primarily affecting people living in poverty in developing countries, in particular in rural areas" (TDR/SDR/SEB/ST/07.2, HUNT, Paul. Neglected Diseases: a HR Analysis. *Special Topics in Social, Economic, and Behavioural Research Report Series* n. 6, p. 1, 2007); WHO/CDS/2003.15, M. Kindhauser (ed.), *Communicable Diseases 2002: Global defense against the infectious diseases threat*, Geneva, WHO, 2003; WHO, *Global Defense Against the Infectious Diseases Threat*, 2002, p. 96.

[479] "Neglected diseases are both causes and consequences of human rights violations. The failure to respect certain rights, such as the rights to water, adequate housing, education and participation, increases vulnerability of individuals and communities to neglected diseases. People afflicted by neglected diseases are vulnerable to violations of their human rights, including the rights to health, life, non-discrimination, privacy, work, education, and

Hunt esclarece que existem três categorias principais de doenças: as Doenças do Tipo I, como a hepatite, por exemplo, manifestam-se tanto em países ricos quanto em países pobres, afetando um amplo número de populações vulnerabilizadas em ambos os contextos. As Doenças do Tipo II, denominadas Doenças Negligenciadas, podem eventualmente ser manifestadas em países ricos, embora atinja os países pobres em proporções maiores. A grande parte das populações afetadas por essas enfermidades encontra-se nos países pobres, em especial, nas suas zonas rurais. São exemplos das Doenças do Tipo II, o HIV/AIDS e a tuberculose. Por último, Hunt menciona as Doenças do Tipo III, também classificadas como Extremamente Negligenciadas, que afetam exclusivamente os países pobres, como a doença do sono. Essas três categorias não possuem um caráter classificatório rígido. A malária, por exemplo, tem elementos do Tipo II e III concomitantemente.

A diferença essencial entre as categorias, no entanto, refere-se, sobretudo, aos incentivos dados a P&D dos respectivos medicamentos. No caso das Doenças do Tipo I, em se tratando de enfermidades que também afetam nações desenvolvidas, existem incentivos de mercado ou financiamentos públicos que garantem a pesquisa básica e a proteção patentária, necessárias ao desenvolvimento de produtos medicamentosos adequados. No caso das Doenças do Tipo I, existe, com relação aos países pobres, o obstáculo do acesso às tecnologias desenvolvidas, tendo em conta seu alto custo, seja com relação a seu preço, seja com relação a sua proteção patentária.[480]

As Doenças do Tipo II, por afetarem desproporcionalmente países ricos e pobres, apresentam-se num contexto semelhante, no que concerne ao acesso a esses medicamentos, mas num contexto particular, no que tange a P&D de produtos novos e mais adequados. Por conta dos incentivos de mercado ou financiamentos públicos existentes nos

---

to enjoy the benefits of scientific progress. These human rights causes and consequences of neglected diseases have important implications for the global fight against neglected diseases (TDR/SDR/SEB/ST/07.2, HUNT, Paul. Neglected Diseases: a HR Analysis. *Special Topics in Social, Economic, and Behavioural Research Report Series n. 6*, p. 3, 2007).

[480] "76. In the case of type I diseases, incentives for research and development exist in the rich countries, e.g. the market mechanism, public funding of basic research and patent protection for product development. Products get developed, and the main policy issue, in relation to poor countries, is access to those technologies, which tend to be high priced and under patent protection. Many vaccines for type I diseases have been developed in the past 20 years but have not been widely introduced into the poor countries because of cost" (UN DOC. E/CN.4/2003/58, *Economic, Social and Cultural Rights – The right of everyone to the enjoyment of the highest attainable standard of physical and mental health – Report of the Special Rapporteur, Paul Hunt, submitted in accordance with Commission resolution 2002/31*, 13 February 2003, paras. 76).

países desenvolvidos, há medicamentos para as Doenças do Tipo II no limite exato da resposta necessária à doença nos países ricos. Pela falta de incentivos ou financiamentos nos países pobres, não há condições favoráveis à geração de P&D para medicamentos adequados ao contexto e especificidades dessas Doenças do Tipo II nos países pobres.[481]

A seu turno, as condições das Doenças do Tipo III são ainda mais perversas, uma vez que existem poucos ou, em alguns casos, nenhum medicamento para essas moléstias, que acometem, sobretudo, os países pobres. Nesse caso, a pobreza é responsável pela inexistência de incentivos de mercado e de subsídios governamentais para a P&D de fármacos.

Em outras palavras, os países pobres conseguem se beneficiar da P&D de medicamentos somente quando os países ricos são afetados pelas mesmas moléstias.[482] Constata-se, portanto, um evidente desequilíbrio na P&D voltada às doenças que acometem populações ricas (Tipo 1) e pobres (Tipo 2 e, sobretudo, Tipo 3). Tal desequilíbrio é conhecido como *10/90 Gap*: apenas 10% de toda a P&D existente é voltada para doenças que afetam 90% da população mundial.

Nesse contexto, Hunt compromete-se a enfrentar a questão das doenças negligenciadas em seus próximos relatórios, atentando para as implicações do *10/90 Gap* sobre o direito de todos ao gozo do mais alto padrão de saúde mental e física, sobretudo à luz dos princípios da disponibilidade e acessibilidade das instalações, bens (incluindo medicamentos) e serviços de saúde, bem como dos princípios de direitos humanos, especialmente a igualdade e não discriminação, a cooperação internacional, a *accountability*.[483]

---

[481] "77. In the case of type II diseases, research and development incentives exist in the rich country markets, but the level of research and development spending on a global basis is not commensurate with the disease burden. In the case of vaccines for HIV/AIDS, for example, substantial research and development is under way as a result of rich-country market demand, but not in proportion to global need or addressed to the specific disease conditions of the poor countries" (UN DOC. E/CN.4/2003/58, *Economic, Social and Cultural Rights – The right of everyone to the enjoyment of the highest attainable standard of physical and mental health – Report of the Special Rapporteur, Paul Hunt, submitted in accordance with Commission resolution 2002/31*, 13 February 2003, paras. 76).

[482] "The poor countries benefit from R&D mainly when the rich also suffer from the same diseases" (WHO, Report of the Commission on Macroeconomics and Health, Chaired by Jeffrey D. Sachs, *Macroeconomics and Health: Investing in Health for Economic Development*, 20 December 2001, p. 77).

[483] "81. In his work, the Special Rapporteur wishes to give particular attention to the numerous right-to-health implications of neglected (including very neglected) diseases and the 10/90 disequilibrium: non-discrimination, equality, the availability and accessibility of health facilities, goods and services (including drugs), international assistance and cooperation, and so on. The basic point is this: neglected diseases, very neglected diseases and the 10/90

Por fim, Hunt chama especial atenção para uma doença negligenciada em particular, que vem afligindo a humanidade desde antes dos tempos bíblicos, perpetuando-se como um grave problema de saúde pública há séculos. Trata-se da hanseníase, que acomete, sobretudo, mas não exclusivamente, os países em desenvolvimento da África, Ásia e América Latina, estando, portanto, diretamente relacionada ao fenômeno da pobreza.[484] O caráter particularmente perverso da hanseníase reside sobremaneira no estigma e na discriminação das vítimas da doença, incluindo os ex-pacientes e até seus familiares, pelo preconceito e ignorância da sociedade em relação à doença.[485]

Hunt recomenda uma maior atenção à hanseníase, a fim de que uma resposta coerente com a linguagem dos direitos humanos seja desenvolvida, em vista de sua eliminação definitiva. Para Hunt, a luta contra a hanseníase deveria pautar-se na rica experiência introduzida pelo caso do HIV/AIDS.[486] Conforme analisado acima, com base no

---

disequilibrium are human rights issues" (UN DOC. E/CN.4/2003/58, *Economic, Social and Cultural Rights – The right of everyone to the enjoyment of the highest attainable standard of physical and mental health – Report of the Special Rapporteur, Paul Hunt, submitted in accordance with Commission resolution 2002/31*, 13 February 2003, para. 81).

[484] "79. In this context, the Special Rapporteur highlights a related issue. One of the 10 diseases within the mandate of TDR is *leprosy* — a disease that has afflicted humanity since time immemorial. In the last few years, enormous strides — too numerous to mention here — have been taken towards the elimination of *leprosy*.
Nonetheless, *leprosy* remains a serious public health problem, especially (but not exclusively) in the developing countries of Asia and Africa. The disease is closely linked to poverty. Every year 600,000 new cases are diagnosed.25 Untreated, *leprosy* causes immense physical suffering and disability. But the disease has another punishing dimension. People affected by *leprosy* — including patients, former patients and their families — often suffer stigma and discrimination born of ignorance and prejudice. Today, it is estimated that tens of millions of people are unfairly and irrationally treated on account of *leprosy*" (Doc. UN. A/58/427, *The right of everyone to enjoy the highest attainable standard of physical and mental health — Note by the Secretary-General*, 10 October 2003, para. 79).

[485] Yohei Sasakawa, *Leprosy and human rights*, Presentation of the OMS Special Ambassador for the Elimination of *Leprosy*, fifty-fifth session of the Sub-Commission on the Promotions and Protection of Human Rights, 4 August 2003.

[486] "80. In these circumstances, the Special Rapporteur suggests that it would be instructive to devise a right to health approach to the elimination of *leprosy*, including the stigma and discrimination associated with the disease. Such an initiative could draw upon the rich experience of human rights and HIV/AIDS, as well as recent work on human rights and tuberculosis. Building on these experiences, a right to health and *leprosy* initiative could serve, conceivably, as a model for wider application. It could also provide a human rights contribution to the Global Alliance for the Elimination of *Leprosy*, a WHO initiative that was established in 1999 to unite key players in the struggle against the disease. The Special Rapporteur would welcome comments and advice on the tentative suggestion that it is timely to devise a right to health approach to *leprosy*" (Doc. UN. A/58/427, *The right of everyone to enjoy the highest attainable standard of physical and mental health – Note by the Secretary-General*, 10 October 2003, para. 80).

trabalho desenvolvido pela Assembleia Geral e Comissão de Direitos Humanos, em paralelo com os esforços conjugados de agências especializadas da ONU (UNAIDS e UNCTAD, por exemplo) e de outras organizações internacionais (dentre as quais OMS, OMC, OIT), o caso do acesso aos antirretrovirais tornou-se paradigmático, permitindo a ampliação de seu escopo também para os casos das pandemias de tuberculose e malária.

Permite-se aqui afirmar que este seria o momento adequado para a construção dos argumentos para a inclusão da hanseníase nesse rol de situações urgentes, dada a gravidade do problema em termos de saúde pública.[487] Em verdade, o paradigma construído pelo caso do acesso aos antirretrovirais permite estabelecer definitivamente como direito o acesso a medicamentos em geral, e não apenas àqueles usados no tratamento do HIV/AIDS, tuberculose e malária. Na medida em que o acesso a medicamentos é declarado como elemento fundamental do direito humano à saúde,[488] permite-se uma interpretação ampliativa, condizente com a ideologia mais humanística e protetiva da dignidade humana, o que contempla todas as doenças negligenciadas. Afinal, a questão das doenças negligenciadas está no cerne do debate dos direitos humanos, na medida em que afeta, sobretudo, os mais vulneráveis e marginalizados das sociedades, alvo essencial e preferencial do Direito Internacional dos Direitos Humanos.

Cabe observar que muitos esforços já foram implementados no seio das organizações intergovernamentais,[489] permitindo um

---

[487] De acordo com as estatísticas levantadas por Sasakawa, 600 mil novos casos de *leprosy* são diagnosticados anualmente (Yohei Sasakawa, *Leprosy and human rights*, Presentation of the OMS Special Ambassador for the Elimination of *Leprosy*, fifty-fifth session of the Sub-Commission on the Promotions and Protection of Human Rights, 4 August 2003).
A hanseníase remanesce endêmica nas comunidades mais marginalizadas e pobres. De acordo com relatórios oficiais da OMS, de 118 países e territórios, a prevalência global de hanseníase registrada no início de 2008 foi de 212.802 casos. Vem-se registrando uma queda no número de casos. Segundo a OMS, a maioria dos países anteriormente endêmicos felizmente já alcançaram a taxa de prevalência registrada de menos de 1 caso/10.000 habitantes, o que configura, tecnicamente, a eliminação da moléstia. Em 2007, a República Democrática do Congo e Moçambique atingiram a referida taxa. Todavia, remanescem alguns bolsões de alta endemicidade em certas regiões de Angola, Brasil, República Centro Africana, Índia, Madagascar, Nepal e República Unida da Tanzânia. (Disponível em: <http://www.who.int/lep/en/>).

[488] No âmbito da Assembleia Geral, cumpre relembrar: a *Declaração de Comprometimento com a "Crise Global – Ação Global" do HIV/AIDS* (Resolução A/RES/S-26/2) e a Declaração Política sobre HIV/AIDS (Resolução A/RES/60/262), analisadas acima No âmbito da Comissão de Direitos Humanos, por sua vez, relembrem-se as Resoluções: 1999/49, 2001/33, 2002/32, 2003/29, 2004/26, e 2005/23, analisadas acima.

[489] "Since 1995, WHO has supplied Multidrug Therapy – MDT free of cost to leprosy patients in all endemic countries. WHO works closely with donors and manufacturers.

considerável avanço na conquista do direito de acesso a medicamentos para a hanseníase. No que concerne à ONU, cabe lembrar que, em 2005, a Subcomissão, em sua 57ª sessão, adota a Resolução 2005/24, sublinhando a premência da questão da discriminação sofrida pelas vítimas da hanseníase e seus familiares.[490] Em 18 de junho de 2008, a Resolução 8/13 do Conselho de Direitos Humanos incorpora todos os trabalhos prévios da Comissão de Direitos Humanos acerca da matéria e requer que o Alto Comissariado da ONU para os Direitos Humanos (OHCHR) colete informações acerca das medidas governamentais e não governamentais que vêm sendo implementadas com o fito de eliminar a discriminação contra vítimas da hanseníase, incluindo os familiares. Nesse sentido, a Resolução 8/13 requer a organização de um encontro de especialistas no assunto, convidando todos os *stakeholders* para a discussão da questão.

No ano de 2009 foi observada intensa mobilização, em especial no seio do Alto Comissariado, no tocante à hanseníase. Em 15 de janeiro, no *Palais des Nations*, em Genebra, o Alto Comissariado da ONU

The Nippon Foundation (TNF) of Japan, together with its related agency, the Sasakawa Memorial Health Foundation (SMHF) has been a long standing donor to the WHO leprosy programme for many years. Contributions from The Nippon Foundation and the Sasakawa Memorial Health Foundation have played a decisive role in leprosy elimination. They enabled WHO to provide free MDT treatment to leprosy patients in 85 countries from 1995-1999 as well as to finance special programmes and field activities.
Both Novartis and the Novartis Foundation for Sustainable Development (NFSD) are major partners of WHO in the fight to eliminate leprosy as a public health problem.
Two of the drugs used in multidrug therapy (MDT), clofazimine and rifampicin, originated in the research laboratories of Novartis. Although they were developed back in the 60s, they are still being used successfully today in the ongoing battle against leprosy.
In its turn, the Novartis Foundation has funded its own field based programmes in many endemic countries, several of which are still running successfully.
Novartis and the NFSD jointly signed a Memorandum of Understanding (MoU) with WHO in late 1999, for a donation of free MDT to cover the period 2000-2005. The donation, valued at around USD 40 million also covered the airfreight and insurance costs of shipping the MDT to designated ports of entry in endemic countries.
In 2002, the donation was widened to include the provision of loose clofazimine for the treatment of erythema nodosum leprosum (ENL) reactions in leprosy.
In November 2005, Novartis and NFSD signed an agreement with WHO for the extension of their donation until at least the end of 2010, to cover all the remaining leprosy patients in the world over the six year period. This new phase of the donation is valued at between USD 14.5 and USD 24.5 million depending on the number of cases detected over the period.
In addition to Novartis' own rigorous quality assurance, WHO routinely tests all bulk batches of rifampicin and clofazimine at independent laboratories, to ensure that endemic countries can continue to rely on the quality of the WHO supplied product" (Disponível em: <http://www.who.int/lep/en/>).

[490] Subcomissão de Direitos Humanos, 57ª sessão: Resolução 2005/24: *"Discrimination against leprosy victims and their families"*, de 11 de Agosto de 2005, que reiterava a importância do Relatório preliminar E/CN.4/Sub.2/2005/WP.1, elaborado por Yozo Yokota.

para os Direitos Humanos (OHCHR) organizou um evento aberto, que contou com a ampla participação de representantes governamentais, ONGs, especialistas e pessoas afetadas pela hanseníase. O encontro visava à ampla troca de experiências e informações entre esses vários *stakeholders* acerca do impacto da discriminação sobre o gozo de todos os direitos humanos das pessoas afetadas pela hanseníase, incluindo os familiares das vítimas. Como resultado desse encontro, o relatório A/HCR/10/62 compilou as principais informações trocadas, incluindo a lista completa de participantes do evento (Anexo 1), bem como as conclusões e recomendações elaboradas pelo Prof. Yozo Yokota, constantes do relatório A/HCR/Sub.1/58/CPR.7 (Anexo 2). De maneira generalizada, os participantes urgiam a elaboração de princípios e diretrizes que ressaltassem os seguintes pontos: (i) a despeito dos significativos avanços médico-tecnológicos que eliminaram a hanseníase do foco de procupações da saúde pública, ainda persistem graves problemas relacionados à discriminação, ao estigma e à veiculação de informações equivocadas a respeito da moléstia; (ii) tais discriminação e estigma são análogos àqueles sofridos por pessoas que convivem com o HIV/AIDS e com outras doenças negligenciadas; (iii) faz-se necessária a elaboração de políticas de saúde para a hanseníase que ultrapassem os limites do foco no tratamento, controle e cura da doença, incoporando uma preocupação com a inclusão, participação, *empowerment*, educação e *accountability*, em conformidade com a linguagem dos direitos humanos.

Recentemente, em 12 de outubro de 2009, o Conselho de Direitos Humanos aprovava a Resolução 12/7, que retoma a Resolução 8/13, bem como os trabalhos consultivos coordenados pelo Alto Comissariado da ONU para os Direitos Humanos (OHCHR) em 15 de janeiro de 2009 e o relatório A/HCR/10/62, de 23 de fevereiro de 2009. Na Resolução 12/7, o Conselho de Direitos Humanos requeria que a elaboração dos principios e diretrizes fosse finalizada e então submetida à apreciação do Conselho.

Vislumbra-se claramente que a hanseníase está na ordem do dia das negociações internacionais,[491] contribuindo consistentemente para

---

[491] O acesso à informação, ao diagnóstico e ao tratamento com poliquimioterapia são essenciais na eliminação da hanseníase em âmbito global. As campanhas de informação acerca da moléstia em áreas de alto risco são, portanto, fulcrais para que os pacientes e seus familiares, historicamente discriminados e estigmatizados, superem a condição de ostracismo. Nesse sentido, diversas organizações não governamentais vêm encaminhando seriamente a questão da hanseníase e da discriminação, à luz dos direitos humanos, do acesso à informação e à educação, da participação, da inclusão, do desenvolvimento e do empoderamento social. No Brasil, cite-se o trabalho pioneiro realizado pelo Movimento de Reintegração das

o alargamento da interpretação do direito de acesso a medicamentos, inicialmente circunscrito aos antirretrovirais, mas hoje abarcando diversas doenças negligenciadas. Gradativamente, consolida-se, portanto, uma leitura ampliativa do escopo de proteção e promoção do direito humano de acesso a medicamentos, afeta a uma proteção cada vez mais expressiva da dignidade humana.

3.2.3.3 Relatório de 2004

Em 2004, Hunt elabora mais dois relatórios, de conteúdos intimamente relacionados ao debate que aqui se pretende realizar. O primeiro relatório (2004/49, de 16 de fevereiro de 2004), remetido à apreciação da Comissão de Direitos Humanos,[492] possui um adendo (2004/49/Add.1, de 1 de março de 2004), no qual Hunt relata sua missão à OMC, realizada durante os meses de julho e agosto de 2003.[493] O segundo relatório (59/422) foi submetido à Assembleia Geral da ONU em 4 de outubro de 2004, esclarecendo vários aspectos do mandato e temas relevantes, dentre eles as Metas de Desenvolvimento do Milênio relacionadas à saúde.[494]

No âmbito do relatório 2004/49, importa salientar as considerações que Hunt faz a respeito da relação direta que se estabelece entre a pobreza e o direito à saúde, retomando, nesse contexto, a questão das doenças negligenciadas. Reiterando o acesso a medicamentos não só como um componente essencial do direito à saúde, mas também como um fator indispensável na luta contra a pobreza, Hunt analisa cinco Estratégias para a Redução da Pobreza (PRS, na sigla em inglês), fundamentais ao respeito, promoção e implementação do direito à saúde.

Pessoas Atingidas pela Hanseníase (Morhan), que, em 2008 foi agraciado com o *2008 Award Presentation Ceremony for the World Health Organization's (WHO) Sasakawa Health Prize*. Em especial, foram laureados o Telehansen (instrumento de informação acerca da hanseníase e de denúncias sobre discriminações) e o "Programa de Parceria para Diagnóstico e Tratamento da Hanseníase" (projeto de responsabilidade social da Febrafarma). No âmbito global, cite-se a atuação da Nippo Foundation, que coordena diversas iniciativas com a OMS e com ONGs de diversos países, na luta contra a hanseníase.

[492] Doc. UN.E/CN.4/2004/49, *Economic, Social and Cultural Rights – The right of everyone to the enjoyment of the highest attainable standard of physical and mental health – Report of the Special Rapporteur, Paul Hunt*, 16 February 2004.

[493] Doc. UN. E/CN.4/2004/49/Add.1, *Economic, Social and Cultural Rights – The right of everyone to the enjoyment of the highest attainable standard of physical and mental health – Report of the Special Rapporteur, Paul Hunt, Addendum, Mission to the World Trade Organization*, 1 March 2004.

[494] Doc. UN. A/59/422, *The right of everyone to the enjoyment of the highest attainable standard of physical and mental health – Note by the Secretary General*, 8 October 2004.

Em primeiro lugar, Hunt sublinha a necessidade de que as estratégias dediquem especial atenção aos grupos mais vulneráveis, que vivem na pobreza, sob a discriminação e marginalização do restante da sociedade.[495] Em segundo lugar, Hunt enfatiza a disponibilidade e acessibilidade (inclusive econômica) dos medicamentos essenciais como estratégia fundamental.[496] Em terceiro lugar, menciona o importante papel desempenhado pelo acesso à educação e informação, sobretudo acerca das causas, formas de tratamento, prevenção e controle dos principais problemas de saúde identificados nas comunidades locais.[497] Em quarto lugar, Hunt cita a assistência e cooperação internacionais como elemento-chave na proteção e promoção do direito à saúde nos países pobres.

Se, por um lado, os países em desenvolvimento e de menor desenvolvimento relativo têm recursos limitados para a plena e desejável consecução dos desafios estabelecidos pelas Metas de Desenvolvimento do Milênio, por outro lado, o princípio da cooperação internacional demanda que países desenvolvidos e aptos a auxiliar os países em desenvolvimento e de menor desenvolvimento prestem tal assistência, tendo em vista a responsabilidade compartilhada entre todos para o respeito, proteção e promoção dos direitos humanos.[498] Nesse esteio,

---

[495] "64. Human rights — and the right to health — have a particular concern about those OMS are disadvantaged, marginal and living in poverty. This preoccupation is reflected in numerous human rights provisions, such as those relating to non-discrimination and equal treatment. Experience suggests that general interventions designed for the whole population — or even interventions designed for those living in poverty — do not always benefit the most vulnerable and marginal" (Doc. UN.E/CN.4/2004/49, *Economic, Social and Cultural Rights – The right of everyone to the enjoyment of the highest attainable standard of physical and mental health – Report of the Special Rapporteur, Paul Hunt*, 16 February 2004, para. 64).

[496] "65. According to the right to health, a State has an obligation to make essential drugs both available and accessible within its jurisdiction. Accessibility has a number of dimensions, including economic accessibility. Obviously, there is limited merit in a State ensuring that an essential drug is available within its jurisdiction if the drug is so expensive that only the rich can obtain it" (Doc. UN.E/CN.4/2004/49, *Economic, Social and Cultural Rights – The right of everyone to the enjoyment of the highest attainable standard of physical and mental health – Report of the Special Rapporteur, Paul Hunt*, 16 February 2004, para. 65).

[497] "68. The right to health includes access to health-related education and information. From the point of view of the right to health, a pro-poor health policy should include education and information campaigns concerning the main health problems in local communities, including methods of prevention and control. As the PRS is reviewed, this element of the right to health deserves due attention" (Doc. UN.E/CN.4/2004/49, *Economic, Social and Cultural Rights – The right of everyone to the enjoyment of the highest attainable standard of physical and mental health – Report of the Special Rapporteur, Paul Hunt*, 16 February 2004, para. 68).

[498] "69. In his previous reports, the Special Rapporteur remarks on the human rights concept of international assistance and cooperation which can be traced from the Universal Declaration of Human Rights, through to binding human rights treaties, such as the International Covenant on Economic, Social and Cultural Rights and the Convention on the

Hunt retoma a problemática das doenças negligenciadas, na medida em que a cooperação internacional é essencial para a P&D de novas drogas, vacinas e diagnósticos voltados às doenças negligenciadas, que assolam drasticamente os países pobres. Hunt ressalta a importância da cooperação internacional nessa matéria, porque, mais do que se tratar de doenças negligenciadas, o problema aflora nas populações negligenciadas, que merecem particular atenção de toda a comunidade internacional, num exercício de responsabilidade compartilhada.[499]

Por último, em quinto lugar, Hunt sublinha a importância do monitoramento e *accountability*, sem os quais as normas e obrigações estabelecidas convertem-se em puro demagogismo. Afinal, os mecanismos de monitoramento e *accountability* identificam quais políticas funcionam adequadamente e quando precisam ser alteradas. Devendo ser informados pelo princípio da participação (ativa, informada, pública e transparente), os mecanismos de monitoramento e *accountability* reforçam e consolidam a noção de uma responsabilidade de direitos humanos compartilhada por toda a sociedade, seja no âmbito nacional, seja internacional.[500]

No tocante ao adendo ao relatório de 2004 (2004/49.Add.1), Hunt descreve e analisa suas percepções durante sua missão junto à OMC, entre 16 e 23 de julho de 2003 e 27 e 28 de agosto de 2003. Os preparativos para a missão foram formalizados em março daquele ano, quando o então Alto-Comissário de Direitos Humanos da ONU, Sérgio Vieira de Mello, escreveu ao Diretor-Geral da OMC à época, Supachai Panitchpakdi, propondo a visita e explicando que seu objetivo era a

---

Rights of the Child, and which resonates with recent world conference outcomes, including the Millennium Declaration" (Doc. UN.E/CN.4/2004/49, *Economic, Social and Cultural Rights – The right of everyone to the enjoyment of the highest attainable standard of physical and mental health – Report of the Special Rapporteur, Paul Hunt,* 16 February 2004, para. 69).

[499] "79. Briefly, one of the human rights dimensions of neglected diseases that the Special Rapporteur wishes to explore concerns international assistance and cooperation. International cooperation is needed to promote the development of new drugs, vaccines and diagnostic tools for diseases causing a heavy burden in developing countries. Additionally, however, there is a need to make existing drugs for neglected diseases more accessible to those impoverished populations that need them. The problem is not only one of neglected diseases; it is also an issue of neglected populations" (Doc. UN.E/CN.4/2004/49, *Economic, Social and Cultural Rights – The right of everyone to the enjoyment of the highest attainable standard of physical and mental health – Report of the Special Rapporteur, Paul Hunt,* 16 February 2004, para. 79).

[500] "*Accountability* tends to encourage the most effective use of limited resources, as well as a sense of shared responsibility among all parties. Transparent, effective and accessible *accountability* mechanisms are among the most crucial features of a human rights — and a right to health — approach to poverty reduction" (Doc. UN.E/CN.4/2004/49, *Economic, Social and Cultural Rights – The right of everyone to the enjoyment of the highest attainable standard of physical and mental health – Report of the Special Rapporteur, Paul Hunt,* 16 February 2004, para. 73).

consolidação e o aprofundamento do debate acerca do direito humano à saúde e o comércio internacional. Reconhecendo a importância da ocasião, o Diretor-Geral da OMC confirmou a visita e agendou uma série de reuniões com diretores de diferentes divisões dentro da organização, além de encontros bilaterais com representantes dos Estados-membro, dentre os quais do Brasil.[501]

Preliminarmente, Hunt esclarece que o objeto do relatório não é apontar as responsabilidades da OMC, como organização intergovernanental, em relação aos direitos humanos, mas sim verificar a posição de seus membros no que tange aos temas de direito humano à saúde, em sua interface com o direito do comércio internacional.[502] Uma das questões que está no cerne dessa discussão é a problemática das doenças negligenciadas, em sua conexão com o *Trade Related Aspects of Intellectual Property Rights* (TRIPS). Resumidamente, o TRIPS fornece incentivos para a P&D em saúde, quando — e apenas quando — existe um mercado que demanda o desenvolvimento dessa nova droga, vacina ou intervenção médica. No caso das doenças negligenciadas, todavia, não há um mercado efetivo, nem um incentivo efetivo, o que endossa o fenômeno do *10/90 gap*,[503] conforme acima mencionado. Hunt

---

[501] "4. As a result, the Special Rapporteur held meetings with (a) WTO secretariat: representatives of the Intellectual Property Division, the Trade in Services Division, the Legal Affairs Division, the Trade and Finance Division, the Trade Policies Review Division and the Institute for Training and Technical Cooperation; and (b) the Chairpersons of three councils: H. E. Ambassador Ousmane Camara of Senegal (Chairperson of the Council for Trade in Services), H. E. Mr. Vanu Gopala Menon of Singapore (TRIPS Council) and H. E. Mr. Carlos Pérez de Castillo of Uruguay (General Council). He held an informal discussion with WTO members and observers on 17 July which was attended by some 35 delegates, and bilateral meetings with WTO members. Brazil, China, the European Commission, Gabon, India, Mexico, Nigeria, Oman and Switzerland. He also met with representatives of the World Health Organization (WHO), the World Intellectual Property Organization (WIPO) and the Advisory Centre on WTO Law, the Acting High Commissioner for Human Rights, Betrand Ramcharan, and NGOs" (Doc. UN. E/CN.4/2004/49/Add.1, *Economic, Social and Cultural Rights – The right of everyone to the enjoyment of the highest attainable standard of physical and mental health – Report of the Special Rapporteur, Paul Hunt, Addendum, Mission to the World Trade Organization*, 1 March 2004, para. 3).

[502] "(...) the primary focus of this report is on the position of States in relation to selected trade issues and the right to health, rather than the responsibilities under international human rights law of WTO and its secretariat. (...) The Special Rapporteur hopes that other opportunities will arise for consideration of the legal argument that WTO, and its secretariat, themselves have international human rights responsibilities" (Doc. UN. E/CN.4/2004/49/Add.1, *Economic, Social and Cultural Rights – The right of everyone to the enjoyment of the highest attainable standard of physical and mental health – Report of the Special Rapporteur, Paul Hunt, Addendum, Mission to the World Trade Organization*, 1 March 2004, para. 7).

[503] "42. Intellectual property protection can affect the enjoyment of the right to health, and related human rights, in a number of ways. Importantly, intellectual property protection can affect medical research and this can bear upon access to medicines. For example, patent

conclui que se, por um lado, a temática das doenças negligenciadas é indubitavelmente relacionada aos direitos humanos (dada a sua conexão com as questões da pobreza, discriminação, disponibilidade e acessibilidade de medicamentos, direito à saúde, direito de desfrutar dos benefícios introduzidos pelo progresso científico, assistência e cooperação internacional, etc.); por outro lado, é um tema igualmente afeto ao direito do comércio internacional, uma vez que é a dinâmica negocial e comercial do TRIPS que direciona os incentivos à pesquisa médica para determinadas moléstias "lucrativas", em detrimento de outras doenças, "não lucrativas".

Por fim, outra questão abordada por Hunt refere-se ao *Trade Policy Review Mechanism* (TPRM) da OMC. Com o fito de tentar estabelecer um diálogo entre o direito humano à saúde e o direito do comércio internacional, Hunt analisa o TPRM a partir da perspectiva dos princípios de monitoramento e *accountability*. O TPRM visa a revisar periodicamente as políticas comerciais adotadas por cada um dos membros da OMC, à guisa de um funcionamento harmônico do sistema multilateral do comércio. O TPRM determina que as revisões devam ser conduzidas à luz de um *contexto de desenvolvimento econômico mais amplo, que considere as necessidades e objetivos* de cada membro da OMC. Hunt sugere, nesse sentido, que questões relativas à saúde poderiam ser levantadas como parte desse *amplo conceito de desenvolvimento econômico,* já que podem traduzir-se em verdadeiras *necessidades* locais.[504]

No que concerne ao segundo relatório elaborado por Hunt em 2004 (59/422), o qual foi submetido à Assembleia Geral da ONU, em 4 de outubro daquele ano, cumpre relembrar que ele abordava, *inter alia*, as MDGs relacionadas à saúde.

---

protection can promote medical research by helping the pharmaceutical industry shoulder the costs of testing, developing and approving drugs. However, the commercial motivation of intellectual property rights encourages research, first and foremost, towards "profitable" diseases, while diseases that predominantly affect people in poor countries – such as river blindness – remain under-researched" (Doc. UN. E/CN.4/2004/49/Add.1, *Economic, Social and Cultural Rights – The right of everyone to the enjoyment of the highest attainable standard of physical and mental health – Report of the Special Rapporteur, Paul Hunt, Addendum, Mission to the World Trade Organization*, 1 March 2004, para. 42).

[504] "(...) health considerations could be raised as part of the wider economic and developmental needs, policies and objectives of a WTO member. On the basis of discussions held during the mission, the Special Rapporteur notes that, to date, health considerations have not been systematically included within the review" (Doc. UN. E/CN.4/2004/49/Add.1, *Economic, Social and Cultural Rights – The right of everyone to the enjoyment of the highest attainable standard of physical and mental health – Report of the Special Rapporteur, Paul Hunt, Addendum, Mission to the World Trade Organization*, 1 March 2004, para. 64).

A Declaração do Milênio foi adotada por 189 Países-membros da ONU, em setembro de 2000, durante a Conferência do Milênio, em Nova York. A Declaração define princípios e valores que deveriam governar as relações internacionais durante o século XXI, a partir do estabelecimento de sete áreas, com as quais os líderes nacionais deveriam comprometer-se particularmente. Dentre as sete áreas, incluem-se desenvolvimento, erradicação da pobreza e direitos humanos. Relacionadas a essas áreas, foram definidas oito metas, que foram mundialmente consagradas como as Metas de Desenvolvimento do Milênio (MDGs, na sigla em inglês).

Interessante notar que, das oito metas enumeradas, seis têm relação com a saúde: a meta 1, para a erradicação da pobreza e da fome; a meta 4, para a redução da mortalidade infantil; a meta 5, para a melhora da saúde materna; a meta 6, para o combate ao HIV/AIDS, à malária e a outras doenças; a meta 7, para garantia de um meio ambiente saudável e sustentável; e a meta 8, para a consolidação de parcerias globais para o desenvolvimento.

Com relação à meta 1, cumpre esclarecer que a relação que se estabelece entre a saúde e a pobreza é evidente, sendo explicitada pelo fenômeno perverso das doenças negligenciadas, que acometem sobremaneira os indivíduos pobres. A pobreza é, assim, a causa e a consequência das doenças e da privação da saúde[505] dos indivíduos marginalizados.

No tocante à meta 8, que sublinha a importância das parcerias globais para o desenvolvimento, duas questões centrais são realçadas por Hunt.

Primeiramente, o relatório retoma dois princípios de direitos humanos relacionados à meta 8, a saber, (i) assistência e cooperação internacional, e (ii) responsabilidade partilhada com monitoramento e *accountability* mútuos. A assistência e a cooperação internacional são essenciais no estabelecimento das parcerias globais entre os países em desenvolvimento e desenvolvidos,[506] sobretudo, com relação à

---

[505] "13. Health is central to the Millennium Development Goals because it is central to poverty reduction and development. Good health is not just an outcome of poverty reduction and development: it is a way of achieving them" (Doc. UN. A/59/422, *The right of everyone to the enjoyment of the highest attainable standard of physical and mental health – Note by the Secretary General*, 8 October 2004, para. 13).

[506] "Importantly, international assistance and cooperation should not be understood as meaning only financial and technical assistance: it also includes the responsibility of developed States to work actively towards an international order that is conducive to the elimination of poverty and the realization of the right to health in developing countries" (Doc. UN. A/59/422, *The right of everyone to the enjoyment of the highest attainable standard of physical and mental health – Note by the Secretary General*, 8 October 2004, para. 32).

responsabilidade destes para com aqueles. Os países desenvolvidos têm o dever de contribuir ativamente para a eliminação da pobreza e a realização universal do direito à saúde, respondendo aos princípios de responsabilidade partilhada.[507]

É com bases nesses princípios fundamentais de direitos humanos que o alvo f da meta 8 é evocado. A meta 8, ao consagrar a premência das parcerias globais para o desenvolvimento, enuncia alguns alvos, dentre os quais o f. Explicitamente, convocam-se as empresas farmacêuticas a cooperar na luta pelo acesso a medicamentos essenciais, a preços razoáveis, nos países em desenvolvimento.[508] Firmava-se, assim, a existência de responsabilidade das empresas farmacêuticas em relação aos direitos humanos, embora o escopo e o conteúdo dessa responsabilidade sejam objeto de discussão, conforme será analisado a seguir, em especial a partir do confronto das visões dos dois relatores da ONU: Paul Hunt e John Ruggie.

3.2.3.4 Relatório de 2006

Em 2006, Hunt submete o Relatório nº 61/338 à Assembleia Geral da ONU, em 13 de setembro.[509] Trata-se de um relatório fundamental para a discussão que aqui se pretende desenvolver, especialmente porque se debruça sobre o tema do acesso a medicamento, introduzindo a questão da responsabilidade dos Estados e das empresas farmacêuticas.

A responsabilidade dos Estados em relação ao acesso a medicamentos é clara e inequívoca, sendo estabelecida nos diversos instrumentos internacionais (acima mencionados, quando da qualificação do acesso a medicamento como elemento essencial do direito à saúde) e sistematizada no Comentário Geral nº 14. Os Estados devem, em consonância com a normativa internacional, respeitar, proteger e

---

[507] "The burden of reporting on the Millennium Development Goals falls mainly upon low-income and middle-income countries. Even self-monitoring on Goal 8 by developed countries is very thin. This imbalance is inconsistent with the principles of reciprocity, shared responsibility and mutual *accountability* upon which the United Nations Millennium Declaration and its Goals are based" (Doc. UN. A/59/422, *The right of everyone to the enjoyment of the highest attainable standard of physical and mental health – Note by the Secretary General*, 8 October 2004, para. 42).

[508] "Goal 8: Develop a Global Partnership for Development
Target 8f. In cooperation with the private sector, make available the benefits of new technologies, especially information and communications technologie" (Disponível em: <http://www.undp.org/mdg/goal8.shtml>).

[509] Doc. UN. A/61/338, *The right of everyone to the enjoyment of the highest attainable standard of physical and mental health – Note by the Secretary General*, 13 September 2006.

implementar o direito de acesso a medicamentos, devendo tais medicamentos ser disponíveis, acessíveis, culturalmente aceitáveis e de qualidade cientificamente comprovada, dentro de sua jurisdição, ou fora de seus limites territoriais. Fala-se, nesse caso, da responsabilidade extraterritorial do Estado em relação aos direitos humanos. Informada pelo princípio da cooperação internacional, essa responsabilidade dos países desenvolvidos para com os direitos humanos dos países em desenvolvimento é relevante, em especial no que tange à temática das doenças negligenciadas.[510]

Os Estados têm a responsabilidade de respeitar o direito de acesso a medicamentos, abstendo-se de práticas que violem o direito de seus cidadãos ou de indivíduos de outras nações. A responsabilidade de proteger requer que o Estado previna que terceiros venham a obstacularizar o gozo do direito de acesso a medicamentos. Finalmente, a responsabilidade de implementar esse direito demanda que os Estados garantam medicamentos essenciais inclusive às pessoas que vivem na pobreza.[511] Em verdade, ainda que o direito de acesso a medicamento, como reflexo do direito à saúde, demande sua realização progressiva, existem obrigações centrais e de caráter imediato. O acesso a medicamentos essenciais, nesse sentido, consiste numa obrigação imediata a ser observada pelos Estados.[512] Em outras palavras, existe a obrigação

---

[510] "Thus, within a framework of international assistance and cooperation, States are required to take effective measures to promote the development and availability of new drugs, vaccines and diagnostic tools for those diseases causing a heavy burden in developing countries. States should resort to a variety of economic, financial and commercial incentives in order to influence research and development into specific health needs.
48. In short, States not only have a duty to ensure that existing medicines are available within their borders, they also have a responsibility to take reasonable measures to ensure that much-needed new medicines are developed and thereby become available" (Doc. UN. A/61/338, *The right of everyone to the enjoyment of the highest attainable standard of physical and mental health – Note by the Secretary General*, 13 September 2006, paras. 47-8).

[511] "59. States have duties to respect, protect and fulfill the right to the highest attainable standard of health. For example, the duty to respect obliges a State to ensure that its medicines policy does not discriminate against women, ethnic minorities, or other disadvantaged groups. The duty to protect requires a State to ensure that third parties do not obstruct enjoyment of the right to health, for example, a State must ensure that privatization in the health sector advances, and does not hinder, the realization of the right to health. The duty to fulfill requires a State to provide those living in poverty with essential medicines if they would otherwise be unable to access them" (Doc. UN. A/61/338, *The right of everyone to the enjoyment of the highest attainable standard of physical and mental health – Note by the Secretary General*, 13 de setembro de 2006, para. 59).

[512] "States have an immediate obligation to avoid discrimination and also to make certain pharmaceuticals — known as "essential medicines" — available and accessible throughout their jurisdictions.41 These core obligations of immediate effect are not subject to progressive realization" (Doc. UN. A/61/338, *The right of everyone to the enjoyment of the highest attainable standard of physical and mental health – Note by the Secretary General*, 13 September 2006, para. 56).

dos Estados de realizar progressivamente o direito de acesso a medicamentos não essenciais, ao passo que, no caso dos medicamentos essenciais, existe uma obrigação estatal imediata.[513]

No tocante à responsabilidade das empresas farmacêuticas, com relação ao direito de acesso a medicamentos, Hunt diferencia, inicialmente, os graus de responsabilidade, contrapondo as obrigações dos Estados (atores centrais da cena internacional) às das empresas farmacêuticas (atores internacionais não estatais). Assevera, nesse sentido, que a responsabilidade primária pelo respeito, proteção e implementação de todos os direitos humanos é dos Estados. Como atores principais da cena internacional, possuem mais direitos, maior capacidade e, por conseguinte, maiores deveres, para comandarem a dinâmica internacional rumo à plena realização dos direitos humanos.

No entanto, a responsabilidade para com os direitos humanos e, em particular, para com o direito de acesso a medicamentos é compartilhada entre os diversos atores da comunidade internacional.[514] Dentre esses atores responsáveis, indubitavelmente se encontram as empresas farmacêuticas transnacionais, que definem a disponibilidade, a acessibilidade e a qualidade dos produtos medicamentosos, desde os essenciais até os não essenciais.[515] Hunt sublinha, nesse tocante, o impacto direto e profundo que as empresas farmacêuticas produzem na implementação do direito ao mais alto padrão de saúde física e mental. São, assim, massivamente criticadas pela opinião pública, dentre outras

---

[513] "58. In summary, the right to health encompasses access to non-essential and essential medicines. While a State is required to progressively realize access to non-essential medicines, it has a core obligation of immediate effect to make essential medicines available and accessible throughout its jurisdiction. This chapter encompasses non-essential and essential medicines" (Doc. UN. A/61/338, *The right of everyone to the enjoyment of the highest attainable standard of physical and mental health – Note by the Secretary General*, 13 September 2006, para. 58).

[514] "82. The previous section emphasized the primary responsibility of States to increase access to medicines. But, of course, this is a shared responsibility. If there is to be an increase in access to medicines, numerous national and international actors have an indispensable role to play" (Doc. UN. A/61/338, *The right of everyone to the enjoyment of the highest attainable standard of physical and mental health – Note by the Secretary General*, 13 September 2006, para. 82).

[515] A responsabilidade compartilhada entre os diferentes membros da comunidade internacional é um valor que poderia realizar-se por meio de parcerias público-privadas que se voltassem para objetos distintos, conforme os anseios da humanidade.
"Responsibility for increasing access to essential medicines rests with the whole international community. Progress depends on everyone working in partnership to build health systems in developing countries, increase financing, make medicines more affordable, and increase the amount of new medicines developed for diseases affecting developing countries. (...) "In this context there is a particular role for pharmaceutical companies. As the producers of existing, and developers of new, medicines they can — and do — make a difference within their sphere of influence" (*Increasing people's access to essential medicines in developing countries*, DFID, 2005).

várias questões, quanto (i) à política de preços inacessíveis para os produtos vitais que produzem e (ii) ao *gap 10/90* e ao desequilíbrio de P&D voltada às doenças que acometem populações ricas e pobres (doenças tipo 2 e, sobretudo, tipo 3).

Tendo, assim, reiterado a existência de responsabilidade das empresas farmacêuticas pelos direitos humanos, particularmente em razão das intensas consequências que suas políticas institucionais acarretam, Hunt declara que, como Relator Especial, visava estabelecer um diálogo cooperativo entre os atores internacionais para a realização do direito à saúde, a partir de discussões, trocas de experiências e parcerias. Em vista disso, Hunt participou de uma série de reuniões e encontros com os mais diversos *stakeholders* envolvidos no tema, incluindo as empresas farmacêuticas transnacionais. Dois eventos principais foram lembrados por Hunt: o organizado pela *Realizing Rights: The Ethical Global Initiative* e o coordenado pela *Novartis Foundation for Sustainable Development*. Neles, amplas discussões foram estabelecidas e pôde-se verificar que as próprias empresas farmacêuticas estão cada vez mais conscientes da contribuição insubstituível que podem dar para a realização do direito à saúde, ensejando, por outro lado, benefícios a seus próprios negócios.[516]

Vislumbra-se uma clara tendência de maior comprometimento por parte das empresas farmacêuticas para com o direto à saúde. No entanto, verificam-se também diversos obstáculos a serem vencidos. Os diálogos com o setor privado evidenciaram, por exemplo, a existência de vários mecanismos internos de monitoramento e *accountability*, geridos pelas próprias empresas. Não foram encontrados, todavia, quaisquer mecanismos de monitoramento externo conduzidos por um órgão independente, verdadeiramente capaz de explorar o potencial do instrumento para a identificação de práticas empresariais prejudiciais aos Direitos Humanos e que devam ser modificadas.[517]

---

[516] "These discussions have tended to confirm that a growing number of pharmaceutical companies are becoming aware of the contribution they can make to advancing the right to the highest attainable standard of health, as well as the benefits such an approach can bring for their businesses" (Doc. UN. A/61/338, *The right of everyone to the enjoyment of the highest attainable standard of physical and mental health – Note by the Secretary General*, 13 de setembro de 2006, para. 86).

[517] "While commending some of the companies' corporate responsibility self-reporting initiatives, he noted that they fell short of the independent *accountability* mechanisms anticipated by human rights" (Doc. UN. A/61/338, *The right of everyone to the enjoyment of the highest attainable standard of physical and mental health – Note by the Secretary General*, 13 September 2006, para. 87).

Outro ponto interessante identificado por Hunt nessas reuniões com representantes das empresas farmacêuticas foi a constatação de que, embora exista um número crescente de empresas farmacêuticas que publiquem relatórios periódicos acerca de sua responsabilidade social corporativa em suas práticas e seus projetos, poucas delas fazem uma menção expressa aos direitos humanos (conforme indicamos nos gráficos do Capítulo 2). Paradoxalmente, um número até mesmo menor menciona o direito à saúde[518] (conforme também pudemos perceber pelos gráficos que elaboramos no capítulo anterior).

Na conclusão de seu relatório de 2006, Hunt lembra o projeto das *Normas sobre a Responsabilidade das Corporações Transnacionais e outras empresas com relação aos Direitos Humanos*, de 2003, elaborado pela Subcomissão para a Promoção e Proteção dos Direitos Humanos. Para Hunt, as *Normas* apontam claramente para uma nova leitura e uma evolução do direito internacional, já tendo contribuído, mesmo com seu caráter de projeto, para um aprimoramento das práticas empresariais. Afinal, as empresas se adiantaram à formalização de uma regulamentação, passando a elaborar desde já suas próprias diretrizes e outras declarações de afirmação dos direitos humanos.

Permite-se aqui afirmar que as responsabilidades das empresas farmacêuticas com relação aos direitos humanos é um tema de inegável relevância na agenda internacional. Foi objeto de reflexões por parte de dois relatores especiais da ONU: John Ruggie, Representante Especial para os *Direitos Humanos e Corporações Transnacionais e outros empreendimentos corporativos*, e Paul Hunt, relator sobre o *Direito ao gozo do mais elevado padrão atingível de saúde física e mental*. Ambos se debruçam sobre a questão, concordando que existem responsabilidades de direitos humanos que são compartilhadas também pelas empresas, não se limitando apenas aos Estados.

Como se verá adiante, porém, a extensão e o conteúdo dessas responsabilidades das empresas para com os direitos humanos são interpretados de modo diferente por Ruggie e Hunt. Ruggie realça a inexistência, no sistema de Direito Internacional de Direitos Humanos, na atualidade, de meios que constranjam juridicamente as empresas a respeitar, proteger e implementar os direitos humanos. Hunt, apesar

---

[518] "88. Although a number of pharmaceutical companies report on their corporate citizenship or corporate responsibility activities, few make specific references in their corporate mission statements to human rights in general or the right to health in particular" (Doc. UN. A/61/338, *The right of everyone to the enjoyment of the highest attainable standard of physical and mental health – Note by the Secretary General*, 13 September 2006, para. 88).

de reconhecer essa lacuna contemporâneas, enfatiza a urgência na evolução desse entendimento rumo a uma maior proteção da dignidade humana. Hunt contribui significativamente em seus relatórios para uma construção dessa nova interpretação. Ao longo de seu mandato esclarece e define o conteúdo da responsabilidade das empresas farmacêuticas para com o direito à saúde, em particular para com o direito de acesso a medicamento.[519]

3.2.3.5 Relatório de 2008

Em 2008, Hunt transmite à Assembleia Geral o Relatório nº 63/263, cujo principal tema é o princípio da *accountability*. Da perspectiva desse princípio de direitos humanos, Hunt analisa os mecanismos de *accountability* com relação ao direito à saúde, reiterando a necessidade de eles possuírem quatro elementos: efetividade, transparência, acessibilidade e independência. A *accountability* permite que os indivíduos e as comunidades tomem conhecimento de quais são os entes responsáveis e quais são seus respectivos deveres. Por extensão, permite que se cobrem a efetivação dos direitos e a reparação dos prejuízos. Hunt salienta que a *accountability* não é um mecanismo de culpa e punição, mas sim um sistema que permite identificar os programas efetivos (e que, portanto, devem ser continuados), bem como os problemas (nos aspectos que merecem ser repensados).[520] Sobretudo, os mecanismos de *accountability*, no âmbito do direito à saúde, devem ser capazes de acompanhar a melhora progressiva dos sistemas de saúde analisados, particularmente no que concerne aos indivíduos

---

[519] Hunt retoma o trabalho de Ruggie, ao citá-lo em seu relatório de 2006: "As observed by the Special Representative of the Secretary-General on the issue of human rights and transnational corporations and other business enterprises: "It is essential to achieve greater conceptual clarity with regard to the respective responsibilities of States and corporations... In doing so we should bear in mind that companies are constrained not only by legal standards but also by social norms and moral considerations" (E/CN.4/2006/97, para. 70)" (Doc. UN. A/61/338, *The right of everyone to the enjoyment of the highest attainable standard of physical and mental health – Note by the Secretary General*, 13 September 2006, para. 90).

[520] "9. Accountability provides individuals and communities with an opportunity to understand how those with human rights responsibilities have discharged their duties. Equally, it provides those with human rights responsibilities the opportunity to explain what they have done and why. Where mistakes have been made, *accountability* requires redress. But *accountability* is not a matter of blame and punishment. Sometimes called constructive *accountability*, it is a process that helps to identify what works, so that it can be repeated, and what does not, so that it can be revised. It is a way of checking that reasonable balances are fairly struck" (Doc. UN. A/63/263, *The right to health – Note by the Secretary General*, 11 August 2008, para. 9).

e às populações mais marginalizados.[521] Finalmente, os remédios de *accountability* podem assumir duas formas essenciais, judiciais[522] e não judiciais,[523] ambas devendo estar previstas em serviços de saúde privados e públicos, em âmbito nacional ou internacional.

Na sequência, Hunt discorre acerca das responsabilidades de direitos humanos que as empresas farmacêuticas têm em relação ao acesso a medicamentos. Constata, nesse tocante, que há dois obstáculos principais à implementação do acesso a medicamentos, a saber: (i) as políticas adotadas por alguns Estados, sedes de tais corporações e financiadores de projetos que têm impacto sobre a saúde pública global, e (ii) as práticas negociais tomadas por algumas empresas farmacêuticas.[524] Dentre essas condutas empresariais que obstam o direito de acesso a medicamentos, em especial às populações pobres e marginalizadas, citam-se: preços de remédios excessivamente altos; negligência à P&D para doenças que afetam as populações vulnerabilizadas (*10/90 Gap*); promoção inapropriada das drogas desenvolvidas; e pesquisas clínicas questionáveis do ponto de vista ético.

Para Hunt, embora esse debate esteja centrado primariamente nos Estados,[525] as empresas farmacêuticas compartilham das responsabilidades de direitos humanos, em particular com relação ao direito de acesso a medicamentos, porque exercem o papel indispensável do

---

[521] "(...) human rights *accountability* (...) is also concerned with ensuring that health systems are improving, and the right to the highest attainable standard of health is being progressively realized, for all, including disadvantaged individuals, communities and populations" (Doc. UN. A/63/263, *The right to health – Note by the Secretary General*, 11 August 2008, para. 12).

[522] Os mecanismos judiciais são minuciosamente analisados na sessão III do Relatório A/HCR/4/28, que Hunt submete ao Conselho de Direitos Humanos, em 17 de janeiro de 2007 (Doc. UN., *Implementations of the General Assembly Resolution 60/251 of 15 March 2006 entitled "Human Rights Council"*– Report of the Special Rapporteur on the right of everyone to the enjoyment of the highest attainable standard of physical and mental health, Paul Hunt, 17 January 2007).

[523] Os mecanismos não judiciais ou administrativos incluem os relatórios de impactos, como explorado por Hunt, no Relatório A/62/214, submetido à Assembleia Geral (Doc. UN. A/62/214, *The right of everyone to the enjoyment of the highest attainable standard of physical and mental health – Note by the Secretary General*, 8 August 2007).

[524] "Among the obstacles they have mentioned, two stand out. First, the policies and practices of donor countries. (...) Secondly, Ministers, senior public officials and others have argued that the policies and practices of some pharmaceutical companies constitute obstacles to States' implementation of the right to the highest attainable standard of health and, in particular, their endeavors to enhance access to medicines" (Doc. UN. A/63/263, *The right to health – Note by the Secretary General*, 11 August 2008, paras. 22-3).

[525] A responsabilidade dos Estados com relação ao direito à saúde foi exaustivamente trabalhada por Hunt, em especial nos Relatórios A/61/338, na sessão III.A; E/CN.4/2005/51/Add.3, em sua missão ao Peru; E/CN.4/2006/48/Add.2, em sua missão a Uganda; e E/CN.4/2004/49/Add.1, em sua visita à OMC.

desenvolvimento de medicamentos vitais. Todavia, faz-se necessário definir a natureza e o conteúdo dessa responsabilidade das empresas farmacêuticas. O Comentário Geral nº 14 dá o passo inicial rumo à regulamentação da questão, ao asseverar que as empresas e o setor privado têm responsabilidade para com a realização do direito ao mais alto padrão de saúde. No entanto, tal assertiva genérica merece ser comentada, possibilitando sua *accountability* ou cobrança por parte dos indivíduos. E é esse o objetivo desta dissertação: definir o conteúdo e os contornos da responsabilidade das empresas farmacêuticas em relação ao direito de acesso a medicamentos, após o contraste entre os posicionamentos de Hunt e Ruggie. Tal tarefa é realizada na conclusão desta seção, tendo como motivação a percepção de que é impossível cobrar uma responsabilidade que não se pode precisamente definir e delimitar.

No Relatório nº 63/263, Hunt revela, ademais, a tentativa de construção de um diálogo plurilateral acerca da responsabilidade das empresas farmacêuticas. A partir de um esforço conjunto, Hunt coordenou, sob a organização da instituição *Realizing Rights: The Ethical Globalization Initiative* (presidida por Mary Robinson, antiga Alta-Comissária das Nações Unidas para os Direitos Humanos), uma série de debates, que reuniam representantes da sociedade civil organizada e das empresas farmacêuticas transnacionais. Após uma ampla e ativa participação desses atores e após sucessivas revisões do produto final desse encontro, lançou-se, finalmente, um projeto de diagnóstico do contexto em que se insere a questão da responsabilidade das empresas farmacêuticas. Tal projeto seria composto por duas fases essenciais, a compreender a identificação e a avaliação da situação.

Na primeira fase, que se estenderia pelos dois anos iniciais da implementação da proposta, um seleto grupo de especialistas em direitos humanos ao lado de representantes das empresas farmacêuticas identificariam juntos as concordâncias e discordâncias pertinentes à questão das responsabilidades das empresas farmacêuticas para com o direito de acesso a medicamentos. Numa segunda fase, o projeto se propunha a analisar, por um período de três anos, as políticas e práticas empresariais arroladas na primeira fase, avaliando o tratamento à questão do acesso a medicamentos pelas empresas farmacêuticas.[526]

Infelizmente, aquilo que prometia ser um projeto inovador, cooperativo e colaborativo entre as empresas farmacêuticas e a sociedade

---

[526] "31. The hallmark of this two-phase, five-year proposal was constructive cooperation and collaboration with a number of major pharmaceutical companies" (Doc. UN. A/63/263, *The right to health – Note by the Secretary General*, 11 August 2008, paras. 28-31).

civil tornou-se uma iniciativa frustrada, sobretudo, pela falta de interesse da maioria das empresas farmacêuticas transnacionais, à exceção da Novartis e da NovoNordisk.[527] Embora tal projeto tenha sido interrompido pela impossibilidade de sua continuação com apenas dois representantes do setor privado, Hunt pontua, no relatório de 2008, a premência na definição das responsabilidades das empresas farmacêuticas com relação ao direito de acesso a medicamentos. Afinal, as próprias empresas farmacêuticas haviam sido identificadas como um dos dois grandes obstáculos que se erguem à realização do direito de acesso a medicamentos.[528] É com essa motivação que Hunt decide elaborar algumas diretrizes de direitos humanos para esse setor empresarial, cujas atividades impactam direta e severamente a realização do direito à saúde.

Assim, uma versão preliminar das *Diretrizes de Direitos Humanos para as Empresas Farmacêuticas*[529] foi lançada, em 19 de setembro de 2007,[530] durante um *workshop* na Universidade de Toronto. O documento se dividia em três partes essenciais: nota introdutória, diretrizes gerais e diretrizes específicas, somando-se 48 recomendações. Dentre as questões específicas, incluíam-se princípios relativos à administração; à influência sobre políticas públicas, *advocacy* e *lobbying*; a P&D para doenças negligenciadas; a patentes e licenças; à qualidade e transferência de tecnologia; a preços, políticas de descontos e doações; a

---

[527] "32. To their credit, two companies, Novartis and NovoNordisk, were willing to proceed with the proposal. Unfortunately, however, the majority of companies involved in the initiative were unwilling to proceed. Reluctantly, the Special Rapporteur and Mrs. Robinson decided that buy-in from only two companies was insufficient for what was designed to be a collaborative initiative engaging a range of major pharmaceutical companies. It was agreed that there was no choice, unfortunately, other than to put the proposal aside" (Doc. UN. A/63/263, *The right to health – Note by the Secretary General*, 11 August 2008, para. 32).

[528] "Among the obstacles they have mentioned, two stand out. First, the policies and practices of donor countries. (...) Secondly, Ministers, senior public officials and others have argued that the policies and practices of some pharmaceutical companies constitute obstacles to States' implementation of the right to the highest attainable standard of health and, in particular, their endeavors to enhance access to medicines" (Doc. UN. A/63/263, *The right to health – Note by the Secretary General*, 11 August 2008, paras. 22-3).

[529] *Draft for Consultation – Human Rights Guidelines for Pharmaceutical Companies in relation to Access to Medicines – Prepared by the Unites Nations Special Rapporteur on the right of everyone to the enjoyment of the highest attainable standard of physical and mental health*, 19 September 2007. Disponível em: <http://www2.essex.ac.uk/human_rights_centre/rth/projects.shtm>.

[530] *UN Independent Expert launches draft human rights guidelines for pharmaceutical companies*, in *United Nations Press Release*, 19 September 2007. Disponível em: <http://www2.essex.ac.uk/human_rights_centre/rth/projects.shtm>.
UN rights exoert unveils draft guidelines for drug companies on vital medicines, In *United Nations Press Release*, 25 October 2007. Disponível em: <http://www.un.org/apps/news/story.asp?NewsID=24423&Cr=health&Cr1=#>.

promoção ética e *marketing* de medicamentos; a pesquisas clínicas; a parcerias público-privadas; à corrupção; a associações de empresas farmacêuticas; e, finalmente, a monitoramento e *accountability*. Essa versão inicial foi imediatamente publicada no *website* do Alto Comissariado da ONU para os Direitos Humanos (OHCHR) e do *Essex University Human Rights Centre*.[531] O objetivo era permitir uma ampla consulta e um debate transparente e participativo, que envolvesse os diferentes *stakeholders*. Visava-se, com isso, receber, até 31 de dezembro do mesmo ano, os comentários acerca daquela versão preliminar, para possíveis adequações. Esse prazo inicial fora posposto até 31 de março de 2008, sendo, após, estendido pela última vez até dia 15 de maio de 2008, em vista da mais ampla legitimidade e participação possível no trabalho redatorial das diretrizes.[532]

É relevante assinalar que, em outubro de 2007, o governo brasileiro coordenou, na ONU, uma consulta paralela, junto aos governos, contando ainda com a participação não apenas das delegações dos Estados, mas também de instituições de investimentos de Nova York e Londres. Não obstante, em outras ocasiões, as *Diretrizes de Direitos Humanos para as Empresas Farmacêuticas em relação ao acesso a medicamentos* foram ademais discutidas com a OMS e com a *International Federation of Pharmaceutical Manufactures and Associations*,[533] além de uma série de organizações da sociedade civil.

A despeito do esforço de Hunt para que as *Diretrizes de Direitos Humanos para as Empresas Farmacêuticas* fossem amplamente debatidas, de modo a gozarem da maior legitimidade possível, o relator não logrou o mesmo sucesso no que tange às consultas feitas diretamente ao setor farmacêutico. Nenhuma das empresas farmacêuticas transnacionais, com exceção da NovoNordisk, pôde se reunir com Hunt para discutir as diretrizes, embora a Merck tenha lhe enviado uma carta com seu posicionamento em relação às diretrizes e a GlaxoSmithKline (GSK) tenha divulgado uma compilação com seus comentários sobre cada uma das diretrizes propostas.[534]

---

[531] Todos os comentários a respeito das *Diretrizes de Direitos Humanos para as Empresas Farmacêuticas* que foram recebidos por Hunt estão disponíveis para consulta em: <http://www2.essex.ac.uk/human_rights_centre/rth/comments.shtm>.

[532] Doc. UN. A/63/263, *The right to health – Note by the Secretary General*, 11 August 2008, para. 36.

[533] Doc. UN. A/63/263, *The right to health – Note by the Secretary General*, 11 August 2008, para. 37.

[534] Todos os comentários recebidos por Hunt a respeito das *Diretrizes de Direitos Humanos para as Empresas Farmacêuticas*, inclusive aqueles enviados pelas três empresas farmacêuticas mencionadas, estão disponíveis na íntegra para consulta em: <http://www2.essex.ac.uk/human_rights_centre/rth/comments.shtm>.

Em termos genéricos, a recepção das diretrizes pelas empresas farmacêuticas veio acompanha de respostas defensivas, que atestavam o desacordo com algumas das recomendações propostas por Hunt. Nos comentários que exara, a NovoNordisk ressalta a importância das diretrizes, especialmente por visarem a uma definição quanto às ações das empresas, de acordo com o que a sociedade legitimamente espera do setor no que se refere à realização do direito à saúde. No entanto, a NovoNordisk lamenta que as diretrizes se limitem ao tema do acesso a medicamentos, tendo em vista o caráter inclusivo do direito à saúde, confirmado pelo Comentário Geral nº 14 da Comissão de Direitos Econômicos, Sociais e Culturais. Não obstante, a NovoNordisk sublinha duas críticas específicas quanto ao conteúdo das diretrizes: (i) no tocante a *Patentes e Preços*, as diretrizes falhariam ao não reconhecerem o papel central do direito de propriedade intelectual para a geração de incentivos à P&D na área da saúde;[535] (ii) no que tange à transparência e ao *lobbying*, as diretrizes estariam impondo medidas irrealistas e que fugiriam ao escopo e ao objetivo do documento.[536]

Embora não figure entre os comentários recebidos, Klaus Leisinger, da Novartis Foundation for Sustainable Development, elabora um artigo a respeito da responsabilidade corporativa para com o acesso a medicamentos (LEISINGER, Klaus M. *Corporate Responsibility for Access to Medicines*. Basel, Apr. 2008), no qual se confirma uma posição defensiva, semelhante à adotada pela Merck e pela GSK, no sentido de enfatizar a prioridade das adequações das infraestruturas de saúde, antes de se cobrar uma responsabilização direta das empresas farmacêuticas. ("The most obvious and fundamental obstacles to improvement in access to medicines for the world's poor — absolute poverty and powerlessness, lack of good governance leading to deficits in health infrastructure, lack of well trained doctors, nurses, and pharmacies — have taken a back seat. Demands and pressures addressing the pharmaceutical industry to waive intellectual property rights, to make the latest patented medicines available at negotiated prices, or free of charge, and criticism of purchasing-power-biased research priorities have instead come to the fore. This approach could result in rapid, isolated interventions at a high cost to corporations, without broaching the enormous challenge of overcoming the systematic deficits and political inadequacies that lie at the root of the access-to-medicines issue. (...) Sustainable improvements in access to medicines for the poor necessitate complex systemic changes and political reforms" (LEISINGER, Klaus M. *Corporate Responsibility for Access to Medicines*. Basel, Apr. 2008. p. 10).

[535] "The draft's provisions on patents and pricing fails to recognize the crucial role of intellectual property rights in generating investments in research and develop-mint in health care. Of the global investments in development in new medicine only a fraction is publicly funded. If realized, the suggested abolition of patents in all middle and low income countries and discounted pricing schemes for all products would have severe adverse effects to the aims stated under the heading of 'availability' by the UN Committee on economic, social and cultural rights in their general comment nº 14 on the right to health" (*NovoNordisk Comments to the Draft Human Rights Guidelines for Pharmaceutical Companies in relation to Access to Medicines*. Disponível em: <http://www2.essex.ac.uk/human_rights_centre/rth/comments.shtm>).

[536] "Similarly the draft guidelines take the ambition to provide transparency in lobbying activities too far by imposing unrealistic demands on business. We find these misplaced and irrelevant to the scope and aim of the document" (*Novo Nordisk Comments to the Draft Human Rights Guidelines for Pharmaceutical Companies in relation to Access to Medicines*. Disponível em: <http://www2.essex.ac.uk/human_rights_centre/rth/comments.shtm>).

A Merck, por sua vez, em carta enviada a Hunt, assevera inicialmente sua concordância com o objetivo do Representante Especial de assegurar aos países em desenvolvimento um acesso mais amplo a medicamentos e vacinas. Afinal, para a Merck, nas palavras de seu vice-presidente, Jeffrey Sturchio, as empresas farmacêuticas de fato têm a responsabilidade de oferecer assistência médica, quando as condições sociais, políticas ou econômicas impossibilitam que os pacientes tenham acesso a terapias vitais. Nesse sentido, a Merck, ao lado de outras empresas farmacêuticas, deveria voltar sua capacidade técnica para ajudar na remoção de barreiras a tal acesso.[537]

Embora concorde com a iniciativa, a Merck adota uma postura defensiva ao deslocar o foco da responsabilidade pelo acesso a medicamentos das empresas farmacêuticas ora para os Estados, ora para a comunidade internacional como um todo. Nesse sentido, assevera que as diretrizes passariam a ser contraproducentes se continuassem a ignorar o fato de que a causa determinante da negação ao direito à saúde seria a inexistência de instalações hospitalares e infraestrutura adequadas nos países em desenvolvimento. Portanto, as diretrizes, ao se concentrarem exclusivamente nos deveres das empresas farmacêuticas, seriam excessivamente parciais, o que a cegaria para o fato de se tratar de uma responsabilidade de todos os *stakeholders*.[538]

As críticas postas pela Merck, no entanto, parecem-nos bastante frágeis. Primeiramente porque, de fato, a responsabilidade pela

---

[537] "Merck&Co., Inc., is in strong agreement with Paul Hunt's objective of ensuring broader access to medicines and vaccines for those living in the developing world. Merck believes that responding to global health challenges is a strategic and humanitarian necessity. Our approach is founded upon the belief that pharmaceutical companies have a responsibility to offer assistance when social, political and economic conditions make it impossible for patients to receive life-saving therapies and that Merck and others should leverage their expertise to help remove the barriers that stand between patients and the therapies they need" (*Human Rights Guidelines for Pharmaceutical companies in relation to Access to Medicines, prepared by United Nations Special Rapporteur, Paul Hunt – Response from Merck&Co.,Inc.*, 29 February 2008. Disponível em: <http://www2.essex.ac.uk/human_rights_centre/rth/comments.shtm>).

[538] "(...) we are concerned that the current guidelines will lend an unproductive aspect to the debate around access to medicines (ATM) and divert attention and resources from the real problems and challenges that urgently need to be addressed. Several of the guidelines also are impractical and would place undue burden on companies, while not advancing the overall goal of improving access. We believe that true solutions to the access to medicines challenge will come from focusing on the entire international community. (...) we feel that Mr. Hunt's approach of focusing exclusively on the pharmaceutical industry is unlikely to achieve the changes he envisions" (*Human Rights Guidelines for Pharmaceutical companies in relation to Access to Medicines, prepared by United Nations Special Rapporteur, Paul Hunt – Response from Merck&Co., Inc.*, 29 February 2008. Disponível em: <http://www2.essex.ac.uk/human_rights_centre/rth/comments.shtm>).

construção de instalações e infraestrutura sanitárias adequadas é inequivocamente dirigida aos Estados,[539] não se tendo, em momento algum, alocado essa responsabilidade exclusivamente às empresas farmacêuticas. Em segundo lugar, a Merck parece ignorar o conteúdo dos relatórios de Hunt, em que ele repete diversas vezes a existência de uma responsabilidade compartilhada por todos os *stakeholders*, incluindo os Estados (desenvolvidos e em desenvolvimento), a sociedade civil, as organizações intergovernamentais e não governamentais, as comunidades vulneráveis afetadas, etc.[540] Por fim, cumpre asseverar que, ao elaborar diretrizes voltadas para as empresas farmacêuticas e concentradas no acesso a medicamentos, o objetivo de Hunt não é, por óbvio, ignorar a responsabilidade dos outros agentes, nem ignorar os demais elementos que compõem o direito à saúde, afora o acesso a medicamentos. Hunt pretende tão somente exarar recomendações específicas, que respondam a uma demanda social particular e que urge ser regulamentada.[541]

Bastante semelhantes à defesa da Merck são os posicionamentos da GSK. Para a GSK, assim como para a Merck, a pobreza e, portanto, a carência de infraestrutura básica de saúde nos países em desenvolvimento deveriam ser a prioridade, movendo o debate centrado no acesso a medicamentos para o acesso a cuidados médicos.[542] Há esforço

---

[539] "19. With respect to the right to health, equality of access to health care and health services has to be emphasized. States have a special obligation to provide those, OMS do not have sufficient means with the necessary health insurance and health-care facilities, and to prevent any discrimination on internationally prohibited grounds in the provision of health care and health services, especially with respect to the core obligations of the right to health" (Doc. UN. E/C.12/2000/4, *General Comment nº 14 – The right to the highest attainable standard of health (article 12 of the International Covenant on Economic, Social and Cultural Rights)*, 11 August 2000, paras. 18-9).

[540] "82. The previous section emphasized the primary responsibility of States to increase access to medicines. But, of course, this is a shared responsibility. If there is to be an increase in access to medicines, numerous national and international actors have an indispensable role to play" (Doc. UN. A/61/338, *The right of everyone to the enjoyment of the highest attainable standard of physical and mental health – Note by the Secretary General*, 13 September 2006, para. 82).

[541] "27. It became imperative, therefore, to address this situation. How can pharmaceutical companies sensibly be asked to respect their human rights responsibilities in relation to access to medicines without much more specific guidance, as well as the identification of good practices? How can they be monitored, and held to account, if their human rights responsibilities in relation to access to medicines are unclear?" (Doc. UN. A/63/263, *The right to health – Note by the Secretary General*, 11 August 2008, para. 9).

[542] "Poverty is the single biggest barrier to improving healthcare in the developing world. In many countries people do not have enough hospitals or clinics in which to receive treatment, or healthcare professionals to care for them. (...) he challenge has less to do with ensuring access to medicines, and far more to do with ensuring the overarching issue of access to healthcare" (*Human Rights Guidelines for Pharmaceutical Companies in relation to Access to Medicines – GSK Comments*, p. 1-2. Disponível em: <http://www2.essex.ac.uk/human_rights_centre/rth/comments.shtm>).

idêntico da Merck e da GSK em concentrar seus argumentos na existência de uma responsabilidade compartilhada por todos os setores da sociedade global, e não apenas das empresas farmacêuticas, o que não é, em momento algum, negado por Hunt. Pelo contrário, Hunt reiteradamente confirma o princípio da responsabilidade compartilhada por todos os atores da comunidade internacional, enfatizando, inclusive, a responsabilidade primária dos Estados, em diversos de seus relatórios.

No entanto, repetindo o equívoco da defesa da Merck, a GSK afirma que as diretrizes ignorariam os deveres dos Estados e demais *stakeholders*, definindo obrigações apenas para as empresas farmacêuticas transnacionais, em relação ao acesso a medicamentos. A GSK chega inclusive a asseverar que desconhecia quaisquer esforços de Hunt para esclarecer e definir as responsabilidades desses outros *stakeholders*, sobretudo dos governos,[543] o que facilmente se demonstra equivocado, conforme se pode depreender da análise dos relatórios exarados ao longo do mandato.[544]

Embora consigam ser facilmente rebatidas, as críticas às diretrizes, elaboradas pelas poucas empresas farmacêuticas transnacionais que se dispuseram a comentá-las, traduzem-se em uma iniciativa bastante louvável, dada a possibilidade de estabelecerem um diálogo e um debate transparente, amplo e participativo. A partir dos comentários recebidos por Hunt, enviados não apenas pelas empresas farmacêuticas mencionadas, mas também por diversas organizações da sociedade civil,[545] a versão final das diretrizes foi anexada ao Relatório nº 63/263, de 2008.

---

[543] "The proposed Guidelines fail to reflect this context and shared responsibilities. Despite the explicit recognition in the Introductory Note section that *"States have primary responsibility for enhancing access to medicines"* GSK is unaware of Professor Hunt seeking to prescribe similar detailed guidance as to how Governments and other stakeholders should act or be audited.
The healthcare problems of the developing world need to be addressed collectively and cooperatively. GSK's comments on the proposed Guidelines reflect this reality" (*Human Rights Guidelines for Pharmaceutical Companies in relation to Access to Medicines – GSK Comments*, p. 1-2. Disponível em: <http://www2.essex.ac.uk/human_rights_centre/rth/comments.shtm>).

[544] A afirmação da responsabilidade dos Estados com relação ao direito à saúde pode ser depreendida da análise de todos os relatórios de Hunt, sobretudo do relatório da sessão em que constrói a responsabilidade dos Estados para com o direito de acesso aos medicamentos (Doc. UN. A/61/338, *The right of everyone to the enjoyment of the highest attainable standard of physical and mental health – Note by the Secretary General*, 13 September 2006).

[545] Todos os comentários a respeito das *Diretrizes de Direitos Humanos para as Empresas Farmacêuticas* que foram recebidos por Hunt estão disponíveis para consulta em: <http://www2.essex.ac.uk/human_rights_centre/rth/comments.shtm>.

3.2.3.5.1 As Diretrizes de Direitos Humanos para as Empresas Farmacêuticas em relação ao acesso a medicamentos

Em sua última versão, as *Diretrizes de Direitos Humanos para as Empresas Farmacêuticas* dividem-se em três sessões: preâmbulo, diretrizes gerais e diretrizes específicas. Nestas últimas, além dos tópicos apresentados na versão preliminar (quais sejam: administração, monitoramento e *accountability*; corrupção; influência sobre políticas públicas, *advocacy* e *lobbying*; qualidade;[546] pesquisas clínicas; doenças negligenciadas; patentes e licenças; política de preços, descontos e doações; promoção ética e *marketing*; parcerias público-privadas; associações de empresas farmacêuticas), dois temas foram introduzidos: (i) os indivíduos, as comunidades e as populações que se encontram em desvantagem na sociedade e (ii) a transparência.

3.2.3.5.1.1 Preâmbulo

O preâmbulo introduz o tópico da responsabilidade das empresas farmacêuticas, contextualizando a questão. Nesse sentido, elabora duas definições conceituais centrais (de medicamentos e doenças negligenciadas) e realça a gravidade do problema do acesso a medicamentos.

No tocante às conceituações, as Diretrizes estabelecem que os *medicamentos* incluem os ingredientes farmacêuticos ativos, os instrumentos de diagnóstico, as vacinas, os biofármacos e outras tecnologias relacionadas com cuidados médicos.[547] As *doenças negligenciadas*, a seu turno, são definidas como as moléstias que afetam principalmente aqueles que vivem na pobreza, especialmente na zona rural, dos países de menor desenvolvimento relativo.[548] Por vezes também denominadas "doenças tropicais" ou "doenças relacionadas com a pobreza", incluem, por exemplo, a leishmaniose (kala-azar), a oncocercose (cegueira dos

---

[546] Ressalve-se que, na versão preliminar, o tópico da qualidade era abordado em conjunto com a questão da transferência de tecnologia, que foi excluída da versão final das *Diretrizes de Direitos Humanos para as Empresas Farmacêuticas*.

[547] "q. For the purposes of the present Guidelines, medicines include active pharmaceutical ingredients, diagnostic tools, vaccines, biopharmaceuticals and other related health-care technologies" (Doc. UN. A/63/263, *The right to health – Note by the Secretary General*, 11 de agosto de 2008, Anexo – Guidelines, Preâmbulo, alinea q).

[548] "s. The present Guidelines adopt the World Bank definition of low-income, middle-income and high-income countries" (Doc. UN. A/63/263, *The right to health – Note by the Secretary General*, 11 de agosto de 2008, Anexo – Guidelines, Preâmbulo, alinea s).

rios), a doença de Chagas, a hanseníase, a esquistossomose (bilharzias), a filariose linfática, tripanossomíase africana (doença do sono) e a dengue. Embora nos últimos anos o HIV/AIDS, a tuberculose e a malária tenham atraído a atenção e os recursos globais, essas moléstias ainda podem igualmente ser consideradas negligenciadas.[549]

No que concerne à problemática que as Diretrizes pretendem enfrentar, afirma-se a existência de quase 2 bilhões de pessoas sem acesso a medicamentos essenciais, de maneira que a melhoria no acesso aos medicamentos já existentes poderia chegar a salvar 10 milhões de vidas anualmente, sendo 4 milhões apenas na África e no Sudeste Asiático.[550] Nesse sentido, o alcance de várias Metas de Desenvolvimento do Milênio, como a redução da mortalidade infantil, a melhora da saúde materna e o combate ao HIV/AIDS, malária e outras doenças, depende inevitavelmente da melhoria do acesso aos medicamentos,[551] tendo o próprio texto das Metas chamado a atenção das empresas farmacêuticas para a função central que elas exercem na realização do direito de acesso a medicamentos.[552]

As diretrizes adensam juridicamente os documentos de direitos humanos, ao reafirmarem os princípios consagrados na Declaração Universal dos Direitos Humanos, dentre os quais se incluem: não discriminação, igualdade, transparência, monitoramento e *accountability*. Retomam também a Constituição da OMS, bem como os tratados internacionais de direitos humanos, incluindo a Convenção dos Direitos da Criança e o Pacto Internacional dos Direito Econômicos, Sociais e Culturais, quando conceituam o gozo do mais alto padrão de saúde

---

[549] "r. For the purposes of the present Guidelines, neglected diseases are defined as those diseases primarily affecting those living in poverty, especially in rural areas, in low-income countries" (Doc. UN. A/63/263, *The right to health – Note by the Secretary General*, 11 de agosto de 2008, Anexo – Guidelines, Preâmbulo, alinea r).

[550] "a. Almost 2 billion people lack access to essential medicines; improving access to existing medicines could save 10 million lives each year, 4 million of them in Africa and South-East Asia" (Doc. UN. A/63/263, *The right to health – Note by the Secretary General*, 11 de agosto de 2008, Anexo – Guidelines, Preâmbulo, alinea a).

[551] "b. Achievement of the Millennium Development Goals, such as reducing child mortality, improving maternal health, and combating HIV/AIDS, malaria and other diseases, depends upon improving access to medicines" (Doc. UN. A/63/263, *The right to health – Note by the Secretary General*, 11 de agosto de 2008, Anexo – Guidelines, Preâmbulo, alinea b).

[552] "Goal 8: Develop a Global Partnership for Development
Target 8e. In cooperation with pharmaceutical companies, provide access to affordable essential drugs in developing countries.
Target 8f. In cooperation with the private sector, make available the benefits of new technologies, especially information and communications technologie".
Disponível em: <http://www.undp.org/mdg/goal8.shtml>.

como um dos direitos essenciais de todo ser humano, que depende da provisão de medicamentos de boa qualidade, seguros e eficazes.[553]

Ademais, o preâmbulo das diretrizes reitera o conteúdo principal dos relatórios anteriores de Hunt. Primeiramente, conceitua o acesso a medicamentos como um dos elementos essenciais do direito ao mais alto padrão de saúde física e mental,[554] não havendo, assim, que se falar em direito à saúde sem se falar no direito de acesso a medicamentos. Em segundo lugar, as diretrizes reforçam a centralidade dos sistemas de saúde,[555] que constituiriam uma resposta eficaz, integrada, acessível a todos — sem discriminação — e que responderiam às necessidades nacionais e prioridades locais. Em muitos países, os sistemas de saúde estão ruindo ou entrando em colapso, o que se verifica, por exemplo, com a inexistência de instalações clínicas e sanitárias adequadas, a falta da mais básica infraestrutura para o atendimento da população, a falta de profissionais de saúde devidamente habilitados. Todos esses são graves obstáculos à realização do direito de acesso a medicamentos, devendo, por conseguinte, ser objeto de ações imediatas por parte dos diversos atores responsáveis. Embora uma série de agentes possa ter a responsabilidade de tomar medidas urgentes para viabilizar o acesso a medicamentos, é também imperativo que a infraestrutura dos sistemas de saúde seja uma prioridade dos governos.[556] Finalmente, em terceiro lugar, as diretrizes retomam a noção da responsabilidade partilhada com relação ao direito de acesso a medicamentos. Nesse esteio, asseveram que, embora a responsabilidade dos Estados seja entendida como primária,[557] indubitavelmente existe uma responsabilidade compartilhada entre vários atores, seja no âmbito nacional, seja no âmbito internacional.[558] Nesse rol de atores responsáveis pelo direito

---

[553] Doc. UN. A/63/263, *The right to health – Note by the Secretary General*, 11 de agosto de 2008, Anexo – Guidelines, Preâmbulo, alínea p.

[554] Doc. UN. A/63/263, *The right to health – Note by the Secretary General*, 11 de agosto de 2008, Anexo – Guidelines, Preâmbulo, alínea d.

[555] "Medical care and access to medicines are vital elements of an effective, integrated, responsive and accessible health system" (Doc. UN. A/63/263, *The right to health – Note by the Secretary General*, 11 de agosto de 2008, para. 43).

[556] Doc. UN. A/63/263, *The right to health – Note by the Secretary General*, 11 de agosto de 2008, Preâmbulo, alínea e.

[557] "f. States have the primary responsibility for realizing the right to the highest attainable standard of health and increasing access to medicines" (Doc. UN. A/63/263, *The right to health – Note by the Secretary General*, 11 de agosto de 2008, Anexo – Guidelines, Preâmbulo, alínea f).

[558] "g. In addition to States, numerous national and international actors share a responsibility to increase access to medicines" (Doc. UN. A/63/263, *The right to health – Note by the Secretary General*, 11 de agosto de 2008, Anexo – Guidelines, Preâmbulo, alínea g).

humano de acesso a medicamentos, inquestionavelmente, figuram as empresas farmacêuticas.[559]

No que tange ao conteúdo dessa responsabilidade, o preâmbulo das diretrizes reconhece, preliminarmente, que as empresas farmacêuticas também têm uma série de outros deveres para com os demais *stakeholders*. Há, por exemplo, o dever de obter lucros e aumentar o valor de suas ações e títulos no mercado.[560] No entanto, as Diretrizes pontuam que, por óbvio, todos os deveres das empresas farmacêuticas devem ser realizados à luz das responsabilidades de direitos humanos que possuem,[561] especialmente no tocante à sua responsabilidade de desenvolver medicamentos de alta qualidade, acessíveis àqueles que deles necessitam.[562] Esse é, para Hunt, o conteúdo essencial da responsabilidade das empresas farmacêuticas para com o direito humano de acesso a medicamentos. Assim, a melhoria global do acesso aos medicamentos deve assumir a posição central da missão societária das empresas farmacêuticas transnacionais.[563]

---

[559] As empresas farmacêuticas incluem as empresas de inovação, de genéricos e de biotecnologia (Doc. UN. A/63/263, *The right to health – Note by the Secretary General*, 11 de agosto de 2008, Anexo – Guidelines, Preâmbulo, alinea i). Embora a maioria das Diretrizes contenham assuntos pertinentes a todas as empresas farmacêuticas, incluindo as de inovação, de genéricos e de biotecnologia, algumas das diretrizes têm como foco questões de relevância particular a certas empresas no setor farmacêutico (Doc. UN. A/63/263, *The right to health – Note by the Secretary General*, 11 de agosto de 2008, Anexo – Guidelines, Preâmbulo, alinea n). De toda forma, cumpre ressalvar que as Diretrizes se aplicam às empresas farmacêuticas, bem como a suas subsidiárias (Doc. UN. A/63/263, *The right to health – Note by the Secretary General*, 11 de agosto de 2008, Anexo – Guidelines, Preâmbulo, alinea o).

[560] "j. Pharmaceutical companies also have other responsibilities, for example, a responsibility to enhance shareholder value (Doc. UN. A/63/263, *The right to health – Note by the Secretary General*, 11 de agosto de 2008, Anexo – Guidelines, Preâmbulo, alinea j).

[561] Importante ressaltar que as responsabilidades de direitos humanos detidas pelas empresas farmacêuticas não estão limitadas ao direito ao mais alto padrão de saúde física e mental. Elas têm outras responsabilidades de direitos humanos, como, por exemplo, em relação à liberdade de associação e às condições adequadas de trabalho, embora tais responsabilidades de direitos humanos não sejam objeto das Diretrizes (Doc. UN. A/63/263, *The right to health – Note by the Secretary General*, 11 de agosto de 2008, Anexo – Guidelines, Preâmbulo, alinea m).

[562] "45. Pharmaceutical companies operate in complex market and social settings that give rise to a range of responsibilities to various stakeholders. Of course, companies have a responsibility to enhance shareholder value. This responsibility has to be seen in the context of other social, developmental and human rights responsibilities, especially the pharmaceutical sector's central societal mission to develop high-quality medicines that are accessible to those in need" (Doc. UN. A/63/263, *The right to health – Note by the Secretary General*, 11 de agosto de 2008, para. 45).

[563] "l. Pharmaceutical companies contribute in various ways to the realization of the right to the highest attainable standard of health, such as providing individuals and communities with important information about public health issues. Enhancing access to medicines, however, has the central place in the societal mission of pharmaceutical companies. For this reason, these non-exhaustive, interrelated Guidelines focus on the human rights responsibilities of pharmaceutical companies in relation to access to medicines" (Doc. UN. A/63/263, *The right to health – Note by the Secretary General*, 11 de agosto de 2008, Anexo – Guidelines, Preâmbulo, alinea l).

3.2.3.5.1.2 As Diretrizes Gerais

São quatro as recomendações genéricas exaradas pelas Diretrizes: (i) as empresas farmacêuticas devem expressamente adotar uma política de direitos humanos, na qual se reconheça a importância dos direitos humanos e do direito à saúde;[564] (ii) após, essa política de direitos humanos deve ser totalmente integrada a todas as políticas, estratégias, programas, projetos e atividades da empresa;[565] (iii) as empresas farmacêuticas transnacionais devem sempre observar as normas de direito interno, tanto de seus Estados-sede (*Home-States*) como de seus países-hospedeiros (*Host-States*);[566] finalmente (iv) as empresas farmacêuticas não devem adotar quaisquer condutas que incentivem os Estados a violar suas obrigações de direitos humanos e de direito ao mais alto padrão de saúde física e mental.[567]

3.2.3.5.1.3 As Diretrizes Específicas

Dentre as temáticas especificamente encaminhadas nas Diretrizes, encontram-se: (i) indivíduos, comunidades e populações marginalizadas e vulnerabilizadas; (ii) transparência;[568] (iii) administração, monitoramento e *accountability*,[569] (iv) corrupção;[570] (v) influência exercida

---

[564] Doc. UN. A/63/263, *The right to health – Note by the Secretary General*, 11 de agosto de 2008, Anexo – Guidelines, para. 1.

[565] Doc. UN. A/63/263, *The right to health – Note by the Secretary General*, 11 de agosto de 2008, Anexo – Guidelines, para. 2.

[566] Doc. UN. A/63/263, *The right to health – Note by the Secretary General*, 11 de agosto de 2008, Anexo – Guidelines, para. 3.

[567] Doc. UN. A/63/263, *The right to health – Note by the Secretary General*, 11 de agosto de 2008, Anexo – Guidelines, para. 4.

[568] A temática da transparência esta relacionada, sobretudo, à divulgação de informações e dados relativos às políticas empresariais adotadas, de maneira a permitir seu acompanhamento por toda a sociedade, incluindo as populações vulnerabilizadas e afetadas negativamente por tais políticas (Doc. UN. A/63/263, *The right to health – Note by the Secretary General*, 11 de agosto de 2008, Anexo – Guidelines, paras. 6-8).

[569] As diretrizes cobram sistemas de monitoramentos, que divulguem publicamente os resultados das políticas adotadas, de modo a permitirem seu acompanhamento por toda a sociedade. Ademais, as Diretrizes pontuam como indispensável, a previsão não apenas um mecanismo de monitoramento e *accountability* interno, mas, sobretudo, um sistema externo e independente, participativo e acessível a todos os indivíduos e comunidades afetadas (Doc. UN. A/63/263, *The right to health – Note by the Secretary General*, 11 de agosto de 2008, Anexo – Guidelines, paras. 9-14).

[570] Da questão da corrupção emerge a necessidade de adoção de políticas preventivas à falsificação de medicamentos e de políticas efetivas e publicas de combate à corrupção (Doc. UN. A/63/263, *The right to health – Note by the Secretary General*, 11 de agosto de 2008, Anexo – Guidelines, paras. 15-6).

pelas empresas farmacêuticas sobre políticas públicas, *advocacy* e *lobbying*;[571] (vi) qualidade, segurança e eficácia dos medicamentos;[572] (vii) ética e pesquisa clínica;[573] (viii) Doenças Negligenciadas; (ix) Patentes e Licenças; (x) Políticas de Preços, descontos e doações; (xi) ética na promoção e *marketing* de medicamentos;[574] (xii) Parcerias Público-Privadas; e (xiii) Associações de Empresas Farmacêuticas.

No que concerne ao objeto particular deste trabalho, qual seja, investigar as responsabilidades de direitos humanos das empresas farmacêuticas em relação, especificamente, ao acesso a medicamentos para doenças negligenciadas, serão lapidados os itens (i) indivíduos, comunidades e populações marginalizadas e vulnerabilizadas; (viii) Doenças Negligenciadas; (ix) Patentes e Licenças; (x) Políticas de Preços, descontos e doações; (xii) Parcerias Público-Privadas; e (xiii) Associações de Empresas Farmacêuticas, muito embora todos os tópicos acima referenciados sejam relevantes ao tratamento da questão.

Em consonância com o conceito de equidade, bem como com os princípios da igualdade e não discriminação, as Diretrizes enfatizam uma preocupação especial com os indivíduos, as comunidades e as populações vulnerabilizadas e marginalizadas da sociedade, incluindo crianças, mulheres e aqueles que vivem em condições de pobreza e miséria.[575] É nesse contexto que as Diretrizes fazem recomendações

---

[571] Os temas da influência sobre políticas públicas, *advocacy* e *lobbying* estão intimamente relacionados à questão da transparência para a divulgação de todas as atividades de *advocacy* e *lobbying* adotadas pelas empresas farmacêuticas, nos âmbitos nacional, regional e internacional, explicitando, inclusive, apoios financeiros destinados a associações medicas e de pacientes, partidos políticos e candidatos, associações comerciais, departamentos de pesquisa, universidades, laboratórios, etc. (Doc. UN. A/63/263, *The right to health – Note by the Secretary General*, 11 de agosto de 2008, Anexo – Guidelines, paras. 17-19).

[572] As empresas farmacêuticas devem se comprometer com a qualidade, segurança e eficácia dos medicamentos que desenvolve (Doc. UN. A/63/263, *The right to health – Note by the Secretary General*, 11 de agosto de 2008, Anexo – Guidelines, para. 20).

[573] As Diretrizes ressalvam a necessidade de observância dos mais altos padrões de ética e de direitos humanos, no contexto das pesquisas clínicas realizadas. Sobretudo, as diretrizes sublinham a centralidade do termo de consentimento informado (Doc. UN. A/63/263, *The right to health – Note by the Secretary General*, 11 de agosto de 2008, Anexo – Guidelines, paras. 21-2).

[574] As Diretrizes também realçam a importância da ética, assim como da transparência, na promoção e *marketing* de medicamentos, que devem, em especial, prover informações a respeito de sua segurança, eficácia e possíveis efeitos colaterais (Doc. UN. A/63/263, *The right to health – Note by the Secretary General*, 11 de agosto de 2008, Anexo – Guidelines, paras. 39-41).

[575] "Disadvantaged individuals, communities and populations – 5. Whenever formulating and implementing its strategies, policies, programmes, projects and activities that bear upon access to medicines, the company should give particular attention to the needs of disadvantaged individuals, communities and populations, such as children, the elderly and those living in poverty. The company should also give particular attention to the very poorest in all markets, as well as gender-related issues.

expressas às empresas farmacêuticas para que respondam ao *10/90 Gap*, que explica o problema das doenças negligenciadas. Nesse sentido, estabelecem que as empresas farmacêuticas devem se comprometer publicamente a contribuir com a P&D para doenças negligenciadas, seja internamente, dedicando esforços próprios ao desenvolvimento de tratamentos, seja externamente, apoiando e se envolvendo em parcerias, bem como divulgando publicamente o montante dispensado para esses fins.[576]

Hunt comenta que, no caso particular das doenças negligenciadas, em que os incentivos de mercados são inadequados, o regime do Direito de Propriedade Intelectual falha em sua tarefa de geração de incentivos a P&D de medicamentos. É por essa razão que se faz necessária a adoção de outra perspectiva, que permita responder adequadamente a esse desafio. Tal deve ser a perspectiva dos direitos humanos, na qual se insere o direito ao mais alto padrão de saúde mental e física e que dedica especial atenção aos mais marginalizados. Embora algumas iniciativas estejam sendo implementadas por empresas do setor,[577] é imperativo que todas as empresas farmacêuticas contribuam, em alguma medida, para a P&D voltada às Doenças Negligenciadas, seja

---

Commentary: Equality and non-discrimination are among the most fundamental features of international human rights, including the right to the highest attainable standards of health. They are akin to the crucial health concept of equity. Equality, non-discrimination and equity have a social justice component. Accordingly, the right to the highest attainable standard of health has a particular preoccupation with disadvantaged individuals, communities and populations, including children, the elderly and those living in poverty. Like equity, the right-to-health also requires that particular attention be given to gender. All the other Guidelines must be interpreted and applied in the light of Guideline 5, which has fundamental importance" (Doc. UN. A/63/263, *The right to health – Note by the Secretary General,* 11 de agosto de 2008, Anexo – Guidelines, para. 5).

[576] "Neglected diseases – 23. The company should make a public commitment to contribute to research and development for neglected diseases. Also, it should either provide in-house research and development for neglected diseases, or support external research and development for neglected diseases, or both. In any event, it should publicly disclose how much it contributes to and invests in research and development for neglected diseases" (Doc. UN. A/63/263, *The right to health – Note by the Secretary General,* 11 de agosto de 2008, Anexo – Guidelines, paras. 23-5).

[577] Exemplos de iniciativas de algumas empresas farmacêuticas para a P&D voltada para as Doenças Negligenciadas podem ser encontradas em: MORAN, Mary; GUZMAN, Javier. The Landscape of Neglected Diease Drug Development. *The Welcome Trust,* 2005; Access to Medicines Foundation, *2008 Access to Medicines Index,* Junho 2008. A GSK, primeira colocada no ranking da *2008 Access to Medicines Index,* destacou-se, por exemplo, por ter realizado investimentos em P&D de medicamentos voltados para doenças negligenciadas como a tuberculose, a malária, a doença de Chagas, a leishmaniose e a dengue. A Novartis, a seu turno, inaugurou, em 2003, em Cingapura, o Instituto Novartis para Pesquisa em Doenças Tropicais, que vem produzindo e distribuindo gratuitamente tratamentos para a tuberculose, a malária e a hanseníase.

elaborando mecanismos de P&D internos, seja se comprometendo com parceiros institucionais para esse fim, consolidando apoios externos à P&D de doenças negligenciadas, seja concretizando os dois tipos de iniciativas.[578]

Nesse mesmo contexto, as diretrizes exaram recomendações específicas quanto às questões das patentes e licenças, e quanto às políticas de preços, descontos e doações. No que se refere ao primeiro aspecto, as Diretrizes reafirmam a importância da flexibilidade contida no TRIPs, a saber, o licenciamento compulsório e a importação paralela, que ecoam a Declaração de Doha sobre TRIPs e Saúde Pública, de 2001.[579] Quanto ao segundo tema, as diretrizes definem o dever das empresas farmacêuticas de adotar medidas que contemplem a obrigação de prover medicamentos economicamente acessíveis aos maior número possível de pessoas, garantindo acesso especialmente aos mais pobres,[580] considerado o índice de desenvolvimento dos povos, além das diferenças no poder de compra dos indivíduos e grupos dentro de um mesmo país.[581] Dentre essas medidas, as diretrizes citam exemplificativamente: a política de preços diferenciados, entre Estados ou dentro de um mesmo país, as licenças voluntárias de medicamentos, os programas de doação de fármacos aos necessitados, além de parcerias público-privadas que visem à ampliação do acesso a medicamentos.[582]

---

[578] "Guideline 23 does not make the unreasonable demand that all companies provide in-house research and development for neglected diseases. Rather, all companies should make some contribution towards research and development for neglected diseases" (Doc. UN. A/63/263, *The right to health – Note by the Secretary General*, 11 de agosto de 2008, Anexo – Guidelines, para. 23, Commentary).

[579] Doc. UN. A/63/263, *The right to health – Note by the Secretary General*, 11 de agosto de 2008, Anexo – Guidelines, paras. 26-32.

[580] Doc. UN. A/63/263, *The right to health – Note by the Secretary General*, 11 de agosto de 2008, Anexo – Guidelines, paras. 33-7.

[581] "34. The arrangements should take into account a country's stage of economic development, as well as the differential purchasing power of populations within a country. The same medicine, for example, may be priced and packaged differently for the private and public sectors within the same country" (Doc. UN. A/63/263, *The right to health – Note by the Secretary General*, 11 de agosto de 2008, Anexo – Guidelines, para. 33).

[582] "33. When formulating and implementing its access to medicines policy, the company should consider all the arrangements at its disposal with a view to ensuring that its medicines are affordable to as many people as possible. In keeping with Guideline 5, the company should give particular attention to ensuring its medicines are accessible to disadvantaged individuals, communities and populations, including those living in poverty and the very poorest in all markets. The arrangements should include, for example, differential pricing between countries, differential pricing within countries, commercial voluntary licenses, not-for-profit voluntary licenses, donation programmes, and public private partnerships" (Doc. UN. A/63/263, *The right to health – Note by the Secretary General*, 11 de agosto de 2008, Anexo – Guidelines, para. 33).

Por fim, as diretrizes sublinham o importante papel desempenhado pelas parcerias público-privadas e pelas associações de empresas farmacêuticas na realização do direito de acesso a medicamentos, como concretização de um esforço conjunto para esse fim. Para tanto, porém, as diretrizes chamam atenção para a necessidade de todos os entes envolvidos nas parcerias e associações respeitarem integralmente o texto das Diretrizes, bem como os princípios e instrumentos de direitos humanos aplicáveis. Do contrário, tais parcerias e associações verter-se-iam possivelmente em maneiras de mascarar o cumprimento dos deveres de direitos humanos esperados das empresas farmacêuticas.[583]

3.2.3.5.1.4 Conclusões das Diretrizes

Cumpre esclarecer que as Diretrizes são princípios que fazem recomendações específicas às empresas farmacêuticas a respeito das suas responsabilidades para com o direito de acesso a medicamentos. No entanto, importa esclarecer que a linguagem adotada no documento não é impositiva, motivo pelo qual se verifica o emprego do tempo verbal "should" no inglês, "devrait" no francês e "debe" no espanhol. Tais vocábulos conferem às *Human Rights Guidelines for Pharmaceutical Companies in relation to Access to Medicines* um tom recomendatório, de *vis directiva da influência*, para dialogar com Bobbio, em detrimento da *vis coactiva do poder*,[584] que forçasse as empresas a adotar as Diretrizes, sob pena de sanções coativas.

Embora passível de crítica, a escolha do caráter recomendatório das Diretrizes parece adequada, dado o estágio embrionário em que se encontra o debate acerca das responsabilidades de direitos humanos das empresas farmacêuticas e a necessidade de construção de um ideário comum com relação à temática. Sem dúvida seria precipitada a adoção de uma linguagem impositiva de imediato, já que isso polarizaria ainda mais a discussão, possivelmente bloqueando os diálogos.

Todavia, também é importante ressalvar que as *Human Rights Guidelines for Pharmaceutical Companies in relation to Access to Medicines*,

---

[583] Doc. UN. A/63/263, *The right to health – Note by the Secretary General*, 11 de agosto de 2008, Anexo – Guidelines, paras. 42-7.

[584] Em *A era dos direitos*, ao discorrer acerca do sistema internacional de proteção dos direitos humanos, Bobbio diferencia a *vis directiva* da influência e a *vis coactiva* do poder para anunciar as três vertentes do plano internacional: a promoção, o controle e a garantia. Enquanto a promoção e o controle inserem-se na lógica da *vis directiva* da influência, a garantia, por sua vez, associa-se à *vis coactiva* do ooder (BOBBIO, N. *A era dos direitos*. Rio de Janeiro: Elsevier, 2004. p. 66-81).

ao consolidarem uma série de princípios e recomendações específicas, vão além das iniciativas voluntárias de responsabilidade social corporativa (conforme definidas no Capítulo 1), que apenas criam valores inspiradores para uma conduta desejável. As Diretrizes são um documento paradigmático por responderem a uma precisa demanda social mundial: a grave e sistemática violação do direito humano de acesso a medicamentos, perpetrado em colaboração com as práticas empresariais do setor farmacêutico.

As *Human Rights Guidelines for Pharmaceutical Companies in relation to Access to Medicines* oferecem um conjunto integrado de princípios e recomendações específicas que levam as empresas farmacêuticas a incorporarem tais preocupações em suas políticas empresariais e negociais rotineiras, de maneira a responderem à sua missão corporativa central de desenvolver medicamentos de alta qualidade, seguros, eficazes e acessíveis àqueles que deles necessitam.[585] Permite-se dizer que as *Human Rights Guidelines for Pharmaceutical Companies in relation to Access to Medicines* pretendem ir além das iniciativas voluntárias de responsabilidade social corporativa, na medida em que requerem explicitamente transparência[586] e ética[587] dessas empresas, em aspectos

---

[585] "Quality– 20. The company should manufacture medicines that comply with current World Health Organization Good Manufacturing Practice Guidelines, as well as other appropriate international regulatory requirements for quality, safety and efficacy.
Commentary: Guideline 20 reflects the elementary right-to-health requirement that all medicines must be of good quality, safe and efficacious" (Doc. UN. A/63/263, *The right to health – Note by the Secretary General*, 11 de agosto de 2008, Anexo – Guidelines, para. 20).

[586] A temática da transparência está relacionada, sobretudo, com a divulgação de informações e dados relativos às políticas empresariais adotadas, de modo a permitir seu acompanhamento por toda a sociedade, incluindo as populações vulnerabilizadas e afetadas negativamente por tais políticas (Doc. UN. A/63/263, *The right to health – Note by the Secretary General*, 11 de agosto de 2008, Anexo – Guidelines, paras. 6-8).
Conexa a esse tópico, figura a questão da corrupção, da qual emerge a necessidade de adoção de políticas preventivas de falsificação de medicamentos e de políticas públicas efetivas de combate à corrupção (Doc. UN. A/63/263, *The right to health – Note by the Secretary General*, 11 de agosto de 2008, Anexo – Guidelines, paras. 15-6).
Não obstante, os temas da influência sobre políticas públicas, *advocacy* e *lobbying* são, nesse esteio, igualmente lembrados pelas Diretrizes, que cobram transparência das empresas farmacêuticas na divulgação de todas as atividades de *advocacy* e *lobbying* adotadas pelas empresas farmacêuticas, nos âmbitos nacional, regional e internacional, explicitando, inclusive, apoios financeiros destinados a associações médicas e de pacientes, partidos políticos e candidatos, associações comerciais, departamentos de pesquisa, universidades, laboratórios, etc. (Doc. UN. A/63/263, *The right to health – Note by the Secretary General*, 11 de agosto de 2008, Anexo – Guidelines, paras. 17-19).
Vale ressalvar, nesse sentido, que a questão da transparência está diretamente relacionada ao tópico do monitoramento e *accountability* (Doc. UN. A/63/263, *The right to health – Note by the Secretary General*, 11 de agosto de 2008, Anexo – Guidelines, paras. 9-14).

[587] Sob o tema da ética, as Diretrizes ressalvam a necessidade de observância dos mais altos padrões de ética e de direitos humanos, no contexto das pesquisas clínicas realizadas.

específicos, além de sugerirem um sistema de monitoramento e *accountability* independente e participativo.[588]

A partir da divulgação de uma gama de dados e informações relativos às políticas empresariais do setor, os quais poderiam comprometer fortemente algumas empresas farmacêuticas (sobretudo no que tange aos temas da influência sobre políticas públicas, *advocacy* e *lobbying*; corrupção e falsificação de fármacos; e ética nas pesquisas clínicas realizadas em humanos), o tema da responsabilidade das empresas farmacêuticas em relação ao acesso a medicamentos evoluiria paulatinamente de um conjunto de princípios a um conjunto de deveres, quiçá internacionalmente regulamentado em tratado internacional. Tal evolução seria fruto de um processo gradual de construção desse consenso em toda a comunidade internacional, que passaria a pressionar o sistema do Direito Internacional dos Direitos Humanos para regulamentar definitivamente a questão. Importante pontuar que esse processo de construção de consensos já está iniciado, embora ainda se encontre em um estágio incipiente. O objetivo final deste trabalho é, portanto, contribuir para a consolidação desses consensos, apresentando o "estado da arte" no tocante à questão.

3.2.3.6 Relatório de 2009

Dando continuidade à temática da responsabilidade das empresas farmacêuticas em relação ao direito humano de acesso a medicamentos, Hunt exara, em 5 de maio de 2009, o Relatório nº 11/12/Add.2, em que a aprofunda, enquanto relata suas observações e conclusões elaboradas ao longo de sua missão junto à GlaxoSmithKline, entre junho e julho de 2008. O relatório de 2009 é, portanto, dividido em duas partes principais: uma parte geral, em que Hunt discorre acerca das responsabilidades das empresas farmacêuticas no âmbito do direito à saúde, em especial

---

Sobretudo, as Diretrizes sublinham a centralidade do termo de consentimento informado (Doc. UN. A/63/263, *The right to health – Note by the Secretary General*, 11 de agosto de 2008, Anexo – Guidelines, paras. 21-2). Não obstante, realçam também a importância da ética, assim como da transparência, na promoção e *marketing* de medicamentos, que devem, em especial, prover informações a respeito de sua segurança, eficácia e possíveis efeitos colaterais (Doc. UN. A/63/263, *The right to health – Note by the Secretary General*, 11 de agosto de 2008, Anexo – Guidelines, paras. 39-41).

[588] É indispensável, segundo as Diretrizes, que seja previsto não apenas um mecanismo de monitoramento e *accountability* interno, mas, sobretudo, um sistema externo e independente, participativo e acessível a todos os indivíduos e comunidades afetadas (Doc. UN. A/63/263, *The right to health – Note by the Secretary General*, 11 de agosto de 2008, Anexo – Guidelines, paras. 9-14).

do acesso a medicamentos, e uma parte específica, em que analisa as políticas empresariais da GSK, no que concerne a preços, patentes e licenças, P&D para doenças negligenciadas e formulações pediátricas,[589] e, finalmente, *accountability*.[590]

3.2.3.6.1 Parte 1

No Relatório nº 11/12/Add.2, Hunt lapida a questão da responsabilidade das empresas farmacêuticas em relação ao direito humano de acesso a medicamentos. Primeiramente, nesse sentido, reitera que, embora a responsabilidade pelo acesso a medicamentos seja compartilhada entre todos os atores internacionais capazes de implementar esse dever,[591] existe uma expectativa social alta que recai sobre as empresas farmacêuticas, em razão do controle que elas detêm sobre medicamentos vitais.[592]

---

[589] Hunt assinala que as empresas devem voltar especial atenção às formulações pediátricas, bem como a formulações específicas para idosos, grávidas e lactentes, além de formulações adequadas a diferentes condições climáticas, seja de frio ou calor extremos; sendo todos esses casos "negligenciados" pelas empresas farmacêuticas (Doc. UN. A/HCR/11/12/Add.2, *Report of the Special Rapporteur on the right of everyone to the enjoyment of the highest attainable standard of Health, Paul Hunt – Annex – Mission to GlaxoSmithKline*, 5 de maio de 2009, para. 40).

[590] Hunt esclarece que o relatório que exara em 2009 aprofunda o tema da responsabilidade das empresas farmacêuticas em relação ao direito à saúde e, particularmente, ao acesso a medicamentos. Embora retome conceitos e argumentos trabalhados nas *Human Rights Guidelines for Pharmaceutical Companies in relation to Access to Medicines* e embora as Diretrizes influenciem diretamente o olhar de Hunt sobre a GSK, durante sua missão, o Relator sublinha que o relatório de 2009 não aplica explicitamente as Diretrizes às políticas da GSK.
"14. As the Special Rapporteur prepared for the mission to GSK's headquarters, he was revising the draft Human Rights Guidelines for Pharmaceutical Companies in relation to Access to Medicines that were placed in the public domain for consultation between September 2007 and May 2008. The Guidelines were not finalized when the mission to GSK's headquarters took place in June 2008. The final version of the Guidelines was published in the Special Rapporteur's report of August 2008 to the General Assembly (A/63/263). The mission and Guidelines influenced each other, but this report does not explicitly apply the Guidelines to GSK. However, for those interested in the application of the right to health to the pharmaceutical sector, the Guidelines and this report (especially the next chapter) should be read together" (Doc. UN. A/HCR/11/12/Add.2, *Report of the Special Rapporteur on the right of everyone to the enjoyment of the highest attainable standard of Health, Paul Hunt – Annex – Mission to GlaxoSmithKline*, 5 de maio de 2009, para. 46).

[591] "Because access to medicines is a shared responsibility, whether or not a pharmaceutical company is able to fully discharge all its right-to-health responsibilities will sometimes depend upon States, donors and others fulfilling their human rights responsibilities" (Doc. UN. A/HCR/11/12/Add.2, *Report of the Special Rapporteur on the right of everyone to the enjoyment of the highest attainable standard of Health, Paul Hunt – Annex – Mission to GlaxoSmithKline*, 5 de maio de 2009, para. 16).

[592] Doc. UN. A/HCR/11/12/Add.2, *Report of the Special Rapporteur on the right of everyone to the enjoyment of the highest attainable standard of Health, Paul Hunt – Annex – Mission to GlaxoSmithKline*, 5 de maio de 2009, para. 17.

Não obstante, Hunt também aproveita para esclarecer que, a despeito de a responsabilidade pelo acesso a medicamentos ser compartilhada por Estados, empresas farmacêuticas, instituições financeiras, pesquisadores, técnicos, etc., as responsabilidades das empresas farmacêuticas não podem se equiparar às responsabilidades dos Estados.[593] Nesse sentido, exemplifica a assertiva lembrando o dever dos Estados de regulamentar questões através de legislações. Por óbvio, tal dever não pode ser atribuído às empresas, que não possuem a competência e o poder normativo para tal. Para Hunt, (assim como para John Ruggie, conforme verificado no capítulo anterior) as responsabilidades das empresas para com os direitos humanos devem ser socialmente definidas, em uma espécie de "licença social para operar".

À guisa de definir quais seriam as principais expectativas sociais em relação às empresas farmacêuticas, Hunt retoma os princípios básicos do direito à saúde, na tentativa de enumerar o núcleo duro de expectativas e, por consequência, responsabilidades. Assim, retoma os conceitos de disponibilidade, acessibilidade, aceitabilidade, qualidade, transparência, monitoramento e *accountability* como componentes mínimos da responsabilidade das empresas farmacêuticas em relação ao acesso a medicamentos. Reitera, nesse esteio, a importância de que todos esses aspectos cruciais ao direito humano à saúde permaneçam internalizados e integrados a todos os projetos, programas e políticas desenvolvidos pelas empresas farmacêuticas, sobretudo, no que atine às questões de preços, propriedade intelectual, P&D, pesquisas clínicas e *marketing*.

Ao mencionar a questão da expectativa social que recai sobre as empresas farmacêuticas, Hunt retoma o parágrafo 54 do Relatório A/HRC/8/5, elaborado por John Ruggie, que foi objeto de reflexão anterior.
Para Ruggie, a responsabilidade das empresas transnacionais de respeitar os direitos humanos é definida pelas expectativas sociais, que, por sua vez, equivaleriam a uma espécie de licença social para que operem e realizem suas atividades.
"54. In addition to compliance with national laws, the baseline responsibility of companies is to respect human rights. Failure to meet this responsibility can subject companies to the courts of public opinion — comprising employees, communities, consumers, civil society, as well as investors — and occasionally to charges in actual courts. Whereas governments define the scope of legal compliance, the broader scope of the responsibility to respect is defined by social expectations — as part of what is sometimes called a company's social license to operate" (Doc UN: A/HRC/8/5, John Ruggie, *Protect, respect, and remedy: a framework for business and human rights*, 2008, para. 54).

[593] "Of course, the human rights responsibilities of pharmaceutical companies are not identical to the human rights duties of States. A State's human rights duty includes enacting appropriate legislation and, obviously, such a responsibility cannot fall upon private businesses" (Doc. UN. A/HCR/11/12/Add.2, *Report of the Special Rapporteur on the right of everyone to the enjoyment of the highest attainable standard of Health, Paul Hunt – Annex – Mission to GlaxoSmithKline*, 5 de maio de 2009, para. 20).

3.2.3.6.2 Parte 2

A GSK, com sede em Londres, foi formada em 2000, após uma fusão entre a Glaxo Wellcome e a SmithKline Beechan. A GSK é uma das poucas empresas do setor que desenvolvem tanto vacinas quanto medicamentos para três das moléstias prioritárias para a OMS, quais sejam: a malária, a tuberculose a o HIV/AIDS.[594] Não obstante, desenvolve pesquisas em outras sete doenças particularmente relevantes aos países em desenvolvimento, a saber: meningite bacteriana, chlamydia, dengue, hepatite E, leishmaniose, pandemias de gripes e doenças pulmonares.[595]

Importante mencionar também que a GSK foi a primeira colocada no ranking elaborado em 2008 pela *Access to Medicine Foundation*,[596] que avaliou vinte empresas farmacêuticas em relação às contribuições que deram para a ampliação do acesso a medicamentos nos países em desenvolvimento. Foram avaliados oito critérios principais: (i) gestão de acesso a medicamentos; (ii) política pública de influência e lobby; (iii) P&D em doenças negligenciadas; (iv) patentes e licenças; (v) avanços na capacidade de produção e distribuição de drogas; (vi) políticas de preços justas; (vii) doação de medicamentos; e (viii) atividades filantrópicas. A GSK foi líder em diversas categorias — gestão de acesso a medicamentos, P&D em doenças negligenciadas, patentes e licenças, e

---

[594] "46. GSK is one of the few pharmaceutical companies researching both medicines and vaccines for the World Health Organization's three priority diseases, HIV/AIDS, tuberculosis and malaria. It produces medicines that treat six major disease areas: asthma, virus control, infections, mental health, diabetes and digestive conditions. In addition, it is a leader in the field of vaccines and is developing new treatments for cancer. GSK employs more than 100,000 people in over 100 countries across the world. It has one of the biggest research teams employing over 15,000 people based at 24 sites in seven countries" (Doc. UN. A/HCR/11/12/Add.2, *Report of the Special Rapporteur on the right of everyone to the enjoyment of the highest attainable standard of Health, Paul Hunt – Annex – Mission to GlaxoSmithKline*, 5 de maio de 2009, para. 46).

[595] Doc. UN. A/HCR/11/12/Add.2, *Report of the Special Rapporteur on the right of everyone to the enjoyment of the highest attainable standard of Health, Paul Hunt – Annex – Mission to GlaxoSmithKline*, 5 de maio de 2009, para. 50.

[596] O 2008 *Access to Medicine Index* classifica as vinte maiores empresas farmacêuticas que contribuíram para a ampliação do acesso a medicamentos nos países em desenvolvimento. A iniciativa, levada a cabo pela organização holandesa sem fins lucrativos *Acces to Medicine Foundation*, coloca a empresa britânia GlaxoSmithKline PLC em primeiro lugar, seguida pela NovoNordisk A/S, Merck & Company Inc., Novartis AG, Sanofi-Aventis, Astrazeneca PLC, Roche Holding Limited, Johnson&Johnson, Bayer Schering Pharma AG, Eli Lilly & Company, Bristol-Myers Sqibb Comp, Abbott Laboratories Inc., Merck Kgaa AG, Cipla Limited, Gilead Sciences Inc., Ranbaxy Laboratories Ltd., Pfizer Inc., Wyeth, Teva Pharmaceutical Ind. Ltd., e Schering-Plogh Corp. Para essa classificação, foram avaliados oito critérios principais: gestão de acesso a medicamentos; política pública de influência e lobby; P&D em doenças negligenciadas; patentes e licenças; avanços na capacidade de produção e distribuição de drogas; políticas de preços justas; doação de medicamentos; e atividades filantrópicas.

políticas de preços justas —, figurando sempre entre as cinco primeiras nos critérios restantes. Demonstrou, assim, ter desenvolvido sólidas políticas de P&D de medicamentos voltados a doenças negligenciadas, como a tuberculose, a malária, a doença de Chagas, a leishmaniose e a dengue.

Embora figure como líder do setor no que atine aos esforços para ampliar o acesso a medicamentos às populações marginalizadas, a GSK também já foi alvo de duras críticas. Em 1998, na África do Sul, a Glaxo Wellcome e a SmithKline Beechan, predecessoras da GSK, figuravam no polo ativo, ao lado de outras trinta empresas farmacêuticas igualmente criticadas, na ação que fora movida contra o governo de Mandela a propósito do *Ato Sul-africano sobre Medicamentos e Outras Substâncias*. Trata-se de uma legislação permissiva às flexibilizações previstas no TRIPs, particularmente a licença compulsória e a importação paralela, no contexto do acesso a medicamentos.[597] A reação imediata das empresas farmacêuticas fora reacionária à medida legislativa, sob a alegação de descumprimento das normas do Direito de Propriedade Intelectual por parte do governo sul-africano. No entanto, frente à intensa pressão mundial consolidada sob fortes críticas de ativistas e especialistas na matéria, as empresas farmacêuticas envolvidas houveram por bem retirar a ação questionadora da legalidade do ato legislativo.[598] Em outra ocasião, a GSK fora alvo de críticas por parte da imprensa inglesa. Em janeiro de 2007, a BBC divulgou o documentário *Secret of the Drug Trials*, no qual acusava a GSK de prover informações falaciosas acerca da eficácia do fármaco Seroxat, utilizado para o tratamento da depressão em crianças. Além disso, a BBC acusava a GSK de contratar especialistas

---

[597] "54. However, GSK has also been heavily criticized. In 1998, for example, GSK's predecessors and over 30 other pharmaceutical companies filed a case against the Mandela government challenging the validity of South Africa's Medicines and Related Substance Act. According to the pharmaceutical companies the Act, which provided for compulsory licensing, parallel importation and other TRIPS 'flexibilities', undermined intellectual property rights. The case generated fierce criticism of the pharmaceutical industry and was eventually the subject of an out-of-court settlement. This proved to be a turning point. Shortly afterwards, the prices of ARVs, including GSK's, fell from R1000 to under R100 in South Africa" (Doc. UN. A/HCR/11/12/Add.2, *Report of the Special Rapporteur on the right of everyone to the enjoyment of the highest attainable standard of Health, Paul Hunt — Annex — Mission to GloxoSmithKline*, 5 de maio de 2009, para. 54).

[598] "Johannesburg — Thirty-nine leading pharmaceutical companies have dropped their court challenge to prevent the South African government from importing, manufacturing or licensing cheap copies of their patented medicines — including AIDS drugs" (África do Sul, *Drugs' Giants Drop Case Against South Africa*, 19 April, 2001. Disponível em: <http://allafrica.com/stories/200104190053.html>).

"fantasmas" e intitulados "independentes", que escreveriam favoravelmente acerca de determinadas drogas desenvolvidas pela GSK.[599]

Durante sua missão junto à GSK, Hunt diagnosticou seis obstáculos principais enfrentados ou alegados pela empresa para a ampliação no acesso a medicamentos: (i) sistemas de saúde falidos ou em colapso;[600] (ii) marcos regulatórios inadequados; (iii) corrupção, em especial nos sistemas de distribuição de medicamento;[601] (iv) redes de distribuição de medicamentos corruptas ou ineficazes;[602] (v) pressão de países desenvolvidos para a compra de medicamentos sob preços de referência;[603] e (vi) existência, nos países desenvolvidos, de medicamentos comercializados sob preços diferenciados, aplicáveis apenas a países pobres.[604]

Nesse sentido, o Relator faz algumas recomendações específicas à GSK, sob quatro diferentes aspectos: (i) preços, (ii) patentes e licenças,

---

[599] "Secret emails reveal that the UK's biggest drug company distorted trial results of an anti-depressant, covering up a link with suicide in teenagers. Panorama reveals that GlaxoSmithKline (GSK) attempted to show that Seroxat worked for depressed children despite failed clinical trials. And that GSK-employed ghostwriters influenced 'independent' academics. GSK told Panorama: "GSK utterly rejects any suggestion that it has improperly withheld drug trial information" (Panorama, BBC, *Secrets of the drug trials*, 29 Jan. 2007. Disponível em: <http://news.bbc.co.uk/2/hi/programmes/panorama/6291773.stm>).

[600] A inadequação ou mesmo a inexistência de infraestruturas de saúde é um dos grandes obstáculos à ampliação do acesso a medicamentos. Dentre as principais dificuldades apontadas nesse tocante, mencionam-se: a falta de clínicas, hospitais e profissionais da área de saúde, e a precariedade da rede de distribuição nacional de medicamentos [Doc. UN. A/HCR/11/12/Add.2, *Report of the Special Rapporteur on the right of everyone to the enjoyment of the highest attainable standard of Health, Paul Hunt – Annex – Mission to GlaxoSmithKline*, 5 de maio de 2009, para. 55 (a)].

[601] Nesse caso, alega-se que a inexistência de legislações adequadas facilita especialmente a ocorrência de corrupção, falsificações de medicamentos ou circulação de fármacos de qualidade duvidosa [Doc. UN. A/HCR/11/12/Add.2, *Report of the Special Rapporteur on the right of everyone to the enjoyment of the highest attainable standard of Health, Paul Hunt – Annex – Mission to GlaxoSmithKline*, 5 de maio de 2009, para. 55 (b, c)].

[602] Doc. UN. A/HCR/11/12/Add.2, *Report of the Special Rapporteur on the right of everyone to the enjoyment of the highest attainable standard of Health, Paul Hunt – Annex – Mission to GlaxoSmithKline*, 5 de maio de 2009, para. 55 (d).

[603] O preço de referência é fixado para a venda destinada a países em desenvolvimento e de menor desenvolvimento relativo. São preços diferenciados e, portanto, tendem a ser requisitados pelos países desenvolvidos [Doc. UN. A/HCR/11/12/Add.2, *Report of the Special Rapporteur on the right of everyone to the enjoyment of the highest attainable standard of Health, Paul Hunt – Annex – Mission to GlaxoSmithKline*, 5 de maio de 2009, para. 55 (e)].

[604] "(f) Leakage or diversion: some drugs priced for developing countries have found their way into the European market. In European pharmacies, for example, a dose of Combivir sells for about GBP 3.80. Under an agreement with GSK, a dose of Combivir in Africa sells at the cost price of about GBP 0.40. However, tablets sold in Africa have appeared in the European markets" [Doc. UN. A/HCR/11/12/Add.2, *Report of the Special Rapporteur on the right of everyone to the enjoyment of the highest attainable standard of Health, Paul Hunt – Annex – Mission to GlaxoSmithKline*, 5 de maio de 2009, para. 55 (f)].

(iii) P&D para doenças negligenciadas e formulações pediátricas, e (iv) *accountability*.

Primeiramente, no tocante aos preços, Hunt sublinha algumas políticas exemplares da GSK, em especial quanto à destinação de antirretrovirais e medicamentos para o tratamento da malária a todos os países da áfrica subsaariana, sob o *Not-For-Profit Prices*;[605] os preços diferenciados não só de vacinas e antirretrovirais a países em desenvolvimento,[606] mas também de outros medicamentos para as classes C e D de países em desenvolvimento ou até desenvolvidos (embora excluam paradoxalmente a classe E, ainda mais vulnerável e necessitada);[607] e o programa de assistência a pacientes sem seguro-saúde nos EUA.[608] No que concerne a essas políticas, Hunt faz duas recomendações: cobra maior transparência da GSK em todas as políticas de preços analisadas[609] e sugere veementemente que a GSK amplie o acesso de seu programa de preços diferenciados para a classe E das sociedades contempladas.[610]

Em segundo lugar, no que toca às patentes e licenças, Hunt sublinha a liderança da GSK ao anunciar, em fevereiro de 2009, a criação

---

[605] "According to GSK, NFP prices are sustainable prices i.e. the company covers its costs, including insurance and freight" (Doc. UN. A/HCR/11/12/Add.2, *Report of the Special Rapporteur on the right of everyone to the enjoyment of the highest attainable standard of Health, Paul Hunt – Annex – Mission to GlaxoSmithKline*, 5 de maio de 2009, para. 59).

[606] "60. On a case-by-case basis, GSK negotiates preferential prices for ARVs with middle-income countries. Also, GSK has had a policy for some years whereby its vaccines are available at preferential prices to some developing countries using a tiered pricing system. Prices are linked to gross national incomes as defined by the World Bank, size of an order, and length of a particular supply contract" (Doc. UN. A/HCR/11/12/Add.2, *Report of the Special Rapporteur on the right of everyone to the enjoyment of the highest attainable standard of Health, Paul Hunt – Annex – Mission to GlaxoSmithKline*, 5 de maio de 2009, para. 60).

[607] Doc. UN. A/HCR/11/12/Add.2, *Report of the Special Rapporteur on the right of everyone to the enjoyment of the highest attainable standard of Health, Paul Hunt – Annex – Mission to GlaxoSmithKline*, 5 de maio de 2009, para. 61.

[608] Doc. UN. A/HCR/11/12/Add.2, *Report of the Special Rapporteur on the right of everyone to the enjoyment of the highest attainable standard of Health, Paul Hunt – Annex – Mission to GlaxoSmithKline*, 5 de maio de 2009, para. 62.

[609] "68. Although GSK publishes the prices of ARVs and other medicines, such as anti-malarials, the price offers to some (e.g. the private sector and pharmacies) are still not disclosed. Greater transparency of pricing policies, and their rationales, will enhance monitoring and help ensure better access to medicines" (Doc. UN. A/HCR/11/12/Add.2, *Report of the Special Rapporteur on the right of everyone to the enjoyment of the highest attainable standard of Health, Paul Hunt – Annex – Mission to GlaxoSmithKline*, 5 de maio de 2009, para. 68).

[610] "He strongly encourages GSK to include, in its strategy, access to category E (the poorest section of society)" (Doc. UN. A/HCR/11/12/Add.2, *Report of the Special Rapporteur on the right of everyone to the enjoyment of the highest attainable standard of Health, Paul Hunt – Annex – Mission to GlaxoSmithKline*, 5 de maio de 2009, para. 67).

sua própria *Patent Pooling*.[611] A *Patent Pooling* é considerada pela GSK um mecanismo eficiente para a criação de incentivos à P&D voltada para doenças negligenciadas. Ainda quanto à questão das patentes e licenças, embora reconheça a importância de algumas licenças voluntárias concedidas pela GSK,[612] o Relator pontua que o número não é considerado adequado ou suficiente.[613]

Em terceiro lugar, Hunt reconhece a elevada importância das políticas da GSK para o desenvolvimento de vacinas e medicamentos para variadas doenças negligenciadas (como a malária, a tuberculose, o HIV/AIDS, a dengue, a leishmaniose, entre outras), sublinhando inclusive a parceria público-privada estabelecida entre a GSK e a *Drugs for Neglected Diseases* (DNDi). Hunt enfatiza, no entanto, a necessidade de a GSK investir e colaborar de modo mais intenso e consistente, cobrando, novamente, mais transparência por parte da empresa, em especial na divulgação dos valores investidos e vertidos para a P&D de doenças negligenciadas.[614]

---

[611] "WASHINGTON, Feb 13 (Reuters) – GlaxoSmithKline Plc's chief executive urged creation of a voluntary patent pool to spark development of new treatments for neglected diseases in the world's poorest countries.
Glaxo CEO Andrew Witty said on Friday his company would contribute its own patents for technologies that might aid research into malaria, cholera and more than a dozen other diseases. (...)
Glaxo, the world's second-largest drug maker, also will cap the prices of patented medicines it sells in the poorest countries to no more than 25 percent of the cost in wealthy nations, Witty said. Prices already are set below that level in some areas, he said in an interview.
The measures are targeted at 50 nations considered the world's least developed, many of them in Africa.
Pharmaceutical companies drew fire for fiercely backing patents that blocked cheaper competitors, even in the poorest countries, where brand-name medicines were unaffordable. Glaxo and others responded by selling AIDS medicines in certain areas without a profit and offering licenses to generic makers" (Reuters, Glaxo Proposes Patent Pool for Neglected Diseases, 13.02.2009. Disponível em: <http://uk.reuters.com/article/idUKN13306420090213>).

[612] Doc. UN. A/HCR/11/12/Add.2, *Report of the Special Rapporteur on the right of everyone to the enjoyment of the highest attainable standard of Health, Paul Hunt – Annex – Mission to GlaxoSmithKline*, 5 de maio de 2009, para. 75.

[613] "79. However, GSK is not using voluntary licensing enough" (Doc. UN. A/HCR/11/12/Add.2, *Report of the Special Rapporteur on the right of everyone to the enjoyment of the highest attainable standard of Health, Paul Hunt – Annex – Mission to GlaxoSmithKline*, 5 de maio de 2009, para. 79).

[614] "Consistent with the right-to-health requirement of transparency, the Special Rapporteur urges GSK and other pharmaceutical companies to disclose their investment in research and development for neglected diseases, as well as their investment in research and development overall" (Doc. UN. A/HCR/11/12/Add.2, *Report of the Special Rapporteur on the right of everyone to the enjoyment of the highest attainable standard of Health, Paul Hunt – Annex – Mission to GlaxoSmithKline*, 5 de maio de 2009, para. 94).

Finalmente, em quarto lugar, embora realce o fato de a GSK não apenas possuir mecanismos internos de *accountability*, mas também se submeter a mecanismos externos, Hunt assevera, por outro lado, que tais mecanismos não têm o condão de avaliar como as políticas da empresas respondem às suas responsabilidades em relação ao direito à saúde. Conclui, nesse sentido, ser imperativo que a GSK reforce seus mecanismos internos e externos de *accountability*, de modo a responder adequadamente às suas obrigações de direitos humanos.[615]

Em face dessas sugestões formuladas por Hunt, em junho de 2009, a GSK elaborou uma resposta[616] ao Relator, em que, preliminarmente, relembra Hunt e a comunidade internacional de todos os esforços que a empresa vem implementando para a ampliação do acesso a medicamentos, que já haviam, inclusive, sido sublinhados por Hunt como iniciativas louváveis. A GSK declara expressamente que a pobreza é a maior e única barreira ao acesso a medicamentos, na medida em que abarca situações de falta de alimentos e água potável, bem como a inexistência de uma infraestrutura básica de saúde, que comporte hospitais e clínicas onde as pessoas possam receber tratamentos. A GSK, nesse sentido, defende-se afirmando não possuir a capacidade e os recursos necessários para transpor esses obstáculos e fornecer um amplo serviço de saúde às populações marginalizadas.[617]

Nesse aspecto, cumpre esclarecer que o Relatório nº 11/12/Add.2 é inequívoco quanto a essa questão, asseverando que a responsabilidade das empresas farmacêuticas não é tão abrangente quanto a responsabilidades dos Estados, aos quais cabe, dentre outras funções, assegurar um sistema de saúde digno, com infraestrutura adequada. Em nenhum momento, portanto, Hunt aloca tal responsabilidade para as empresas farmacêuticas.

---

[615] "GSK must strengthen its *accountability* in relation to access to medicines" (Doc. UN. A/HCR/11/12/Add.2, *Report of the Special Rapporteur on the right of everyone to the enjoyment of the highest attainable standard of Health, Paul Hunt – Annex – Mission to GlaxoSmithKline*, 5 de maio de 2009, para. 105).

[616] *GlaxoSmithKline Statement in Response to Paul Hunt's Report on GSK (A/HRC/11/12/Add.2)*, June 2009. Disponível em: <http://www.reports-and-materials.org/GSK-response-to-Paul-Hunt-report-June-2009.pdf>.

[617] "It is important to recognise the scale of the challenge and the ability of individual actors to make a significant difference. Poverty is the single biggest barrier. In many countries people do not have enough food, or access to a clean water supply, or hospitals or clinics in which to receive treatment. The ability of GSK to contribute to the achievement of the right to health must be seen in this context. We do not have the mandate, expertise or resources to deliver comprehensive healthcare services" (*GlaxoSmithKline Statement in Response to Paul Hunt's Report on GSK (A/HRC/11/12/Add.2)*, June 2009. Disponível em: <http://www.reports-and-materials.org/GSK-response-to-Paul-Hunt-report-June-2009.pdf>).

Por último, a GSK alega que o conteúdo do direito à saúde não seria bem definido, especialmente no que concerne aos atores não estatais. Quanto a essa questão, parece evidente que a empresa ignora não apenas os instrumentos de direitos humanos que aclaram o conteúdo do direito à saúde, previsto no artigo 25 da Declaração Universal dos Direitos Humanos (bem como os artigos do PIDESC e o seu Comentário Geral nº 14, para citar alguns), mas também os próprios relatórios anteriores de Hunt que consolidam os elementos do direito à saúde. Em especial no que concerne ao direito de acesso a medicamentos — elemento essencial do direito à saúde —, a responsabilidade das empresas farmacêuticas em relação a esse aspecto foi cuidadosamente trabalhada por Hunt, não cabendo, portanto, a defesa da GSK quanto a sua ignorância do conteúdo desse direito humano básico.[618]

Considerações finais do Capítulo 3

A ONU consolidou a ideia do acesso a medicamentos como um elemento essencial do direito à saúde. Os relatórios de Hunt cristalizaram, em seguida, os conceitos do direito à saúde e do acesso a medicamentos, à luz do Direito Internacional dos Direitos Humanos e das atividades das empresas farmacêuticas transnacionais. Foi com base nisso que Hunt garantiu um avanço significativo da matéria, entre 2002 e 2009, sublinhando diversos aspectos relacionados à pobreza, à discriminação, ao estigma e às doenças negligenciadas. Tudo isso, finalmente, confluiu para a proposição das *Diretrizes de Direitos Humanos para as Empresas Farmacêuticas*, nas quais se reforçam as responsabilidades das corporações farmacêuticas transnacionais para a questão do acesso a medicamentos no âmbito global.

Conforme analisado nos capítulos precedentes, as *Normas sobre a Responsabilidade das Corporações Transnacionais e outras empresas com relação aos Direitos Humanos* são consideradas um evento inaugural na

---

[618] GSK was uncomfortable with the recommendations. It insisted that the right to health is not well-defined for nonstate actors, and hence they cannot be held accountable to this international human right. On the contrary, both UN reports set out with reasonable precision how the right to health, in the international code of human rights, applies to the pharmaceutical industry, and both move from broad statements of principle to much more specific, operational requirements.
Pharmaceutical companies help deliver the right to health. They save lives. But with this role comes responsibilities — and companies must be better held to public account in relation to those responsibilities. The 2008 guidelines and the GSK report move us closer to that goal" (The Lancet. *Right-to-Health Responsibilities of Pharmaceutical Companies*, 13.06.09. Disponível em: <http://198.170.85.29/Lancet-editorial-on-GSK-report-13-June-2009.pdf>).

matéria de direitos humanos e empresas transnacionais. As *Normas* estabelecem responsabilidades de direitos humanos aplicáveis às empresas transnacionais, que devem não apenas respeitar, mas também proteger e promover os direitos humanos. As *Normas* representam uma evolução do direito internacional, tendo contribuído para um aprimoramento das práticas empresariais, a partir do esclarecimento do conceito da responsabilidade das empresas com relação aos direitos humanos.

A extensão e o conteúdo dessa responsabilidade são interpretados de modo diferente pelos dois Relatores Especiais que lidaram com a questão. Conforme analisado no Capítulo 2, para Ruggie, há que se falar apenas na responsabilidade das empresas de respeitar os direitos humanos. Hunt, a seu turno, é mais abrangente em suas interpretações, afirmando a responsabilidade das empresas farmacêuticas de respeitar, proteger e promover o direito à saúde e, em especial, o acesso a medicamentos. A interpretação de Hunt quanto às responsabilidades das empresas farmacêuticas em relação ao direito à saúde é mais alargada do que o entendimento de Ruggie. Hunt contribui significativamente, com seus relatórios, para a consolidação de um conceito de responsabilidade das empresas centrado na dignidade humana.

Hunt concorda com Ruggie acerca da responsabilidade primária dos Estados na realização dos direitos humanos. Reforça, todavia, que as responsabilidades dos Estados e das empresas transnacionais devem ser somadas, com vistas a uma maior proteção da dignidade humana. Fala, assim, em uma responsabilidade compartilhada e, nesse sentido, afirma que as empresas farmacêuticas *compartilham* das responsabilidades de respeitar, proteger e promover particularmente o acesso a medicamentos. Afinal, elas exercem o papel indispensável e insubstituível de desenvolver medicamentos vitais.

Para Hunt, o conteúdo essencial da responsabilidade das empresas farmacêuticas em relação ao acesso a medicamentos baseia-se nos quatro princípios do direito à saúde (disponibilidade, acesso não discriminatório, aceitabilidade e qualidade), somados a um dos princípios de direitos humanos (monitoramento/*accountability* e transparência). Para Hunt, portanto, a responsabilidade fundamental das empresas farmacêuticas reside no desenvolvimento de medicamentos de qualidade, acessíveis, disponíveis e aceitáveis a todos aqueles que deles necessitam, a partir de uma política empresarial publicamente monitorada e transparente, de modo que a ampliação do acesso aos medicamentos, em nível global, dependeria diretamente de uma ação das empresas farmacêuticas transnacionais, conjugada, obviamente, com a ação estatal.

Embora reconheçamos que o entendimento de Hunt seja mais aliado ao discurso dos Direitos Humanos, rumo a uma proteção alargada da dignidade humana, se comparado ao entendimento de Ruggie, questiona-se a eleição de apenas um dos quatro princípios de direitos humanos para a conceituação da responsabilidade das empresas farmacêuticas. De fato, para Hunt, as responsabilidades dessas corporações em relação ao acesso a medicamentos estão apoiadas sobre o tripé do *respeito, proteção* e *promoção*, conforme enuncia Shue, ou da *promoção, controle* e *garantia*, conforme elabora Bobbio. Além disso, parece pertinente a combinação que Hunt efetua para se aclarar o conteúdo dessa responsabilidade, somando os princípios específicos do direito à saúde a um dos princípios de direitos humanos. Todavia, pareceria mais adequada a combinação dos quatro princípios do direito à saúde com os quatro princípios de Direito Internacional dos Direitos Humanos, a saber: (i) universalidade, inalienabilidade, indivisibilidade e interdependência;[619] (ii) igualdade e não discriminação; (iii) participação e inclusão; (iv) monitoramento/*accountability* e transparência.[620]

---

[619] Ressalte-se que os princípios de Direito Internacional de Direitos Humanos reforçam e confirmam a doutrina da Tipologia Tripartite de Shue, segundo a qual as responsabilidades de respeitar, proteger e promover são inter-relacionadas, em razão da própria universalidade, inalienabilidade, indivisibilidade e interdependência dos direitos humanos.

[620] Conforme entendimento pacífico na ONU, são quatro os princípios essenciais de direitos humanos. Tais princípios, segundo confirma o *UN Statement Common Understanding on HRBA (Human Rights Based-Approach)*, devem guiar todos os programas, processos e análises conduzidos pelas Nações Unidas.
"Human rights principles guide all programming in all phases of the programming process, including assessment and analysis, programme planning and design (including setting of goals, objectives and strategies); implementation, monitoring and evaluation.
Among these human rights principles are: universality and inalienability; indivisibility; inter-dependence and inter-relatedness; non-discrimination and equality; participation and inclusion; accountability and the rule of law. These principles are explained below.
- *Universality and inalienability*: Human rights are universal and inalienable. All people everywhere in the world are entitled to them. The human person in whom they inhere cannot voluntarily give them up. Nor can others take them away from him or her. As stated in Article 1 of the UDHR, "All human beings are born free and equal in dignity and rights".
- *Indivisibility*: Human rights are indivisible. Whether of a civil, cultural, economic, political or social nature, they are all inherent to the dignity of every human person. Consequently, they all have equal status as rights, and cannot be ranked, a priori, in a hierarchical order.
- *Inter-dependence* and *Inter-relatedness*. The realization of one right often depends, wholly or in part, upon the realization of others. For instance, realization of the right to health may depend, in certain circumstances, on realization of the right to education or of the right to information.
- *Equality and Non-discrimination:* All individuals are equal as human beings and by virtue of the inherent dignity of each human person. All human beings are entitled to their human rights without discrimination of any kind, such as race, colour, sex, ethnicity, age, language, religion, political or other opinion, national or social origin, disability, property, birth or other status as explained by the human rights treaty bodies.

A adoção da perspectiva do Direito à Saúde combinada com a do Direito Internacional dos Direitos Humanos parece, assim, mais adequada ao escopo da máxima tutela da dignidade humana, na definição de uma responsabilidade compartilhada em relação ao acesso a medicamentos. Em consonância com essa perspectiva, eleger-se-iam como alicerce dessa responsabilidade compartilhada não apenas as ações das empresas farmacêuticas em resposta às suas responsabilidades de direitos humanos, mas também as ações dos demais entes da comunidade internacional (a partir da participação e inclusão dos Estados-sedes e hospedeiros, das organizações intergovernamentais, das ONGs, etc.), voltando-se especial atenção aos mais pobres e negligenciados (respondendo, assim, à igualdade e não discriminação).

Desse modo se pode precisar o conceito da responsabilidade das empresas farmacêuticas em relação ao direito de acesso a medicamentos a partir da combinação dos quatro princípios do direito à saúde, aliados aos quatro princípios de Direito Internacional dos Direitos Humanos. Entendemos, portanto, que a responsabilidade fundamental das empresas farmacêuticas está, portanto, no respeito, na proteção e na promoção do acesso a medicamentos de qualidade, disponíveis, aceitáveis e igualitariamente acessíveis a todos, sem discriminação, elaborados a partir de uma política empresarial transparente e publicamente monitorada, garantindo a participação e inclusão de todos os atores da comunidade internacional (Estados, Organizações Intergovernamentais, ONGs), bem como dedicando especial atenção aos interesses das comunidades mais pobres e vulneráveis.[621] Enfim, a definição de uma responsabilidade compartilhada entre Estados, empresas farmacêuticas, sociedade civil, organizações inergovernamentais e populações negligenciadas pelo acesso a medicamentos é, em ultima instância, uma questão básica de justiça, globalmente considerada.

- *Participation and Inclusion:* Every person and all peoples are entitled to active, free and meaningful participation in, contribution to, and enjoyment of civil, economic, social, cultural and political development in which human rights and fundamental freedoms can be realized.
- *Accountability and Rule of Law:* States and other duty-bearers are answerable for the observance of human rights. In this regard, they have to comply with the legal norms and standards enshrined in human rights instruments. Where they fail to do so, aggrieved rights-holders are entitled to institute proceedings for appropriate redress before a competent court or other adjudicator in accordance with the rules and procedures provided by law".

[621] Farmer relaciona o paradigma dos direitos humanos a uma "opção preferencial pelos mais pobres" (*preferencial option for the poor*). "Making an option for the poor inevitably implies working for social justice, working with poor people as they struggle to change their situations" (FARMER, Paul. *Pathologies of Power*: Health, Human Rights and the New War on the Poor. California: University of California Press, 2004. p. 157-8).

(continua)

Ano	Orgão e Sessão	Documento	Título
Assembleia Geral da ONU			
2001	Assembleia Geral (26ª Sessão Especial)	A/RES/S-26/2	*Declaration of commitment on HIV/AIDS "Global Crisis – Global Action".*
2004	Assembleia Geral (58ª sessão)	A/RES/58/173	*The right of everyone to the enjoyment of the highest attainable standard of physical and mental health.*
2006	Assembleia Geral (60ª sessão)	A/RES/60/262	*Political Declaration on HIV/AIDS.*
Comissão de Direitos Humanos da ONU			
(i) A proteção dos direitos humanos dentro do contexto do HIV/AIDS			
1999	Sessão de 27 de abril de 1999	E/CN.4/ RES/1999/49	*The Protection of Human Rights in the context of human immunodeficiency virus (HIV) and acquired immune deficiency syndrome (AIDS).*
2001	Sessão de 24 de abril de 2001	E/CN.4/ RES/2001/51	*The Protection of Human Rights in the context of human immunodeficiency virus (HIV) and acquired immune deficiency syndrome (AIDS).*
2003	Sessão de 23 de abril de 2003	E/CN.4/ RES/2003/47	*The Protection of Human Rights in the context of human immunodeficiency virus (HIV) and acquired immune deficiency syndrome (AIDS).*
2005	Sessão de 21 de abril de 2005	E/CN.4/ RES/2005/84	*The Protection of Human Rights in the context of human immunodeficiency virus (HIV) and acquired immune deficiency syndrome (AIDS).*

(continua)

Ano	Orgão e Sessão	Documento	Título
(ii) Acesso a medicamentos no contexto de pandemias			
2001	Sessão de 20 de abril de 2001	E/CN.4/ RES/2001/33	Access to Medication in the context of pandemics such as HIV/AIDS.
2002	Sessão de 22 de abril de 2002	E/CN.4/ RES/2002/32	Access to Medication in the context of pandemics such as HIV/AIDS.
2003	Sessão de 22 de abril de 2003	E/CN.4/ RES/2003/29	Access to Medication in the context of pandemics such as HIV/AIDS, tuberculosis and malaria.
2004	Sessão de 15 de abril de 2004	E/CN.4/ RES/2004/26	Access to Medication in the context of pandemics such as HIV/AIDS, tuberculosis and malaria.
2005	Sessão de 15 de abril de 2005	E/CN.4/ RES/2005/23	Access to Medication in the context of pandemics such as HIV/AIDS, tuberculosis and malaria.
(iii) O direito de todos ao gozo do mais alto padrão de saúde física e mental			
2002	Sessão de 22 de abril de 2002	E/CN.4/ RES/2002/31	The right of everyone to the enjoyment of the highest attainable standard of physical and mental health.
2003	Sessão de 22 de abril de 2003	E/CN.4/ RES/2003/28	The right of everyone to the enjoyment of the highest attainable standard of physical and mental health.
2004	Sessão de 16 de abril de 2004	E/CN.4/ RES/2004/27	The right of everyone to the enjoyment of the highest attainable standard of physical and mental health.
2005	Sessão de 15 de abril de 2005	E/CN.4/ RES/2005/24	The right of everyone to the enjoyment of the highest attainable standard of physical and mental health.

(continua)

Ano	Orgão e Sessão	Documento	Título
Conselho de Direitos Humanos			
2006	2ª Sessão (9 de janeiro de 2007)	A/HRC/ DEC/2/107	Access to Medication in the context of pandemics such as HIV/AIDS, tuberculosis and malaria.
2006	2ª Sessão (9 de janeiro de 2007)	A/HRC/ DEC/2/108	The right of everyone to the enjoyment of the highest attainable standard of physical and mental health.
Mandato de Paul Hunt			
2003	Comissão de Direitos Humanos (59ª sessão)	E/CN.4/2003/58	Economic, Social and Cultural Rights – The right of everyone to the enjoyment of the highest attainable standard of physical and mental health – Report of the Special Rapporteur, Paul Hunt, submitted in accordance with Commission resolution 2002/31.
2003	Assembleia Geral (58ª Sessão)	A/58/427	The right of everyone to enjoy the highest attainable standard of physical and mental health – Note by the Secretary-General – Report of Paul Hunt, Special Rapporteur of the Commission on Human Rights, in accordance with Economic and Social Council resolution 2003/45.
2004	Comissão de Direitos Humanos (60ª sessão)	E/CN.4/2004/49	Economic, Social and Cultural Rights – The right of everyone to the enjoyment of the highest attainable standard of physical and mental health – Report of the Special Rapporteur, Paul Hunt.

(continua)

Ano	Orgão e Sessão	Documento	Título
2004	Comissão de Direitos Humanos (60ª sessão)	E/CN.4/2004/49/Add.1	Economic, Social and Cultural Rights – The right of everyone to the enjoyment of the highest attainable standard of physical and mental health – Report of the Special Rapporteur, Paul Hunt – Addendum – Mission to the World Trade Organization.
2004	Assembleia Geral (59ª Sessão)	A/59/422	The right of everyone to enjoy the highest attainable standard of physical and mental health – Note by the Secretary-General Report of Paul Hunt, Special Rapporteur of the Commission on Human Rights, submitted in accordance with Commission resolution 2004/27.
2006	Assembleia Geral (61ª Sessão)	A/61/338	The right of everyone to enjoy the highest attainable standard of physical and mental health – Note by the Secretary-General – Report of Paul Hunt, Special Rapporteur of the Commission on Human Rights, submitted in accordance with Human Rights Council Decision 1/102 in which the Council decided to extend, exceptionally for one year, the mandates and the mandate holders of the special procedures of the Commission on Human Rights.
2008	Assembleia Geral (63ª Sessão)	A/63/263	The right to health – Note by the Secretary-General – Report of the Special Rapporteur on the right of everyone to the enjoyment of the highest attainable standard of physical and mental health, Paul Hunt, submitted in accordance with Human Rights Council resolution 6/29.

(conclusão)

Ano	Orgão e Sessão	Documento	Título
2009	Conselho de Direitos Humanos (11ª Sessão)	A/HCR/11/12/ Add.2	*Promotion and Protection of all Human Rights, Civil, Political, Economic, Social and Cultural Rights, including the right to development – Report of the Special Rapporteur on the right of everyone to the enjoyment of the highest attainable standard of health, Paul Hunt – Annex – Mission to GlaxoSmithKline.*

FIGURA 9 – Quadro-resumo dos documentos da Assembleia Geral, da Comissão de Direitos Humanos e do ECOSOC, além dos principais relatórios de Paul Hunt, Relator Especial sobre o direito de todos ao gozo do mais alto padrão de saúde física e mental.

CONCLUSÃO

Este trabalho analisou a questão das responsabilidades das empresas transnacionais em relação aos direitos humanos, discutindo, especificamente, as responsabilidades das empresas farmacêuticas em relação ao direito à saúde e ao acesso a medicamentos. Tendo-se em conta que a presente discussão está sendo articulada, sobretudo no seio da ONU, este trabalho está alicerçado precipuamente sobre o tripé formado pelas *Normas sobre a Responsabilidade das Corporações Transnacionais e outras empresas com relação aos Direitos Humanos*, elaboradas pela Subcomissão de Direitos Humanos da ONU na tentativa de responder aos impactos negativos das atividades empresariais sobre os direitos humanos; pelos relatórios de dois *experts* independentes que lidam com os temas, a saber, John Ruggie, Representante Especial para a questão dos "direitos humanos, corporações transnacionais e outras empresas", e Paul Hunt, Relator Especial para a questão do "direito de todos ao mais alto padrão de saúde física e mental – direito à saúde".

As *Normas* compõem um evento inaugural na regulação da matéria dos direitos humanos e empresas transnacionais, na medida em que compõe um verdadeiro *adensamento de juridicidade* na matéria, para falar com Lafer. Ao criarem um conjunto de *standards* de Direito Internacional dos Direitos Humanos para empresas transnacionais, com a previsão de mecanismos de implementação, contribuem para a consolidação, a sistematização e o desenvolvimento gradual do direito internacional. O marcante caráter progressista das *Normas* reside no estabelecimento de responsabilidades de direitos humanos para as empresas, atores internacionais não estatais. As *Normas* reafirmam as três dimensões de responsabilidade de direitos humanos, não apenas no âmbito estatal, mas também no contexto empresarial, embora se ressalve que essa responsabilidade seja primariamente atribuída aos Estados. Elas definem, tanto para o âmbito estatal quanto para o empresarial, as responsabilidades de *respeitar, proteger* e *promover* os direitos humanos, para dialogar com Shue,[622] ou de *promoção, controle* e *garantia*, para falar com Bobbio.[623]

As *Normas* apontam na direção de uma evolução do direito internacional, tendo definido responsabilidades de direitos humanos para atores não estatais, na tentativa de responder aos desafios postos pelo século XXI. Como relembra Alston, a globalização tem como uma das possíveis premissas a multicentralidade do seu processo decisório, no qual se inter-relacionam atores públicos e privados.[624] Isso, no entanto, não enseja a conclusão de que os Estados estejam sofrendo um processo de desagregação.[625] Há, ao contrário, para dialogar com Delmas-Marty,[626] *múltiplos poderes fragmentados*, mas que podem ser harmonizados e sistematizados pela linguagem universal dos direitos humanos, tendo os Estados o papel central nessa articulação.

Se, por um lado, há a manutenção do poder estatal, por outro, há que se admitir a influência decisiva de agentes não estatais, capazes de interferirem na realização dos direitos humanos. Clapham,[627] nesse esteio, fala da necessidade de um novo arranjo institucional do direito internacional, combinado com novas formas de responsabilidade para atores estatais e não estatais. Tal ajuste, ressalte-se, não enfraqueceria os fundamentos do Direito Internacional dos Direitos Humanos, mas, ao contrário, explicitaria sua força e sua habilidade de adaptação frente aos novos desafios impostos pela Globalização. O cenário contemporâneo demanda uma nova forma de proteção dos direitos humanos, impactados diretamente pela atuação internacional de agentes não estatais, em

---

[622] SHUE, Henry. *Basic Rights – Subsistence, Affluence, and U.S. Foreign Policy*. Princeton: PUP, 1980.

[623] BOBBIO, N. *A era dos direitos*. Rio de Janeiro: Elsevier, 2004. p. 66-81.

[624] ALSTON, Philip. Downsizing the State in Human Rights Discourse. *In*: DORBEN, N.; GIFFORD, P. (Ed.). *Democracy and the Rule of Law*. Washington, D.C.: Congressional Quarterly Press, 2001. p. 357 – "Globalization (at least as an ideal type) is premised upon flexibility, adaptability, poly-centrality, informality, and speedy, tailored and innovative responses to rapidly changing circumstances. In less positive terms it conjures up adjectives such as opportunistic, ad hoc, uncontrollable, unprincipled, and undemocratic (in the sense that many of its targets have no choice but to conform to its imperatives".

[625] ALSTON, Philip. The Myopia of the Handmaidens: International Lawyers and Globalization. *8 EJIL*, p. 441, 1997 – "While ease of travel and communications have enhanced and facilitated their functioning, it is far from clear that the result has involved such a fundamental shift in the locus of power that one can conclude that the state is "disaggregating".

[626] DELMAS-MARTY, Mireille. *Três desafios para um direito mundial*. Rio de Janeiro: Lumen Juris, 2003. p. 1-69, p. 71-142.

[627] CLAPHAM, Andrew. *Human Rights Obligations of Non-State Actors*. Oxford: OUP, 2006. p. 6.

especial pelas atividades das empresas transnacionais. Faz-se premente, portanto, uma nova concepção de responsabilidade internacional, que seja compartilhada por todos os atores da comunidade internacional.

A necessidade de um esclarecimento quanto às responsabilidades das empresas transnacioanis em relação aos direitos humanos é, portanto, inconteste, ao menos no que se refere ao contexto onusiano. A extensão e o conteúdo dessas responsabilidades, porém, são interpretadas de maneira diversa pelos dois relatores especiais da ONU que lidam com a questão. Ruggie defende que a responsabilidade das empresas para com os direitos humanos está limitada à esfera do respeito, restando aos Estados o pleno dever de respeitar, proteger e promovê-los. Hunt, por outro lado, realiza uma leitura mais abrangente, defendendo que a responsabilidade das empresas farmacêuticas em relação ao direito à saúde e, em especial, ao acesso a medicamentos, comporta não apenas o respeito, mas também a proteção e a promoção desse direito. Ruggie fundamenta seu entendimento no direito internacional clássico, calcado no exclusivismo estatal. Hunt, a seu turno, fundamenta seu argumento nas teorias das relações internacionais, aliadas à ciência política e à história,[628] que, atentas aos novos desafios impostos pela globalização, reconhecem a igual importância dos demais atores, não estatais, sobretudo das empresas transnacionais.

Ao se contrastar o conteúdo das *Normas* e o dos relatórios de Ruggie e Hunt, verifica-se uma confluência da linguagem das *Normas* e dos relatórios de Hunt. Ruggie diferencia claramente as responsabilidades de direitos humanos que se atribuem aos Estados e às empresas, às quais caberia apenas a responsabilidade limitada de respeitar os direitos humanos. Por outro lado, tanto as *Normas* quanto os relatórios de Hunt indicam uma postura afeta ao Direito Internacional dos Direitos Humanos, na medida em que exaram uma interpretação ampliativa das responsabilidades das empresas, reafirmando seus deveres de respeito, proteção e promoção. De fato, tanto as *Normas* quanto Hunt diferenciam as responsabilidades dos Estados e das empresas em relação aos direitos humanos. Ou seja, a responsabilidade das corporações transnacionais não é puro reflexo ou reprodução idêntica dos

---

[628] Oliveira sublinha o demérito do direito internacional clássico, que, escorado no primado do paradigma estatocêntrico, reconhece apenas os Estados como sujeitos do direito internacional. Ressalva, ao contrário, a operacionalidade dos estudos das relações internacionais, relacionados à Ciência Política e à História, que, atentos aos novos desafios postos pela realidade, reconhecem a igual importância dos demais atores, não estatais, sobretudo das empresas transnacionais (OLIVEIRA, Odete M. de. *Relações internacionais*: estudos de introdução. Curitiba: Juruá, 2003. p. 194).

deveres dos Estados. Os estados são os responsáveis primários pela realização desses direitos. Ou seja, não se trata de uma "privatização" dos direitos humanos, na tentativa de se justificar um esvaziamento da responsabilidade dos Estados, ou a mera transferência desses deveres governamentais para as empresas. Ao contrário, tanto as *Normas* quanto Hunt reiteram a noção da responsabilidade compartilhada por toda a comunidade internacional, composta pelos Estados, organizações intergovernamentais, empresas transnacionais, sociedade civil e indivíduos. Sob essa perspectiva, as responsabilidades de cada ator, diferenciadas e complementares, agregam-se de maneira harmoniosa. Afinal, em sendo a proteção da dignidade humana o fim maior da comunidade internacional, todos os responsáveis pelos direitos humanos devem colaborar para sua plena realização, proporcionalmente a seu poder, influência e capacidade.

O problema do impacto negativo das atividades empresariais na realização dos direitos humanos é claramente vislumbrado no contexto das empresas farmacêuticas transnacionais e do acesso a medicamentos. É por essa razão que o objeto específico deste estudo, qual seja, as responsabilidades das empresas farmacêuticas em relação ao acesso a medicamentos para doenças negligenciadas, pode indicar uma resposta plausível rumo à harmonização da tensão entre as atividades empresariais e os direitos humanos. Se a proteção da dignidade humana é o fim maior da comunidade internacional, os desafios postos pela globalização forçam uma revisão da lógica do direito internacional clássico vigente, de modo a responder mais efetivamente à plena realização dos direitos humanos. Afinal, o direito internacional clássico ainda vigente parece não mais responder adequadamente à erosão das dicotomias entre Sujeito e Objeto de Direito Internacional e entre Público e Privado.

As noções de sujeito e objeto de direito internacional estão pautadas na noção clássica do direito internacional, a qual trabalha com a lógica da verticalidade das relações entre os Estados (sujeito plenos do direito internacional, únicos responsáveis pela dinâmica das relações internacionais, bem como pela realização dos direitos humanos) e os indivíduos (objeto da proteção de seus respectivos Estados soberanos). Ocorre que, no contexto contemporâneo, com a fluidificação dessas relações, a responsabilidade pelos direitos humanos espalha-se horizontalmente entre os diferentes atores internacionais capazes de impactar tais direitos.[629] É por essa razão que se defende uma responsabilidade

---

[629] LOWE, Vaughan. Corporations as International Actors and International Law Makers. *The Italian Yearbook of International Law*, v. 14, p. 23-33, 2004; HIGGINS, Rosalyn. *Problems and*

de direitos humanos compartilhada por todos os atores internacionais que compõe a comunidade internacional.

A comunidade internacional é formada, segundo Delmas-Marty,[630] por múltiplos poderes fragmentados, mas que podem ser harmonizados e sistematizados pela linguagem universal dos direitos humanos. Analogamente, Bobbio[631] fala em um "sistema dos sistemas", em cujo interior diversas organizações semissoberanas, como as empresas transnacionais, articulam-se, questionando as fronteiras entre o Público e o Privado. As empresas transnacionais exercem incontestável poder e influência no domínio público, em especial quando afetam os direitos humanos. É por essa razão que as empresas devem ter uma função social pública, cumprindo suas responsabilidades de respeitar, proteger e promover os direitos humanos em sua esfera de influência, somando esforços aos outros atores internacionais, no sentido das responsabilidades compartilhadas, à guisa da máxima proteção da dignidade humana.

Bobbio também observa que essa erosão da dicotomia entre o público e o privado remete às duas formas clássicas da justiça: a comutativa e a distributiva. A primeira fundamenta-se no valor da igualdade, já que é caracterizada pela troca de valores de igual medida. A segunda está baseada na desigualdade, uma vez que se perfaz na distribuição, pela autoridade pública, segundo critérios definidos, mas relativos e temporais, mutáveis conforme a diversidade dos contextos e situações de distribuição. Para Bobbio, os critérios mais corriqueiros são: "a cada um segundo o seu mérito", "a cada um segundo a sua necessidade", "a cada um segundo o seu trabalho". O pensador italiano observa ainda que, em sendo a sociedade internacional uma sociedade formalmente composta de iguais (já que constituída por Estados igualmente soberanos), ela se rege pela justiça comutativa. Todavia, considerando-se os novos desafios que a globalização e a privatização colocam, pela introdução dos atores não estatais na cena internacional, não seria a sociedade internacional atual uma sociedade de desiguais, a ser regida, portanto, pela justiça distributiva?

Process, International Law and how we Use it. Oxford: OUP, 1995. p. 49, 51; JAGERS, Nicola. The Legal Status of Multinational Corporations under International Law. *In*: ADDO, M. K. (Ed). *Human Rights Standards and the Responsibility of Transnational Corporations.* The Hague: Boston; Massachusetts: Kluwer Law International, 1999. p. 273.

[630] DELMAS-MARTY, Mireille. *Três desafios para um direito mundial.* Rio de Janeiro: Lumen Juris, 2003. p. 1-69, p. 71-142.

[631] BOBBIO, N. *Estado, governo, sociedade*: para uma teoria geral da política. 4. ed. Rio de Janeiro: Paz e Terra, 1995. p. 26-7.

As responsabilidades das empresas farmacêuticas transnacionais parecem ser, diante da coexistência de atores estatais e não estatais na comunidade internacional, uma questão de justiça distributiva no âmbito global. Afinal, remete diretamente a temas relacionados à desigualdade, à pobreza, à negação de bens de necessidade básica e às assimetrias de poder, notadamente entre as empresas farmacêuticas transnacionais e as populações pobres e negligenciadas, que carecem dos medicamentos mais essenciais.[632] Trata-se, portanto, de uma questão de justiça global de distribuição igualitária de um "bem comum da humanidade". Afinal, conforme lembra Delmas-Marty, os medicamentos essenciais devem ser compreendidos como "bens comuns da humanidade", conceito que teria a capacidade de aproximar os universos da Economia e dos Direitos Humanos.[633]

Definimos a responsabilidade das empresas farmacêuticas em relação ao direito de acesso a medicamentos a partir da combinação dos quatro princípios do direito à saúde, aliados aos quatro princípios de Direito Internacional dos Direitos Humanos. A responsabilidade fundamental das empresas farmacêuticas consiste, pois, no respeito,

---

[632] "(...) le droit à la santé est sans doute resté l'un des droits le plus inégalement appliqués. Et les inégalités risquent de croître encore: à mesure que les systèmes de santé deviennent de plus en plus dépendants des développements technologiques, et nécessitent des investissements de plus en plus lourds, on peut craindre qu'ils s'orientent vers les produits destinés aux consommateurs les plus prospères, notamment en ce qui concerne la mise au point des médicaments, dont le prix intègre les droits de propriété intellectuelle" (DELMAS-MARTY, Mireille. Cours: Vers une Communaute de Valeurs?: Les Droits Fondamentaux. *In*: DELMAS-MARTY, Mireille. *Etudes Juridiques Comparatives et Internationalisation du Droit*, 2008. p. 8).

[633] "Pour faire comprendre cette notion issue de la science économique, Roger Guesnerie cite un passage de Victor Hugo évoquant l'amour de la mère pour ses enfants : «Chacun en a sa part et tous l'ont tout entier» qui résume les caractéristiques du bien public mondial, dont l'archétype serait la qualité du climat : «chacun en a sa part», c'est-à-dire qu'on ne peut exclure quiconque de son usage, et «tous l'ont tout entier,» c'est-à-dire qu'il n'y a pas de rivalité pour sa consommation. Ainsi «ma consommation ne détruit pas et n'interdit pas sa consommation par quiconque». A première vue ces critères (bien non rival et non exclusif), utilisés principalement par le PNUD et la Banque mondiale, sont difficilement transposables en droit. Pourtant le terme de bien public mondial émerge dans le champ juridique depuis dizaine d'années. Qu'il s'agisse de capacites humaines comme la santé ou de ressources naturelles, comme le climat, l'on pourrait y voir un processus dynamique qui pourrait créer une synergie entre le marché et les droits de l'homme, lês valeurs marchandes et non marchandes. (...) En revanche, appliquée à la santé, la même qualification, par une dynamique inverse, permet, pour certains médicaments, de créer des licences obligatoires qui limitent la logique du marché, comme en témoigne l'évolution du droit des brevets à l'OMC après la conférence de Doha en 2001" (DELMAS-MARTY, Mireille. Cours: Vers une Communaute de Valeurs?: Les Droits Fondamentaux. *In*: DELMAS-MARTY, Mireille. *Etudes Juridiques Comparatives et Internationalisation du Droit*, 2008. p. 7).

na proteção e na promoção do acesso a medicamentos de qualidade, disponíveis, aceitáveis e igualitariamente acessíveis a todos, sem discriminação, elaborados a partir de uma política empresarial transparente e publicamente monitorada, garantindo a participação e inclusão de todos os atores da comunidade internacional (Estados, Organizações Intergovernamentais, ONGs), com especial atenção aos interesses das comunidades mais pobres e vulneráveis. Pode-se afirmar que se trata de uma responsabilidade partilhada entre Estados, empresas farmacêuticas, sociedade civil, organizações intergovernamentais e populações negligenciadas.

Em se tratando de uma responsabilidade compartilhada pela comunidade internacional, de que forma os princípios da justiça global poderiam iluminar e justificar a atribuição das responsabilidades em relação ao acesso a medicamentos para os Estados, as empresas farmacêuticas, a sociedade civil, as organizações intergovernamentais e as populações negligenciadas? Seriam os princípios da justiça distributiva global suficientes para a definição dos detentores dessa responsabilidade, justificando sua parcela de obrigações de acordo com o seu "mérito", sua "capacidade" e seu "trabalho", para retomar os critérios citados por Bobbio? Existiriam outros critérios oferecidos pela teoria da justiça distributiva global que auxiliariam na justificação político filosófica do problema da atribuição de responsabilidade pelo acesso a medicamentos?

Essas são algumas das questões que merecem atenção no aprofundamento do debate em torno das responsabilidades das empresas farmacêuticas em relação ao direito à saúde e ao acesso a medicamentos. Este trabalho teve como norte a doutrina de Delmas-Marty para a construção de um sistema de direito mundial, como conjunto coerente, estruturado sobre os argumentos e os princípios do Direito Internacional dos Direitos Humanos. Portanto, seria conveniente a um amadurecimento do tema que essas reflexões, centradas no âmbito do Direito Internacional dos Direitos Humanos, fossem combinadas a ponderações da seara das teorias de justiça global/cosmopolita, na busca da reafirmação da dignidade humana e do "direito a ter direitos, ou do direito de cada indivíduo pertencer à humanidade", para dialogar com Arendt.[634] Logo, este trabalho teve igualmente como motivação o pensamento arendtiano, para o qual os direitos humanos

---

[634] ARENDT, Hannah. *Origens do totalitarismo*: anti-semitismo, imperialismo e totalitarismo. São Paulo: CIA das Letras, 2004. p. 324-36.

dependem de um esforço teórico para serem efetivados, não sendo um dado da natureza, mas sim um construído na realidade e experiência política humana. E é a esse esforço teórico que este estudo se propôs, na tentativa de adensar as reflexões dissonantes que se apresentam a respeito do tem, e na esperança de que fomente respostas cooperativas de harmonização dos conflitos de interesse envolvidos.

REFERÊNCIAS

ABI-SAAB, Georges. The International Law of Multinational Corporations: a Critique of American Legal Doctrine. *Annales d'études internationals*, 97, 1971.

ABI-SAAB, Georges. Diplomatie multilatérale et développement du droit international: le role des resolutions de l'Assemblée générale. *In*: GHEBALI, V. Y.; KAPPELER, D. (Ed.). *Multiple Aspects of International Relations*: études à la mémoire de professeur Jean Siotis. Brussels: Bruylant, 83, 1995.

ADDO, M. K. (Ed.). *Human Rights Standards and the Responsibility of Transnational Corporations*. The Hague: Kluwer Law International, 1999.

ALMEIDA, Guilherme Assis de. *Direitos humanos e não-violência*. São Paulo: Atlas, 2001.

ALSTON, Philip. *Non-State Actors and Human Rights*. Oxford: OUP, 2005.

ALSTON, Philip. Downsizing the State in Human Rights Discourse. *In*: DORBEN, N.; GIFFORD, P. (Ed.). *Democracy and the Rule of Law*. Washington, D.C.: Congressional Quarterly Press, 2001.

ALSTON, Philip. International Trade as an Instrument of Positive Human Rights Policy. *Human Rights Quarterly*, 4, 155, 1982.

ALSTON, Philip. *United Nations and Human Rights*: a Critical Appraisal. Oxford: Clarendon Press, 2008.

ALSTON, Philip. The Myopia of the Handmaidens: International Lawyers and Globalization. *8 EJIL*, p. 435-48, 1997.

ALSTON, Philip; CRAWFORD, James. *The Future of Human Rights Treaty Monitoring*. Cambridge: CUP, 2000.

ALSTON, Philip; ROBINSON, M. *Human Rights and Development*: Towards Mutual Reinforcement. Center for Human Rights and Global Justice, NYU School of Law, Oxford: OUP, 2005.

STEINER, H. J.; ALSTON, Philip; GOODMAN, R. *International Human Rights in Context*: Law, Politics, Morals. Oxford: OUP, 2008.

AMERASINGHE, Chittharanjan Felix. *State Responsibility for Injuries to Aliens*. Oxford: Clarendon Press, 1967.

AMERASINGHE, Chittharanjan Felix. International Personality Revised. *Austrian Journal of Public International Law*, 47, 0123, 1995.

AMNESTY INTERNATIONAL. Human Rights Principles for Companies. *AI Index ACT 70/001/98*, 1998.

AMNESTY INTERNATIONAL. *Business and Human Rights in a Time of Change*. London: AI, 2000.

AMNESTY INTERNATIONAL. The UN Human Rights Norms for Business: Towards Legal Accountability. *AI Index IOR 42/001/2004*, 2004.

AMNESTY INTERNATIONAL, THE PRINCE OF WALES BUSINESS LEADERS FORUM. *Human Rights*: is it any of your Business?. London, 2000.

AMNESTY INTERNATIONAL; AVERY, Christopher. *Business and Human Rights in a Time of Change*. London, 2000.

ANDERSON, S.; CAVANAGH, J. *The Top 200*: the Rise of Global Corporate Power. 2000.

ANDROF, J.; McINTOSH, M. *Perspectives on Corporate Citizenship*. Sheffield: Greenleaf Publishing, 2001.

ANGELL, Marcia. The Pharmaceutical Industry: to Whom is it Accountable?. *New England Journal of Medicine*, 342, 25, p. 1902-4, 2000.

ANICAMA, Cecilia. *State Responsibility to Regulate and Adjudicate Corporate Activities under the Inter-American Human Rights System – Report on the American Convention on Human Rights*, Apr., 2008.

ANNAS, G. J.; GRADIN, M. A. Medicine and Human Rights: Reflections on the Fiftieth Anniversary of the Doctors' Trial. *Health and Human Rights*, 2, 1, p. 7-21, 1996.

ASHFORD, Elisabeth. The Duties Imposed by the Human Right to Basic Necessities. *In*: POGGE, Thomas (Ed.). *Freedom from Poverty as a Human Right*: who owes what to the Very Poor?. Oxford: OUP, 2007.

ARENDT, Hannah. Karl Jaspers: Citizens of the World. *In*: SCHILPP, Paul (Ed.). *The Philosophy of Karl Jaspers*. New York: Tudor Publishing Company, 1957.

ARENDT, Hannah. *La Condition de L'Homme Moderne*. Paris: Calmann-Lévy, 1982.

ARENDT, Hannah. *Responsabilidade e julgamento*. São Paulo: CIA das Letras, 2004.

ARENDT, Hannah. *A condição humana*. Rio de Janeiro: Forense-Universitária, 1981.

ARENDT, Hannah. *Origens do totalitarismo*: anti-semitismo, imperialismo e totalitarismo. São Paulo: CIA das Letras, 2004.

ASANTE, S. K. B. International Law and Foreign Investments. *ICLQ*, 37, 1988.

ASSY, Bethânia. Faces privadas em espaços públicos: por uma ética de responsabilidade. Introdução à edição brasileira. *In*: ARENDT, Hannah. *Responsabilidade e julgamento*. São Paulo: CIA das Letras, 2004.

AZIZ, N. The Human Rights Debate in an Era of Globalization. *In*: VAN NESS, P. *Debating Human Rights*. London: Routledge, 1999.

BACKER, Larry C. Multinational Corporations, Transnational Law: the United Nations Norms on the Responsibilities of Transnational Corporations as a Harbinger of Corporate Social Responsibility in International Law. *Columbia Human Rights Law Review*, p. 101-92, 2007.

BARNIDGE, Robert P. *Non-State Actors and Terrorism*: Applying the Law of State Responsibility and due Diligence Principle. The Hague: T.M.C. Asser Press, 2008.

BARRY, Christian. Global Justice: Aims, Arrangements, and Responsibilities. *In*: ERSKINE, Toni (Ed.). *Can Institutions Have Duties?*. Basingstoke: Palgrave, 2002.

BARRY, Christian. Applying the Contribution Principle. *In*: KUPER, Andrew (Ed.). *Global Responsibilities*: who Must Deliver on Human Rights?. New York: Routledge, 2005.

BARRY, Christian; RAWORTH, Kate. Access to Medicines and the Rhetoric of Responsibility. Carnegie Council. *Ethics & International Affairs*, 16, 2, p. 57-70, 2002.

BASSO, M. et al. *Direito de propriedade intelectual e saúde pública*: o acesso aos medicamentos anti-retrovirais no Brasil. São Paulo: IDCID, 2007.

BAUMAN, Z. *Globalização*: as consequências humanas. Rio de Janeiro: Jorge Zahar, 1999.

BAXY, Upendra. Market Fundamentalisms: Business Ethics at the Altar of Human Rights. *In*: THE FUTURE of Human Rights. 2nd ed. Oxford: OUP, 2006.

BEDJAOUI, M. The Right to Development. *In*: INTERNATIONAL Law: Achievements and Prospects. Paris: UNESCO, 1991.

BEETHAM, David. What Future for Economic and Social Rights. *Political Studies*, v. 43, Special Issue on Politics and Human Rights, p. 41-60, 1995.

BENAYON, A. *Globalização versus desenvolvimento*: o jogo das empresas transnacionais: ETNs e a periferização por meio dos investimentos diretos estrangeiros: IDEs. Brasília: LGE, 1998.

BENAYON, A. Understanding and Evaluating the Contribution Principle. *In*: POGGE, Thomas; FOLLESDAL, Andreas (Ed.). *Real World Justice*: Grounds, Principles, Human Rights and Social Institutions. Dordrecht: Kluwer, 2005.

BENDELL, J. Flags of Inconvenience?: The Global Compact and the Future of the United Nations. *ICCSR Research Paper Series*, n. 22, 2004.

BERGSTEN, C. Fred; HORST, Thomas; MORAN, Theodore H. *American Multinationals and American Interests*. Washington, DC: The Brookings Institutions, 1978.

BERGSTEN, C. Fred; KEOHANE, Robert O.; NYE, Joseph S. International Economics and International Politics: a Framework for Analysis. *International Organization*, 29, n. 1, p. 3-36, Winter 1975.

BIANCHI, A. Human Rights and the Magic of Jus Cogens. *EJIL*, v. 19, n. 3, 2008.

BLANPAIN, R. *The OECD Guidelines for Multinationals and Labour Relations 1967-1979*: Experience and Review. Deventer: Kluwer, 1979.

BLIHR. *A Guide for Integrating Human Rights into Business Management*, 2008. Disponível em: <http://blihr.zingstudios.com/>.

BLOWFIELD, M. ETI: a Multi-Stakeholder Approach. *In*: JENKINS, R.; PEARSON, R.; SEYFANG, G. (Ed.). *Corporate Responsibility and Labour Rights*: Codes of Conducts in the Global Economy. London: Earthscan, 2002.

BOBBIO, N. *Estado, governo, sociedade*: para uma teoria geral da política. 4. ed. Rio de Janiero: Paz e Terra, 1995.

BOBBIO, N. *Da estrutura à função*: novos estudos de teoria do direito. São Paulo: Manole, 2007.

BOBBIO, N. *A era dos direitos*. Rio de Janeiro: Elsevier, 2004.

BOURDIEU, P. *Les structures sociales de l'économie*. Paris: Éditions du Seuil, 2000.

BOURDIEU, P. *La misère du monde*. Paris: Éditions du Seuil, 1993.

BRANDTNER, Barbara; ROSAS, A. Trade Preferences and Human Rights. *In*: ALSTON, P. *The EU and Human Rights*. Oxford: OUP, 1999.

BRAVEMAN, Paula; GRUSKIN, Sofia. Poverty, Equity, HR and Health. *Bulletin of the WHO*, 081 (7), 2003.

BROWLIE, Ian. Legal Effects of Codes of Conduct for MNE: Commentary. *In*: HORN, N. (Ed.). *Legal Problems of Codes of Conduct for Multinational Enterprises*. Deventer: Kluwer, 1980.

BROWLIE, Ian. *Principles of Public International Law*. 6th ed. Oxford: OUP, 2003.

BROWLIE, Ian. *Legal Effects of Codes of Conduct for Multinational Enterprises*. Deventer: Kluwer, 1980.

BUCHANAN, Allen. Human Rights and the Legitimacy of the International Order. *Legal Theory*, v. 14, n. 1, p. 39-70, Mar. 2008.

BUCHANAN, James. *The Demand and Supply of Public Goods*. Chicago: Rand McNally, 1968.

BLUMBERG, P. I. *The Multinational Challenge to Corporation Law*: the Search for a New Corporate Personality. Oxford: OUP, 1993.

BROWLIE, I. *Principles of Public International Law*. 6th ed. Oxford: OUP, 2003.

BRUNNÉE, Jutta A. International Legal Accountability Through the Lens of the Law of State Responsibility. *Netherlands Yearbook of International Law*, 36, p. 21-56, 2005.

CAMPBELL, Tom; MILLER, Selma. *Human Rights and the Moral Responsibility of Corporate and Public Sector Organisations*. Dordrecht, Netherlands: Kluwer Academic Publishers, 2004.

TRINDADE, A. A. Cançado. As Nações Unidas e a nova ordem econômica internacional. *Revista de Informação Legislativa*, v. 21, n. 81, jan./mar. 1984.

CANE, Peter. Public Law and Private Law: a Study of the Analysis of a Legal Concept. *In*: EEKELAAR, John; BELL, John. *Oxford Essays in Jurisprudence*. Third Series. Oxford: Clarendon Press, 1987.

CAPPELEN, Alexander. Responsibility and International Distributive Justice. *In*: POGGE, Thomas; FOLLESDAL, Andreas (Ed.). *Real World Justice*: Grounds, Principles, Human Rights and Social Institutions. Dordrecht: Kluwer, 2005. p. 215-228.

CASSESE, A. Terrorism as an International Crime. *In*: BIANCHI, A. (Ed.). *Enforcing International Norms Against Terrorism*. Oxford: Hart Publishing, 2004.

CATAN CENTRE FOR HUMAN RIGHTS LAW AT MONASH UNIVERSITY, IBLI, OHCHR, Global Compact Office. *Human Rights Translated – A Business Reference Guide*, 2008. Disponível em: <http://human-rights.unglobalcompact.org/doc/human_rights_translated.pdf>.

CERNEY, P. Globalisation, Governance and Complexity. *In*: PRAKASH, A.; HART, J. (Ed.). *Globalisation and Governance*. London: Routledge, 1999.

CHIRWA, Danwood Mzikenge. The Doctrine of State Responsibility as a Potential Means of Holding Private Actors Accountable for Human Rights. *Melbourne Journal of International Law*, 5, 2004.

CHOMSKY, N. *The Political Economy of Human Rights*. Boston: South End Press, 1979.

CLAPHAM, Andrew. *Human Rights Obligations of Non-State Actors*. Oxford: OUP, 2006.

CLAPHAM, Andrew. *Human Rights in the Private Sphere*. Oxford: Clarendon Press, 1993.

CLAPHAM, Andrew. Revising Human Rights in the Private Sphere: Using the European Convention on Human Rights to Protect the Right of Access to the Civil Court's. *In*: SCOTT, C. *Torture as Tort*: Comparative Perspective on the Development of Transnational Human Rights Litigation. Oxford: Hart Publishing, 2001.

CLAPHAM, Andrew. The Question of Jurisdiction under International Criminal Law Over Legal Persons; Lessons from the Rome Conference on an International Criminal Court. *In*: KAMMINGA, M.; ZIA-ZARIF, S. (Ed.). *Liability and Multinational Corporations under International Law*. The Hague: Kluwer, 2000.

CLAPHAM, Andrew. Double Effect in World Business: Dealing with Unintended Consequences of Corporate Activity. *Special Issues of New Academic Reviw – Business and Human Rights*, London, University of Cambridge, KPMG, 2, 1, 2003.

CLAPHAM, Andrew. The Privatisation of Human Rights. *European Human Rights Law Review*, p. 20-32, 1995.

CLAPHAM, Andrew. Responsibility to Protect: Some Sort of Commitment. *In*: CHETAIL, Vincent. *Conflits, Sécurité et Cooperation: Liber Amicorum Victor-Yves Ghebali*. Bruxelas: Bruylant, 2007.

CLAPHAM, Andrew. *Human Rights*: a very Short Introduction. Oxford: OUP, 2007.

CLAPHAM, Andrew; JERBI, Scott. Categories of Corporate Complicity in Human Rights Abuses. *Hastings International and Comp. Law Review*, 24, 339, 2001.

CLAPHAM, Andrew; JERBI, Scott; RUBIO, M. G. The Obligations of States with Regard to Non-State Actors in the Context of the Right to Health. *Health and Human Rights Working Paper Series N. 3*, 2003.

COICAUD, J. M.; DOYLE, M. W.; GARDNER, A. M. *The Globalization of Human Rights*. Tokyo: UNU, 2003.

COLONOMOS, Ariel; SANTISO, Janvier. Vive la France! French Multinationals and Human Rights. *HRQ*, 27, 4, p. 1307-45, nov. 2005.

CRAWFORD, James. *The International Law Commission's Articles on State Responsibility*: Introduction, Text and Commentaries. Cambridge: CUP, 2002.

CRAWFORD, James; OLLESON, Simon. The Nature and Forms of International Responsibility. *In*: EVANS, Malcolm (Ed.). *International Law*. Oxford: OUP, 2010.

CHRISTIAN, Aid. *Behind the Mask*: the Real Face of Corporate Social Responsibility. Geneva: Christian Aid, 2004.

DANIELSON, Peter. Theories, Institutions and the Problem of World-Wide Distributive Justice. *Philosophy of the Social Sciences*, 3, n. 4, p. 331-40, Dec. 1973.

DARCY, Shane. *Collective Responsibility and Accountability under International Law*. Ardsley, NY: Transnational Publishers, 2007.

DELMAS-MARTY, Mireille. *Três desafios para um direito mundial*. Rio de Janeiro: Lumen Juris, 2003.

DELMAS-MARTY, Mireille. Cours: Vers une Communaute de Valeurs?: Les Droits Fondamentaux. *In*: DELMAS-MARTY, Mireille. *Etudes Juridiques Comparatives et Internationalisation du Droit*, 2008.

DEMUIJNCK. Geert. Poverty as a Human Right Violation and the Limits of Nationalism. *In*: POGGE, Thomas; FOLLESDAL, Andreas (Ed.). *Real World Justice*: Grounds, Principles, Human Rights and Social Institutions. Dordrecht: Kluwer, 2005.

SCHUTTER, Oliver de. The Accountability of Multinationals for Human Rights Violations in European Law. *In*: ALSTON, Philip. *Non-State Actors and Human Rights*. Oxford: OUP, 2005.

DONELLY, Jack. *Universal Human Rights in Theory and Practice*. Ithaca, London: Cornell University Press, 1989.

DUPUY, P-M. *Droit International Public*. 2ᵉ éd. Paris: Précis Dalloz, 1993.

DURKHEIM, É. *The Division of Labor in Society*. New York: Free Press, 1997.

DURUIGBO, E. Corporate Accountability and Liability for International Human Rights Abuses: Recent Changes and Recurring Challenges. *Northwestern University Journal of International Human Rights*, 6, 2, Spring 2008.

EVANS, Peter. National Autonomy and Economic Development; Critical Perspective on Multinational Corporations in Poor Countries. *In*: KEOHANE, Robert O., NYE, Joseph S. *Transnational Relations and World Politics*. Cambridge, Massachusetts: Harvard University Press, 1972.

FARMER, Paul. *Pathologies of Power*: Health, Human Rights and the New War on the Poor. California: University of California Press, 2005.

FARMER, Paul. *Infections and Inequalities*: the Modern Plagues. California: University of California Press, 2001.

FARMER, Paul; RYLKO-BAUER, B. Managed Care or Managed Inequality?: A Call for Critiques of Market-Based Medicine. *Medical Anthropology Quarterly*, 16, 4, p. 476-502, 2002.

FARMER, Paul; RYLKO-BAUER, B. L'exceptionnel' système de santé américain: Critique d'une medicine à vocation commerciale. *Actes de la Recherche en Science Sociales*, 139, p. 13-30, 2001.

FEENEY, P. The Relevance of the OECD Guidelines for Multinational Enterprises to the Mining Sector and the Promotion of Sustainable Development. *The Centre for Energy, Petroleum and Mineral Law and Policy Journal*, 10, 13, p. 10, Jan. 2002. Disponível em: <http://www.dundee.ac.uk/cepmlp/journal/html/vol10/article10-6.html>.

FEINBERG, Joel. Collective Responsibility. *Journal of Philosophy*, 65, n. 21, p. 674-88, Nov. 7, 1968.

FERRAZ JR, T. S. *Introdução ao estudo do direito*: técnica, decisão, dominação. São Paulo: Atlas, 2003.

FOLLESDAL, Andreas; POGGE, Thomas. *Real World Justice*: Grounds, Principles, Human Rights, and Social Institutions. Dordrecht: Springer, 2005.

FONTES, M. *Marketing social revisitado:* os novos paradigmas do mercado social. Florianópolis: Cidade Futura, 2001.

FORST, Rainer. Justice, Morality and Power in the Global Context. *In*: POGGE, Thomas; FOLLESDAL, Andreas (Ed.). *Real World Justice*: Grounds, Principles, Human Rights and Social Institutions. Dordrecht: Kluwer, 2005.

FOUCAULT, Michel. *História da sexualidade I*: a vontade do saber. Rio de Janeiro: Graal, 1988.

FOUCAULT, Michel. *Em defesa da sociedade*. São Paulo: Martins Fontes, 1999.

FREAN, A. Corporate aid or Plain Hypocrisy?. *The Times*, p. 27, 2 Feb. 2004.

FRYNAS, J. G.; PEGG, S. *Transnational Corporations and Human Rights*. Houndmills: Palgrave Macmillan, 2003.

FUKADA-PARR, Sakiko. Millenium Development Goal 8: Indicators for International Human Rights Obligations?. *HRQ*, 28, 4, p. 966-97, Nov. 2006.

GUTTO, S. B. O. Violation of Human Rights in the Third World: responsibility of States and TNCs. *Indian Journal of International Law*, 23, 1, p. 56-73, Jan./Mar. 1983.

HAMILTON, Geoffrey. *Les Entreprises Multinationales*: Effets et Limites des Codes de Conduite Internationaux. Paris: PUF, 1984.

HARTMANN, Thom. *Unequal Protection*: the Rise of Corporate Dominance and the Theft of Human Rights. Emmanus: Rodale, 2004.

HEALY, Michelle. *Corporations, Legal Personality and Responsibility*: a Consideration of the Same Contemporary Themes in International Law. Genève: Graduate Institute of International Studies, 2005. (DEA mémoire).

HENKIN, L. The Universal Declaration at 50 and the Challenge of Global Markets. *Rooklin JIL*, 25, 1999.

HIGGINS, Rosalyn. *Problems and Process, International Law and how we Use it*. Oxford: OUP, 1995.

HOMANN, K.; KOSLOWSKI, P.; LUETGE, C. *Globalisation and Business Ethics*. Aldershot: Ashgate, 2007.

HUNT, Paul. Neglected Diseases, Social Justice and HR: Some Preliminary Observations. *WHO, Health and Human Rights Working Paper Series N. 4*, Dec. 2003.

HUNT, Paul. Neglected Diseases: a HR Analysis. *Special Topics in Social, Economic, and Behavioural Research Report Series n. 6*, 2007.

HUNT, Paul; MAcNAUGHTON, G. *Impact Assessment, Poverty and Human Rights*: a Case Study Using the Right to the Highest Attainable Standard of Health, UNESCO, 31 May 2006.

HURRELL, Andrew. *On Global Order*. Oxford: OUP, 2007.

ICHRP – INTERNATIONAL COUNCIL ON HUMAN RIGHTS POLICY. *Beyond Voluntarism*: Human Rights and the Developing International Obligations of Companies. Versoix, 2002.

ICHRP – INTERNATIONAL COUNCIL ON HUMAN RIGHTS POLICY. *Duties sans Frontiers*: Human Rights and Global Social Justice. Genève: ICHRP, 2003.

IJALAYE, D. A. *The Extension of Corporate Personality in International Law*. New York: Oceana, 1978.

ILO – International Labour Office. *Tripartite Declaration of Principles Concerning Multinational Enterprises and Social Policy*. 3rd ed. Geneva: ILO, 2001.

INTERNATIONAL THIRD WORLD LEGAL STUDIES ASSOCIATION. VALPARAISO UNIVERSITY. SCHOOL OF LAW. *Law Accountability and Development*: Theories, Techniques and Agencies of Development. NY: Int'l Thrid World Legal Studies Association, 1992.

JAGERS, Nicola. *Corporate Human Rights Obligations*: in Search of Accountability. Antwerp: Intersentia, 2002.

JAGERS, Nicola. The Legal Status of Multinational Corporations under International Law. *In*: ADDO, M. K. (Ed). *Human Rights Standards and the Responsibility of Transnational Corporations*. The Hague: Boston; Massachusetts: Kluwer Law International, 1999.

JOSEPH, Sara. *Corporations and Transnational Human Rights Litigation*. Oxford: Hart Publishing, 2004.

JOCHNICH, C. Confronting the Impunity of Non-States Actors: New Fields for the Promotion of Human Rights. *HRQ*, 21, p. 56-79, at 58, 1999.

KAMMINGA, Menno T. Holding Multinational Corporations Accountable for Human Rights Abuses: a Challenge for the EC. *In*: ALSTON, P. (Ed.). *The EU and Human Rights*. Oxford: OUP, 1999.

KARLINER, J.; BRUNO, K. Responsibility vs Accountability. *International Herald Tribune*, p. 14, 1º July 2002.

KECK, M.; SIKKINK, K. *Activists Beyond Border*: Advocacy Networks in International Politics. Ithaca, N.Y.: Cornell University Press, 1998.

KEOHANE, Robert O.; OOMS, Van Doorn. The Multinational Firm and International Regulation. *International Organization*, v. 29, n. 1, p. 169-209, Winter 1975.

KINDHAUSER, M. (Ed.). *Communicable Diseases 2002*: Global Defense Against the Infectious Diseases Threat. Geneva: WHO, 2003.

KINLEY, David; TADAKI, Junko. From Talk to Walk: the Emergence of Human Rights Responsibilities for Corporations at International Law. *Vanderbilt Journal of International Law*, v. 44, p. 931-1023, 2004.

KINLEY, David; JOSEPH, Sarah. Multinational Cosporations and Human Rights: Questions About Their Relationship. *Alternative Law Journal*, 27, 1, p. 7-11.

KLABBERS, J. *An Introduction to International Institutional Law*. Cambridge: CUP, 2002.

KNOX, John H. Horizontal Human Rights Law. *American Journal of International Law*, v. 102, n. 1, p. 1-47, Jan. 2008.

KOKAZ, Nancy. Theorizing International Fairness. *In*: BARRY, Christian; POGGE, Thomas. *Global Institutions and Responsibilities*: Achieving Global Justice. Oxford: Blackwell, 2005.

KOTLER, P. *Administração de marketing*: análise, planejamento, implementação e controle. São Paulo: Atlas, 1998.

KREIDE, Regina. *Economic Justice and the Obligations of Transnational Corporations*, 2007. Disponível em: <http://ssrn.com/abstract=1096085>.

KUPER, Andrew. Redistributing Responsibility: the UN Global Compact with Corporations. *In*: POGGE, Thomas; FOLLESDAL, Andreas (Ed.). *Real World Justice*: Grounds, Principles, Human Rights and Social Institutions. Dordrecht: Kluwer, 2005.

KUPER, Andrew. *Global Responsibilities*: who Must Deliver on Human Rights. New York: Routlegde, 2005.

KUPER, Andrew. Rawlsian Global Justice: Beyond 'The Law of Peoples' to a Cosmopolitan Law of Persons. *Political Theory*, v. 28, n. 5, p. 640-74, 2000.

KUPER, Andrew. Global Poverty Relief: More Than Charity. *In*: *Global Responsibilities*: Who Must Deliver on Human Rights?. New York, London: Routledge, 2005.

LAFER, C. Resistência e realizabilidade da tutela dos direitos humanos no Plano Internacional no Limiar do Século XXI. In: AMARAL JR., Alberto do; PERRONE-MOISÉS, C. (Org.). O cinqüentenário da Declaração Universal dos Direitos do Homem. São Paulo: Edusp, 1999.

LAFER, C. Reflexões sobre o historicismo axiológico de Miguel Reale e os direitos humanos no plano internacional, 1997. Mimeografado.

LANE, Melissa. The Moral Dimension of Corporate Accountability. In: KUPER, Andrew; Global Responsibilities: who Must Deliver on Human Rights?. New York, London: Routledge, 2005.

LANSING, Paul; ROSARIA, Alex. An Analysis of the United Nations Proposed Code of Conduct for Transnational Corporations. World Competition, v. 14, p. 35-50, 1991.

LAUTERPACHT, Hersch. International Law and Human Rights. London: Stevens, 1950.

LAUTERPACHT, Hersch. General Laws of the Law of Peace. In: LAUTERPACHT, E. (Ed.). Collected Papers. Cambridge, CUP, 1970. v. 1.

LEISINGER, Klaus M. Corporate Responsibility for Access to Medicines. Basel, Apr. 2008.

LOWE, Vaughan. Corporations as International Actors and International Law Makers. The Italian Yearbook of International Law, v. 14, p. 23-33, 2004.

LYNCH, Philip. Human Rights and Corporate Social Responsibility. Human Righjts Law Resource Centre, Melborne, Feb. 2006.

MAASSARANI, F.; DRAKOS, M. Tatgenhorst; PAJKOWSKA, J. Extracting Corporate Responsibility: Towards a Human Rights Impact Assessment. Cornell International Law Journal, v. 40, n. 1, p. 135-69, 2007.

McCORDALE, R.; SIMONS, P. Responsibility Beyond Borders: State Responsbilitity for Extraterritorial Violations by Corporations of International Human Rights Law. Oxford: Blackwell Publishers, 2007.

McINTOSH, M. et al. Living Corporate Citizenship: Strategic Routes to Socially Responsible Business. London: Prentice Hall, 2003.

MEERAN, R. The Unveiling of Transnational Corporations. In: ADDO, M. K. (Ed.). Human Rights Standards and the Responsibilities. The Hague: Kluwer, 1999.

MINISTÉRIO DA SAÚDE. Política Nacional de Medicamentos. Brasília: Ministério da Saúde, 2001.

MONSHIPOURI, M.; WELSH, C. E.; KENNEDY, E. T. Multinational Corporations and the Ethics of Global Responsibility: Problems and Possibilities. HRQ, v. 25, p. 965-89, 2003.

MORAN, Mary; GUZMAN, Javier. Neglected Diseases Drug Development: how Big is the Gap?. Forum 9, Mumbai, India, 12-16 Sept. 2005. Disponível em: <http://www.thegeorgeinstitute.org/shadomx/apps/fms/fmsdownload.cfm?file_uuid=8106A1F2-FABF-FDD8-931E-1FF1E6A1334F&siteName=iih>.

MORAN, Mary; GUZMAN, Javier. Drug R&D, for Neglected Diseases by Public Private Partnership: are Public Funds Appropriately Distributed?. 2006. p. 15-25. Disponível em: <http://www.globalforumhealth.org/filesupld/monitoring_financial_flows_05/mff05_chap2.pdf>.

MORAN, Mary; GUZMAN, Javier. The Landscape of Neglected Diease Drug Development. The Welcome Trust, 2005.

MORAN, Theodore H. *The Multinational Corporation and the Politics of Dependence*: Cooper in Chile. Princeton: PUP, 1974.

MUCHLINSKI, Peter T. Human Rights and Multinationals: is There a Problem?. *International Affairs*, v. 77, 31, p. 33-5, 2001.

MUCHLINSKI, Peter T. *Multinational Enterprises and the Law*. 2nd ed. Oxford: OUP, 2007.

MUCHLINSKI, Peter T. Attempts to Extend the Accountability of Transnational Corporations: the Role of UNCTAD. *In*: KAMMINGA, Menno T.; ZIA-ZARIFI, Saman (Ed.). Liability of Multinational Corporations under International Law. *Kluwer Law International*, p. 97-117, 2000.

MUCHLINSKI, Peter T. Corporations in International Litigations: Problems of Jurisdiction and the United Kingdom Asbestos Case. *ICLQ*, v. 50, n. 1, p. 1-25, 2001.

MURRAY, J. A New Phase in the Regulation of Multinational Enterprises: the Role of the OECD. *International Law Journal*, v. 20, n. 3, p. 255-70, 2001.

NARULA, Smita. The Right to Food: Holding Global Actors Accountable Under International Law. *Center for Human Rights and Global Justice Working Paper*, 7, NYU School of Law, New York, 2006.

NORWEGIAN REFUGEE COUNCIL, GLOBAL IDP PROJECT, REFUGEE STUDIES CENTRE. *Accountability*: Evaluation, Ethics, Beneficiary Involvement, Capacity Building, Corporate Responsibilities. Geneva: Norwegian Refugee Council, Global IDP Project, 2000.

NOORTMANN, M. Non-State Actors in International Law. *In*: ARTS, B.; NOORTMANN, M.; REINALDA, B. *Non-State Actors in International Relations*. Aldershot: Ashgate, 2001.

NYE, Joseph S. Multinational Corporations in World Politics. *Foreign Affairs*, 53, n. 1, p. 153-75, Oct. 1974.

O'CALLAGHAN, Terry. Disciplinating Multinational Enterprises: the Regulatory Power of Reputation Risk. *Global Society*, 21, 1, p. 95-118, Jan. 2007.

O'CONNELL, D. P. *International Law*. London: Stevens & Sons, 1970. v. 1.

ODO, Godwin Chinedu. *The Human Rights Responsibilities of Pharmaceutical Corporations in Relation to the Right to Health*. LLM Dissertation. Geneva: Graduate Institute of International Studies, 2005.

OECD WATCH. *Review of National Contact Points*, n. 2, June 2002/2003.

OHCHR – Office of the High Commissioner for Human Rights. *Business and Human Rights*: a Progress Report. Geneva: OHCHR, 2000.

OHCHR – Office of the High Commissioner for Human Rights. *Fact Sheet nº 16 (Rev.1) – The Committee en Economic, Social and Cultural Rights*, p. 16. Disponível em: <http://www.ohchr.org/Documents/Publications/FactSheet16rev.1en.pdf>.

OLIVEIRA, Odete M. de. *Relações internacionais*: estudos de introdução. Curitiba: Juruá, 2003.

O'NEIL, Onora. *Towards Justice and Virtue: a Constructive Account of Practical Reasoning*. Cambridge: CUP, 1996.

O'NEIL, Onora. *Bounds of Justice*. Cambridge: CUP, 2000.

O'NEIL, Onora. Agents of Justice. *Metaphilosophy*, 21, 1/2, p. 180-95, 2001.

PAUST, Jordan J. Human Rights Responsibilities of Private Corporations. *Vanderbilt Journal of Transnational Law*, v. 35, 81, 2002.

PAUST, Jordan J. The Other Side of Right: Private Duties under Human Rights Law. *Harvard Human Rights Journal*, 5, p. 51-63, 1992.

OPPENHEIM, Lassa. *International Law*: a Treatise. 3rd ed. London: Longman, 1920.

PERRONE-MOISÉS, Cláudia. *Imunidades de chefes de Estado e crimes internacionais*. Tese (Livre-Docência) – Faculdade de Direito da USP, São Paulo, 2009.

PERRONE-MOISÉS, Cláudia. *Direito ao desenvolvimento e investimentos estrangeiros*. São Paulo: Oliveira Mendes, 1998.

PERRONE-MOISÉS, Cláudia. Direitos humanos e desenvolvimento: a contribuição das Nações Unidas. *In*: AMARAL JR., Alberto do; PERRONE-MOISÉS, Cláudia (Org.). *O cinqüentenário da Declaração Universal dos Direitos do Homem*. São Paulo: Edusp, 1999.

PERRONE-MOISÉS, Cláudia. *O Código de Conduta das Empresas Multinacionais*: instrumento jurídico de regulação das relações econômicas internacionais. Orientador: C. Lafer. Dissertação (Mestrado) – Faculdade de Direito, Universidade de São Paulo, São Paulo, 1991.

PERRY, Michael J. *The Idea of Human Rights*: Four Inquiries. New York: OUP, 1998.

POGGE, Thomas. *Realizing Rawls*. New York: Cornel University, 1989.

POGGE, Thomas. Rawls and International Justice. *The Philosophical Quarterly*, 51, 203, p. 246-53, 2001.

POGGE, Thomas. *World Poverty and Human Rights*. Cambridge: Polity Press, 2002.

POGGE, Thomas. Human Rights and Global Health: a Research Program. *In*: BARRY, Christian; POGGE, Thomas. *Global Institutions and Responsibilities*: Achieving Global Justice. Oxford: Blackwell, 2005.

POGGE, Thomas. Human Rights and Human Responsibilities. *In*: KUPER, Andrew. *Global Responsibilities*: who Must Deliver on Human Rights?. New York, London: Routledge, 2005.

POGGE, Thomas. The International Significance of Human Rights. *The Journal of Ethics*, 4, p. 45-69, 2000.

POGGE, Thomas. Priorities of Global Justice. *Metaphilosophy*, 32, 1, p. 6-24, 2001.

POGGE, Thomas. Moral Universalism and Global Economic Justice. *Politics, Philosophy and Economics*, 1, 1, p. 29-58, 2002.

POGGE, Thomas. Eradicating Systematic Poverty: Brief for a Global Resource Dividend. *In*: POGGE, Thomas. *World Poverty and Human Rights*: Cosmopolitanism Responsibilities and Reforms. Cambridge: Polity, 2002.

RAIKKA, Juha. Global Justice and the Logic of the Burden of Proof. *In*: BARRY, Christian; POGGE, Thomas. *Global Institutions and Responsibilities*: Achieving Global Justice. Oxford: Blackwell, 2005.

RAMOS, André de Carvalho. *Responsabilidade internacional por violação de direitos humanos*: seus elementos, a reparação devida e sanções possíveis. teoria e prática do direito internacional. São Paulo: Renovar, 2004.

RATNER, S. R. Corporations and Human Rights: a Theory of Legal Responsibility. *Yale Law Journal*, 111, p. 443-546, 2001.

RAWLS, John. *A Theory of Justice*. Cambridge, Massachusetts: Harvard University Press, 1971.

RAWLS, John. The Law of Peoples. *In*: SHUTE, Stephen; HURLEY, Susan (Ed.). *On Human Rights*: the Oxford Amnesty Lectures. New York: Basic Books, 1993.

RAWLS, John. *The Law of Peoples with 'The Idea of Public Reason Revised'*. Cambridge, Massachusetts: Harvard University Press, 1999.

RAWLS, John. *Justice as Fairness*: a Restatement. Cambridge, Massachusetts: Harvard University Press, 2001.

RAZ, Joseph. *The Morality of Freedom*. Oxford: Clarendon Press, 1986.

RAZ, Joseph. Liberating Duties. *Law and Philosophy*, v. 8, n. 1, p. 3-21, 1989.

RIGAUX, F. Transnational Corporations. *In*: BEDJAOUI, M. (Ed). *International Law*: Achievements and Prospects. Dordrecht: Martinus Nijhoff, 1991.

RAID – RIGHTS AND *ACCOUNTABILITY* IN DEVELOPMENT. *Review of the UK National Contact Point for the OECD Guidelines 2004*, Oxford: RAID, 2004.

ROBINSON, Mary. Beyond Good Intentions: Corporate Citizenship for a New Century. *RSA World Leaders*, London, 7 May 2002.

RODIN, David. The Ownership Model of Business Ethics. *In*: BARRY, Christian; POGGE, Thomas. *Global Institutions and Responsibilities*: Achieving Global Justice. Blackwell, 2005.

RORY, Sullivan. *Business and Human Rights*: Dilemmas and Solutions. Sheffield: Greenleaf Publishing, 2003.

RUGGIE, John G. Collective Goods and Future International Collaboration. *American Political Science Review*, 66, n. 3, , p. 874-93, Sept. 1972.

RUGGIE, John G. IBLF, BUSINESS FOR SOCIAL RESPONSIBILITY, INTERNATIONAL ORGANIZATION OF EMPLOYERS, INTERNATIONAL CHAMBER OF COMMERCE, FES. *Human Rights Policies and Management Practices of Fortune Global 500 Firms*: the Results of a Survey. Harvard University, John F. Kennedy School of Government, 1º Sept. 2006.

SAVARESE, Eduardo. Issues of Attribution to States of Private Acts: Between the Concept of the Facto Organs and Complicity. *Italian Yearbook of International Law*, 15, p. 111-33, 2005.

SEN, Amartya. *Inequality Re-examined*. Cambridge: Harvard University Press, 1992.

SEN, Amartya. *Development as Freedom*. New York: Anchor Books, 1999.

SEN, Amartya. Open and Closed Impartiality. *In*: KUPER, Andrew. *Global Responsibilities*: who Must Deliver on Human Rights?. New York, London: Routledge, 2005.

SEN, Amartya. Human Rights and Economic Achievements. *In*: BAUER, Joanne R.; BELL, Daniel A. (Ed.). *The East Asian Challenge for Human Rights*. Cambridge: CUP, 1999.

SEN, Amartya. Rights and Agency. *In*: SCHEFFLER, Samuel. *Consequentialism and its Critics*. Oxford: OUP, 1988.

SEN, Amartya. Capability and Well-Being. *In*: NUSSBAUM, Martha; SEN, Amartya. *The Quality of Life*. Oxford: Clarendon Press, 1993.

SEN, Amartya. Humanity and Citizenship. *In*: NUSSBAUM, Martha Craven; COHEN, Joshua. *For Love of Country:* Debating the Limits of Patriotism. Boston: Beacon Press, 1996.

SETHI, S. Prakash. Corporate Codes of Conduct and the Success of Globalization. *In*: KUPER, Andrew. *Global Responsibilities*: who Must Deliver on Human Rights?. New York, London: Routledge, 2005.

SHUE, Henry. Mediating Duties. *Ethics*, v. 98, n. 4, p. 687-704, 1988.

SHUE, Henry. Transnational Transgression. *In*: REGAN, Tom (Ed.). *Just Business*: New Introductory Essays in Business Ethics. Philadelphia: Temple University Press, 1983.

SHUE, Henry. The Interdependence of Duties. *In*: ALSTON, P.; TOMASEVSKI, K. (Ed.). *The Right to Food*: Intl' Studies in Human Rights, Netherlands Institute of Human Rights, Marthinus Nijhoff, 1984.

SHUE, Henry. *Basic Rights*: Subsistence, Affluence, and U.S. Foreign Policy. 2nd ed. Princeton: PUP, 1996.

SHUE, Henry. Food, Population, and Wealth: Towards Global Principles of Justice. *American Political Science Association*, Chicago, Illinois, 2-5 Sept. 1976.

SHUE, Henry. Mediating Duties. *Ethics*, v. 98, 4, p. 687-704, Jul. 1988.

SHUE, Henry. Solidarity Among Strangers and the Right to Food. *In*: AIKEN, William; LAFOLLETTE, Hugh (Ed.). *World Hunger and Morality*. 2nd ed. Upper Saddle River, New Jersey: Prentice Hall, 1996.

SINGER, Peter. Famine, Affluence, and Morality. *Philosophy and Public Affairs*, 1, n. 3, p. 229-43, Spring 1972.

SINGER, Peter. *Practical Ethics*. Cambridge: CUP, 1979.

SINGER, Peter. *One World*: the Ethics of Globalization. New Haven, London: YUP, 2002.

SINGER, Peter. Poverty, Facts, and Political Philosophies: a Debate with Andrew Kuper. *In*: KUPER, Andrew. *Global Responsibilities*: who Must Deliver on Human Rights?. New York, London: Routledge, 2005.

SKLAIR, Leslie. *Globalization*: Capitalism and its Alternatives. Oxford: OUP, 2002.

SRIRAM, Chandra Lekha. *Globalizing Justice for Mass Atrocities*: a Revolution in Accountability. London: Routledge, 2005.

SSEYONJO, M. Non-State Actors and Economic, Social and Cultural Rights. *In*: BADARIN, M.; McCORQUODALE, R. (Ed.). *Economic, Social and Cultural Rights in Action*. Oxford: OUP, 2007.

STEINHART, R. Corporate Responsibility and the International Law of Human Rights: the New Lex Mercatoria. *In*: ALSTON, Philip. *Non-State Actors and Human Rights*. Oxford: OUP, 2005.

SOARES, Guido F. S. *Curso de direito internacional público*. 2. ed. São Paulo: Atlas, 2004.

STEPHENS, Beth. The Amorality of Profit: Transnational Corporations and Human Rights. *Berkeley Journal of International Law*, v. 20, p. 45-90, 2002.

SUNKEL, Osvaldo. Big Business and 'Dependencia'. *Foreign Affairs*, v. 50, n. 3, p. 517-531, Apr. 1972.

SWITHERN, Sophia. From Bhopal to Doha – Business and the Right to Health. *Special Issues of New Academic Reviw – Business and Human Rights*, London, University of Cambridge, KPMG, 2, 1, 2003.

THE ACCESS TO MEDICINE FOUNDATION. *Access to Medicine Index – Ranking Access to Medicine Practices*, Jun. 2008.

THE ECONOMIST. *Just Good Business – A Special Report on Corporate Social Responsibility*, Jan. 19th 2008.

UN GLOBAL COMPACT, OHCHR, *Embedding Human Rights into Business Practice*, UN Global Compact, OHCHR, 2003.

UTTING, Peter. *Business Responsibility for Sustainable Development*. Geneva: UNRISD, 2000.

VAN EYK, S. C. *The OECD Declaration and Decisions Concerning Multinational Enterprises*: an Attempt to Tame the Shrew, 1995.

VERNON, R. *Les Enterprises Multinationales*. Paris: Calmann-Lévy, 1973.

MELLO, S. Vieira de. *Human Rights*: what Role for Business. *New Academy Review*, v. 2, n. 1, p. 19-22, 2003.

WART, H. Governing Multinationals: the Role of Foreign Direct Liability. *Briefing Paper New Series*, London, Royal Institute of International Affairs, n. 18, 2001.

WARWICK, Donald P. Transnational Participation and International Peace. *In*: KEOHANE, Robert O.; NYE, Joseph S. *Transnational Relations and World Politics*. Cambridge, Massachusetts: Harvard University Press, 1972.

WEISSBRODT, David; KRUGER, Marcia. Human Rights Responsibilities of Business as Non-State Actors. *In*: ALSTON, Philip (Ed.). *Non-State Actors and Human Rights*. Oxford: OUP, 2005.

WENAR, Leif. Contractualism and Global Economic Justice. *Methaphilosophy*, v. 32, n. 1/2, p. 79-94, 2001.

WHO. *Macroeconomics and Health*: Investigating in Health for Economic Development: Report of the Commission on Macroeconomics and Heath, Geneva, 2001.

WHO. *A HR-Based Approach to Neglected Tropical Diseases*. Geneva, 2008. Disponível em: <http://www.who.int/neglected_diseases/Human_rights_approach_to_NTD_Eng_ok.pdf>.

WOODS, Ngaire. Held to Account: Governance in the World Economy. *In*: KUPER, Andrew. *Global Responsibilities*: who Must Deliver on Human Rights?. New York, London: Routledge, 2005.

YANAZE, M. H. *Gestão de marketing e comunicação*: avanços e aplicações. São Paulo: Saraiva, 2007.

YOUNG, Oran. The Actors in World Politics. *In*: ROSENAU, James N. et al. *The Analysis of International Politics*. New York: Free Press, 1972.

ZADEK, S. *The Civil Corporations*: the New Economy of Corporate Citizenship. London: Earthscan, 2001.

Esta obra foi composta em fonte Palatino Linotype, corpo 10
e impressa em papel Offset 75g (miolo) e Supremo 250g (capa)
pela Paulinelli Serviços Gráficos Ltda.
Belo Horizonte/MG, junho de 2012.